スティーブ・ジョブズ

青春の光と影

脇 英世 著

TDU PRESS

まえがき

スティーブ・ジョブズは謎に満ちたカリスマ的偉人である。本書はスティーブ・ジョブズの生誕から、25歳頃までの青春時代を扱っている。

スティーブ・ジョブズの伝記の原型を作ったのは、一九八四年に出たマイケル・モーリッツの『スティーブ・ジョブズの王国』である。原題は一九八四年版が『小さな王国：アップル・コンピュータのプライベート・ストーリー』、二〇〇九年版が『小さな王国への復帰：スティーブ・ジョブズとアップルの創立、アップルはいかにして世界を変えたか』である。

これに続くのが、一九八九年のジェフリー・ヤングの『スティーブ・ジョブズ　パーソナル・コンピュータを創った男』（原題は禅の公案のような『スティーブ・ジョブズ　旅こそ報奨だ』）である。マイケル・モーリッツの本と雑誌プレイボーイのインタビューを下敷きとし、独自取材の内容を加えている。

二〇〇〇年には、マイケル・S・マローンの『インフィニット・ループ　世界で最もインセインなコンピュータ会社はいかにインセインだったか』（邦訳なし）が出た。インフィニット・ループはアップルの現在の本社の所在地に引っ掛けている。インセイン（insane）はスティーブ・ジョブズがよく口にしたマントラとでも言うべき「インセインリー・グレイト」に引っ掛けている。多少危険さを孕む言葉で無理に日本語に訳さないことにする。

二〇〇四年には、オーウェン・W・リンツメイヤーの『アップル・コンフィデンシャル2・0』が出た。克明で非常にすぐれた本である。一九九九年の第一版よりもずっと良い。

二〇一一年には、ウォルター・アイザックソンの『スティーブ・ジョブズ』が出た。世界的な大ベストセラーになった。前半部分は、マイケル・モーリッツ、ジェフリー・ヤング、マイケル・マローンの本を参照して、適宜、スティーブ・ジョブズに確かめるという方式で、読みやすく手際よくまとめられている。スティーブ・ジョブズは、ウォルター・アイザックソンに自分の伝記の執筆を依頼したが、一切口を出さなかったと言われており、公認伝記とされている。ただ、そうはいうものの、実際には表紙のカバー写真が気に入らないとか、全く口を出さなかったわけではない。

ウォルター・アイザックソンは、アインシュタイン、ベンジャミン・フランクリン、キッシンジャーなどの分厚い伝記を執筆しており、私もアインシュタインの伝記は面白く読んだ。アイザックソンの要領の良いまとめ方と執筆スピードには定評がある。

スティーブ・ジョブズの伝記もスティーブ・ジョブズの死の直前の二〇〇九年の暮頃から取り掛かり、二〇一一年のスティーブ・ジョブズの死の直後に出版できた。物凄い執筆スピードで驚嘆の一語であった。

私もスティーブ・ジョブズの病状悪化が伝えられた頃から、執筆を始めたが、とても間に合わなかった。それにかなり前から考え、暖めていた計画もあって、急ぎ過ぎて、壊したくはなかった。今回、前から考えていた事の一部は実現できたように思う。

スティーブ・ジョブズの伝記を書くのは非常に難しい一面がある。年表を作ってみれば分かることだが、一九五五年の生誕から少年時代の記録が極めて少なく、ある程度の記録が手に入りやすくなるのは、一九六九年にホームステッド高校に入った頃からである。それまではきわめて少数の逸話があるに過ぎず、極言すれば多くの伝記は逸話の細部を書き直しているだけである。繰り返す内に混乱がひどくなり、何が本当か分からなくなってしまったこともある。

最後に登場したウォルター・アイザックソンによる伝記は、直接スティーブ・ジョブズに尋ねて確認しているので、最も正確のように思えるが、実はそうでない。いくつも美しい話に書き直されていることがある。多くの現実歪曲があり、スティーブ・ジョブズをいわば教科書的な偉人に祭り上げている面がある。そういうことは本当のスティーブ・ジョブズ理解にはつながらない。生身のスティーブ・ジョブズにはいくつも欠点があり、それにも拘わらず、偉業を達成できたことが偉大なのだと思う。

私も執筆で目が疲れた時に、横になって何度も繰り返しCD-ROMでウォルター・アイザックソンによる伝記の朗読を聴いた。スティーブ・ジョブズのマッキントッシュやネクスト・コンピュータ、アイ・フォーン、アイ・パッドなどの偉大な製品の最後を飾る偉大な作品は、実はウォルター・アイザックソンに書かせた伝記だったのではないかと思う。またウォルター・アイザックソンが選ばれた理由は世界の偉人の伝記作家だったからではないだろうか。スティーブ・ジョブズも偉人の一人に並んだのである。

本書では、スティーブ・ジョブズの個別のエピソードをあまり克明に追求することよりも、スティーブ・ジョブズが生まれ育った時代はどんな時代であり、スティーブ・ジョブズは、そこにどう位置づけられるかに重点を置いた。このため付録用にベトナム戦争、マリファナ・LSD、ビート世代・ヒッピー文化、カウンター・カルチャーなどの一九六〇年代、七〇年代の3項目について原稿を書いたが、それぞれが、あまりに膨大になってしまったので全て割愛し、エッセンスだけを取り出して、本文に埋め込むことにした。執筆の過程で、私はその時代に生きていたのに全く知らなかったことが沢山あることには驚いた。

前著『シリコンバレー　スティーブ・ジョブズの揺りかご』は、本書の序論であり、過剰に説明をしないでも、叙述がスムーズになるようにと計画して書いた。本書をお読み頂ければ、前著の執筆意図はお分かり頂けると思う。シリコンバレーとあっても本当はスティーブ・ジョブズの本であった。また本書で前著を引用する場合は、『シリコンバレー』とだけ表記した。

本書の叙述には、できる限り正確を期した積りだが、浅学菲才の筆者故、間違いもあるかも知れない。読者の御寛恕を頂ければ幸いである。

本書が成立できたのは、熱心に編集に当たって頂いた東京電機大学出版局の石沢岳彦課長、小田俊子氏、石井理紗子氏をはじめとする皆さんのおかげである。厚く感謝する。また家内と家族には多大の協力をしてもらった。あらためて感謝の意を表したい。

二〇一四年九月

脇　英世

もくじ

第三章　スティーブ・ウォズニアック

第四章　二人のスティーブ

第五章　ヒッピーと反戦運動の高揚

第六章 ティモシー・リアリーとババ・ラム・ダス

第九章　アタリとノーラン・ブッシュネル

第十章　マイクロ・コンピュータ革命の日は来た、しかし…

第十一章 スティーブ・ウォズニアック立つ

第十二章　アップル誕生

第十五章　マイクロ・コンピュータ業界の変貌

第一章

スティーブ・ジョブズの誕生と生みの親

スティーブ・ジョブズほど、独りよがりで、傲岸《ごうがん》で、権力志向で、人を信ぜず、孤独で、泣き虫で、吝嗇《りんしょく》な人はいなかったと思われる。この特異な人格形成には、全部とは言わないまでも、ある程度、彼の生まれ育った事情も関係しているように思う。彼は生まれた時から自分は見捨てられたと思っていた。心の奥でこの世に頼るべき人はいないと信じていたのである。それが奇妙な選民思想的なものと結びつくと、一種独特な人格に育って行く。

スティーブ・ジョブズの出自はきわめて複雑である。生みの親と、育ての親がいるからだ。

スティーブ・ジョブズ、正式には、スティーブン・ポール・ジョブズは、一九五五年二月二十四日、シリアから来たウィスコンシン大学の大学院政治学専攻の大学院生アブドゥルファター・ジョン・ジャンダーリと、ウィスコンシン大学の言語病理学(Speech-Language Pathology)専攻の大学院生ジョアン・キャロル・シーブルの間に生まれた。スティーブ・ジョブズの出生地はサンフランシスコである。

ただし、一九九一年のＦＢＩの調査では、サンフランシスコ郡の人口動態統計局には一九五五年二月二十四日にスティーブ・ジョブズの出生記録はない。またサンフランシスコ郡の社会サービス養子ユニットにも、一九五五年二月二十四日にスティーブ・ジョブズの出生記録はないという。養子の記録そのものは全て残っているようだ。今後の研究で分かることがあるかもしれない。

スティーブの生みの母ジョアン

まず、スティーブ・ジョブズの実母のジョアン・キャロル・シーブル（以下ジョアン）の家系についてみてみよう。ジョアンは、一九三二年、ミシガン湖のほとり、ウィスコンシン州ミルウォーキー郡ミルウォーキー市に生まれた。

ジョアンの誕生月日については、不思議なことに人口統計では公式な記録が得られないが、モナ・シンプソンの『ここではないどこかへ』の邦訳上巻P178の記述から、一九三二年九月一日であることが分かる。

ジョアンの父親は、アーサー・キャスパー・アンソニー・シーブル（以下アーサー・シーブル）で、一八九九年ウィスコンシン州シボイガンに生まれた。

アーサー・シーブルは、一九五五年八月十日に没した。この日付はスティーブ・ジョブズの運命にとって重要である。

不謹慎な仮定ではあるが、ジョアンの父親のアーサー・シーブルの死がもう半年ほど早ければ、ジョアンの結婚に反対する人間はいなくなり、ジョアンは出産前に正式に結婚できたかも知れない。そうすれば

写真　モナ・シンプソン『ここではないどこかへ』：スティーブ・ジョブズの実妹が書いた実母ジョアン・シンプソンの像。ほとんど実話と思われる。

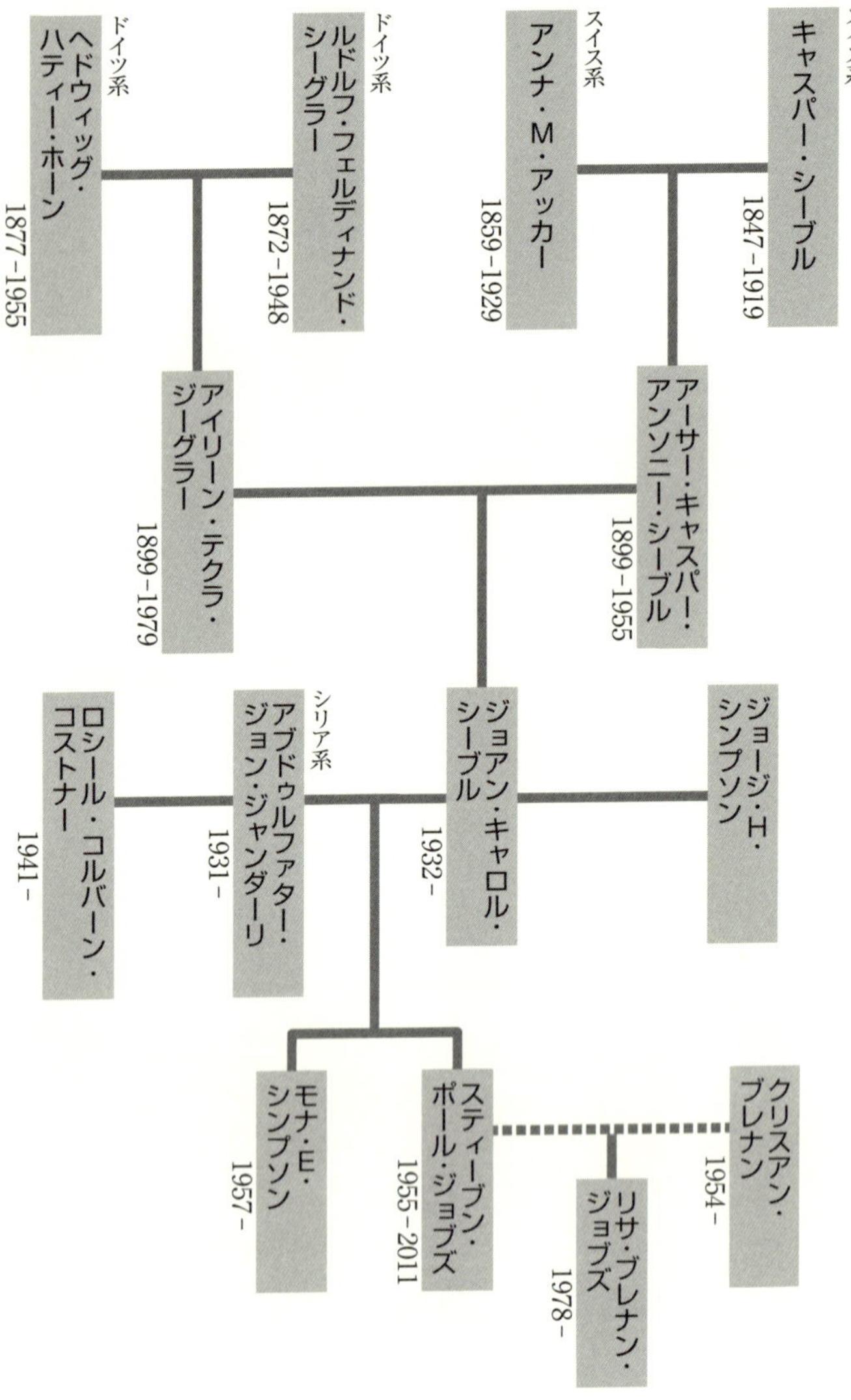

図　スティーブ・ジョブズに関連する系図

スティーブも養子に出されることはなかったかも知れないというのである。実際、ジョアンが全くそう考えなかったというわけではなかったようだ。

ジョアンの母親は、アイリーン・テクラ・ジーグラー（以下アイリーン）で、一八九九年ウィスコンシン州シボイガンに生まれた。一九七九年一月二十三日に没した。

ジョアンの父方の祖父は、キャスパー・シーブルで、一八四七年スイスのアールガウ州生まれで、一九一九年に没している。キャスパー・シーブルの両親はスイスのアールガウ州に一七九五年、一八一五年に生まれている。

ジョアンの父方の祖母は、アンナ・M・アッカーで、一八五九年ウィスコンシン州シボイガンに生まれた。一九二九年に没している。両親はスイスのバーデンに生まれている。

ジョアンの母方の祖父はルドルフ・フェルディナンド・ジーグラーで、一八七二年ウィスコンシン州シボイガンに生まれた。一九四八年に没している。鋳物や鉄道関係の仕事をしていたらしい。両親はザクセン・ワイマール国にそれぞれ一八二九年、一八四二年に生まれている。

ジョアンの母方の祖母はヘドウィッグ・ハティー・ホーンで、一八七七年にウィスコンシン州シボイガンに生まれて一九五五年に没している。

これ以前、何代かに渡って、かなり追跡できるが、このあたりで止めておこう。スティーブ・ジョブズの実母ジョアンのルーツは、スイスとドイツにあったということで十分だろう。

スティーブ・ジョブズの実母ジョアンを理解するには、スティーブ・ジョブズの実妹モナ・シンプソンの小説が役に立つ。小説という虚構の形をとっているが、名前や場所を変えているだけで、実際にあったことを記していることが多い。注意深く読んでいけば、虚実の振り分けは、ある程度可能と思う。

　モナの『ここではないどこかへ』は、ウィスコンシン州グリーンベイに展開されたハティー、アイリーン、ジョアン、モナの四代にわたる女性達の歴史を小説にしたものと見ることもできる。それなりに良く描かれている。しかし、ふつうはスティーブ・ジョブズの実母ジョアンとはどんな人だったろうかという興味で読んでいく人が多いのではないだろうか。

　ジョアンの母方の祖母のハティー・ホーンの姉妹は、次のようになっている。『ここではないどこかへ』の第二部第4章では、実在の人の名前もあるが、創作もあり、生年も入れ違っている。多分モナも全員の名前は追跡しきれなかったのではないだろうか。◉を付けたのが小説に登場する名前である。ハティー・ホーン以後、ウィスコンシン州シボイガンに生まれ住んでいる。

ヘルマン・ホーン	一八六九年生まれ
アンナ・ホーン	一八七一年生まれ
◉アイダ・ホーン	一八七二年生まれ
◉ハティー・ホーン	一八七七年生まれ
リジー・ホーン	一八八五年生まれ
◉クララ・ホーン	一八八七年生まれ
◉アルマ・ホーン	一八九一年生まれ

ハティー・ホーンの娘がアイリーン・テクラ・ジーグラー（『ここではない

写真　スティーブの妹モナ・シンプソンが書いたスティーブ・ジョブズ物の小説3冊。どれも厚い。

どこかへ』ではリリアン）であって、一八九九年八月三十日生まれである。兄は一八九八年九月一日生まれのミルトン・ジーグラーである。ミルトンは、『ここではないどこかへ』では実名で登場する。

アイリーンの父親がルドルフ・ジーグラーであって、ウィスコンシン州シボイガンの溶接工だった。ルドルフ・ジーグラーの手伝いをしたのが、ジョアンの父親になるアーサー・シーブルである。

『ここではないどこかへ』ではアートだが、ほぼ実名を反映していると見てよいだろう。

アーサー・シーブルの職業は、一九一七年の選抜徴兵記録では、シボイガンで機械工、一九二〇年の人口統計でもシボイガンで機械工となっている。小説と整合性がとれている。

やがてアーサー・シーブルとアイリーン・ジーグラーは結婚することになる。結婚の日付は残っていないが、家族の年齢から計算すると一九一九年頃と思われる。家系調査の報告でも一九一九年頃となっている。

一九二〇年に長女のルース・シーブル（小説ではキャロル・ミージー）が生まれる。ルース・シーブルの育った時代は、まだシーブル家は豊かでなく、ルースは大学に進むことはできず、美容学校に通い、卒業後、美容院で美容師として働いた。第二次世界大戦が始まり、一九四三年、ルースは陸軍婦人部隊に志願する。戦争が終わり、除隊すると、また元の美容院の仕事に戻った。実は小説では、あっと驚くようなロマンスが描かれているのだが、虚実確かめようがない。

アーサー・シーブルは写真製版業者になる。実際、一九三〇年の人口統計では、アーサー・シーブルの職業は、ウィスコンシン州ミルウォーキーで写真製版業者となっている。

一九三二年、ミルウォーキーでジョアン・キャロル・シーブル（『ここではないどこかへ』ではアデル・オーガスト）が生まれた。ジョアンはミルウォーキーで出生したことが確かめられるが、何故か『ここではないどこかへ』では、グリーンベイのライム・キルン・ロードの家にあった古いキッチン・テーブルの上で生まれたことになっている。二度同じ記述が出て来るので作者のモナ・シンプソンに強い思い込みがあるのかも知れない。

『ここではないどこかへ』の中で、ジョアンの母親アイリーンが言っている。

「(ジョアンは) 恵まれてはいましたが、彼女にはどこか必ずしも正常ではないところがありました。大昔、まだ赤ん坊だったころでさえも、どこか変だったのを覚えています」

(『ここではないどこかへ』上巻P184)

「まだすごく幼いころから、いろいろ妙な行動が目についたものです。あの子を甘やかしすぎたことをよく後悔します」

(『ここではないどこかへ』上巻P184)

アーサー・シーブル夫妻は、正確には特定できないが、ある時点で、ウィスコンシン州ミルウォーキーから、同じウィスコンシン州の北方60マイルにあるグリーンベイに引越す。食料雑貨店の上に住んでいたという。ここでも写真製版業者であった。

その後、アーサー・シーブルは、グリーンベイのライム・キルン・ロードという道の行き止まり周辺に広大な土地を買う。昔、道は人の住んでいる所まで作るものだった。したがって行き止まり周辺とは、人の住んでいない未開の土地である。ライム・キルン・ロードの行き止まり周辺は「灰の土地」と呼ばれていた沼地であったらしい。そういう土地だったから地価はきわめて安かったようだ。

『ここではないどこかへ』(下巻P45) には次のように描かれている。

「そこは人里離れた場所であり、使われていない土地に囲まれていた。彼女は、ここに住むようになったのは不運だと考えていた。彼女（ジョアン）はいつもそこを離れたがっていた」

アーサー・シーブルは、この土地の開発と分譲などをおこなう不動産業者となる。さらにアーサー・シーブルはライム・キルン・ロードでミンクの飼育を手がけて成功する。ものすごい金持ちというわけではないが、それなりに財産を蓄えたと言えるだろう。

ここまでを整理すると、スティーブ・ジョブズの実母ジョアン・シーブルの家庭は、父アーサー・シーブル、母アイリーン・シーブルで、子供は一九二〇年シボイガンに生まれたルース、一九三二年ミルウォーキーで生まれたジョアンの二人である。

ジョアンの結婚遍歴

シーブル家に経済的余裕ができたので、ジョアン・シーブルは、ウィスコンシン大学に進む。

『ここではないどこかへ』には次のように描かれている。

「アデル（ジョアンのこと）は大学に行くために故郷を離れ、たくさんの服を買いました。それに靴や毛皮も。ちょっと想像できないくらいに。それに夜会服も必要でした。あの子は一度袖を通した服は二度と着ようとはしませんでした。そして大学でさまざまなものを得た〈中略〉にもか

かわらず、それらすべてを得ても彼女は満足しませんでした」（『ここではないどこかへ』上巻P188）

ジョアンは、金髪で青い眼、スタイルが良く、美人だったという。ただし、クリスアン・ブレナンの『林檎の噛み跡』原著P14の記述を読むと、どうもこれは文学的な虚飾で、青い眼は娘のモナ・シンプソンで、母親のジョアンは茶色の眼だったようだ。

ジョアンの髪の毛が金髪であったかどうかは分からないが、クリスアン・ブレナンが特にジョアンが金髪と言っていないこと、少女時代のモナとジョアンが二人で写っている写真が茶髪であるから、おそらく茶髪だったのではないかと思われる。しかし、断定的なことは言えない。

モナ・シンプソンの小説では、ジョアンは学生時代に豊胸手術を受けたことがあるともあるが（『ここではないどこかへ』下巻P208）、これは確かめようがない。

かなりの歳になってから、ジャンダーリと一緒に写っていると説明のついた写真が何枚かインターネットにあるが、時期が合わないような気がする。どうやら再婚したロシール・C・コスナーのように思われる。実際、インターネットにアップされているロシール・C・コスナーの写真に一致する。

ウィスコンシン大学で、ジョアン・シーブルは、アブドゥルファター・ジョン・ジャンダーリ（『ここではないどこかへ』ではハイシャム）と恋仲になる。以下ジャンダーリと略す。

ジャンダーリは、ウィスコンシン大学政治学科でティーチング・アシスタント（教務補助）をしながら学んでいた。

ジャンダーリは、シリア人で身長6フィート（180センチメートル）、オマー・シャリフに似た異国的な容貌のハンサムな男だったという。ジョアン・は身長5・5フィート（165センチメートル）であった。

スティーブ・ジョブズが背が高いのは、ジャンダーリからの遺伝だろう。スティーブ・ジョブズの一九九一年のFBI調書では、スティーブ・ジョブズの身長は6フィートちょうどであった。ジャンダーリの身長と一致する。写真を見比べると、特徴的な鼻の形がほぼ一致し、スティーブ・ジョブズがジャンダーリの実子であることがほぼ確認できる。

ジョアンの父親のアーサー・シーブルの意見では、娘がシリア人のジャンダーリと付き合うなどもってのほかで、勘当すると宣言した。

父親のアーサー・シーブルから二人の結婚が認められなかったため、ジョアンは、つてを頼ってサンフランシスコに行き、スティーブ・ジョブズを産んだ。当時、未婚の母の出産を手がけてくれ、養子縁組を斡旋してくれる医師がいた。後年スティーブ・ジョブズが自分の出生の秘密を知るのは、この医師の残した手紙による。

生後すぐにスティーブ・ジョブズは、ポール・ラインホルド・ジョブズとクララ・ジョブズのジョブズ夫妻に養子に出されることになる。

ところが養子縁組が決まって数週間後の一九五五年八月にアーサー・シーブルは大腸癌で他界した。実は一九五四年にアーサー・シーブルが大腸癌に冒されていることは分かっていた。

父親の死後4ヶ月の一九五五年十二月二十六日、ジョアン・シーブルは、アブドゥルファター・ジョン・ジャンダーリとグリーンベイのセントフィリップ・カトリック使徒教会で正式に結婚する。ジョアン・シーブルはジョアン・ジャンダーリ（『ここではないどこかへ』ではアデル・オーガストとなる）となった。二人は、しばらくはグリーンベイのあちこちの賃貸しの家を転々とした。

ジョアンはジャンダーリのシリアの実家にも行ったという。この時期ははっきりしないが、一九五六年か一九五七年と思われる。石油会社に勤めたらしい。

「あの子（モナ）を身ごもったとき、わたし（ジョアン）たちはエジプト（実際はシリア）に住んでいました。」（『ここではないどこかへ』下巻P289）

ジョアンにはシリアの食べ物は合わなかったという。

「彼ら（ジャンダーリ夫妻）は、向こう（シリア）で暮らそうと考えていたのだと思う。でもあなたのママ（ジョアン）は耐えられませんでした。食べ物が合わなかったのです。バターに相当する食べ物が向こうにあり、それを飲み込むことができなかったのです」（『ここではないどこかへ』上巻P190）

「わたし（ジョアン）は、すごく痩せてしまいました。妊娠7ヵ月目には86ポンド（39キログラム）まで体重が減ってしまいました。それで飛行機で戻ってきました。母のいる家に戻りたかったのです」（『ここではないどこかへ』下巻P290）

また一九五七年六月十四日、モナ（『ここではないどこかへ』では、アン・ハットフィールド・オーガスト）という女の子がセント・ピーター&ポール病院で誕生する。『ここではないどこかへ』上巻P199のアンの誕生月と一致する。したがって当然の事だが、アンはモナと考えて良いだろう。

ただしモナの別の『ザ・ロスト・ファーザー』では一九五八年七月二日になっている（原著453ページ）。わざとずらしているか、スティーブ・ジョブズが生まれたことを記述していないので、整合性がとれないのだろう。

モナは生まれた時は、モナ・ジャンダーリであった。モナは成人して小説家になった。言うまでもなく、モナはスティーブ・ジョブズの実妹である。

ジョージ・シンプソン

一九五六年、ジャンダーリは博士号を取得した。当然、大学の教員を目指す。

ジャンダーリは、セント・ノーバート大学に講義に行ったが、教員としては成功しなかった。共産主義国となった中華人民共和国にも注目しなければならないと発言したことから、マルクス主義者と見られたようだ。『ここではないどこかへ』上巻P191にあり、モナの別の『ザ・ロスト・ファーザー』原著P468にも書いてある。

米国の中西部では、少しでも進歩的な発言をすると、マルクス主義者や共産主義者と非難される。

「私は国（シリア）では貴族の家柄の出身です。私は生まれつき資本主義者なんです」

ジャンダーリは、そう抗弁したが無駄だった。シリア出身ということも、あまり良い印象を与えなかったろう。何よりマルクス主義者や共産主義者という言葉は米国人を震え上がらせる魔法のような効果がある。

『ここではないどこかへ』によれば、職にあぶれたジャンダーリは、フォルクスワーゲンのセールスマンをしたが、続いて電気掃除機のセールスマンをしていたという。大体知られている事実と合致する（『ここではないどこかへ』上巻P191）。

窮乏《きゅうぼう》したジャンダーリ一家は、ジョアンの母親のアイリーンの家に身を寄せる。

ジャンダーリは面白い事を言う人らしく、それがもっと記録されていないのが惜しい。

「美しさは裏切りです」

「それは常にそれ自身のためにあり、決してあなたのためのものではない」

（『ここではないどこかへ』上巻P191）

二人は一九六二年に離婚する。ジャンダーリは、ある日、何も言わずに妻と娘を置いて家を出て行く。小説ではジョアンはモナに「あの人はお金を稼ぐためにカリフォルニアに行ったのよ。でも帰って来るわ」と説明している（『ここではないどこかへ』上巻P237）。ただしモナの別の『ザ・ロスト・ファーザー』にはこれと異なる記述もあって、これが本当にそうかは疑わしい。確かなのは、妻と娘を置いて家を出て行ったことだけである。

ただ二人は全く別れたわけではない。離婚後、それぞれに別の伴侶を得ても、数年後の一九六八年、お互いの子供を連れて会って、ディズニーランドに行ったりしていたこともあった。しかし、一九六九年以後はジャンダーリの消息は絶える。

一九六六年四月二十三日、ジョアンは、プロのアイススケーターのジョージ・シンプソン（『ここではないどこかへ』では、テッド・ダイヤモンド）と再婚している。ラスベガスで結婚したようだ。そこで、ジョアン・ジャンダーリは、ジョアン・シンプソンになる。そこで娘のモナ・ジャンダーリもモナ・シンプソンを名乗った。

『ここではないどこかへ』では、論理的に言えば、アデル・ダイヤモンドになりそうなものだが、アデル・オーガストのままである。どうもモナ・シンプソンがうっかりして混乱したようだ。まあ、どちらでも良いことである。

ジョアンの実家はグリーンベイのフォックス・リバーの東側のライム・キルン・ロードにあったが、結婚後、二人はグリーンベイのフォックス・リバーの西側のキャリッジ・コートの家に住んだ。

小説の記述から判断すると、ジョアンの母親のアイリーン・シーブルが買ってやったらしい。

『ここではないどこかへ』を読む限り、ジョアンは、キャリッジ・コートでの生活に満足していない。夢を実現してくれるどこか遠くへ行きたくて仕方がないのである。


「一生、こんなところに埋もれていたくないのよ。こんなところでは暮らせないのよ！」

（『ここではないどこかへ』下巻P78）


この結婚も破綻したが、公的な記録中に離婚年月日を特定できるものを見つけることは出来ない。しかし、『ここではないどこかへ』の記述から、一九七一年と推定できる。ジョアン39歳の時である。

ジョアンは離婚してもジョアン・シンプソンを名乗った。モナ・シンプソンも同じである。

モナの『ザ・ロスト・ファーザー』（原著P339）には、ジョージ・シンプソンもニューヨークで養子だったとある。だからシンプソンを名乗ることに後ろめたさはないということだろう。

ひたすら西へ、ビバリーヒルズへ

ジョアン・シンプソンは、ジョージ・シンプソンと離婚した後、娘のモナ・シンプソンと二人で、白いリンカーン・コンチネンタル・マークⅢに乗って、ウィスコンシン州のベイ・シティからカリフォルニア州のビバリーヒルズを目指した。白いリンカーン・コンチネンタル・マークⅢは、ジョアンが当時、世界で最もエレガントな車と考えていた車である。写真を見ると確かに素晴らしい車である。旅の様子は、モナの『ここではないどこかへ』に詳しく描かれている。

つまらない事ではあるが、モナは『ここではないどこかへ』にベイ・シティと記している。ウィスコンシン州にベイ・シティという町は実在するが、全体の叙述から判断すると、ウィスコンシン州ミシガン湖畔のグリーンベイだろう。

モナ・シンプソンの小説は、書き出しが変わっている。ドキッとさせる。そしてフォローがない。『ここではないどこかへ』の冒頭では「あたしたちは喧嘩をした。盗んだ車で州境を越えるときも…」とある。リンカーン・コンチネンタルを盗んだのかとびっくりするが、そうでもないようだ。後で何の説明もない。

『ア・レギュラー・ガイ』（邦訳はない）というスティーブ・ジョブズをモデルにした小説でも、「彼は忙しすぎる男でトイレを流さなかった」という文章で始まる。これも後で何の説明もない。

スティーブの実母ジョアンは、どんな人だったろうか。『ここではないどこかへ』にはいくつか参考になる記述がある。

「初対面の人たちはほとんど例外なく彼女が好きになる。そしてたとえ彼女を憎み、我慢できなくとも、たとえ彼女のために人生が台無しにされているとしても、彼女には抵抗しがたい魅力がある」

（『ここではないどこかへ』上巻P25）

旅の目的は、娘を子役のスターにする事と、彼女が金持ちの男を見つけて再婚することにある。

「いいこと、ママは男を捕まえなきゃならないのよ。あなたのお父さんを見つけなきゃならないの」

（『ここではないどこかへ』上巻P26）

「ねえ、どんな相手に会えるというの？　こんな片田舎に住んでいて？」

（『ここではないどこかへ』上巻P75）

ジョアンは、前夫のジョージのクレジット・カードを使って、ガソリン代、モーテル代、食事代まで払ってしまう。また不動産屋のゲイル・レターファインをだまして食事を奢らせたり、香水を大量に発注しながら、受け取らずに姿を消してしまう。また「あたしたちはアメリカを旅しながらもずっと野菜を盗んだ」とある。

もちろん小説の中の事だから、虚実は、はっきり特定できない。だが金銭的に苦しい旅だったようである。

カリフォルニアに到着すると、ビバリーヒルズに居を定める。『ここではないどこかへ』にはジョアンの物の考え方や人生観について髣髴《ほうふつ》させる次のような記述がある。

「ひいおばあちゃん（ハティー）はすごく上品な人だったのよ。おばあちゃん（アイリーン）は違うわ〈中略〉私たちはひいおばあちゃんに似ているのよ。こういう町で暮らすべき人間なのよ」（上巻P18）
「あたしたちはこの町で上流でいられるのよ」（上巻P135）
「わたしたちがそれなりの階層の人間だということがわかると思うのよ」（上巻P143）
「知らないでしょうけれど、アニー（モナ）、この年齢で修士号を持っている女性はそうざらにはいないのよ」（上巻P205）
「わたしたちは趣味がいいわ。どこに行っても、人びとはこう考えてくれる。おい、なんて素敵な母と娘なんだってね。それが気品というものなのよ」（上巻P261）
「わたしはきれいよ。でも、それじゃ十分ではないのよ。わたしの年齢になると、美しく着飾っていないと誰にも相手にされないのよ」（上巻P304）
「だからわたしたちは引っ越したのよ。あっちに行って、最高の人達と一緒に暮らせるようにね。あらゆる点で最高の人たちとよ」（下巻P100）
「ママ（ジョアン）のふたつの情熱は、高嶺の花の男性と高価な服を手に入れることだった」（下巻P130）
ジョアンには、ある意味で鼻持ちならない位の上流意識や、特別な人間というエリート意識が存在することが伺われる。それでいて蓮っ葉で嘘ばかりついて酷薄《こくはく》な一面もある。

養子に出されずに、こういう人の息子として育った場合、スティーブ・ジョブズは、偶像的なスティーブ・ジョブズに成長しえたかどうか、そして何より幸せな人生を暮らせたかどうか疑問に感じる。ビバリーヒルズ到着後のジョアンとモナの生活は大変興味深い。

スティーブの実父ジョン・ジャンダーリ

スティーブ・ジョブズの実父のアブドゥルファァター・ジョン・ジャンダーリについては憶測が多く分からないことが多い。

一九八五年、スティーブ・ジョブズの実妹モナ・シンプソンは、実父ジャンダーリを見つけ出し、そのことを一九九二年『ザ・ロスト・ファーザー（行方不明の父親）』に書いた。

506ページもある小説だが、『ここではないどこかへ』と少しずつ設定を変更している。450ページになって、突然、劇的に急展開する。きっと最後にはジャンダーリが出て来るはずだと思わなければ読み通せない。「これほど退屈な小説は読んだことがない」という読後感を見た事があるが、ある意味で、もっともだと思う。

ジャンダーリは、公式文書には一九三一年三月十五日、シリアのホムズに生まれたとされている。モナ・シンプソンの『ザ・ロスト・ファーザー』では、アラファト議長と同じ五月二十一日にしている（原著P453）。これはむろん虚構である。モナ・シンプソンは、行方不明になった父親は、実は国際的なテロリストで、何か極秘の活動をしていて、そのため家族からも身を隠しているのだと、少女時代には信じていたかったという。

どちらにしても、『ザ・ロスト・ファーザー』によれば、ジャンダーリの誕生日は、あてにならないのだそうだ。当時、シリアには出産設備が完備されていた医療機関はなく、医者がやってきて取り上げるのではなく、巡回助産婦のような人がいて取り上げたのだという。ジャンダーリが母親に自分の誕生日を聞いても、知らないと言われた。昔の日本でも誕生日は適当に届出をしていた場合があったと聞いたことがある。

したがってジャンダーリは、自分には誕生日はないという言い方をしている。米国に来て、書類記入の必要性の生じた段階で、自分で誕生日を作り上げたという。多分それが本当だろう。

ジャンダーリ家は、シリアの名門だったという記述もあるが、色々な記述を読むと、にわかに採用する気にはなれない。貧しいほどではないが、さほど豊かというほどでもなかったようだ。

一九五二年、ジャンダーリは、ベイルートのアメリカン大学で学士号を取得した。同じ年、ジャンダーリは渡米し、多分ニューヨークのコロンビア大学を経て、1年後にウィスコンシン大学に入学した。ニューヨークでは、パートタイムでネクタイの販売のアルバイトをしたという説もある。

一九五六年、ジャンダーリは、ウィスコンシン大学で「国家の独立の基準を定めるための国連の取組み」という論文を書いて博士号を取得した。

一九五五年にジャンダーリは、ジョアンと結婚し、一九六二年に離婚した。

シリア人の友人を招待した所が、ジョアンがひどく屈辱的な暴言を吐いたので、それが原因でジャンダーリはシリアに帰ったという。

ジャンダーリのジョアンに対する感想は次のようだ。

「彼女は素晴らしい人で、美人で、非常に知的だった。でもいつも少しクレージーだった」
（『ザ・ロスト・ファーザー』原著Ｐ456）

一九六五年、ジャンダーリは、カリフォルニア州オレンジ・カウンティでアグネス・リレラ（Agnes Rilella）と結婚し、同年離婚したという（『ザ・ロスト・ファーザー』原著Ｐ363）が、記録が検索に引っ掛からないので、本当の所は分からない。

一九七三年頃、ジャンダーリは、どこかの大学の講師になったようだ。『ザ・ロスト・ファーザー』では、モンタナ州のファース・アダムズ・カレッジの社会科学部ということになっている。調べてみたが、そういう大学はないようだ。またファース・アダムズ・カレッジの社会科学部の学科長になったとか、終身在任権も得たとあるが疑わしい。

ジャンダーリは、ベスト・ドレッサーでシルクの蝶ネクタイをしていた。眼が魅力的だったという記述は多分真実に近いのだろう。

ジャンダーリは、クリスマスに中東方面へのツアーを企画し、女性を10数人連れて行った。エジプトのカイロでギャンブルに夢中になり、ツアーの金まで手をつけてしまった。翌朝、ジャンダーリはツアーのお客を置き去りにして、単身飛行機のファースト・クラスに乗って、アテネ、ローマ、ニューヨークと逃げ回った。その後、一九七六年頃、ジャンダーリは姿を消してしまう。

この話は本当なのか嘘なのか、現時点では分からない。もう十年もすれば、誰かが真相を明らかにするだろう。

ジャンダーリは、生涯4回結婚していると言われているが、正式な結婚として検索にかかるのは2件である。

ジョアン以外に正式な結婚歴として検索に引っ掛かるのは、4回目に結婚をしたロシール・C・コストナー（Roscille C. Costner）である。ロシールは一九四一年六月二十三日サンディエゴに生まれている。ジョアンよりも9歳ほど若い。結婚した日時は不明である。お客への負債を全額払ってくれたのが、『ザ・ロスト・ファーザー』（原著P335近辺）ではユタである。多分、ユタがロシールと思われるが、正確な所は分からない。ロシールの他にも恋人がいたようだ（『ザ・ロスト・ファーザー』原著P471）。

ジャンダーリは、「ジゴロ」という表現もある（『ザ・ロスト・ファーザー』原著P344）。お洒落で、女性にもてて賭博に眼がなく、お酒も好きなようだ。女性には魅力的に映る人らしいが、堅実な人ではない。

ジャンダーリは、ホテルのレストランでウェイターをしていたこともあるようだ。米国市民権を取るためには定職についていなければならないが、そう簡単なことではない。

またある時期、ジャンダーリは、サンノゼの北方で地中海料理のレストランを始めたことが分かっている。またサクラメントの鄙《ひな》びたレストランで働いたこともあるようだ。そこで知らないまま、スティーブ・ジョブズとも出会って握手もしている。

ジャンダーリは、80歳過ぎて、ネバダ州のリノ郊外のブームタウン・ホテル&カジノで飲食関係の責任者になっている。リノ郊外というより、カリフォルニア州とネバダ州の境にごく近い所にある。ネバダ州では公営賭博が許されているし、公営の売春宿もある。週末になると、カリフォルニア州の男達は車を飛ばして、ネバダ州の砂漠の歓楽地帯に突進する。

スティーブ・ジョブズは、ある時期まで必死に実の両親を探していたようだ。だが、調べがついてみると、あきらめもついたようだ。育ての母、クララが死んだ後、スティーブは父親のポールの許可をもらって、ロサンゼルスに住んでいた実母のジョアンに会いに行った。モナとスティーブは、ジョアンの導きで『ここではないどこかへ』の刊行前の仕上げの時期に出会った。

だが、スティーブは実父のジャンダーリとは、公式には会っていない。ジャンダーリは何度かスティーブにメールは出したようだ。スティーブ自身は、自分を捨てた父親は生涯、許せなかったようだ。実母は許せたのが不思議な気がする。ジョン・レノンが『マザー』で歌っているような複雑な屈折があったのかも知れない。

結局、実の両親とは、自分が生まれてくるきっかけ以上の何物でもなかったようだ。本人もそう言っている。まことに不幸であった。

第二章

スティーブ・ジョブズの育ての親と幼少年時代

ポール・ラインホルド・ジョブズ

ポール・ラインホルド・ジョブズは、一九二二年十一月二十二日、ウィスコンシン州ワシントン郡ウェストベンドに生まれた。一九九三年五月五日に70歳で没している。以下ポールと略すことにする。

ポールの父親はエドウィン・A・ジョブズで、一八九七年九月一日ウィスコンシン州ミルウォーキー郡ミルウォーキーに生まれた。一九七四年六月二十日にサンディエゴで没している。一九三〇年の人口統計の記録ではレンガ会社の労働者となっている。

祖父はルドルフ・カール・ジョブズで一八六四年西プロシアの生まれである。一九〇五年の人口統計では大工、一九一〇年には農業となっている。一九二〇年も農業だが、一九三〇年には大工に戻っている。祖母はウィスコンシン州ミルウォーキー郡の生まれである。

ポールの母親はクララ・B・ニコラスで、一八九八年八月二十五日ウィスコンシン州に生まれた。一九六一年十月二十八日サンディエゴで没している。一九三〇年の人口統計の記録ではアルミニウム会社で皿洗いをしているとある。祖父、祖母共にウィスコンシン州ミルウォーキー郡の生まれである。

ポールの父親は、アル中で暴力をふるうこともあったが、ポールはやさしく、落ちついた性格の壮健な少年に育ったと伝記には書いてあるが、どうもこれは正しくはないらしい。むしろ神経質で始終文句を言い、怒りっぽい性格だったようである。額に血管が浮き出て激高しやすい性格だったようだ。相手の口に拳を食らわせてやると言ったりした。

ポールは高校を中退した後、中西部を転々として機械工として働いた。

ポールは、日本軍の真珠湾攻撃の後、19歳で沿岸警備隊に入隊する。泳げないというのに沿岸警備隊に入ったのが不思議である。

ここで高速兵員輸送艦モンゴメリー・カニンガム・メグズ（以下M・C・メグス）が登場する。基準排水量1万1450トン、21ノットで航行でき、5200名の兵員を輸送できた。M・C・メグスは、一九四四年三月十三日に進水し、一九四四年六月二日に米海軍に徴用された。M・

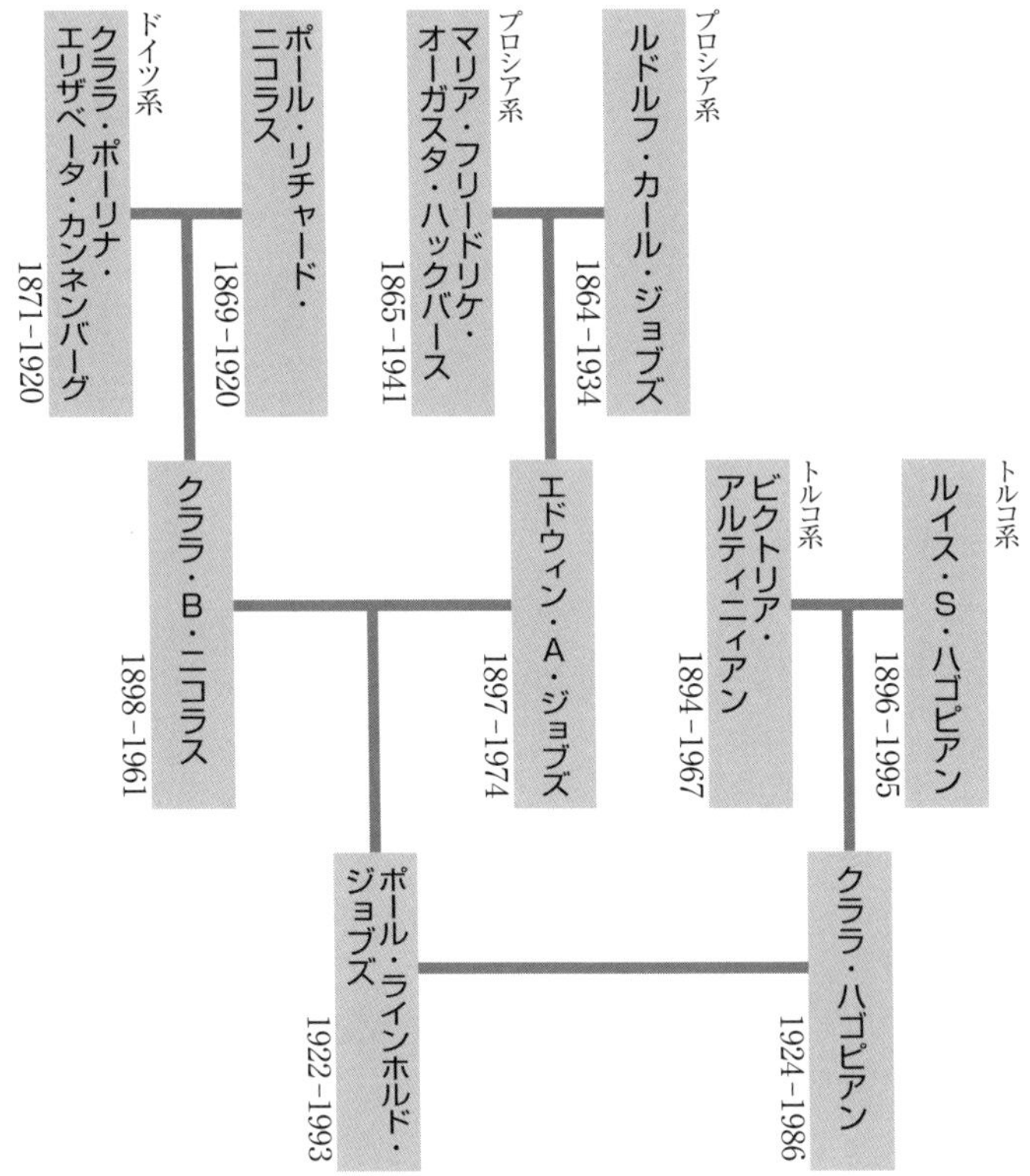

図　ポール・ラインホルド・ジョブズに関連する系図

C・メグスの乗組員には、海軍の兵員でなく、沿岸警備隊の隊員を転用したという。珍しい事例だ。そのためポールはM・C・メグスに乗り込むことになった。

M・C・メグスは、バージニア州ニューポート・ニュースとイタリアのナポリの間を2回航海した後、ブラジルのリオ・デ・ジャネイロに行き、5200名のブラジル遠征軍をイタリアに運ぶなど、世界中を回る航海を重ねた。第二次世界大戦後は全世界からの帰還兵をニューヨークやブラジルに運んだ。一九四六年三月四日、M・C・メグスは、徴用解除され、退役し、アメリカン・プレジデント・ラインに払い下げられた。M・C・メグスは、その後も朝鮮戦争で陸軍の海上輸送に従事したりして活躍したが、一九七二年座礁して最後を遂げる。

ポールはM・C・メグスの徴用解除の時、下船し、一九四六年三月十六日にブラインド・デートで出会ったクララと婚約し、結婚する。わずか10日あまりである。

ポールは身長180センチメートル、ジェームズ・ディーンに少し似ていたというが、手に入る写真を見る限りでは、あまり似ているように思えない。クルーカットという短く刈り込んだ運動部系の髪形で写っているせいか、ジェームズ・ディーンの病的なまでの陰鬱な表情がない。しかし、数枚の写真だけで、ある人の人となりを判断するのは危険だろう。

クララ・ハゴピアン

ポール・ジョブズの妻クララ・ハゴピアンは、一九二四年八月三日、ニュージャージー州エセックス郡ニューアークに生まれた。一九八六年十一月七日、62歳で亡くなっている。

クララの父親はルイス・S・ハゴピアンで一八九六年トルコのマラティヤに生まれた。母親はビクトリア・アルティニアンで、一八九四年トルコのスミルナに生まれた。

クララの両親は、トルコ人によるアルメニア人迫害から逃げ出して米国にやってきたという。一家は、サンフランシスコのミッション・ディストリクトへ引越し、そこで育った。

クララは、ポールの前に将来を誓った男性がいたが、第二次世界大戦で帰らぬ人となったという。随分調べてみたが、その男性との結婚記録は見つけられなかった。将来を誓っただけかもしれない。

ジョブズ夫妻は、ウィスコンシン州で2、3年、ポールの両親と同居したあと、インディアナ州に転居する。ポールは、機械工としてインターナショナル・ハーベスター社で働きながら、中古車を買って修理し、それを売るという仕事を始める。そのうち副業が本業となり、退社、独立して、中古車の販売に専念した。しかし、ポールはセールスマンには向いていなかった。頭を下げたり、お客に媚《こ》びるのが嫌いだったという。

一九五二年、サンフランシスコを忘れられないクララは、サンフランシスコに戻ろうと提案する。鉄道王リーランド・スタンフォードのセントラル・パシフィック鉄道の客として上得意だったのは、ウィスコンシン州とインディアナ州からの移民であると言われている。この周辺に住むと、カリフォルニアがとても素晴らしく見えるらしい。

ジョブズ夫妻は、ゴールデンゲートパークのすぐ南、太平洋を望むサンセット・ディストリクトのサンフランシスコ45番街１７５８番地（1758 45th Avenue, San Francisco）に住んだ。緩い坂道にある紫色がかった焦げ茶に塗られた家である。

ポールは、金融会社CITで働いた。自動車ローンの支払いが滞ったとき、鍵をピッキングして車を差し押さえる仕事だ。あまり芳しい仕事とは思われていなかったようだ。ポールはその一部を自分で購入し、修理・販売して副収入とした。

養子縁組騒動

ジョブズ夫妻には子供ができなかったので、結婚から9年が経った一九五五年頃、二人は養子を迎えることを考えていた。そこにジョアン・シーブルの子供が養子に出る話が来たのである。ジョアンがウィスコンシン州の出身であることと、ポール・ジョブズが同じウィスコンシン州のきわめて近くの出身であることには何か関係がありそうな気がするが、現在の所は分からない。

養子縁組にあたり、ジョアンは大卒の家庭という条件をつけた。当初は高学歴の弁護士の一家に引き取られることになっていたが、一九五五年二月二十四日にジョアン・シーブルに男の子が生まれると、女の子の方がいいと断られてしまう。

そこで男の子は代わりに、ポール・ジョブズとクララ・ジョブズ夫妻に引取られ、スティーブ・ポール・ジョブスとなることになった。ところがジョアンは、これに反対し、ジョブズ夫妻を法廷に引き出した。

このあたりのことは、モナ・シンプソンの『ア・レギュラー・ガイ』のP187に登場する。スティーブ・ジョブズ物の3作目となると、手の込んだ偽装が加えられる。どうせ私小説なのだし、こういう偽装は意味のないことだと思う。

「彼ら（ジョアンの両親）は、彼女（ジョアン）が、トム（小説の主人公トーマス・ルドルフ・オーエンスつまりスティーブ・ジョブズのこと）の父親（ジャンダーリ）と結婚することを決して望んでいなかったのです。彼らは医者の一家でした（これは事実と違う）。

アート（ポール）は弁護士を雇うことを望み、私たちはそうしました。しかし、その最初の年はきつかったのです。彼らは気難しい人達でした。彼ら（実際はジョアンだけ）は、ソーシャル・ワーカーを困らせていました。私は彼らが動転していると思いました。彼女は彼らの一人っ子でした。

私たちが子供を必ず大学に入れると誓約した後でも、彼らは幸せではありませんでした。私たちは彼を大学に行かせるために、どのように毎週預金するかを示した予算書を作りました。判事が私たちに養育権を与えた後、彼らは立ち去りました。アリゾナに行ったのだと思います（これは事実と違う）。

最初の一、二年は、子供（スティーブ）にバースデイ・カードと小切手が届きました。でも、その後は音沙汰なしです。」

クリスアン・ブレナンが『林檎の噛み跡』P15に記している方がもっとストレートで、信頼性が高い。原文をそのまま訳すと、誰が誰でということが少し分かりにくいから、分かりやすく説明する。

ジョアンは、スティーブを（低学歴の）ジョブズ家でなく、別の家庭に引取ってもらおうとして、ジョブズ家への不満を表明した。ジョアンの言うところでは、ジョブズ家は、自分がスティーブのために相応しいと望んでいた「良い家庭」でないというのである。実際、ジョアンはスティーブのために別の家庭を選んでいた。前述のようにカソリックで高学歴の弁護士の家庭だった。ところがスティーブが生まれると、弁護士の家庭は、男の子でなく女の子が欲しいので、男の子のスティーブはいらないと手を引いた。

そこでジョブズ夫妻がスティーブを引取ることになった。ところが、ジョアンは、スティーブが、ジョブズ家でなく、もっと社会的階層の高い位置にいる、良い人達の「良い家庭」に引取って欲しいと法廷に訴えた。

そのためジョブズ夫妻は、やむなく弁護士を雇って、法廷闘争をしなければならなくなった。同意審決が出るまでの6ヶ月間、クララは、スティーブを家庭に引取って育てていたが、法廷の命令が出て、ジョアンがスティーブをどこか別の家庭に連れて行ってしまうのではないかと心配した。しかし、最後に、ジョブズ夫妻は、スティーブには必ず大学教育を受けさせるという条件で、学資プランを提出して、スティーブを正式に養子として引取ることができた。

クリスアンが語る所では、この話にはなお後日談がある。こんなに苦労して養子にしたのに、スティーブはきわめて育てにくい子供で、スティーブが2歳になった時、クララは失敗をしたと思ったという。電源コンセントにピンを差し込んで火傷をして病院に担ぎ込まれたり、殺虫剤を飲み込んで、病院で胃洗浄を受けるなど大変な子供であったという。でも私の経験では、子育ての段階では男の子にはそういう事件はいくつもある。

ともかくクララは一時スティーブをジョアンに返したいと思ったという。そういう迷いを感じたことをクララは後に深く反省したという。何という不幸な話だろうと思う。スティーブは、自分で感じていたように誰にも望まれない子供であった。しかし、反省したクララは、じっと耐え、スティーブはジョブズ家で育てられ続けた。

ジョブズ家に、スティーブの大学の学資を貯めるように要求したジョアンであったが、ジョアン自身は自分の娘で、スティーブの妹のモナのためには、一切、学資を貯めることはなかった。他人に厳しく自分に甘い。まことに身勝手である。

ジャンダーリとジョアンは、次第にスティーブのことを忘れて、自分自身の生活に埋没して行く。

アウター・サンセット地区の家

スティーブ・ジョブズは、一九五五年、アウター・サンセット地区のサンフランシスコ市45番アベニュー1758番地（1758 45th Avenue San Francisco）のジョブズ夫妻の家に引取られた。

晴れていれば、海岸側のサンセット（夕焼け）がきれいに見える。一九四七年に建てられた2階建ての家で焦げ茶色に塗られている。111平方メートル、37坪ほどの家だ。航空写真で見ると、正面から見えない裏庭が見える。サンフランシスコの住宅に特徴的な裏庭である。

スティーブが引取られてから5ヶ月してサウス・サンフランシスコに引越したと言われるが、どこなのか分からない。

この時代に関するジョブズの記録は全くない。ジョブズが自伝でも書いていれば、「物心ついた時の最初の思い出は、アウター・サンセットの家で…」あるいは「最初の思い出はサウス・サンフランシスコの家で…」式の記述が得られるのだが、残念ながら、そういうものは全く発見されていない。

分かっているのは、一九五七年、2歳年下のパティが養女として家族に加わったことである。もしいつか彼女が回想録でも書いてくれれば空白の時間は埋まるだろう。

◆アウター・サンセットの家については『シリコンバレー』P12を参照されたい。

マウンテンビューの家

一九六〇年には、ポール・ジョブズが働いていた金融会社CITが、パロアルトにオフィスを移転した。パロアルトは家賃が高すぎるので、ジョブズ夫妻は、パロアルトの南東に隣接するマウンテンビュー市ディアブロ286番地（286 Diablo, Mountain View）の建売住宅を買った。

マウンテンビュー周辺は、ジョーゼフ・アイクラーという開発業者の建売住宅が多かった。アイクラーは、一九〇〇年、ニューヨークのユダヤ人の家庭に生まれた。アイクラーは、ニューヨーク大学のビジネス学部を卒業している。その後サンフランシスコで妻の家族が経営していた養鶏業の経理を手伝った。

アイクラーは、フランク・ロイド・ライトの建てた家に三年間ほど住んだ。妻の家族の養鶏業がうまく行かなくなったので、不動産業に転向し、アイクラー・ホームズを設立することになった。最初は普通の住宅を建てていたが、ライトのスタイルを模倣した中産階級向け住宅を建てることになった。現在もシリコンバレーでよく見かける1階建ての開放的な平屋が特徴である。

アイクラー・ホームズは、一九五〇年から一九七四年にかけ、カリフォルニア州のあちこちで「カリフォルニア・モダン」と呼ばれる住宅を全部で1万1千戸以上建設販売した。

当時のカリフォルニアでは、住宅業者の間に、アフリカ人、中国人、日本人、メキシコ人、東欧系ユダヤ人に住宅を売らないという「紳士の約束」というものがあった。そういうことを座視すれば、スラム化して土地や住宅の値段が下がるというのである。むろん、人種差別に基づくものだ。アイクラーは、断固として拒否し、一九五八年に全米住宅建設協会から脱退した。

アイクラーのビジネスは、あまり儲からないもので採算性は悪かった。このため一九六七年には会社を売却したが、アイクラーは一九七四年に死去するまで住宅を作り続けた。

ウォルター・アイザックソンによれば、ジョブズは次のように語った。

「アイクラー・ホームズはすごい。彼の家はおしゃれで安く、よくできている。こぎれいなデザインとシンプルなセンスを低所得の人々にもたらした」

「(アイクラー・ホームズのように) すばらしいデザインとシンプルな機能を高価ではない製品で実現できたらいいなと思ってきた。それこそ、アップルがスタートしたときのビジョンだ。それこそ、初代マッキントッシュで実現しようとしたことだ。それこそ、iPodで実現したことなんだ」

ある意味で、ここに述べられたことは、ジョブズの強さと限界を示している。つまり、ジョブズは、廉価な量産品を優秀なデザインと簡素な機能で提供することに才能を持っていた。したがって、IBMが得意としたような複雑なアーキテクチャを持った巨大な企業向けネットワークを提供するようなことは得意ではなかった。関心すらなかったように思う。生涯を通じて彼が情熱を燃やし提供したのは個人向け情報機器であって、企業向け情報システムではなかった。

また多少悲しいことだが、ジョブズが住んだ家は、実はアイクラーのアイクラー・ホームズの建てた住宅ではなかった。別の建売業者マッケイ・ホームズがアイクラー・ホームズの住宅を模倣して建てた家であったことが分かっている。したがって、彼はライトの住宅を真似したアイクラー・ホームズの住宅をさらに真似した住宅を絶賛していたのである。ジョブズの才能や審美眼を過剰に評価しすぎるのは慎むべきだと思う。

ライトが一九三〇年代中期に作り出したスタイルは、USONIAN《ユーソニアン》と呼ばれる。ユナイテッド・ステーツ・オブ・ノース・アメリカの頭文字をつなぎ合わせた造語である。天井裏も地下室もなく装飾もほとんどない。採光部を大きくとるのは、電気代の節約のためである。大恐慌の後の不況を受けてコスト削減一本槍でデザインしたものである。

なぜカリフォルニアには２階建てが少なく、１階建ての平屋が多いのか。また三角屋根が少なく、平らな屋根が多いのか、長い間、不思議に思っていたが、デザインというよりはコスト削減だったのだろう。ただしバウハウス建築の影響もあるかも知れない。

マウンテンビュー市ディアブロ２８６番地を実際に見てみると、非常に簡素なさっぱりした家である。天井が低いから、多分夏は暑く冬は寒いだろう。お世辞にも豪壮な家ではない。一九五五年に建てられた家で、ベッドルームが三つ、バスルームが二つ。１２８平方メートル、39坪程度の家である。それでもジョブズの父親ポール・ジョブズは、裸一貫から、この家を手に入れるまでになったのだから、立派である。

ポール・ジョブズがマウンテンビューの家に残したものに家を囲む塀がある。航空写真で見ないと分かりにくいが、コの字形に家を囲む立派な塀が残っている。

◆マウンテンビューの家については『シリコンバレー』P43を参照して頂きたい。

モンタ・ローマ小学校

一九六一年、スティーブ・ジョブズは、マウンテンビューのモンタ・ローマ小学校に入学した。モンタ・ローマとは山の尾根を意味するようだ。モンタ・ローマ小学校は、マウンテンビュー市トンプソン・アベニュー４６０番地にある（460 Thompson Avenue, Mountain View）。ジョブズの自宅から２００メートルほどのすぐそばである。

マウンテンビューには、元からいた中国人に加えて、一九〇〇年頃から、日本人、フィリピン人、スペイン人、東欧人、イタリア人、ポルトガル人、メキシコ人と雑多な人種の人々が農場労働者として流入してきた。

一九三〇年代には南東に隣接するサニーベール市との境に海軍モフェット飛行場とＮＡＣＡエイムズ研究センターができ、工場労働者の群れが加わった。第二次世界大戦が終了すると、帰還兵の群れが理想の楽園を求めて流入してきた。

しかし、マウンテンビューを決定的に変えたのは、一九五六年の半導体の発明者の一人ウィリアム・ショックレーの出現だろう。サンアントニオ・ロードの古いアプリコットの保管小屋がシリコンバレーを生み出した。したがって、モンタ・ローマ小学校には、様々な人種や階層の家庭の子供が来ていた。

◈ウィリアム・ショックレーについては『シリコンバレー』第7章、第8章を参照されたい。

モンタ・ローマ小学校の４年生の時の担任はイモジーン・ヒル先生であった。活発な女性で、スティーブにとって良い先生であった。ご褒美にお金をあげるという即物的な提案をして、スティーブのやる気を引き出した。スティーブの「僕の救いの主のひとり」となる。

モナ・シンプソンの『レギュラー・ガイ』Ｐ131に書かれている所では、イモジーン・ヒル先生はタイン先生として登場し、ご褒美のお金は５ドルで、くれたのは一度だけだったらしい。

スティーブが、４年生終了時に知能テストを受けると、きわめて高い知能指数だった。このためスティーブは、一年飛び級をする。

◆モンタ・ローマ小学校については『シリコンバレー』Ｐ46を参照されたい。

カーボン・マイクロフォン

ここで有名なカーボン・マイクロフォン事件がある。この地でスティーブ・ジョブズは、近所に住むヒューレット・パッカード社の技術者のラリー・ラングと仲良しになった。ラリー・ラングは、ウォルター・アイザックソンの本『スティーブ・ジョブズ』のマウンテンビューの小学校時代（訳書Ｐ40）と、ロスアルトスのホームステッド高校時代（訳書Ｐ48）の２箇所に近所の住人として登場するが、場所が離れすぎているし矛盾していると思う。またカーボン・マイクロフォンがマウンテンビューとロスアルトス時代の両方に登場するのも妙だ。ウォルター・アイザックソンの記述に混乱があると思う。

ともあれ、事件と言うのは次のようなことだ。スティーブが、ラリー・ラングにもらったカーボン・マイクロフォンとスピーカーをつないで動かそうとした時、父親はアンプ（正確にはアンプリファイヤー：増幅器）なしではスピーカーからは音は出ないと言ったのだが、アンプがなくともスピーカーから音が出てしまった。そこでスティーブは父親は物を知らず、低学歴の両親よりも自分のほうが頭が良いらしいと思うようになったという。これは大きな誤解だ。

大きなスピーカー出力を必要としなければ、アンプがなくともカーボン・マイクロフォンで音は十分出る。初期の電話機がそうであった。もともとカーボン・マイクロフォンの原型はエジソンが発明して、炭素送話器として電話機に使われていた。ふつうは自在に音量を調整したいから、アンプを入れるのである。カーボン・マイクロフォンという名前はエジソンの発明を改良したデイビッド・ヒューズによるものだ。ヒューズのカーボン・マイクロフォンには炭素粒による増幅作用があった。小さなアンプが入っているのと同じようなものだ。

もしスティーブが、デイビッド・ヒューズのように、カーボン・マイクロフォンの動作が、強い電磁波の影響を受けることに気がついたりしていたら、スティーブは天才に近いと言えるかもしれない。しかし、それには、鋭い直観と粘り強く長い観察と考察を必要とする。

この話が、元々マイケル・モーリッツの『スティーブ・ジョブズの王国』P55に採録された時には、スティーブがどう感じたかは記されていない。

多分ウォルター・アイザックソンがマイケル・モーリッツの本を読んで、スティーブに「スティーブ、あ

写真　ウォルター・アイザクソン著『スティーブ・ジョブズ』：アインシュタイン、キッシンジャー、フランクリンの伝記などをこなしたアイザクソンが驚異的スピードで書いたベスト・セラー。井口耕二氏の訳がある。

れはどういうことだったのかい？」と聞いたら、スティーブは、それはこういうことだったんだとして神話を作ったのだろう。

仮に、もしスティーブが、父親のちょっとしたミスで自分は誰よりも頭が良く、自分は特別な存在だと思い込むようになったとすればまことに不幸なことである。単なる揚げ足とりに過ぎない。おめでたさすら感じる。そして、それが不幸なことに自分は誰よりも頭が良く優れた人材で、選ばれた人間だと思い込むスティーブの人格を形成するようになったとすれば、良かったのか悪かったのか分からない。

大学の教員として反省するが、大学教育を受けた学生の中には、親より高い教育を受けた結果、自分の方が親より偉い人間になったような錯覚を持つ場合があるようだ。教育を受けたからと言って、人間の価値や質がただちに向上するものではないことを、どこかで教えるべきではないかと思う。もっとも教えても本当に理解するかどうかは分からないが…。

スティーブは、捨てられたという感覚だけでなく、自分は特別な選良だという感覚も持ちながら成長していった。

クリッテンデン中学校

11歳になると、スティーブ・ジョブズは、マウンテンビュー市ロック・ストリート1701番地（1701 Rock Street, Mountain View）にあるクリッテンデン中学校に進んだ。

モンタ・ローマ小学校より1キロほど海岸に近いせいか、移民の子供が多い地域でまるで別世界だったという。暴力的な不良も多く、ナイフや鋲を打ったズボン、喧嘩やレイプの暴力が横行し、対抗試合に負けると他校のバスを破壊してしまうなど、荒廃した状況だったといわれる。最年少のジョブズは、恐怖に打ち震えた。12歳の時、新学期を控えてクリッテンデン中学校には、もう行きたくない、クリッテンデン中学校は、もうやめると言い出したという。そういうふうにマイケル・S・マローンによる伝記などには書いてある。これは先行する伝記の記述などが引き写されているうちに定説のようになったのだと思う。

私が実際に行って見ると、クリッテンデン中学校とは、普通の中学校である。治安の悪い地域に特有の壁のスプレー・ペンキによる落書きもないし、周辺が汚れているわけでもない。

◆クリッテンデン中学校については『シリコンバレー』P48を参照されたい。

スティーブは、いつも虐《いじ》められて泣かされているひ弱な子供であったことは間違いないが、その程度の暴力や脅しだけでは登校拒否をするとは思えない。

むしろ、これはクリスアン・ブレナンが『林檎の噛み跡』P16で書いているように、学校の悪友達がスティーブが養子であることをからかったことにあるのだと思う。

「君のお母さんは、本当に君を愛してるのかい?」

写真　マイケル・S・マローンの『インフィニト・ループ』：大分なスティーブ・ジョブズ伝。面白い考察が沢山出て来る。

まことに子供の虐めには陰惨《いんさん》で残忍な部分がある。

スティーブがこのことをクリスアンに告白した時も、スティーブは悔しさで唇を震わせていたという。家に帰ってもジョブズ夫妻にも言えず、ただもう学校には行かないとしか言えなかったのだろう。ジョブズ夫妻は暗黙の内に分かったのかもしれない。

スティーブは、自分が養子であるということを強く意識する。スティーブは、家族においても世界においても自分は異分子で一人孤立していると何となく感じるようになったらしい。

クララ・ジョブズは少し肌の色が濃く、茶色の眼をしていた。気さくな人で、ヘビー・スモーカーだった。面白いことにスティーブの育ての親クララは、スティーブの実母のジョアン・シーブルに良く似ていたと言う。クリスアンが述べる所によれば、二人とも同じ肌の色をして、頬骨が広く、同じ茶色の眼をしていた。人柄はまるで違うようだが、同じような風貌の人達だったようだ。

クララは、スティーブに、繰り返し言って聞かせた。

「あなたの本当のお母さんは、とてもきれいな人だったのよ」

次第にスティーブの脳裏には、実母のジョアンが非常に美しい女性であると刷り込まれたようだ。スティーブにとって、まだ見ぬ母は聖母の領域にまで達したようだ。自分の出自は分からないが、自分は素晴らしく美しい母から生まれたと感じ、それが孤独な彼の矜持《きょうじ》となっていった。実際はどうだったのかとは思うが、仕方のないことだろう。気の毒だと思う。

スティーブは、きわめて繊細で、機械工作で手を汚すようなことは嫌った。文句屋で泣き虫だった。マウンテンビュー・ドルフィン水泳クラブで泳ぎを習っても、競争に負けると、すぐ泣いた。スティーブ・ウォズニアックの弟のマーク・ウォズニアックが述べている。スティーブほど生涯良く泣いた男は少ないと言われている。

当時のマウンテンビューでは、近所の住人が折からの景気の波に乗って、次々に成功して、パロアルトやロスアルトスのような高級住宅地に引越して行くのに、ポール・ジョブズは逆に負のスパイラルに落ち込んだ。これは学歴や資格がないからだとポール・ジョブズは考え、空いた時間で不動産業者のコースを取って、不動産業者の資格を取得しようと考えた。

しかし、ポールは不動産のセールスマンの仕事には向いていなかった。頭を下げたり、へつらいや、お追従ができなかったという。お客はどんどん減り、収入も低下して行った。周囲が成功して行くのに、ポールだけが、うだつが上がらないのは、まことに悲惨であった。

ついにジョブズ夫妻は自宅を2番抵当権に入れ、お金を借りるまでになった。相当追い詰められたことが分かる。妻のクララもバリアン・アソシエイツで事務仕事につくようになった。バリアン・アソシエイツはマイクロ波関係の会社である。この頃はすでにスタンフォード・インダストリアル・パークに移転しており、マウンテンビューのジョブズ家からも近かったはずである。

◆バリアン・アソシエイツについては『シリコンバレー』第3章バリアンを参照されたい。

スティーブは、5歳の頃から水泳を習わせられた。沿岸警備隊員なのに泳げなかった父親のポールの反省によるものだろう。その後スティーブがマウンテンビュー・ドルフィン水泳クラブで水泳を習うようになると、その費用を工面するためにクララはベビーシッターのアルバイトを始めた。カラーテレビが壊れると、もっと安い白黒テレビに置き換えられた。

ポールは不動産業をやめ、マウンテンビューから20キロほど北西のサンカルロスで下働きの機械工で働き始めた。色々な本に採録されている有名な話がある。

ある日、小学校で先生が天文学上の簡単な質問をした。

「この宇宙で何か理解できないことはないかね？」

スティーブは答えた。

「どうしてうちの家はこんなに駄目なんだろう？」

小さな子供のスティーブにも、ジョブズ家の経済的逼迫《ひっぱく》状態が良く分かったということである。

ロスアルトスの家

どう工面したのか分からないが、ジョブズ夫妻は、スティーブの苦情を受け入れて、一九六六年、治安の良い地域のロスアルトスのクリスト・ドライブ２０６６番地（2066 Crist Drive, Los Altos）に引越した。

不思議なことにＦＢＩの調書では、一九七三年十一月から一九八〇年一月に住所を置いたことになっている。そこは一九五二年に建てられた家で、三ベッドルームでバスが二つ付いている、１６６平方メートル、50坪くらいの平屋である。厳密にいえば、ロスアルトスというより、サウス・ロスアルトスにある。この家を選んだ大きな理由は、評判の良いクパチーノ中学校の校区のぎりぎりの境界に近かったことだという。

ロスアルトスのジョブズの家は、高級住宅ではないが、簡素なデザインのアイクラー・ホームズ風の家である。マウンテンビューの家よりはグレードが上になっている。この家のガレージはスティーブ・ジョブズとスティーブ・ウォズニアックによってアップル－Ｉの生産が始まったことで有名である。アップル関係の本には必ずといって良いほど写真が出ているし、スティーブ・ジョブズ物の映画の撮影によく使われる有名な家である。

◆ロスアルトスの家については『シリコンバレー』Ｐ60を参照されたい。

クパチーノ中学校

ロスアルトスに引越した12歳のスティーブ・ジョブズは、サニーベール市サウス・バーナード・アベニュー１６５０番地（1650 South Bernardo Avenue, Sunnyvale）にあるクパチーノ中学校に入学した。

クパチーノ中学校は、サニーベール市にありながら、クパチーノ中学校という名前が付いている。これは実に奇妙なことである。クパチーノ中学校は、サニーベール市とクパチーノ市の境界上に完全にのっているが、ロスアルトス市には含まれていない。２００メートルほど外である。行政区の境と校区の境は必ずしも一致しないのかもしれない。普通でいえば、２００メートルとはいえ、越境入学である。

そういうことはともかくとして、ジョブズは、クパチーノ中学校に入学した。

この時代には記録されていることはあまりない。空白の時代である。

◆クパチーノ中学校については『シリコンバレー』Ｐ61を参照されたい。

ホームステッド高校

一九六九年、中学を卒業したスティーブ・ジョブズはホームステッド高校に入学した。

ホームステッド高校は、クパチーノ中学校から４００メートルほどのクパチーノ市ホームステッド・ロード２１３７０番地（21370 Homestead Road, Cupertino）にある。この高校の２階建ての建物の薄いピンクに塗られたブロックの壁には絵や字が薄い緑色でにぎやかに描かれている。

「ホームステッド高校創立50周年」、ムスタング（野生の荒馬）の絵とともに「ムスタングのふるさと」とある。また合衆国教育省が二〇〇四年に優秀校に選定したブルーリボン校のマークが描かれている。スティーブがウォルター・アイザックソンに語った所によれば、刑務所の設計で有名な建築家が設計したものという。現在も航空写真で見ると敷地の四分の三は芝生であるが、昔はもっと芝生が多かったという。少しずつセメントで覆われるようになった。また昔は塀がなかったが、その後、２メートル40センチの高さのブロック塀で外周が覆われるようになったという。

写真　映画『ジョブズ』のDVD。いくつ間違いを見つけられるだろうか。Apple-Ⅰの時代にIBM PC用のモニターがバイトショップの棚に並んでいるわけがないなど。

スティーブは、ホームステッド高校には一九六八年九月から一九七二年六月まで在籍していた。FBI調書では、在学中の平均点数は4点満点で2・65であった。日本式に100点満点に直すと、66・25である。必ずしも良い成績ではなかったようだ。

◈ホームステッド高校については『シリコンバレー』P62を参照されたい。

スペクトラ・フィジックス社

この頃、父親のポール・ジョブズは、スペクトラ・フィジックス社で、機械工として、技術者が設計した製品のプロトタイプを作る仕事を始めたという。スペクトラ・フィジクス社は一九六一年バリアン・アソシエイツで働いていた5人の技術者がバリアンをスピンオフして作った会社である。

◈先にも記したが、バリアン・アソシエイツについては『シリコンバレー』第3章を参照されたい。

彼等はバリアンで核磁気共鳴や電子常磁性などを研究していたが、バリアンの研究開発方針に不満でスピンオフした。彼等はスペクトラ・フィジックス社でレーザー関係の製品を作り始めた。最初はパロアルトのコマーシャル・ストリートのゴミゴミした所に小さな研究所を構えたが、半年後にはマウンテンビューのテラ・ベラ738番地のビルに移った。おそらくポール・ジョブズが働いていたのは、このあたりだろう。

スティーブは、父親のポールの仕事に興味は持ち、関心も全くなかった訳ではないが、機械工作には興味がなく、教わろうともしなかったようだ。スティーブの手を汚す仕事は嫌いという特徴は、はっきりしていた。機械工作ではなく電子工作に興味があったという。

周波数カウンターとビル・ヒューレット

ウォルター・アイザックソンの『スティーブ・ジョブズ』には次のように書いてある。

「ラリー・ラングは、スティーブに、ミシガン州ベントンのヒース株式会社のヒースキット電子工作シリーズを教えてくれただけでなく、ＨＰ（ヒューレット・パッカード）社の探求クラブにも紹介してくれた。火曜日の夜、会社の食堂に15人ほどの生徒を集めて開催される会だ。この頃ＨＰ社の探求クラブでスティーブは周波数カウンターを作ることにした。〈中略〉ＨＰ社製の部品が必要だからと、スティーブは大胆にもＣＥＯのビル（ウィリアム）・ヒューレットに電話をかける。「あのころ、電話番号はぜんぶ電話帳に載っていた。だからパロアルトのビル・ヒューレットを探して自宅に電話をしたんだ。本人が出て20分くらい話をしたよ。で、部品ももらったけど、周波数カウンターの工場でバイトをさせてもらうことにもなった」

こうしてスティーブは、ホームステッド・ハイスクールの1年生が終わった一九七〇年の夏休み、父親に送り迎えをしてもらいながらＨＰの工場で働いた。

本人も語る有名な話だが、この記述には、首をかしげたくなる部分がいくつもある。ＨＰ探求クラブに連れていってくれたのがラリー・ラングかどうかだ。その理由は前に述べた。さらにおかしいと思うのは「周波数カウンター」、「ＨＰ社製の部品」、「周波数カウンターの工場」である。

まず「周波数カウンター」だが、まともに動作する周波数カウンターは、当時のスティーブの手には余る。大学で電子計測の講義で教えたことがあるから良く知っているが、当時の技術では、まず波形を取り込んで、これを適切に前段処理し、クリッピングをかけて、アナログ信号をデジタル信号に変換し、これをカウンターにかけ、表示回路に持って行かねばならない。分周回路も必要である。

これだけでも少年時代のスティーブには複雑すぎて設計も自作もできない。せいぜいヒースキット電子工作キットを組み立てたということだろう。インターネットで、昔のヒースキットの周波数カウンターの電子工作キットの図面を見ると分かるが、これはスティーブには複雑すぎて無理だ。

それに組み立てたとしてもキャリブレーション（校正）がある。これをやらないと、仮に周波数を計っても正しい周波数を計っているかどうか分からない。周波数校正には、ＨＰの専門家の手助けと計測装置が必要である。

また「ＨＰ社製の部品」というのは常識的におかしい。特にＨＰに限る必要もないし、カウンターを作るための他社製のＴ

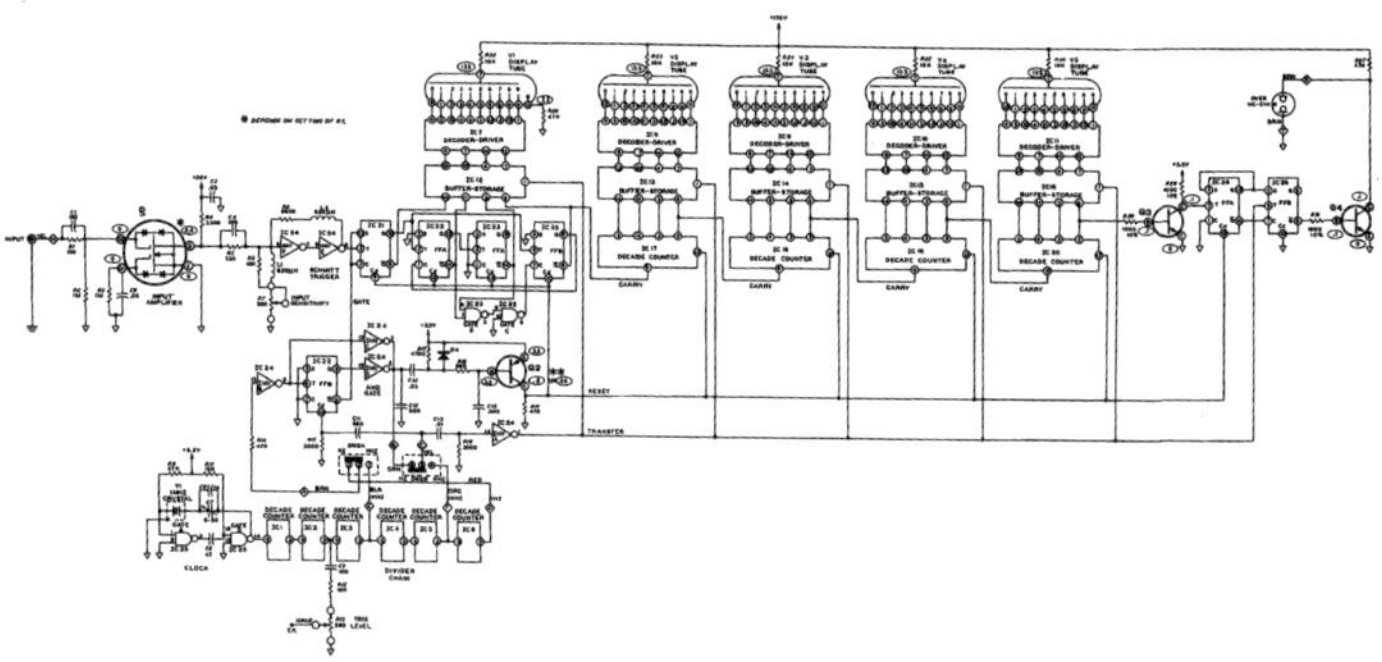

図　ヒースキットの周波数カウンターの電子工作キットの図面
（かなり複雑になる。表示部はニキシー管ではなく、LEDのキットもあった）

ＴＬ（トランジスター・トランジスター・ロジック）という部品で十分と思う。必然性がない。「周波数カウンターの工場」は、ＨＰの製品年表を調べてみた限り、まだ当時は周波数カウンターだけの工場はなかったはずだ。

マイケル・モーリッツの『スティーブ・ジョブズの王国』には次のように書いてある。

「ヒューレット・パッカードの周波数計をつくる流れ作業を手伝った。やがて自分の目の前を流れていく装置に刺激されて、自分自身で周波数計をつくろうと設計にとりかかったが、ついに完成しなかった」

この記述の方が常識的で、まともでうなづける。ウォルター・アイザックソンの『スティーブ・ジョブズ』の記述は、かなり修飾され作られていると思う。スティーブの有名な現実歪曲空間だろう。

ただし、ビル・ヒューレットに電話をしたことは本当のようだ。スティーブの電話の話術こそ天才的である。誰でも初めは変だなと思いつつ何となく引き込まれて説得されてしまうのだ。

見知らぬ高校生が、紹介もなく、いきなりビル・ヒューレットの自宅に電話をかけてきて部品をくれという。なんとも厚かましい話だ。スティーブが、どう巧みに話をしたか分からないが、ビル・ヒューレットが見知らぬ少年の話に引きずり込まれて、話を聞いてやり、ＨＰの工場での夏期のアルバイトの世話までしてやったということはすごい。スティーブの天才の片鱗を見るのは、まさにその話術だ。生涯の武器がすでに完成していたのだ。

◆ＨＰについては、『シリコンバレー』Ｐ185を参照されたい。

アルバイト

一九七〇年、2年生に週末と夏休みは、洞穴のようなエレクトロニクスショップ、ハルテクに似た名前のハルテッドでアルバイトをしたと言う。

スティーブは父の跡を追う。電子部品の知識を身につけ、お得意の交渉と組み合わせただけでなく、サンノゼのフリー・マーケットに出かけては価値の高いチップや部品が載っている中古回路基板を安く買いたたき、それをハルテッドのマネージャに売って利益をあげるようなこともしたという。そういう事にこそ才能があったらしい。

スティーブ・ジョブズは何か機械を作るための電子部品の知識よりも、電子部品の取引で利潤を得るための商品知識の方に興味があった。

第三章

スティーブ・ウォズニアック

ステファン、スティーブン、スティーブ

一九六九年、14歳のスティーブ・ジョブズは、生涯の半分程度を共にする5歳年上の友人と運命的な出会いをする。それがスティーブ・ゲイリー・ウォズニアックである。

スティーブ・ウォズニアックは、一九五〇年八月十一日、カリフォルニア州サンノゼに3人兄弟の長男として生まれた。2歳年下の妹レスリー・ウォズニアックと、4歳年下の弟マーク・ウォズニアックがいる。

父親は、一九二五年ロサンゼルス生まれのジェイコブ・フランシス・ウォズニアック・ジュニアである。ジェイコブが正式だが愛称はジェリーである。ふつうならジェイコブ・ウォズニアックだが、マイケル・モーリッツの本にあるようにジェリー・ウォズニアックと言うこともあるので、以降このように記す。

母親は、一九二三年ワシントン州に生まれたマーガレット・エレーヌ・カーンである。夫より2歳年上である。一九四〇年の人口統計によると、ワシントン州クラーク郡、バーント・ブリッジ・クリークに住んでいた。

スティーブはステファンの愛称である。出生届の時、間違ってStephanと記載されてしまった。母親はStephenとしたかったのだそうだ。だから今、スティーブ・ウォズニアックは、出生届はどうあれ、Stephen Gary Wozniakと記している。米国特許4136359にもStephen G. Wozniakと記している。

ただスティーブン・ジョブズとステファン・ウォズニアックの愛称は同じスティーブだ。これでは区別しにくいので、スティーブ・ジョブズをスティーブ、スティーブ・ウォズニアックの方をウォズニアックまたはウォズと呼ぶことがある。ウォズはオズの魔法使いに引っ掛けた愛称である。

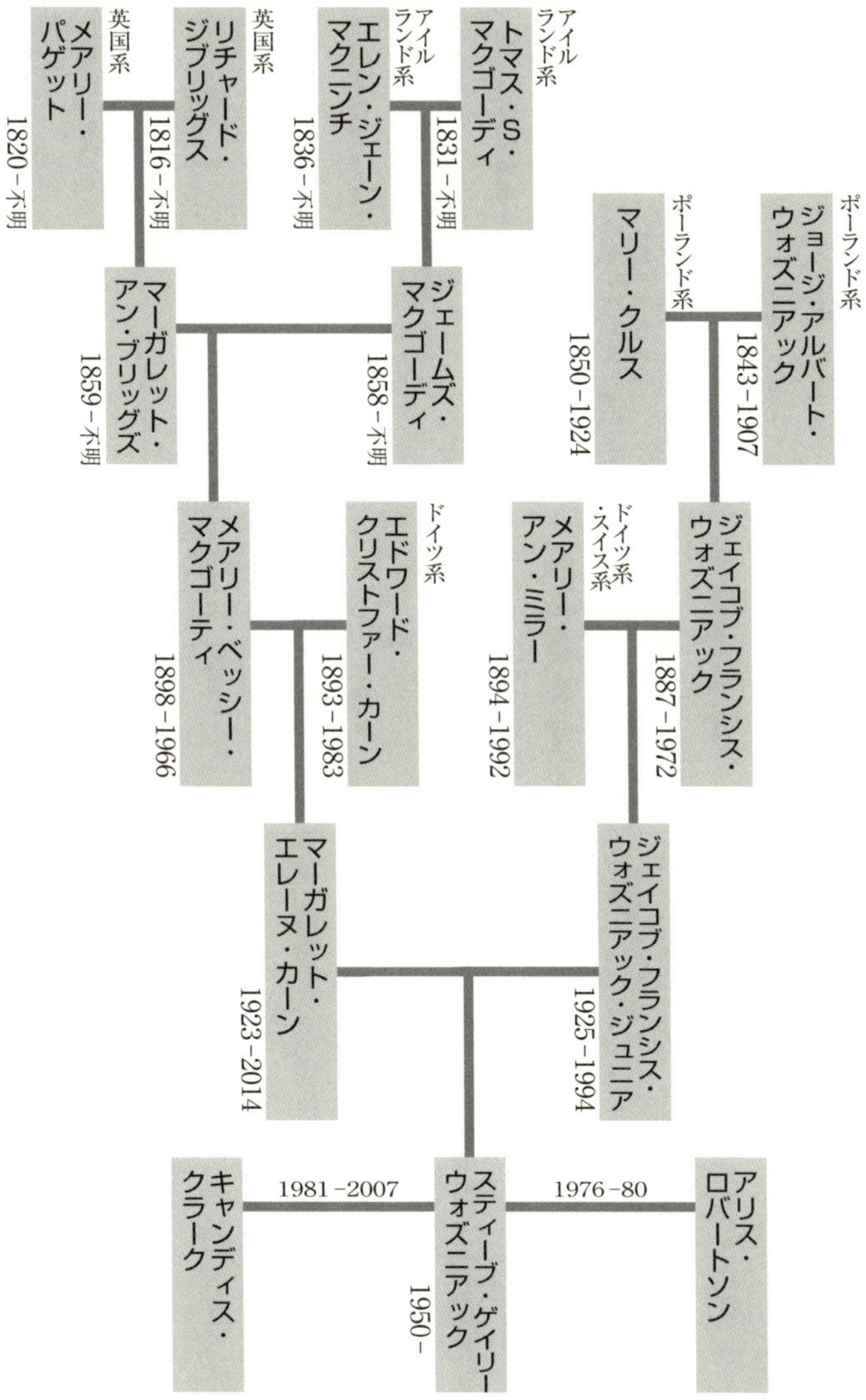
英国系
メアリー・パゲット
1820－不明
英国系
リチャード・ジブリッグス
1816－不明
アイルランド系
エレン・ジェーン・マクニンチ
1836－不明
アイルランド系
トマス・S・マクゴーディ
1831－不明
ポーランド系
マリー・クルス
1850－1924
ポーランド系
ジョージ・アルバート・ウォズニアック
1843－1907
マーガレット・アン・ブリッグズ
1859－不明
ジェームズ・マクゴーディ
1858－不明
メアリー・ベッシー・マクゴーディ
1898－1966
ドイツ系
エドワード・クリストファー・カーン
1893－1983
ドイツ系・スイス系
メアリー・アン・ミラー
1894－1992
ジェイコブ・フランシス・ウォズニアック
1887－1972
マーガレット・エレーヌ・カーン
1923－2014
ジェイコブ・フランシス・ウォズニアック・ジュニア
1925－1994
キャンディス・クラーク
1981－2007
スティーブ・ゲイリー・ウォズニアック
1950－
1976－80
アリス・ロバートソン

図　スティーブ・ウォズニアックに関連する系図

本人の語る所によれば、ウォズニアックは、小学校6年生の頃、知能指数が200を超えていたという理数系の天才児であるが、多少おめでたい所がある。世間の一般的な常識に欠けている。頭が弱いのではないかとさえ思える所もある。内気と言いながら、常軌を逸した途方もない、いたずらの好きな男である。

スティーブ・ウォズニアックの出自

父親のジェリー・ウォズニアックの両親は、父親がジェイコブ・フランシス・ウォズニアック、母親がメアリー・アン・ミラーである。スティーブ・ウォズニアックは、ポーランド系であることを吹聴している。一八六七年に、ポーランド人のジョージ・アルバート・ウォズニアックとマリー・クルスが、ポーランドの地で結婚した。二人は一八七〇年頃、米国に移民し、一九〇〇年の米国人口統計では、ミシガン州プレスク・アイル郡ポーゼンに住んでいたことが確認できる。ミシガン州は、ドイツ系の移民の多かった地域である。

◆これについては『シリコンバレー』P116を参照されたい。

この二人の間には12人の子供があり、一八八七年に生まれた8番目の子供がジェイコブ・フランシス・ウォズニアックである。ジェイコブ・フランシス・ウォズニアックは、一九一七年から一九一九年まで米陸軍の兵士として第一次世界大戦に従軍した。その後、一九三〇年の人口統計にはカリフォルニア州ロサンゼルス郡パサデナのコロラド・ブルバード1721番地在住のカイロプラクター（脊柱指圧師）として登場する。

ジェイコブ・フランシス・ウォズニアックの妻は、メアリー・アン・ミラーである。メアリー・アン・ミラーの母方の家系をずっと18世紀初頭まで、たどって行くと、スイスのベルンに居住していたことが分かる。

先祖はドイツ系スイス人である。二人の間には3人の子供があった。一九二五年に長男が生まれ、ジェイコブ・フランシス・ウォズニアック・ジュニアと名づけられた。この人がスティーブ・ウォズニアックの父親である。スティーブ・ウォズニアックの父方の祖先はポーランド系とドイツ系である。

スティーブ・ウォズニアックの母親はマーガレット・エレーヌ・カーンである。彼女の父親は、エドワード・クリストファー・カーンで、母親はメアリー・ベッシー・マクゴーティである。

メアリー・ベッシー・マクゴーティは、カナダ生まれだが、名前から父方はアイルランド系であることが分かる。実際、父親のジェームズ・マクゴーティの両親のトマスとエレンは、北アイルランドのアントリムで一八三一年、一八三六年に生まれている。

メアリー・ベッシー・マクゴーティの母親はマーガレット・アン・ブリッグスである。彼女の両親は、父親のリチャードが一八一六年英国のチェルシア生まれ、母親のメアリーが一八二〇年英国のノッティンガムシア生まれである。したがってスティーブ・ウォズニアックの母方の祖先は、ドイツ系、アイルランド系、英国系である。調べて行くと、頭が痛くなって、多少混乱するほどだが、米国は、これだけ多様な人達で構成されていながら、一応、統一を保っているのだから、すごい国だと思う。

ＬＭＳＣとサニーベールの家

父親のジェリー・ウォズニアックは、一九四六年カリフォルニア工科大学の電気工学科を卒業した。カリフォルニア工科大学の卒業アルバムで確認できる。卒業後、サンフランシスコの会社で1年ほど働いてから独立したが、失敗した。その後、宇宙航空産業の会社を転々とした。具体的な会社名が分かっているものにＥＤＳ（エレクトロニック・データ・システムズ）社がある。その後、サンディエゴの会社で働いた後、サンタモニカのリアー社で働いた。

さらにＬＭＳＣ（ロッキード・ミサイルズ＆スペース社）に入社した。ＬＭＳＣではミサイルの軍事研究に従事した。ポラリス、トライデントなどの潜水艦搭載ミサイル、ＩＣＢＭなどである。

ロッキード本社は南カリフォルニアにあったが、ＬＭＳＣは一九五六年にパロアルトに作られた。さらに一九五七年にサニーベール市に移転した。

◆ＬＭＳＣについては『シリコンバレー』Ｐ243を参照されたい。

サニーベールにウォズニアック一家が引越したのは、おそらく一九五七年、スティーブ・ウォズニアック７歳の頃である。引越し先は、サニーベール市エドモントン・アベニュー１６１８番地（1618 Edmonton Avenue, Sunnyvale）である。サニーベールという名前は、東海岸の寒さと陰鬱さに悩む人々を誘致するスローガンの「あふれる太陽（サン）」、新鮮な果物、色とりどりの花々」から、サニー、さらにサニーベールと変化してきたものと言われる。治安の良い地域であった。当時、周りは果樹園の畑ばかりで、あんずやサクランボやプラムなどが植えられていた。エドモントン・アベニューは本物のアイクラー・ホームズの分譲住宅が並んでいた。

◆スティーブ・ウォズニアックの育った家については『シリコンバレー』Ｐ87を参照されたい。

天才少年

スティーブ・ウォズニアックは電気少年で、様々な物を作った。周囲の家を親に秘密でつなぐインターフォーン・システムや鉱石ラジオを作った。

　ウォズニアックは、サイエンス・フェアには小学3年、4年、5年、6年、中学2年の時に出品した。いずれも素晴らしい作品である。

　一九六〇年、小学5年生10歳の時には周期律表にある92種類の原子が持つ電子の様子を示す巨大な電子模型を作った。

　一九六一年、小学6年生11歳の時には、ブール代数を使った3目並べマシンを作った。これは不幸なことに提出前日に火を噴いて燃えてしまった。ウォズニアックの作った回路は、以後、度々火を噴く。これは電源回路に十分な配慮がなかったためで、アマチュアの限界であった。

　後にスティーブ・ジョブズは、何度かウォズニアックの作った回路のアマチュアイズムの限界を見て、電源回路はきちんとした基礎知識と技術を持った専門家に作らせなければならないということに気がつく。アップルⅡの成功の秘密の一つである。

　ウォズニアックは小学5年からアマチュア無線の勉強を始め、一九六一年、小学6年11歳の時、ウォズニアックは、アマチュア無線の免許を取った。父親のジェリーも同時にアマチュア無線の免許を取った。

　クリスマスには御褒美にハリクラフターズ社製の無線送信機と受信機の組み立てキットを買ってもらった。ハリクラフターズは、ウィリアム・J・ハリガンによって一九三二年にシカゴに設立された会社である。インターネットに残っている回路図を見ると、相当大変な代物で、これを完成させて動作させたことは、かなりの自信につながっただろう。

　ウォズニアックはあまり気がついていないようだが、実はシリコンバレーの発祥は、アマチュア無線にあった。

一九六二年、リチャード・ニクソンがカリフォルニア州知事選挙に立候補した時、ウォズニアックの母親マーガレットは、熱心な共和党支持者であったこともあり、うまくニクソンと並んだアマチュア無線少年として、サンオゼ・マーキュリー・ニュース紙の一面に写真を載せるのに成功した。

◆シリコンバレーとアマチュア無線については『シリコンバレー』第2章を参照されたい。

次第にコンピュータにはまる

この頃、自宅に置いてあった雑誌を見て、スティーブ・ウォズニアックがブール代数を知り、完全にマスターして使いこなせるようになった事はきわめて重要である。ブール代数は、簡単に言えば、AND、OR、NOTで全ての機能を実現してしまえる数学である。電子工学のパンとバターとも言える。

一九六三年、中学2年、13歳の時、ウォズニアックは加減算器を作った。1ビット単位の加算器を作り、これに手を加えて減算もできるようにした。これをダイオードとトランジスターで作った。

1ビット単位の加減算器を10個つなげると10ビットの加減算ができる。2の10乗は1024であるから、大雑把には0から1023までの加減算が可能な2進数の加減算器ができる。

原理はそうだが、入力回路と出力回路をつけて完全に動作させるのは大変だったろうと思う。トランジスターが100個以上、ダイオードを200個以上、抵抗を200本以上、リレーやスイッチも必要だったという。おそるべき才能と技術である。

私もコンピュータ・アーキテクチャの講義で教えているが、ウォズニアックの回路にもう少し手を加えればＡＬＵ（算術論理ユニット）というものができる。

すこし難しい言葉で言えば、ウォズニアックが作ったのは算術（Arithmetic《アリスメティック》）演算回路である。同じ回路にもう少し工夫を加えると、論理（Logical《ロジカル》）演算もできるようになる。こうしてできる回路をＡＬＵ（Arithmetic《アリスメティック》 Logical《ロジカル》 Unit《ユニット》:算術論理ユニット）という。ＡＬＵは、コンピュータの中心的な部分である。ウォズニアックは、中学生時代に、事実上、コンピュータの中心部分まで、あと一歩の装置を作ったのである。

ウォズニアックがホームステッド高校の授業で最も気に入ったのが、ジョン・マッカラムの授業である。マッカラムは元海軍パイロットで、生徒の興味を上手に引き出した。大きな計算尺でたくさん計算をした。電子計測機器も揃っていて設備は充実していた。校内の倉庫にはトランジスターなどの部品が大量に蓄えられており、マッカラムのお気に入りになると、その鍵を渡してくれて自由に出入りできた。なじめる学生には最高だったが、なじめない学生は次第に脱落して行った。後にスティーブ・ジョブズもマッカラムの講義をとったが、気に入られなかったようだ。1年でやめてしまった。スティーブはウォズニアックとは向きも才能も違うのである。

ウォズニアックは、マッカラムのお気に入りで、授業を十分楽しんだ。

アレン・バウム

スティーブ・ウォズニアックは、中学生の頃、加減算の算術演算回路を作っていたので、ホームステッド高校では、掛算や割算の回路の設計を始めた。たぶん中学生の頃に作った算術演算回路に論理演算回路をつけ加え、シフトレジスターを組み合わせたのだと思う。こうすれば、掛算や割算も可能になる。ただし整数の世界での計算である。コンピュータ・アーキテクチャの初歩である。

この様子を見ていたのが、2歳年下のアレン・バウムである。アレン・バウムはニュージャージー州生まれだが、父親のエルマー・バウムの仕事がＳＲＩ（スタンフォード・リサーチ・インスティチュート）勤務となったためにカリフォルニアに引越してきた。

◆ＳＲＩについては『シリコンバレー』Ｐ232を参照されたい。

ジョン・マッカラムは、ウォズニアックとアレン・バウムを、サニーベールにあるＧＴＥシルバニアの研究所に実習に行かせた。元々ここはシルバニアの電子防御研究所で、一九五三年に陸軍信号部隊の肝入りでできたミサイル誘導妨害の研究所で、マウンテンビュー市ノース・ウィスマン・ロード１２３番地（123 North Whisrman Road, Mountain View）にあった。一九五九年にシルバニアがＧＴＥに合併されると、ＧＴＥシルバニアの下部組織となった。一九九九年頃には、ウィスマン・ステーションという住宅地に生まれ変わった。現在は密集した住宅地である。

◆シルバニアの電子防御研究所については『シリコンバレー』Ｐ230を参照されたい。

ここで、ウォズニアックは、シルバニアの電子防御研究所のＩＢＭ１１３０コンピュータでＦＯＲＴＲＡＮプログラムを勉強した。数のべき乗の計算や素数の列挙や平方根の計算のような初等的なプログラムから始めて次第に腕を上げた。

二人は協力して、騎士の巡回プログラムと呼ばれるプログラムを書いた。現在の工学部の2年生か3年生程度のプログラムである。これはチェス盤の騎士の駒を移動させ、64個のマス全てを一回ずつ通過させるものである。通常バックトラック・アルゴリズムというやり方で解く。高校生なのに大学生並みのずいぶん難しいプログラムに挑戦したものと感心する。

ウォズニアックは、シルバニアの電子防御研究所でDECのPDP-8ミニ・コンピュータの仕組みを書いたマニュアルを見つけ、むさぼり読んだ。論理部品をどう組み合わせればPDP-8ミニ・コンピュータと同じものができるかを考えた。こういう勉強法は大変有効だと思う。

ウォズニアックは、バリアン、HP、DEC、データゼネラルのミニ・コンピュータのマニュアルを次々に集め、自分なら、こう作ると何度も考えたという。設計したコンピュータを作るだけの部品を買い集めるのは、とても無理だったので、紙の上で設計した。これも良い勉強法である。こうしてウォズニアックは部品を少なくするノウハウを身につけて行った。

また二人はSLAC（スタンフォード大学線形加速器センター）の図書館に通い、最新のコンピュータ雑誌やコンピュータのマニュアルを読み耽《ふけ》った。

SLACの活動については、レオン・レーダーマン、ディック・テレージ著『神がつくった究極の素粒子』高橋健次訳の下巻を読まれるとよい。

いたずら好きのウォズニアック

スティーブ・ウォズニアックは、小さい頃から、いたずら好きの少年であった。子供の頃のいたずらについては省略する。ホームステッド高校の3年生の時、ウォズニアックは、電子メトロノームを作り、電池のラベルをはがして、爆発危険と書いて、ロッカーにしまった。英語の先生がチクタク音に気がつき、時限爆弾ではということで、校長先生がロッカーを開けて、必死の思いで、校庭の真ん中まで持って走った。結局、ウォズニアックは一晩、少年院に留置された。

ウォズニアックの抱腹絶倒のいたずらについては『アップルを創った怪物』スティーブ・ウォズニアック著、井口耕二訳に、本人の語り口で面白おかしく書いてある。ウォズニアックのいたずらについては、この本を読むことをお勧めする。本書ではページを取り過ぎるので、以後、簡単に記すことにする。

写真　スティーブ・ウォズニアック著『アップルを創った怪物』：井口耕二氏の訳がある。原題はiWozである。どういう洒落か分かりますね？

コロラド州立大学へ

ホームステッド高校の卒業が近づいてくると、どこの大学に進学するかが問題になった。いろいろな大学を見に行ったが、スティーブ・ウォズニアックはコロラド州立大学ボールダー校が気に入った。問題は学費が非常に高いことだった。そこで1年間はコロラド州立大学ボールダー校に行き、2年生は近くの短大ディアンザ・カレッジに行き、3年生からはカリフォルニア州立大学バークレー校に行くことにした。ずいぶん奇妙な計画もあったものだ。

一九六八年九月、コロラド州立大学ボールダー校に入学すると、ウォズニアックは、寮の仲間とオープンリールのテープデッキに録音したサイモン&ガーファンクルの歌を聞いたり、トランプ遊びをした。ここでもいたずらの虫はおさまらず、テレビ妨害機を作って楽しんだ。度が過ぎるほどのいたずらぶりである。

勉強の方では、コンピュータ・アーキテクチャ、プログラミング言語、オペレーティング・システムの講義をとって勉強した。

ここでもウォズニアックは、いたずらを始める。大学のCDC6400という大型コンピュータ上でFORTRAN言語プログラムを七つ書いたのだが、一つは2のべき乗を次々に打ち出していくもの。もう一つはフィボナッチ数列の値を次々に打ち出していくものである。

そうではなくて下品な言葉を次々に打ち出したとも言われている。このあたりの真偽は分からない。仮に分かっても大した意味はないだろう。

コロラド大学のコンピュータ・センターでは、プリンター出力を制限するために、一度には60ページ以上は打ち出させないようになっていたのだが、1日3回7種類のプログラムを実行させた。すると毎日1260ページの出力が出てきて、たちまち講義の割り当ての予算を使い尽くしてしまった。ウォズニアックは教授に呼び出されて叱られた。また教えてもいないテクニックでプログラムしていると指摘された。多分、フィボナッチ数列の計算に再帰（recursive）という考え方を入れていたのではないかと思う。

結局、このいたずらと単位の取得不足のせいもあって、ウォズニアックは、一九六九年六月コロラド州立大学ボールダー校を去って、一九六九年七月ディアンザ・カレッジに移らざるを得なくなり、サニーベールの自宅に戻った。

ペンタゴン・ペーパーズ

「19歳のころ、ペンタゴン・ペーパーズを読み、ベトナムで本当は何が起きているかを知った」

『アップルを創った怪物』P93

ペンタゴン・ペーパーズは、米国国防総省の機密文書のことで、一九七一年から暴露され始めている。スティーブ・ウォズニアックが言うように19歳となると一九六九年で計算が合わない。それに文書の全体は100万語に達する膨大なもので、そう簡単には読めない。

二〇〇二年にダニエル・エルズバーグが『シークレット　ベトナムとペンタゴン・ペーパーの思い出』という500ページほどの本を出している。この方が読みやすい。ただしベトナム戦争の通史を知らないと、分かりにくいかもしれない。また、この本はベトナム戦争の歴史の本ではなく、米国の指導層の混乱と無能ぶりを暴いた本である。

さて日付的には少し変だとおもうが、トンキン湾事件などに対するウォズニアックの理解は正確で、いつ読んだかは別として多分読んだことは間違いないと思う。ペンタゴン・ペーパーを読んだ結果、ウォズニアックは、大統領や政府や米国民主主義を盲目的に信じてはいけないことに気付いたという。少しうぶなウォズニアックにしては大したものだ。

一九六四年八月二日の白昼、トンキン湾の公海上26マイルの地点で、米海軍の駆逐艦マードックスが、ベトナム人民軍の魚雷艇3隻による魚雷攻撃を受けた。ベトナム人民軍の魚雷艇の発射した魚雷は全て外れた。駆逐艦マードックスの砲撃と付近にいた空母タイコンデロガの艦載機による反撃で魚雷艇は撃退された。米海軍の損害はなかったので、ジョンソン大統領は特に北ベトナムに対して今後このようなことがあれば、断固として反撃すると通告したが、実際の攻撃は行わず、駆逐艦ターナー・ジョイを追加配備するにとどめた。

続いて八月四日、米海軍の駆逐艦マードックスとターナー・ジョイに対してベトナム人民軍の魚雷艇による攻撃があったとされる。暗闇の中でマードックスはソナーで接近する魚雷を確認し回避運動をし、ターナー・ジョイはレーダーで確認された敵艦船と思われる物体に対してレーダー射撃で応戦した。マードックスの艦長は4発に続いて5発、計9発の魚雷が発射されたと報告した。ところが夜間しかも悪天候下で、レーダーやソナーが雑音を拾った可能性があり、目視では魚雷艇群は確認されていなかった。

後の調査で八月四日の攻撃はなかったことが明らかになったが、ただちに国家安全保障会議が開かれ、即座に海軍の空母タイコンデロガや空母コンステレーションの艦載機に攻撃命令が下った。いわゆる北爆の開始である。

米海軍としては、北ベトナム上空に艦載機が到達する前に、ジョンソン大統領にテレビ演説をして欲しくなかった。日本軍の真珠湾攻撃のように相手に気づかれる前に奇襲攻撃をしたかった。しかし艦載機がベトナム上空に到達する前に、ジョンソン大統領のテレビ演説があり、ベトナム人民軍が緊急警戒態勢に入り、対空レーダーと連動した高射砲部隊が待ち受けている中に米海軍の艦載機が飛び込む形となった。

私も新聞発表で北爆開始を知ったが、ベトナム北部の魚雷艇基地を攻撃したジェット機が高射砲で撃墜されたのが驚きだった。それまでミサイルでならともかく、いかに濃密に配置された対空砲陣地とはいえ、時代遅れの高射砲で、ジェット機が撃墜されるとは思っていなかった。朝鮮戦争で近接信管を使用した高射砲で多数の米軍のジェット機が撃墜されていたことを忘れていた。

八月二日の事件でも、米海軍の駆逐艦マードックスは、必ずしも公海上にいたわけではなかった。北ベトナムが領海と主張する12マイル以内にいた。米海軍の命令では15マイルを守るように指示されていたが、マードックスはベトナム本土から8マイル、島嶼部には4マイルに接近していたこともあった。

また駆逐艦マードックスは、南ベトナム海軍の北ベトナム沿岸施設に対する隠密の破壊作戦を支援し、北ベトナム沿岸のレーダーや無線通信を妨害していた。この南ベトナム海軍の作戦というものは、実際は米海軍の協力を得てＣＩＡが実行した34Ａ作戦であった。この作戦にはＣＩＡがノルウェーから購入したＮＡＳＴＹという哨戒艇が使われた。この哨戒艇から81ミリ迫撃砲や40ミリ擲弾筒を使用して破壊活動が行われた。この程度の作戦では、何も実効性はないと思われるけれども、もし露見したら国際的な批判を浴びて困ると、おっかなびっくりでやっていたようだ。駆逐艦マードックスの異常なまでの混乱ぶりは、ある種の後ろめたさによるものだったのかもしれない。

この事件で、それまであまり注目されなかったベトナムでの戦いが、にわかに注目を浴びることになる。八月七日にトンキン湾決議が議会を通過した。下院は４１６対０、上院は88対２で承認した。完全な挙国一致で、共和党の極右のゴールドウォーターなどのジョンソンの弱腰外交という批判は完全に封じられてしまった。ある意味で、ベトナムに対する宣戦布告なき米国の戦いは、この決議で本格的に始まったと考えることもできる。

第四章　二人のスティーブ

クリームソーダ・コンピュータ

一九六九年六月、ディアンザ・カレッジに入ったスティーブ・ウォズニアックは、バリアン、HP、DEC、データゼネラルのミニ・コンピュータのマニュアルを眺めて、自分なら、こう作ると何度も紙の上で設計・再設計を繰り返した。ウォズニアックは、一九七〇年六月、ディアンザ・カレッジを休学し、しばらく学資を稼ぎたいとアルバイトをすることにした。

ウォズニアックは、友人のアレン・バウムと一緒にテネットという会社を訪れ、プログラマーとして採用された。ここではFORTRANプログラムと機械語のプログラムを使った。アレン・バウムは、しばらくしてMIT（マサチュセッツ工科大学）に入学するため、東海岸のボストンに行った。アレン・バウムは、ウォズニアックにMITのコンピュータの講義資料を送ってくれた。

◆MITについては『シリコンバレー』を参照して頂きたい。

ウォズニアックは、データゼネラルのミニ・コンピュータNOVAのアーキテクチャ（内部の構成・仕組み）を調べた。

データゼネラルは、一九六八年、DECのミニ・コンピュータPDP-8のチーフエンジニアだったエドソン・デ・カストロ等と、フェアチャイルド・セミコンダクターのハーブ・リッチマンが作った会社である。データゼネラルの16ビット・ミニ・コンピュータNOVAは、DECの12ビット・ミニ・コンピュータPDP-8よりも高性能だったので好評を博した。

NOVAは、2枚の38センチ四方のプリント基板からできていた。1枚はCPU（中央情報処理装置）用の基板で、もう1枚は周辺回路であった。

NOVAのCPUは、16ビットのアキュムレータを4個持っていた。このうち2本はインデックス・レジスタとして使えた。また15ビットのプログラム・カウンタがあった。サブルーチンを使う時に便利なスタック・レジスタはなかった。後にメモリの特定のアドレス領域をスタック・レジスタ代わりに使うようになる。

以下、多少専門的かもしれないが、マイケル・モーリッツの『スティーブ・ジョブズの王国』のように文学的に説明されると、私にも何のことやら分からない。図を見ると簡単だ。

CPUの中心であるALU（算術論理演算ユニット）には、4ビットALUの74181が使われていた。回路図を見ると、なあんだという程、実に分かりやすい原理的なチップだ。算術演算について見

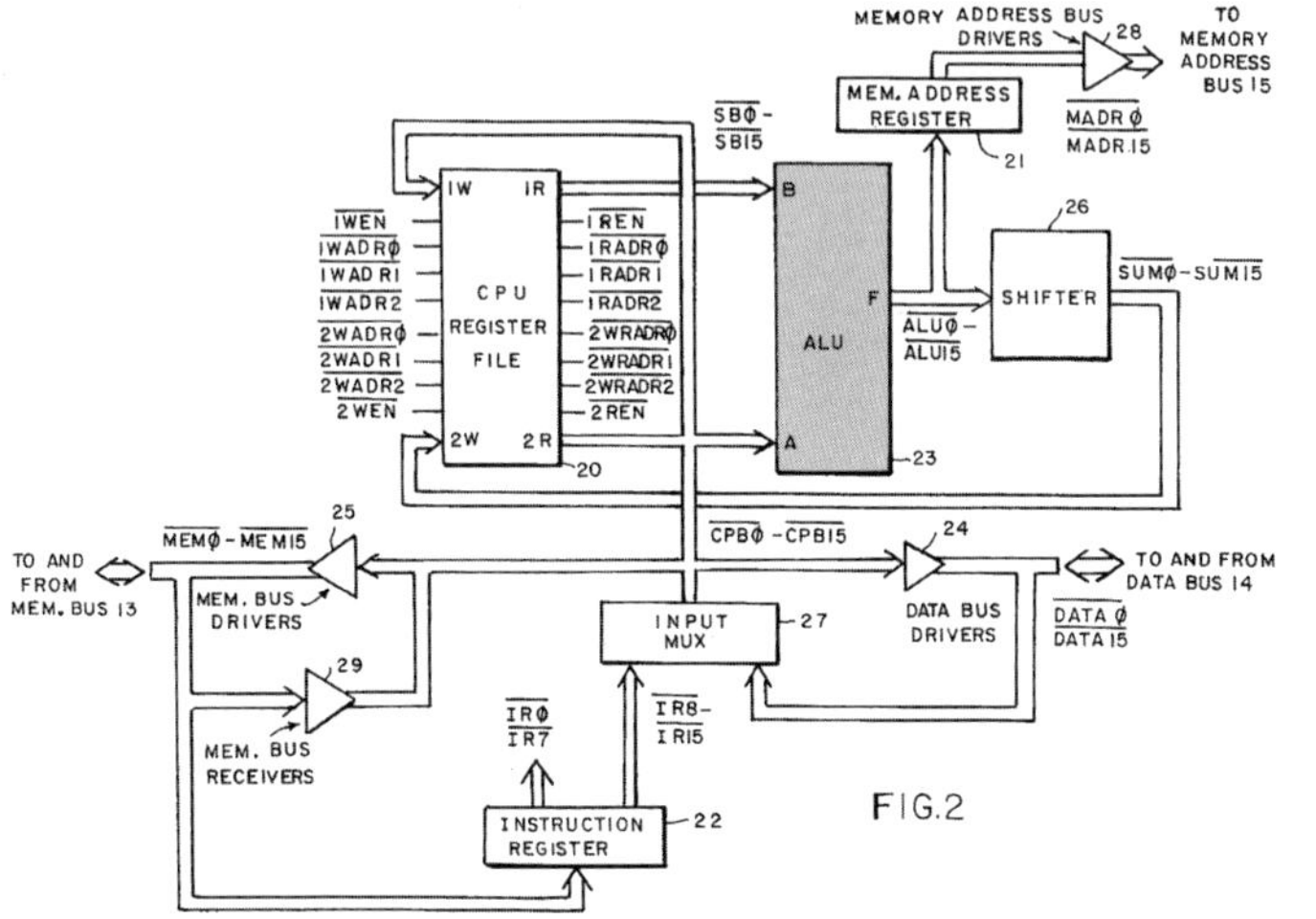

FIG.2

図　NOVAコンピュータのブロック図
（CPU以外にもALUがコンピュータの中心的な働きをしていることが分かる）

ると、4ビット入力が二つあり、4ビット出力が一つある。モード・セレクト入力という機能を選択する入力が四つある。2の4乗は16だから、16個の機能がある。A＋BとかA－Bとかの類である。

16ビットCPUなのに、4ビットのALUを使うとは変だと思うかもしれない。当時の技術では、集積度がそこまでという所だったからだろう。4ビットALUを4個使えば16ビットALUができる。次のスーパーNOVAでは、もっと簡単に16ビットALUが使われることになる。

ウォズニアックは、中学生

Logic Diagram

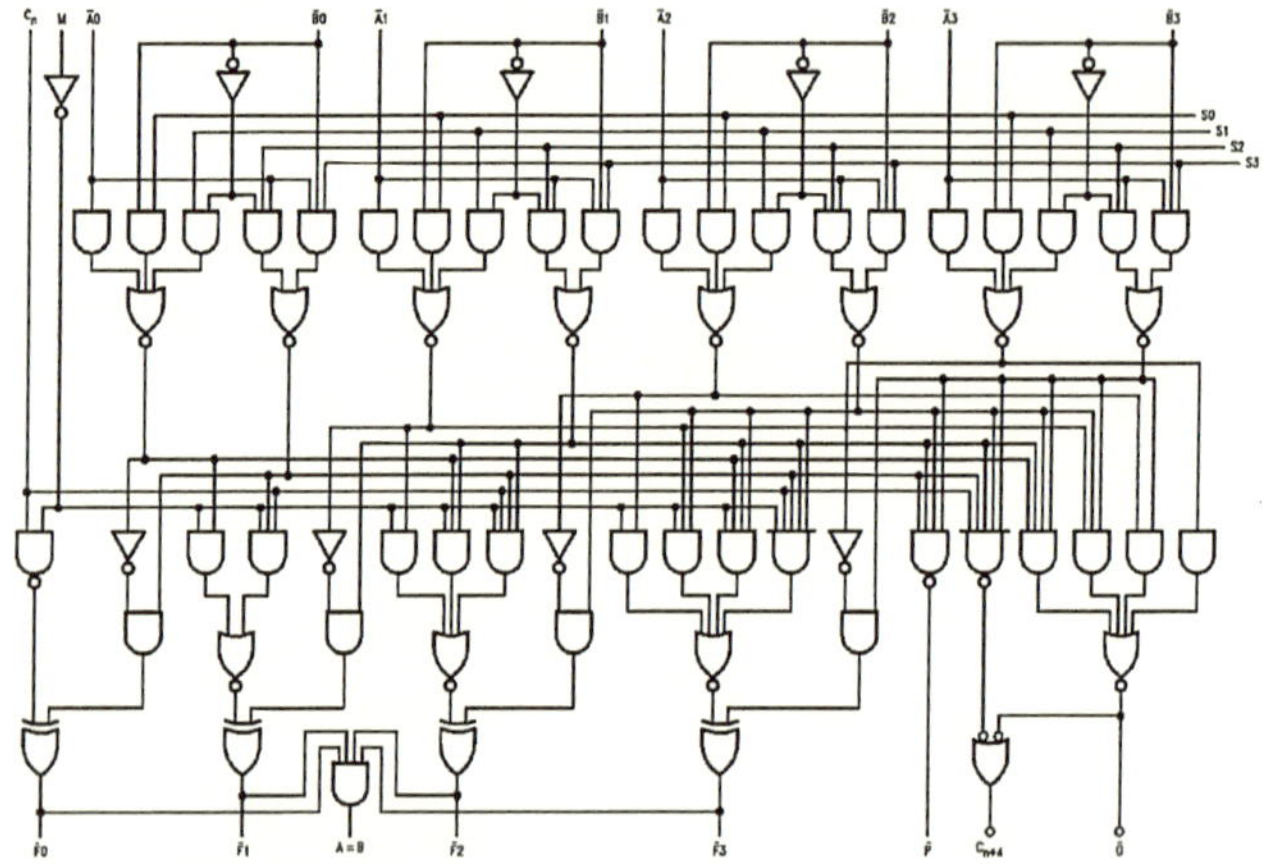

Pin Descriptions

Pin Names	Description
A0–A3	Operand Inputs (Active LOW)
B0–B3	Operand Inputs (Active LOW)
S0–S3	Function Select Inputs
M	Mode Control Input
C_n	Carry Input
F0–F3	Function Outputs (Active LOW)
A = B	Comparator Output
G	Carry Generate Output (Active LOW)
P	Carry Propagate Output (Active LOW)
C_{n+4}	Carry Output

Connection Diagram

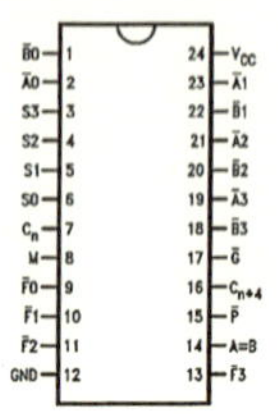

図　4ビットALU 74181の論理図とピン配置
（複雑な回路が1個のLSIチップにまとめられている）

の時に、10ビットのALUもどきを作っていたから、なるほどそうかと思ったことだろう。ウォズニアックのALUは膨大な大きさだったはずだが、非常に小さくなったので感心したことと思う。

スーパーNOVAは、ROM（リード・オンリー・メモリー）を使用した。これにスーパーNOVA　SCが続いた。SCが付いたのは半導体（セミコンダクター）メモリーを採用したからである。それまでは磁気コア・メモリーだったようだ。

ウォズニアックは、夏休みで帰省していたアレン・バウムと一緒に自分達のコンピュータを設計した。その一つはフェアチャイルドのチップを使い、もう一つはシグネティックス製のチップを使ったという。その意味は74181同等品のチップを使ったということだ。製造した会社は別だが、同等品という意味である。この原理的なチップを使ってCPUやその周辺回路を設計するのは、かなり大変なことだったろう。

ウォズニアック等は、CPUを部品から作っていくのである。マイクロ・コンピュータが便利なのは、CPUは既製品として出来上がっていることである。そうでないと、アマチュアには、なかなかコンピュータなど設計できない。

またアマチュアに特有な欠点だが、彼らは電源の容量など歯牙《しが》にもかけなかった。結局、それが原因で失敗する。

ウォズニアックがテネット社の重役に自分の設計したコンピュータの話をし、部品がないので実際には組み立てられないとこぼすと、重役が部品が必要なら手に入れると言ってくれた。

そこで通りの向かい側に住んでいた、4歳年下のビル・フェルナンデスの家のガレージでコンピュータを組み立てることにした。

時々、商店街に行ってクラグモント・クリームソーダを買ってきて飲んでは作業を続けたので、このコンピュータはクリームソーダ・コンピュータと呼ばれることになった。

一九七一年六月に完成したクリームソーダ・コンピュータは、256ビットのRAM（ランダム・アクセス・メモリー）を8個積んでいた。インテルがくれたという。インテル1101か1103だろうか。おかげで256バイトのメモリーが確保できた。1バイトは8ビットだからである。磁気コア・メモリーのようなおどろおどろしいものを使わずに済んだ。

◆インテル1101、1103については『シリコンバレー』P495以降を参照されたい。

このクリームソーダ・コンピュータのことをウォズニアックの母のマーガレットが、ペニンシュラ・タイムズ（サンノゼ・マーキュリー・ニュースという説もある）に電話して取材させた。取材の終わり頃、電源ケーブルを踏んづけられたために、コンピュータが火を噴いたというが、必ずしも、電源ケーブルを踏まれたためではないと思う。アレン・バウムも言っているように彼等は、電源のことは全く考えに入れてなかった。

さんざんであったが、ともかく新聞には載ったとウォズニアックは言っている。しかし、ビル・フェルナンデスは新聞には載らなかったと言っている。ウォズニアックの話は、次第に大げさになって行く傾向があり、信憑性に乏しい。

クリームソーダ・コンピュータとマイクロ・コンピュータの違いは、クリームソーダ・コンピュータには命令セットが用意されていないことだ。

この頃、クパチーノ中学校で友達になっていたスティーブ・ジョブズがビル・フェルナンデスを訪ねて来た。一九六九年頃と思われる。スティーブは一九五五年生まれで、ビル・フェルナンデスは一九五四年生まれだが、スティーブが1年飛び級をしているので、同学年になったものと思われる。社交性に乏しく、仲間外れになっていた二人は意気投合し、友人になった。

この頃、スティーブは、ドルフィン水泳クラブでの水泳を嫌って水球に鞍替えしたが、結局続かなかった。運動に見切りを付けたスティーブは、トランペットを始め、ホームステッド高校のマーチング・バンドに入った。これも続かず、ボブ・ディランの影響か、ギターとハーモニカを始めた。本人は幾分自信を持っていたようだが、誰も褒めなかった所を見ると、これもあまりうまくはなかったようだ。

スティーブが、ビル・フェルナンデスを訪ねて来た時、ウォズニアックが通りの向かい側で洗車していた。そこで、ビル・フェルナンデスがウォズニアックに、もう一人のスティーブが来ていると言って紹介した。4歳半の年齢差を越えて二人はたちまち意気投合した。

SWABJOBプロダクション

一九七一年、スティーブ・ジョブズは、ホームステッド高校の2年生だったが、卒業式にWISHES BESTと茶色のメッセージと猥褻な図柄であるファックサインの入ったシーツを垂らして、みんなを驚かせようという、いたずらを思いついた。インターネットに写真が残っている。薄い浅黄色の布に絞り染め模様があって、身長より大きな片手がある。片手はホームステッド高校のスクール・カラーの緑と白で染めたらしいが、どうもそういう色には見えない。下の方にA　SWABJOB　PRODUCTION

と署名がある。ＳＷはスティーブ・ウォズニアックの略、ＡＢはアレン・バウムの略、ＪＯＢはスティーブ・ジョブズの略である。とてもわかりやすい。

この計画にはウォズニアックの他にウォズニアックの高校時代の友人のアレン・バウムが参加した。アレン・バウムのお母さんが手伝ってくれたという。準備に手間がかかった割りに成功しなかった。シーツに署名があったので、スティーブは処分を受けた。

このいたずらは失敗したが、ウォズニアック、スティーブ・ジョブズ、アレン・バウムの間の人間関係が出来上がったことが重要である。

ボブ・ディラン

「二人とも、人生とか生きていくこと、人生の価値、本当に大事なことについて歌うディランの方が好きだった。〈中略〉ディランの歌は、心の琴線に触れるものだった。あの歌を聴くと、この世界では何が正しくて何が間違っているんだろうとか、これからどういう人間になり、どういう風に生きていったらいいんだろうとか、考えてしまうんだ」

『アップルを作った怪物』Ｐ117

スティーブ・ウォズニアックもスティーブ・ジョブズも、ボブ・ディランに傾倒していた。この時代の人はボブ・ディランとビートルズが好きな人が多い。どちらかと言えば、二人はボブ・ディランの方が好きだった。

二人ともＴＥＡＣのオープン・リール・デッキを持ち、あちこちからボブ・ディランのブートレッグと呼ばれる非公式版の録音テープを収集していた。スティーブは大音量のスピーカーでなく高性能のヘッドフォーンを買い、ボブ・ディランの曲を聴いていたようだ。

ボブ・ディランは、一九四一年五月二十四日、ミネソタ州デュルース（Duluth）に生まれた。グーグルの地図ではダルースと表記しているが、ボブ・ディランの「サムシング・ゼア・イズ・アバウト・ユー」という歌を聴いていると、6行目でデュルースと発音している。だからデュルースと記そう。

デュルースは、五大湖の一つスペリオル湖のほとりにある。USハイウェイ61号線の起点である。南のニューオーリンズまで1406・86マイルある。ボブ・ディランは『ボブ・ディラン自伝』P297でデュルースについて語っている。

61号線は、番号だけで米国を南北に走る中西部の高速道路であると分かる。この見分け方については『シリコンバレー』P4に書いておいた。これを知っていると、ボブ・ディランのアルバム『ハイウェイ61リビジッテッド』が理解しやすくなる。なぜ61号線かという疑問の答になる。デュルースだからだ。

写真　ボブ・ディランの伝記。スティーブ・ジョブズのファンならボブ・ディランの伝記位は読んでいた方が良いだろう。どちらも読みやすい。

ボブ・ディランの生まれた時の名前は、ロバート・アレン・ジマーマンである。祖父母は、ロシアのオデッサやリトアニアからの移民であり、父親のエイブラハム・ジマーマンと母親のビアトリス・ストーンは、ミネソタのアシュケナジム・ユダヤ人だった。一九四七年頃、一家はヒビングに転居する。

一九五九年九月、ボブ・ディランは、奨学金を得てミネソタ大学ツィンシティ校のミネアポリス・キャンパスに入学するが、半年後には授業に出席しなくなる。

一九六一年冬、16歳のボブ・ディランは、友人達の運転する57年型インパラ4ドアセダンに乗せてもらって、オハイオ、インディアナ、ペンシルバニアを経て、ニューヨークに到着した。

ボブ・ディランは、グリニッジ・ビレッジ周辺のクラブやコーヒーハウスなどで弾き語りをしていた。まもなくコロムビア・レコードのジョン・ハモンドにその才能を見出され、歌手としてデビューする。ディランは、公民権運動、反戦反体制運動の星と見なされ、次第に若者や時代の代弁者と見なされるようになっていった。ジョーン・バエズとの仲も有名である。

ボブ・ディランは、名前には、こだわりがあったようで、ロバート・ジマーマンでなく、ロバート・アレンを使おうとしたらしいが、デイビッド・アレンという名前にも魅かれた。たまたま読んだディラン・トマスの詩に感銘を受け、ロバート・ディランを思いついた。ロバート・アレンかロバート・ディランか悩んだようだが、ロバートの愛称のボブをとってボブ・ディランになった。

私もディラン・トマスの詩集を開きながら、CDオーディオでディラン・トマス自身の朗読を聞いていると、なるほどと感心するが、ボブ・ディランは、よくこれほど難しいディラン・トマスの詩に傾倒したと驚かざるを得ない。もっともディラン・トマスは、一九五〇年代の半ば、全米で詩を朗読して回り、米国ではかなり知名度の高い詩人であったという。

ディラン・トマスの詩集の訳本には『ディラン・トマス全集I詩』田中清太郎、羽矢謙一訳、国文社と『ディラン・トマス詩集』松浦直巳訳、弥生書房がある。どちらも特徴のある訳をしている。しかし、一応通読したら、やはりディラン・トマスの朗読するCDオーディオを聴きながら原著を読むのがよいと思う。詩だけはシモーヌ・ド・ボーボワールも言っているように、原語で聞かなければと思う。

ボブ・ディランがロバート・ジマーマンという名前をを嫌った理由はいくつかある。ジマーマンだと、ユダヤ系とすぐ分かってしまうし、悪名高きサン・バーナディーノの暴走族ヘルズ・エンジェルズの初代会長がボビー・ジマーマンという名前だったからである。ボブ・ディランという名前は、最初は芸名だったが、一九六二年八月に正式に法的な手続きをとって本名になった。

スティーブやウォズニアックが夢中になったボブ・ディランについては、今の若い方は必ずしも良く知っているとは限らないと思う。

ボブ・ディランの伝記的事実を知るには、『ボブ・ディラン自伝』菅野ヘッケル訳、ソフトバンク・クリエイティブ刊が良いだろう。正確には『ボブ・ディラン年代記：第一巻』という表題になっている。これを読むと、ボブ・ディランの深い文学的理解には驚かされる。自伝を読むと読書範囲の広さが分かる。すぐれた古典をたくさん読んでいる。時々、歌詞にその片鱗を見せる。

『デソレーション・ロー（Desolation Low）』という歌には、「エズラ・バウンドとT・S・エリオットが見張りの塔で戦っている」という歌詞が出てくる。T・S・エリオットの『荒地』はエズラ・バウンドが徹底的に手を入れた。どちらの詩かと思うほどだ。キャプテンの塔は見張りの塔と訳した。

「見張りの塔で戦っている」は『荒地』の最後に出てくる有名な「アキテーヌの王子が廃墟の塔のなかで（Le Prince d'Aquitaine à la tour abolie）」の連想があって、びっくりする。フォークソングに、まさか、あれが出てくるなんてと思う。アーチボルド・マクリーシュはこの歌詞に衝撃を受け、アレン・ギンズバーグも絶賛した。誰もが難解さに当惑したらしい。作った本人も反響に当惑したようだ。

『ボブ・ディラン年代記』に関しては、サイモン&シュスター社との間には、第三巻までの出版契約がある。第一巻を読み終えてみると、ちょうど本の終わりが、本の先頭に戻るような構成になっている。この無限ループに入ると第二巻以降を書くのは少し難しいと思う。

また伝記としては『ダウン・ザ・ハイウェイ　ボブ・ディランの生涯』ハワード・スーンズ著、菅野ヘッケル訳、河出書房新社刊がある。これも良い本だ。４７８ページほどの本だが、ぐんぐん引き付けられて一気に最後まで読まされる。外国には他にもたくさんボブ・ディランに関する良書がある。

映像もボブ・ディラン理解には有効だろう。昔、日本にはボブ・ディランの映像は、そうは入ってこなかったと思う。ファンなら当然見ているべき有名な映像というのがあるような気がする。見た事があると、いろいろなことの理解のヒントにつながり便利である。

ＤＶＤでは『ボブ・ディラン　ノー・ディレクション・ホーム』が良いと思う。「ノー・ディレクション・ホーム」という言葉は、ボブ・ディランのアルバム『ハイウェイ61リビジッテッド』の中の「ライク・ア・ローリング・ストーン」という曲の歌詞に登場する。

このＤＶＤには、アップルが制作費の資金援助をした。むろんスティーブのお声がかりだろう。このＤＶＤに登場するボブ・ディランは哲学者的な風貌を備えている。

このＤＶＤの中でリアム・クランシーが突然、詩を朗誦《ろうしょう》するのだが、一体何だろうと思った。何回か見ている内に、これはディラン・トマスの詩に違いないと思った。歌詞の中の piety（敬虔《けいけん》）という語と組み合わせて検索し、詩の題名は lament と分かった。日本語訳は何というのだろうと、しばし調べた。どの訳でも『悲歌』であることが分かった。ＤＶＤの字幕の訳も素晴らしいが、松浦直巳氏の訳も好きだ。

『ボブ・ディラン　ドント・ルック・バック』も良いと思う。音楽そのものでは、本当は一点ずつ揃えるのが王道かもしれないが、非常に手間がかかる。『ザ・コンプリート。アルバム　ボリューム1』という47枚組のＣＤ-ＲＯＭのボックスセットが便利だ。箱に入っているので整理が楽である。本当はｉＴｕｎｅｓで揃えるのが良いのだろうが、今一つ私は電子データが消えてしまうのではという恐怖が抜けきれない。私は古い世代の人間なのだと思う。それにこれまで何度データが消えて泣いたことだろう。

ただし、耳で聞いてボブ・ディランの甘ったるく、か

写真　ボブ・ディラン『ドント・ルックバック』：これも非常に参考になる。

写真　ボブ・ディラン『ノー・ディレクション・ホーム』：このDVD製作にはアップルが支援した。1960年代、70年代の文化的状況を理解するには好適。

ん高い、癖の強い英語を聴き取るのは、相当実力のある人はともかく、ふつうの日本人には辛いだろう。サイモン&シュスター社から歌詞を納めた『ボブ・ディラン1962―2001リリックス（LYRICS）』という本が出ているから、これを参照しながらCDオーディオを聴くと楽だ。この本に収録されている歌詞とボブ・ディランが実際に歌っている歌詞には所々かなりの違いがある。この本のハードカバー版は大きくて重い欠点はあるが、たっぷり余白があるので、書き込みができて楽だ。スティーブ・ジョブズも歌詞の本を買って研究したという。

　私の若い頃、系統的にボブ・ディランの音楽を聴くことはできなかったから、この歳になって時代順に1枚ずつ聴いた。聴いた歌詞とCD-ROMのジャケットには、青い小さな丸いタグラベルを貼った。こうすると達成感があり、数の多さに圧倒されずに済み、励みにもなり便利だった。本来、音楽はそんな風に聴くものではないと思うけれど、私の場合はスティーブ・ジョブズについて執筆する手前、何と

写真　ボブ・ディラン『リリックス』：1962年から2001年のボブ・ディランの歌詞を集めたもの。スティーブやウォズニアックがどこに共感したのかを探ってみると面白い。

写真　ボブ・ディランのDVDボックス。整理が楽で、見つけやすく便利だと思う。

なく全部聴かないわけにはいかなかったのである。

またNHKのBSで放送された『ボブ・ディラン30周年記念コンサート』という番組も良かった。私も十数回繰り返してみた。DVDやブルーレイでも購入できる。

ブルーボックス

スティーブ・ウォズニアックは、一九七一年四月にディアンザ・カレッジに復学するが、六月には退学する。そして、一九七一年九月、ウォズニアックはカリフォルニア州立大学バークレー校の3年生に編入学する。入学前日のことである。たまたま座ったキッチン・テーブルに、母親のマーガレットが読んだエスクワイアー誌の一九七一年十月号が転がっていた。その中にロン・ローゼンバウムが書いた「小さなブルーボックスの秘密」という記事があった。

簡単に言えば、電話代を払わずに長距離電話をかけるブルーボックスという装置についての紹介記事である。ここでフリーク(Phreak)という言葉が出てくる。フリークとは、フォーン(Phone)とフリーク(Freak)を合わせた造語である。フォーンは電話、フリークは夢中になることで、つなぎ合わせると、電話中毒とか電話狂を意味する。そういう人達がいた。ここでは電話フリークと呼ぶことにしよう。むろん、電話代を払わずに長距離電話をかけるのは犯罪である。

事の起こりは、一九五七年頃のジョン・エングレシアという盲目の8歳の少年の発見である。彼は電話が好きだった。ある時、彼は電話を聞きながら口笛を吹いた。ある音が出ると、必ず電話が切れてしまう。

そこで、どうして電話が切れるのか電話会社に聞いてみた。親切な技術者が電話回線の保守検査用に2600ヘルツの信号が使われていると教えてくれたという。子供に2600ヘルツの意味が分かったのかどうかと思うが、そういう話になっている。

当時、長距離電話をかける時には、まずローカルな交換機に接続される。長距離電話をかけようとしていることが分かると、空いている長距離回線が探される。そこで電話フリークは800番（無料電話の番号）をダイヤルする。これによってローカルの交換機は空いている長距離回線に接続し、この電話は無料という目印のようなタグがつけられる。すると、電話フリークは、2600ヘルツの信号を送る。長距離回線の交換機は通話は終了したものと見なすようになるが、ローカルの交換機は長距離回線は依然、無料で使われていると見なしているというのである。

こうして電話フリークはどこにでもダイヤルできて、どこにでも電話をかけられるようになるというのである。少し雑で乱暴な説明だが、もっと正確に説明すると難しすぎて分からないだろう。

ここで問題となるのは、2600ヘルツの信号の発生法である。ある男がキャプテン・クランチというシリアルのおまけについている笛を上手に吹くと2600ヘルツの音が出るという面白い方法を発見した。非合法の世界だから、自分の名前をキャプテン・クランチと名乗った。本名はジョン・ドレイパーで、米軍のレーダー技術者の経験があった。

この笛を吹いた後に電話番号を入力する装置を、ジョン・ドレイパーはブルーボックスと呼んだ。電話会社の回線保守技術者が持っていた装置が青色の箱に入っていたからだという。

ジョン・ドレイパーは逮捕され、有罪となり拘置所に送られた。ジョン・エングレシアも逮捕され有罪となったが、執行猶予になった。
エスクワイアー誌の記事が出ると、ウォズニアックは、すぐスティーブに電話した。二人は早速、自分達でブルーボックスを作ってみることにした。まず、スタンフォード大学付属のSLAC（スタンフォード線形加速器センター）の図書館に行って文献調査をした。

◆SLACについては『シリコンバレー』P70、P225を参照されたい。

多分、二人は、プッシュ・フォーン等のボタン電話で使われるDTMF（デュアル・トーン・マルチ・フリクエンシー・シグナル：二重トーン多重周波数信号）方式で使われる周波数の組み合わせを知りたかったのだと思う。DTMFでは、二つの周波数の信号を用いて、プッシュ・フォーンのキーの信号を表現する。

ウォズニアックは、CCITT（Comite Consultatif International Telegraphique et Telephonique: 国際電信電話諮問委員会）のQ. 23『電話交換と信号に関する一般的な勧告』という文書で周波数を見つけ出した。現在CCITTという名称は使われない。ITU-T（International Telecommunication Union Telecommunication Standardization Sector：国際電気通信連合 電気通信標準化部門）という。

低い方の群は697、770、852、941ヘルツであり、高い方の群は1209、1336、1477、

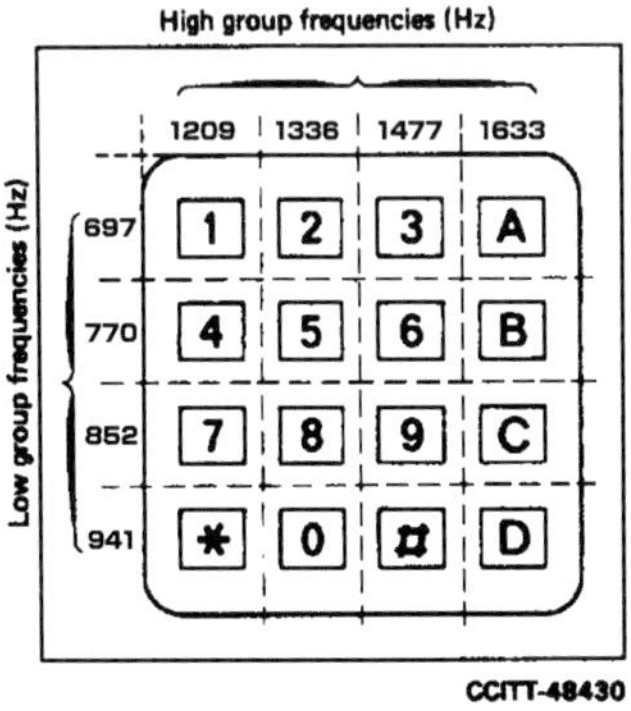

図　CCITTのQ. 23『電話交換と信号に関する一般的な勧告の図。横方向に高い方の周波数の群、縦方向に低い周波数の群がある。

1633ヘルツである。

たとえば1は697ヘルツと1209ヘルツを組み合わせて表現するようになっていた。

周波数も大事だが、本当に重要なのは通信プロトコル（通信規約）なのだが、ウォズニアックは、通信プロトコルには、あまり関心がなかったようだ。そういうやり方だと、試行錯誤的になり、完全な動作は望めない。

またこれらの技術的背景は、一九五五年のBSTJ（Bell System Technical Journal）というベル電話研究所の技術誌にも載っていたという。

電話の発明者グラハム・ベルの流れを引くAT&T（米国電話電信会社）は、当時三つの部門からできていた。本体のAT&T（米国電話電信会社）、電話システム製造部門のウエスタン・エレクトリック、研究開発部門のベル電話研究所である。ベル電話研究所は当時、世界に冠たる研究所であり、その技術誌BSTJは、技術者必読の書であった。

◆ベル電話研究所については『シリコンバレー』P253以降を参照されたい。

周波数が分かったので、二人はサニーベール・エレクトロニクスに出かけて行き、トーン・ジェネレータのキットを二つ買って組み立てた。それぞれのトーン・ジェネレータの周波数を、スティーブの組み立てた周波数カウンターで計測し、調整して、二つのトーン・ジェネレータを同時に鳴らして1秒ほど録音した。これを繰り返して全てのデータを作り、必要な電話番号に組み立てて行った。

このやり方では、多分うまく行かないと思う。まず市販キットのトーン・ジェネレータの安定性が問題である。アナログの発振器で、周波数の安定化回路は、あるはずがないから、オシロスコープで見れば、多分揺らぎがひどいのが見えたはずだ。それを省いてスティーブの作ったという周波数カウンターだけで処理したというのが不可解だ。それに二つの信号をそのまま重ね合わせても、位相の調整ができていない。動くかもしれないが、原理的にはむずかしい。そして実際動かなかったという。

そこで、ウォズニアックは、ブルーボックスと同じような装置について本を買ったり、雑誌を読んで研究した。今度はアナログ式でなく、デジタル式のブルーボックスを設計した。もっと安定した動作ができるような回路にした。完成までには二、三ヶ月かかったようだ。完全ではないが、どうやら動作するものができたという。

ウォズニアックは、スティーブの家で実験してから、カリフォルニア州立大学バークレー校の寮に持って行った。電話会社のAT&Tに探知されるのを恐れたからである。

キャプテン・クランチとの出会い

スティーブ・ウォズニアックは、ブルーボックスの権威であるキャプテン・クランチと会いたいと思っていた。たまたま高校時代の友人デイビッド・ハートから電話がかかってきて会いたいと言ってきた。訪ねてきたデイビッド・ハートとブルーボックスについて雑談する内に、キャプテン・クランチの正体がジョン・ドレイパーで、クパチーノのラジオ局KKUPに勤めていることを教えてもらった。

このことをスティーブに伝えると、スティーブは、すぐにラジオ局KKUPに電話した。ドレイパーは、すでにラジオ局を辞めていたが、電話番号を残しておくと、すぐに電話がかかってきて、バークレー校の寮で会うことになった。

現れたドレイパーは、汚れた身なりで、髪の毛も片方にだらりと垂れ下がり、ひどい臭いがした。歯も欠けていた。この頃、ウォズニアックのブルーボックスでは国際電話はできなかったようで、そのノウハウをドレイパーに教えてもらった。

その後、ピザ屋に行った帰り、スティーブの運転する車は故障した。何とかガソリン・スタンドに到着してブルーボックスを使って、何度かドレイパーに電話した。電話回線を占有できるはずなのに交換手が割り込んできた。電話局はすぐに警察に通報したのだろう。すぐ警官がやってきて職務質問をした。ブルーボックスについて、それは何かと聞かれ、シンセサイザーだと嘘をついた。

ウォズニアックはそう思っていなかったようだが、警官はおそらくブルーボックスだと見破っていたのだろう。電話につなぐシンセサイザーなんてない。完全な動作もしなかったことであるし、警官が「ムーグというシンセサイザーの方がすごいよ」とからかって終わりになった。

ここでウォズニアックが、やはり常識がないと思う所なのだが、彼は刑務所に連れて行かれることなく警察に一杯食わせる事に見事に成功したと勘違いした。運が良かっただけで、微罪として見逃されただけということだと思う。

その後、ドレイパーのバンに迎えに来てもらって、ロスアルトスのスティーブの家に着いた。ウォズニアックは、駐車させておいた自分のフォード・ピントに乗ってバークレー校の寮に戻ろうとしたが、途中ガードレールにぶつかるという事故を起こした。

ウォズニアックは、自動車でも飛行機でもよく事故を起こす男で、一九八七年にも子供を乗せたまま一九五一年製のスチュードベイカーで木に衝突してなぎ倒している。『イメージズ・オブ・アメリカ　サニーベール』という本のP56に写真が載っている。

ブルーボックスを改良した後は、ウォズニアックは長距離電話をかけまくった。これは完全なものではなかったらしい。ウォズニアックは、電話の通信プロトコルにはまるで理解がなかったようだし、ともかく何とか動作する程度のものだったようだ。バグは残っていたという。おかげで警察に捕まった人もいたという。

ウォズニアックの仕事の特徴は、詰めが甘いことだ。大体できると、ああ出来たと、どこかへ行ってしまう。つまり動きさえすれば良いという実験室レベルの装置で、商品レベルの製品にはなっていない。スティーブは、このウォズニアックの癖にはさんざん悩まされることになる。

それでもウォズニアックは、ヘンリー・キッシンジャーを名乗って、バチカン宮殿に電話をかけて教皇を呼び出そうとした。結局ばれてしまったという。いたずら好きな男である。

ブルーボックスの販売

スティーブ・ウォズニアックは、ブルーボックスを作ったことで満足であったが、スティーブ・ジョブズは、これを売ろうとした。一九七一年十月頃のことである。いかに術策を弄《ろう》して売りつけたかは『アップルを創った怪物』に詳しく書かれている。この話は何通りもの説が流布している。

ブルーボックスの製作に必要なパーツ代は、当初80ドルであったが、部品をまとめ買いをするようになって40ドルになった。売値は150ドル程度で、儲けはウォズニアックとスティーブとで折半であった。もちろん非合法で、れっきとした犯罪である。取引の際には、スティーブはオーフ・トバーク（Oaf Tobark）と名乗り、ウォズニアックはバークレー・ブルーと名乗った。

オーフとは馬鹿などか、無作法で卑劣なということを意味する。Oafish で辞書に載っている。トバークは、多分 To bark で犬の吠え声だろうと言われているが、これは分からない。

オーフを名乗ったスティーブは自分をペテン師（Imposter）と呼んだ。

ある時、スティーブがどうしても、お金が必要になったので、ピザ屋でブルーボックスを売ろうとした。相手が金はないと言うので、スティーブは急いで車に乗り込んで立ち去ろうとしたが、ピストルの銃口を突きつけられて、ブルーボックスを持っていかれた。金はその内払うと電話番号と名前のメモを渡された。

スティーブは、これに懲りて、ブルーボックスの販売から一応手を引いたが、ウォズニアックは、その後も細々とブルーボックスを売り続けた。懲りない男である。

フォード・ピントが廃車になった後、ウォズニアックは新しい車を買うお金が必要になった。そこで一九七二年の六月からエレクトログラスという会社で働いた。月給は６００ドル程度だったという。

アレン・バウムは、一九五二年生まれだが、本人の申告ではＭＩＴの電気工学科、電気工学科大学院修士課程を一九七四年に修了したとある。これが計算が合わなくて困る。ふつうなら学部卒業は一九七四年であろう。するとそして大学院修了は一九七六年のはずである。これを合理化させるには飛び級を中学、高校で2年分やっていれば一九七四年に修士課程修了で計算が合う。

次に一九七四年大学院修了だとＨＰ入社が一九七四年で、すぐ後に記述する一九七三年にＨＰにいたという事実と合わない。多分、これはアレン・バウムが2年生からＨＰでコオペラティブ・プログラムを選択して働いていることで、ある程度説明できるだろう。それなら一九七三年にＨＰにいても問題はない。ウォズニアックに、ＨＰ45という電卓の事業部で働いていたアレン・バウムから電話があって、ＨＰで働くことを勧められた。結局、ウォズニアックは、一九七三年二月ＨＰで関数電卓の設計に従事することになった。学業も怠けがちであったし、バークレー校を退学することになった。つまりＨＰには高卒の資格で入社したことになる。一九七三年六月にはディアンザ・カレッジに復学するが、勉学に身が入らず、一九七四年七月には休学する。

私は、これまでウォズニアックがＨＰで計測器や部品の使用に不自由を感じているような記述を読んで実に不可解と思っていた。ＨＰでは潤沢に使えたはずなのである。

よく考えてみると、ウォズニアックは学歴が高卒なので、エリート階層の場合、日本よりずっと学歴に厳しい米国では、エンジニア（技術者）として雇ってもらえなかったのだろう。テクニシャン（技手）として雇ってもらったらしい。

これは想像ではなく、ロバート・ルーサーの『ザ・ファースト・アップル』のＰ53で、ダン・ソコルとのインタビューの中でウォズニアックが語っていることだ。

「僕はＨＰの中では単なるテクニシャンでしかないんだ。もし僕がエンジニアだったら…」

それで氷解した長年の疑問がいくつもある。

多分それもあって、後に一九八一年、ウォズニアックは、バークレー校に再入学する。

外資系の情報系企業に就職した人が、私のいる大学の二部や大学院の二部に入学してくることがある。

「外資の方が実際の技術は大学よりずっと進んでいると思うけれど、今更、大学に学ぶことなんてありますか」

と、若い頃、面接で率直に聞いたことがある。

「それはそうなんですが…」

と言いよどんだ後、思い切ったように言ってくる。

「学士号や修士号を持っていないと、いくら技術を持っていても、外資系では何も自分で責任ある仕事はやらせてもらえないんです」

なるほどと思ったことがある。その意味でも二部は大事だと思ったことがある。

収入に余裕のできたウォズニアックは、クパチーノのホームステッド・ロード２０８００番地（20800 Homestead Road, Cupertino）にアパートを借りた。航空写真で確認できる。

ウォズニアックの実家へは、１・１マイル、自動車で３分である。勤務先のＨＰへは、11・６マイル、自動車で14分である。スティーブ・ジョブズの実家へは、１・８マイル、自動車で５分である。ロスガトスのアタリの本社へは、９・５マイル、自動車で11分である。

この便利さがなければ、ウォズニアックとスティーブの共同作業は成立しなかっただろう。

またウォズニアックは、近所に住むビル・フェルナンデスをＨＰに雇わせたという。

◆ＨＰについては『シリコンバレー』第４章Ｐ185以降を参照されたい。

ダン・ソコル

ダン・ソコルは、ある意味で重要な人物なので、彼について少し見ておこう。

ダン・ソコルは、高校を卒業すると、すぐに米空軍に入隊した。空軍を除隊すると復員兵奨学金で大学に入った。一九七〇年に大学を卒業すると、南カリフォルニアのポモナに移り、ジェネラル・ダイナミクスの軍事工場に職を得た。ミサイル・システムの仕事をしていたという。夜勤をして昼間は大学に通っていたという。そこでビジネス・アドミニストレーション（ビジネス管理）分野で学位を得た。父親が技術だけに夢中になっていては、将来は見込めないといったからだという。

ベトナムから撤兵するというニクソン・ドクトリンによって、軍事産業は不況になり、ダン・ソコルはジェネラル・ダイナミクスを解雇される。ドン・ソコルは、職を探して友人と共に101号線で北カリフォルニアに向う。

ダン・ソコルの言う所によれば、当時シリコン・バレーにはまだ五つしか半導体製造会社はなかったという。これは少し勘違いだと思う。「フェアチャイルド／シリコンバレーの系譜」という有名な図面があって、一目瞭然で分かるが、一九七〇年代前半には五つではきかなかった。ただし、彼が五つという主要な半導体製造会社がどこを指すのか絞り込んで考察するのは、非常に有意義だと思う。

◆これについては、『シリコンバレー』Ｐ399を参照されたい。

パロアルトでダン・ソコル等は、タブ・プロダクツという会社を見つけ、３ヶ月ほど勤務した。他に良い会社はないかと履歴書を配ったところ、一九六六年創業のＡＭＩ（アメリカン・マイクロシステムズ・インコーポレイテッド）から声がかかった。一九七〇年から一九七六年までダン・ソコルは半導体製造産業のＡＭＩで働いた。

後での話だが、部品の入手に苦労していたウォズニアックを気の毒に思って、ダン・ソコルは靴の箱一杯に詰めたＭＣ６８００関係のチップをウォズニアックにあげたという。

ダイアル・ア・ジョーク

ダイアル・ア・ジョークというのは、自動応答する電話サービスで、スティーブ・ウォズニアックの悪い冗談を聞かせるサービスである。自らポーランド系であることを逆手にとって、ポーランド人をからかうような冗談を流した。ウォズニアックは自ら、マイケル・モーリッツの『スティーブ・ジョブズの王国』によれば、スタンリー・ジーバー・ゼンスカニッキーと名乗った。ウォズニアックの『アップルを創った怪物』では、スタンリー・ゼブラズツニツキーと名乗っていたという。本人の言っていることだから閉口するが、たぶん前者の名前だろう。

面白い話ではあるが、この本の流れからは逸脱するので省略する。

ただ一つ重要なことは、このサービスを通じて、ウォズニアックが、アリス・ロバートソンという少女と出会い、一九七六年一月に結婚することである。

米国のベトナム戦争介入

「高校生の頃、僕は戦争に賛成していた。おやじからは、アメリカは世界一すばらしい国だって聞かされていた。そして僕もおやじと同じように、アメリカは共産主義の脅威から民主主義を守らなければいけない。その理由は合衆国憲法だと考えた」

スティーブ・ウォズニアック『アップルを創った怪物』P90

和平を定めたジュネーブ協定によって、ベトナム人民軍は17度線の北に、フランス軍は17度線の南に撤兵し、一九五六年七月に予定されていた自由選挙を待って、民族自決を図るはずであった。フランスはベトナムを去り、ほとんどの国はジュネーブ協定に賛成したが、米国だけは態度をはっきりさせなかった。米国は、フランスに代わって南ベトナムの後押しをすることになった。バオダイ帝はゴー・ジン・ジェム（呉廷琰）を首相に選んだが、ゴー・ジン・ジェムはバオダイ帝を退位させ、自分が国家元首の大統領になった。バオダイ帝同様、ゴー・ジン・ジェムも当初米国の傀儡《かいらい》だったが、次第に米国の思い通りにならず米国と対立した。またゴー・ジン・ジェムは、フランス系のカトリック信者で、仏教徒と激しく対立することになる。

米国には陸海空軍と海兵隊の四軍の他にＣＩＡ（米国中央情報局）という、直属部隊は持たないものの傭兵部隊を使う影の軍隊がある。ＣＩＡは一九五九年にカンボジアでシアヌーク殿下に対するクーデターを企て、一九六〇年にはラオスでノサバン将軍を擁立したりして暗躍していた。

米国のゴー・ジン・ジェム政権に対する援助は、初めは武器貸与だけで、少数の軍事顧問団がいただけだったが、一九六二年には軍事顧問団は1万2千人に増加していた。

一九六三年にはアプバクの戦いがあり、サイゴンの南西80キロメートルのアプバクで、200人に過ぎないベトナム人民軍に2千人の南ベトナム政府軍が完敗した。戦場のタクシーと呼ばれたアルミ車体のM113装甲車とヘリコプターの脆弱さを知らされた事件である。南ベトナム政府軍の士気がなってないとして、米軍の直接戦闘介入をケネディ大統領に決断させた戦闘であると言われている。

アプバクの戦いはアレン・ギンズバーグの一九六三年の詩『アンコール・ワット』にも出てくる。

一九六三年十一月、ゴー・ジン・ジェムはクーデターで倒された。年中行事となった南ベトナムのクーデターの始まりである。民衆の評判が悪く、また米国の政策実施に邪魔になったから、クーデターを追認したのだろう。ケネディ大統領の承認の下、米国のCIAが仕掛けたと言われている。

スタンリー・カルノフ

私は一九八三年から一九八四年にかけて米国の南カリフォルニア大学に客員教授として留学した。当時南パサデナに住んでいたが、CATV（ケーブルテレビ）に加入した。CATVでは無料の地上波のTVと違って上質のコンテンツが見られたのである。

中でもPBS（パブリック・ブローキャスティング・システム）が放送した番組『ベトナム：テレビジョン・ヒストリー（Vietnam : A Television History）』は驚きだった。この番組ではベトナム人でも米国人でも映像記録に残っている人をとことん探し出し、証言させている。すごい執念だと思った。日本に帰って来て、かなり後の二〇〇〇年にリリースされたビデオテープを全巻購入して見直した。

この番組はスタンリー・カルノフの『ベトナム：ア　ヒストリー』と対になっていた。一九八四年に米国でペーパーバック版を買って、日本に持ち帰ったが、ビデオほど簡単には取り組めなかった。752ページと大変厚かったということもあった。そこで本を章ごとにバラバラにして分解し、コンパクトにして読もうとしたが、何度も失敗した。厚いだけが障害ではなかったのである。

最大の障害は地名と人名表記だった。Nguyễn Phúc Ánh とあっても、何と読むのか、何のことかわからなかった。漢字に直すと阮福暎（嘉隆帝）で、私には分かりやすくなる。Triệu Ẩu も同じである。趙嫗とあれば、女性の救国の英雄と分かる。それができなかったのである。

ある時、ベトナムとは越南のことではないかと思い当たった。いつかその方式で読んでみようと思ったが、しかしアイデアはあっても実際にはできなかった。何でも載っているベトナム語の辞書がなかった。

最近になって、インターネットとウィキペディアがあるから、大丈夫ではないかと思い、章ごとに分解していた本をボンドで固めて一冊に戻し、厚紙でしっかりした表紙をつけた。30年前の本だから、本文の紙も黄ばんで破れたりして相当傷んでいるので、全て修理した。本当

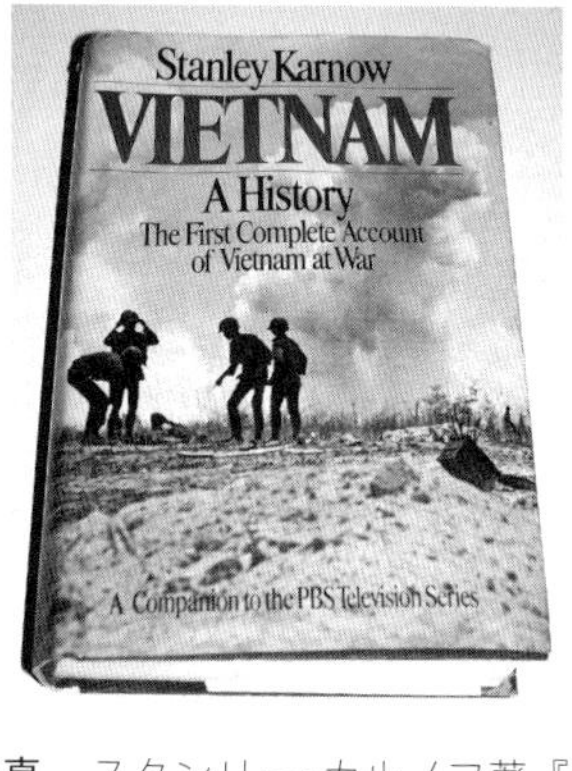

写真　スタンリー・カルノフ著『ベトナム　ア・ヒストリー』：ベトナムとベトナム戦争の歴史。これでも全部は書き尽くせない程、色々な出来事があった。

は数年前に新しくハードカバー版を買ってあったので、そちらで読めば良かったのだが、なにか執念のようなものがあって、米国で買ってきた版で読んだ。

ベトナムの歴史は複雑で、元々中国から南下した人達が支配者となってベトナムを支配し、中国と対立するようになった。そこでベトナムには漢字文化が根強くある。越南という国名も中国からもらったものである。

一六二七年、ベトナムに布教したアレクサンドル・ド・ローズというフランス人宣教師がベトナム語をローマン・アルファベットで表記する方法を考え出した。これによって、ベトナム人は漢字を覚えずにすむようになり、楽になったとはいうが、意味が全くとれなくなったと思う。ローマン・アルファベットで表記していても、その底辺には漢字文化が根強く潜んでいる。

ベトナムの地名と人名を漢字に直すと読みやすくなった。またグーグルの地図を印刷して多数貼り込み、何とか全部読破できた。しかし、中国文化の漢字に頼らなければ読めなかったということは多少悲しいことである。

『地獄の黙示録』

ベトナム戦争で思い出すのは、フランシス・フォード・コッポラの『地獄の黙示録』である。私は多分、一九七九年に有楽町の日比谷映画で見たと記憶している。

メコン川をモデルとしたナン川の河口のベトコンの拠点を第一騎兵師団の空中騎兵連隊のヘリコプター

部隊が攻撃する場面から見始めた。ワグナーの音楽といい、UH-1イロコイスやOH-6の襲撃状況といいショックだった。かなり多数のヘリコプターが飛び回っているように感じたが、画面で確認すると、フィリピン空軍の保有するUH-1イロコイス19機の内8機、OH-6が4機だけだったようだ。もっと飛んでいたように思うが、カメラ・アングルの上手さだったようだ。ポスターでは20数機あった。

米軍のヘリコプターからの機銃掃射とロケット弾の飛び交う中、AK-47自動小銃を持ったベトコンが忙しく走り回る姿やデグチャレフ・シューパーギン重機関銃を模した（画面を止めてマズルブレーキや銃身を良く見ると本物ではなかったようだ）対空陣地なども写っていて半端な映画ではないと思った。ベトナム戦争の実際の場面は、たまに白黒のニュース・フィルムで見ることはあったが、カラーで、あれほど生々しいシーンは見たことがなかった。現実以上に本物だと感じた。

ナン川河口のシーンが終わって、河川哨戒艇PBRで、メコン川を遡り、カンボジアに築かれたカーツ・コンパウンド大佐の拠点を探し求めて行く様子が延々と描かれるのだが、これは実に異様だった。何と解釈すべきか全く分からなかった。TVで放送された『地獄の黙示録』を繰り返し繰り返し見て首をひねった。

後年、エレノア・コッポラの『地獄の黙示録　撮影全記録』を読んで、フランシス・コッポラが、ジョゼフ・コンラッドの『闇の奥』を念頭に置いていたことを知った

写真　ジョン・ミリアスとフランシス・コッポラの『地獄の黙示録』の脚本。ベトナム戦争の暗部を暴いた問題作。

が、しかし、ジョゼフ・コンラッドの小説を何冊読んでも理解できなかった。

作家ウィリアム・バロウズによれば、「コンラッドの『闇の奥』が『地獄の黙示録』になる。ベトナム戦争の初期、ＣＩＡは人里離れた（カンボジアのメコン川河畔の）前哨地に監視所を設け、私兵を組織して、迷信深い現地人を圧倒して白い神の地位を獲得した。つまり、十九世紀の植民地主義の文脈が簡潔に複写された」『バロウズという名の男（原題ザ・アディング・マシン）』ウィリアム・バロウズ著、山形浩生訳、ベヨトル工房P72から、コンラッドの『闇の奥』に重なってくるというのである。それは観念的に分からないではないが、どうも実感的に理解できなかった。もっとも監督のフランシス・コッポラも俳優のマーロン・ブランドも分かっていなかったというのだから、分からなくて無理もなかったのかも知れない。

ベトナム戦争の激化に伴って、日本の新聞にも毎日、ベトナムの戦況が載るようになった。局面局面では詳しいのだが、大局がどう動いているのかは皆目分からなかった。私の父は太平洋戦争に際して、日本は負けると思っていたらしい。米国の物量と生産力を考えると、日本が勝てるわけがないというのである。

ベトナム戦争に関しても、父は悲観的な日本の報道が間違っているので、米国は必ず勝つだろうと言った。私は米軍は核戦力に重点を置きすぎ、通常戦力の充実を怠り、なおかつマクマナラ戦略によってジープに無反動砲を載せた位のお粗末な三流兵器しか持っていない。これでは、ソビエトと中国の支援を受けた強力なベトナム人民軍には勝てないと思っていて、父と毎朝議論になった。私が寝ていると、父が私をたたき起こして新聞を見ろというのである。父には多少、気の毒だったが、私としては、過去において正しかった理論がいつも常に正しいと言うわけではないと思った。後年、デイビッド・ハルバースタムの『ベスト＆ブライテスト』を読んで、マクナマラ戦略の悲惨なまでの滑稽さに驚いたものである。

第五章

ヒッピーと反戦運動の高揚

ヒッピー

一九九五年のロバート・X・クリンジリー（本名マーク・ステファンス）とのインタビューの中で、スティーブ・ジョブズが珍しく過去の状況を説明する的確な発言をしている。

「（あなたはヒッピーかコンピュータ・オタクのどちらかだと）選べと言われたら、私は間違いなくヒッピーだね」

「（ヒッピーとは）私にとっては60年代から70年代初頭にかけて起きた現象だ。あの時のきらめきが、日常生活で目にする以上のものの存在に気づかせてくれた。〈中略〉普段あまり話題にしないコインの裏側が存在していて、裂け目が生まれた時にだけ経験できるんだ。〈中略〉ヒッピーのムーブメントにはそんな要素が少しあって、人びとはその正体を知りたがった。〈中略〉振り子が反対側に触れすぎて、常軌を逸していたが、それでもそこにはなんらかの萌芽があった」

（『スティーブ・ジョブズ1995　ロスト・インタビュー』講談社刊）

写真　アラン・ビスコート著『ビートニクス』：1950年代のビート世代の生き様に影響を受けビートニック（ビート族）のサブカルチャーが誕生した。スティーブ・ジョブズに与えた影響は少なくないと言われている。

ヒッピーという言葉は、ヒップスターという言葉から来ている。元々はヒップで、ハーレムに住む黒人達のジャズに関係したスラングと言われている。誰にも本当の語源は分からない。

現象的には、ヒッピーは、ビートニク世代の後を受けて一九六〇年代半ばに発生した若者達のことで、ニューヨークのグリニッジ・ビレッジ地区やサンフランシスコのヘイト・アシュベリー地区をメッカとしていた。

ヒッピーは確立された体制を嫌い、当時の米国の堅実な中産階級の文化を嫌悪し、サイケデリック文化を作り出し、ベトナム戦争に反対し、ＬＳＤやマリファナやアンフェタミンなどの幻覚剤を使い、インドやチベットの仏教やヒンズー教、禅に関心を寄せた。自分達のコミュニティを持つことも特徴である。ヒッピーは米国の公民権運動や新左翼運動とほぼ同じ頃登場した。重なる部分もあるが同じではない。

一九六〇年代初頭はケン・キージーやメリー・パンクスターが活躍した。これについては『シリコンバレー』のＰ71あたりに記しておいた。

一九六六年頃、サンフランシスコの家賃の安いヘイト・アシュベリー地区にヒッピーが流入した。1万5千人に及んだと言う。

サマー・オブ・ラブとフラワー・チルドレン

一九六七年一月十四日、サンフランシスコのゴールデンゲートパークで、マイケル・ボウエンが主催したヒューマン・ビー・イン（Human Be In）が開かれた。2万人とも3万人とも言われるヒッピーが集まった。

これがサンフランシスコのサマー・オブ・ラブ（愛の夏）につながった。

一九六七年六月十六日には、モンタレー・ポップ・フェスティバルが開かれた。スコット・マッケンジーがジョン・フィリップスの歌を編曲した『サンフランシスコ』という曲では、次のような一節があった。

「サンフランシスコに行くなら、髪に花を飾るのを忘れないように」

この歌が一つのきっかけとなり、10万人もの若者が全国、全世界から花を飾って、サンフランシスコのヘイト・アシュベリー地区を訪れた。彼らはフラワー・チルドレンと呼ばれることになる。ヘイト・アシュベリー地区には、グレイトフル・デッド、ビッグ・ブラザー、ホールディング・カンパニー、ジェファーソン・エアプレインなどのバンドが住んでいた。

一九六七年には、すでに、サブカルチャーとかカウンター・カルチャーと呼ばれるヒッピー文化が確立していた。黒地にイエロー、グリーン、オレンジ、ピンクを基調としたサイケデリックなポスターや、サイケデリックな音楽が流行した。映画や演劇では『イージー・ライダー』、『アリスのレストラン』、『ヘアー』などがある。

何より、若い女性の服装が激変した。50年代のジャック・アンド・ベティ風のキャンパス・ルックが突然消滅した。

若い女性の服は、サンフランシスコやグリニッジ・ビレッジの古着屋で買ったような、簡素などというより粗末な安い

写真　バリー・マイルズ著『ヒッピー』：表紙にフラワー・チルドレンが載っている。豊富な写真とイラストで当時を思い出すのも一興だろう。

生地の服にとって変えられた。裾が長く、踝まで届くような地味な色の服になった。若い女性達は体を締め付ける下着を拒否し、ほとんど裸足で、髪を長く伸ばし、ヘアー・バンドやバンダナをした。仕上げに安い手作りのネックレスや指輪やブレスレッドなどのアクセサリーを付けた。むろん化粧はあまりしなくなった。あえて化粧する場合は眼の周りを強調することが多かった。

若い男は髭を伸ばし、長髪になった。丸眼鏡やサングラスをかけ、ぼろぼろのジーンズとTシャツに裸足も多かった。これは特に南部や中西部の保守層に忌み嫌われた。映画『イージー・ライダー』の最後では、見慣れぬ変な奴等というだけで、動物でも殺すかのように、いとも簡単に狩猟用の散弾銃で撃ち殺してしまう。

突然、変わった服装の若者達で全米の都市が埋め尽くされ始めた。ある種の文化革命である。お洒落をしないことが、お洒落になった。ほとんど右へならえをしてしまうのだから不思議なものだ。

この頃、ビートルズが『サージャント・ペッパーズ・ロンリー・ハーツ・バンド』というアルバムを出した。ジャケットからしてサイケデリックそのものである。

一九六七年の終わり頃にはヘイト・アシュベリー地区は、犯罪や暴力や病気やドラッグが蔓延する地区となり、普通の人は逃げ出し始めた。

テト攻勢

一九六八年、ベトナム全土でテト攻勢（春節攻勢）が始まった。春節攻勢は、ベトナム語では Sự kiện Tết Mậu Thân であって、この中に出てくる Tet をとってテト攻勢と呼んだらしい。

テト攻勢では、フエ（順化）がベトナム人民軍に占領され、奪還までに26日間もかかった。

この時、フエに突入占領したベトナム人民軍が、あらかじめ調べあげていた南ベトナム政府側の官吏や家族を組織的に一斉処刑した。確かに威嚇にはなっただろうが、やり過ぎで、これが一般民衆の恐怖を呼び、ベトナム戦争の終焉を遅くしたとスタンリー・カルノフの『ベトナム』には書いてある。

フエがベトナムの古都であることを知ったのは、この時が初めてだった。私はベトナムの歴史について無知だなと、当時思った。

スタンリー・キューブリックの映画『フルメタル・ジャケット』の後半はフエの攻防戦を描いたと言うが、どうも泥と炎のベトナムという雰囲気ではまるでなく、セットで撮影した作り物のような気がして、残念ながら尊敬する巨匠の作品とは思えなかった。英国で撮影したせいかもしれない。

テト攻勢のもう一つの重点目標はサイゴンであり、一九六八年一月三十一日、19名のベトコンの決死隊がサイゴンの米国大使館に突入し、長時間占拠し、激しく抵抗するが、全員射殺されてしまう。この様子はテレビで報道され、米国民に深刻な衝撃を与えた。

美来村の虐殺

悲惨なソンミの虐殺は一九六八年三月のことである。日本ではソンミと言っているが、実際はダナンの南の（クアンガイ省（Tỉnh Quảng Ngãi：広義省）の美来《ミライ》村の虐殺（Thảm sát Mỹ Lai）で、これを英語の音に直した時にソンミになったようだ。ソンミは地名ではない。ソンは虐殺で、ミは美来村の粗雑な略だ。英語では My Lai としないと検索できない。

たとえばアレン・ギンズバーグの一九七三年三月の『イエス・アンド・イッツ・ホープレス』という詩の中に、“Massacresa of Wounded Knee Mylai”として出てくる。米軍の軍規の乱れと一般兵卒の精神の荒廃を物語った事件である。

一九六八年三月、ジョンソン大統領はベトナム戦争遂行失敗の責任をとり、次の大統領選挙に出馬しないことを声明する。

シカゴの民主党大会会場外のデモ

「一九六八年、ビートルズはインドにいた。アメリカ中を猛烈な怒りが多い、大学生が駐車中の車を破壊し、窓を割っていた。ベトナム戦争が国を深い憂鬱に陥れていた。都市に火が上がり、棍棒が振り下ろされた」

（『ボブ・ディラン自伝』　菅野ヘッケル訳）


ベトナム戦争の激化に伴い、マーチン・ルーサー・キング・ジュニア牧師は、従来の公民権運動だけでなく、ベトナム戦争反対を表明するかどうかで苦渋の選択を迫られていた。キング牧師がベトナム戦争反対を表明すると、一九六八年四月五日、あっさり暗殺された。

一九六八年六月、大統領を目指していたロバート・ケネディ上院議員も暗殺された。

一九六八年八月、シカゴで開かれた民主党大会の会場の外で反戦運動の大弾圧があった。民主党の大統領候補選出よりも会場外の弾圧の方が歴史に残った。もともとはアビー・ホフマンが、シカゴでフェスティバル・オブ・ライフという集会を八月のシカゴで開こうとしたものである。この集会にイッピー（ユース・インターナショナル・パーティ：青年国際主義党）が結成された。これにブラック・パンサー、SDS（スチューデンツ・フォー・デモクラティック・ソサイエティ：民主主義社会のための学生連合）などが合流した。

イッピーとヒッピーとヤッピーは違う。イッピーは青年国際主義党である。

ヤッピーはヤング・アーバン・プロフェッショナルズの略で、一九八〇年代半ばから使われた言葉で、高学歴で高度に知的な職業につき、大都会に住んで、住居や身の周りにたっぷりお金をかけた若者達をいう。気取っていて鼻持ちならない奴等という語感もある。

約一万の反戦派に対し、シカゴ市長のリチャード・デイリーは徹底弾圧を決意し、1万6千人のシカゴ警察官、4千人の州警察官、4千人の州兵を集結し、凄惨な弾圧をおこなった。この頃は何もかも滅茶苦茶だった。

このデモには、アレン・ギンズバーグ、ウィリアム・バロウズ、ジャン・ジュネも参加していた。アレン・ギンズバーグは『グラント・パーク一九六八年八月二十八日』というごく短い詩を残している。あまりに現実が苛烈すぎると、詩的感興も湧かないらしい。ウィリアム・バロウズはエスクワイアー誌の依頼で取材に来ていた。

一九六八年十一月、リチャード・ニクソンが大統領に選ばれた。ベトナムに展開する米軍は54万人にもなっていた。米軍の連戦連敗を見ていると、100万人でも足りないのではないかと思った。

スティーブ・ウォズニアックと徴兵検査

この頃、徴兵忌避と反戦運動が頂点に達した。

ウォズニアックが『アップルを創った怪物』Ｐ96あたりで述べているが、ウォズニアックは、一九六八年の徴兵検査で、徴兵猶予なしになった。工科系の大学生は徴兵猶予があるのだが、ウォズニアックはサンノゼ徴兵委員会に大学生である事の証明書を出し忘れたのである。

この頃、連邦議会が徴兵抽選制を採用した。誕生日に対してランダムに数字が割り当てられる。数字が小さい方から徴兵される。ウォズニアックは３２５だった。だから徴兵の可能性はほとんどない。ところが徴兵抽選制の番号が決まった後、サンノゼ徴兵委員会から徴兵猶予の通知がきた。

そして、ここがウォズニアックの変わっている所だが、徴兵猶予なしを徴兵猶予に変えるなどと人の心を弄ぶなとサンノゼ徴兵委員会に徴兵猶予の取消しを申請した。ウォズニアックの怒りはおさまらない。彼の願いは受理された。

徴兵猶予になったのに徴兵猶予を取り消せとは変わっている。、この辺が変人ウォズニアックのユニークで面目躍如たる所だ。

ただし、どのみち、もうベトナム撤兵が打ち出されており、ウォズニアックの徴兵の可能性は現実的にはなくなっていた。スティーブ・ジョブズも徴兵の可能性が原理的にはあったが、実際にはもう徴兵はなくなっていた。

いちご白書

この頃、米国の反戦運動が頂点に達していた。一九七〇年に映画化された『いちご白書』の時代である。歌手の松任谷由美が作詩作曲した『いちご白書をもう一度』は、コロンビア大学の学園闘争を描いた映画『いちご白書』に影響を受けている。

映画『いちご白書』の原作は、ジェームズ・クネンの『いちご白書：大学革命についてのノート』である。角川文庫に青木日出夫氏の訳がある。ジェームズ・クネンは一九四八年生まれで、私は一九四七年生まれである。同時代人という共感もあって、興味深く読んだ。

『いちご白書』は、ジェームズ・クネンが19歳の時に書かれ、コロンビア大学での一九六六年から一九六八年まで闘争体験、特に一九六八年四月の学部長事務所占拠について詳しく述べられている。

『いちご白書』の名前の由来は、学部長が学生の意見など、学生が「いちごの味が好きだ」と述べる（元来はこれをステートメントと言う）ことと同じ位、取るに足らないことだと述べたことによると言われる。だから『いちご白書』より『ストロベリー・ステートメント』という題の方が良かった。『いちご白書』という白書はないからだ。

ジェームズ・クネンの『いちご白書』は、東海岸のコロンビア大学の学園闘争を描いたものだが、映画『いちご白書』は、舞台を西海岸のサンフランシスコに移している。映画に登場する大学は、架空の大学になっている。しかし、多分カリフォルニア州立大学バークレー校での学園闘争をモデルにしていると思う。撮影はバークレー校でなく、別の大学でおこなわれた。

フリー・スピーチ運動ＦＳＭとマリオ・サビオ

ＵＣバークレーには一九五〇年代後期から、学園内での政治活動を要求するグループがあった。このグループとその周辺のグループが一九六〇年代前半のアフリカ系米国人の投票権獲得のための公民権運動や、ベトナム反戦運動に影響を受け、学内で禁止されていた政治活動の自由を求め、次第に力を持つようになってきた。こうした中、フリー・スピーチ運動ＦＳＭと呼ばれる運動が勃興してきた。

一九六四年十月一日、ＵＣバークレーの卒業生のジャック・ウェインバーグが母校に戻ってきて、警備員に身分証明書を提示しなかったため、警察官に身柄を拘束された。ジャック・ウェインバーグの乗ったパトカーは一時、３０００人にもなった学生達に包囲され、32時間動くことができなくなった。

一九六四年十二月二日、学内での政治活動の自由を求め、１５００人から４０００人の学生がスプロウル・ホールを目指して集まった。討論集会やら反戦歌を歌う集会が開かれ、歌手のジョーン・バエズも参加している。

この時、マリオ・サビオという学生がスプロウル・ホールの階段で激烈な演説をした。彼の演説や写真や映像は、今も残っている。グーグルで簡単に探せるが、意外にもボブ・ディランの『ノー・ディレクション・ホーム』というＤＶＤにも収録されている。

マリオ・サビオは、大学を工場に、学長を工場の監督に、学部を労働者にたとえ、学生を原料にたとえた。

そしてスプロウル・ホールの階段の上から絶叫調のアジテーション（扇動）演説をおこなった。

「機械を運転することが、君たちの憎悪の的になり、君たちの心を病ませ、これ以上、運転を続けられなくなる時が来る！　受身でさえ運転を続けられなくなる時が来る。その時は、ギアや歯車やレバーや装置の上に、君たちの身体を横たえろ！　そして機械を止めてしまえ！　監督者どもに、資本家どもに分からせろ！　君たちが自由でなければ機械は全く動かないということを」

若者たちの感性に訴える激しいアジテーション演説だった。年寄りには何を叫んでいるのか分からない意味不明の演説だったろうが、時代精神を良く反映している。何のことか分からなくとも、体制にとって危険を孕む思想であると判断され、マリオ・サビオはあっけなく逮捕される。マリオ・サビオは、その後、表舞台からは消えてしまったが。演説は残った。

大学内に学生たちが立てこもったのを見て、十二月四日、カリフォルニア州知事の許可を受けた地方検事は学生の一斉拘束を命じた。警察はUCバークレーに立ち入り、８００人の学生を検挙した。この事件が映画『いちご白書』の後半に影響を与えているだろう。

血の木曜日事件

一九六六年、全く誰も想像しなかったことであるが、ハリウッド俳優のドナルド・レーガンがカリフォルニア州知事に当選した。ドナルド・レーガンはかなり右寄りの物の考え方を持っていた。

一九六九年五月十五日、UCバークレーのすぐ近くにあった人民公園（People's Park）で、血の木曜日事件が発生する。

かなり昔の一九五六年、UCバークレーの理事会は、UCバークレーの近くにあった1万1千平方メートルの土地を、学生の寄宿舎、駐車場、事務施設のために取得することを決定した。ただし資金の欠乏から実際に取得されたのは一九六七年六月になってからのことである。取得後、合法でない土地占有者達は法的手段によって立ち退かされ、構造物は取り壊されていった。

一九六九年四月になって周辺住民たちは、集会を開いて土地の利用法について議論した。カウンター・カルチャーを信奉する反体制派は人民公園にしようと提案し、おおむね了承された。集会にはUCバークレーのフリー・スピーチ運動の活動家も参加している。早速、100人ほどの有志の人々によって、公園作りが始まり、最終的には1千人が参加し、五月には公園が完成する。

これは体制側から見た場合、明らかに法律に反することであり、UCバークレーの理事会は苦情を言い、住民達と話し合う。それほど強圧的ではなかったようである。UCバークレーの理事達は、反対派や住民に事前通告なしに工事に取り掛かることはないと約束した。

ドナルド・レーガンの登場

これに対し、カリフォルニア州知事のドナルド・レーガンは、UCバークレーの理事達は弱腰で、今や人民公園は共産主義者の天国となり、左翼が跳梁跋扈《ちょうりょうばっこ》していると憤激し、五月十九日に事前通告なしに

300人のハイウェイ・パトロールの警察官とUCバークレーの大学警察官を人民公園に向かわせた。あっという間に人民公園はとり壊され、周囲は2・4メートルの高さの金網のフェンスで囲まれた。

この時、近くのUCバークレーのスプロウル・プラザで集会を開いていた3千人の反体制派は人民公園を取り返せと、人民公園に行進し、警官隊と衝突になった。警官隊は催涙弾を発射し、反体制派は投石で対抗した。

レーガン知事の警察長官は、反体制派の徹底弾圧を指令し、約800人の武装警官が差し向けられた。反体制派は6千人に増加している。いかにもレーガン体制らしいと感じられるのは、鎮圧にガス弾だけでなく散弾銃が使用されたことである。双方に多数の負傷者が出た。一九〇〇年代当初のサンフランシスコの新聞社の労働争議では、散弾銃が使用されることは珍しいことではなかったのだが、大学の近くでの弾圧に散弾銃が使用されるというのは驚きである。

一九六九年五月二十一日には、警察だけでなく2700名の州兵が派遣され、7千人の反体制派との衝突になった。徹底した弾圧となって、数百人が逮捕された。この衝突には、後にアタリでスティーブ・ジョブズの上司となるアル・アルコーンも参加していた。

この事件が先例となって一九七〇年四月七日オハイオ州のケント州立大学で、反戦派の学生に州兵が発砲し、4人の学生が死亡し、9人の学生が重傷を負った。なんという苛烈な激動の時代であったかと思い起こされる。

ニクソン・ドクトリン

全く意外な事に、リチャード・ニクソン大統領は、一九六九年七月、ニクソン・ドクトリンを提唱した。米国はベトナム戦争をベトナム化、つまり南ベトナム政府軍に任せ、ベトナム駐留米軍の撤兵を始めるというのである。また北爆は中止された。正直な所、あっけにとられた。

一九六九年八月には、ウッドストック・フェスティバルが開かれた。40万人ないし50万人が集まった解放区だった。ジョーン・バエズによればウッドストック・フェスティバルは、「麻薬と性とロックンロール」だった。体制側はずいぶん心配したようだが、きわめておとなしい催しだった。ウッドストック・フェスティバルのDVDで見てもそう思う。何も起きなかった。

一九六九年十二月、カリフォルニアのアルタモントでアルタモント・フリー・コンサートが開かれ、30万人が集まった。ローリング・ストーン、ジェファーソン・エアプレインなどが出演した。会場警備はヘルズ・エンジェルズが担当していた。思想的には極右に近いヘルズ・エンジェルズが、新左翼的に近いヒッピーの集まりの警備をすること自体が変なのだが、アレン・ギンズバーグの仲介もあって、両者が協力するという奇妙な関係になっていた。

写真　知っているようで知らない『ウッドストック』とは、どんなイベントだったのかを理解するのに好適。

この時、18歳のヒッピー少年がステージに向かって銃を向けたので、ヘルズ・エンジェルズに殺された。銃を向けていたので、原則的にやむなしということになった。

一九七〇年、ベトナム駐留米軍は28万人に減少し、これと共に反戦運動は次第に沈静化して行く。ベトナム反戦運動は、ベトナム戦争が正義の戦いではないから反対するというより、動機の分からない理不尽な戦争に無理やり徴兵され、僻遠の地ベトナムで非業の死を遂げたくないという理由に基づくものが多かったのではないだろうか。徴兵の可能性が低くなれば反戦運動は下火になる。

大体このあたりで矛盾も露呈し尽くし、以後、ベトナム反戦運動は衰退に向かう。

時代は反戦反体制から、エコロジーに向う。実際、一九七〇年秋に、アレン・ギンズバーグも『エコローグ（Ecologue）』という詩を書いた。転進である。

和平会談へ

一九七二年、ニクソンが訪中し、世界をあっと言わせる。それはどういうことかと首をひねった。

その一方で一九七二年五月北爆は再開され、ラインバッカーI作戦が展開された。戦争終結のために和平会談につけという明確な主張を持った爆撃だ。激しい爆撃だったが、戦力の逐次投入的な性格があり、決定的なものにはならなかった。

一九七二年十二月、クリスマスを挟んだ米軍のラインバッカーII作戦は、戦略爆撃機B-52　150機を投入した集中的な無差別爆撃であり、聖域とされていたハノイ、ハイフォンへも猛爆撃が実施された。

どうあっても和平交渉のテーブルにつけというニクソンの瀬戸際の圧力だ。

米国の反戦歌手のジョーン・バエズは、この空襲の最中、ハノイのホア・ビン・ホテルにいた。ハノイの米軍捕虜のクリスマス慰問だったという。


「特別ひどかった空襲が明けた朝、私たちは絨毯爆撃で荒廃したカン・ティエムという商業地区へ連れて行かれた」

（『ジョーン・バエズ自伝』Ｐ259）


カン・ティエムは、ハノイの地図で見ると、ハノイ駅の直近であり、ハノイ駅の列車の操車場が爆撃目標だったのだろう。高高度から通常爆弾を降らせた場合、数百メートル位の誤差はざらである。ジョーン・バエズのいたホア・ビン・ホテルは、ハノイ駅から1キロメートルほど東側であり、さぞかし怖かっただろう。「私の勇猛心は、飛行機の音を聞くと、すっかり萎んでしまった」とか「怖いわと私は言った」とあるが、それでもジョーン・バエズはハノイにとどまっていたのだから勇敢で大したものだ。

ジョーン・バエズの自伝には次のように書いてある。


「今では、米国政府の戦略は、北ベトナムを爆撃して交渉のテーブルにつかせることにあることは明らかだった。その戦略はうまくいかなかった」

（『ジョーン・バエズ自伝』Ｐ262）


評価は見方によるだろう。また次のようにも書いてある。

「一発の核爆撃でハノイを永久に地図から消すことができるのに、なぜ政府は何十機ものＢ－52戦略爆撃機やＦ４ファントム戦闘機を失う戦略に固執するのか？　中国やロシアが、ベトナムのような小さな問題で報復なんかしないのは確かだろう」

（『ジョーン・バエズ自伝』Ｐ262）

しかし、核爆弾を使うことは、やはり第三次世界大戦を引き起こしかねなかったと思う。米国の国家意思を何が何でも貫徹させるための面子を賭けた爆撃なのだから、すさまじいものだったろう。米軍のＢ－52爆撃機が数十機撃墜されるという多大な損害は出たが、それなりの効果はあり、和平交渉は進展する。

一九七二年七月ウォーターゲート事件が起きる。あんな馬鹿なことをしなければ、もう少しニクソンは、もう少し大統領職にとどまれたかもしれない。ただ、元々、ニクソンは全く人気がなかったから、仕方がなかったのだろう。

一九七三年三月、ベトナム駐留米軍はついにゼロとなる。徴兵されてベトナムに送られる危険がなくなったから、自然と米国内の反戦運動は下火になる。

一九七四年八月、ニクソン大統領が辞職し、フォードが大統領となる。

サイゴン陥落とベトナム戦争の終わり

一九七五年四月、クメール・ルージュがカンボジアのプノンペンを占領する。

続いてベトナムでは南ベトナム政府軍が全土で壊走を始め、あっという間に崩壊する。ベトナム人民軍が緩慢なくらい、ゆっくりサイゴンに進撃してきて、中国製のPT－76水陸両用戦車を先頭にサイゴンを占領する。『グッドモーニング・ベトナム』という映画がこの頃の事情を伝えている。

『キリング・フィールド』という映画を見ると、この頃、カンボジアではクメール・ルージュによる恐るべく未熟な革命と無意味な大量殺戮が続いていく。良い悪いは別として、妥協を拒んだ純粋な共産主義革命とは、あんなものなのかもしれない。

カンボジア情勢はともかくとして、ベトナム戦争は一応の幕引となった。

スティーブ・ジョブズ20歳のことである。したがってスティーブは、反戦運動の盛んな時期を少し過ぎた時期に青年時代を送った事になる。徴兵される心配もなかった。時代の移り変わりということもあるが、スティーブは、社会情勢や政治情勢には、ほとんど関心を示さなかったようだ。

というより、意外とも思えるが、スティーブは、むしろどちらかと言えば、保守的だった。「共産主義者を爆撃しろ」式の冷戦時代の政治思想を持っていた。クリスアン・ブレナンの『林檎の噛み跡』P17に書いてある。

一九九一年、スティーブ・ジョブズに関するFBIによる身元調査があったウォルター・アイザックソンの『スティーブ・ジョブズ』ⅠのP374では、NSA（国家安全保障局）にピクサー・イメージ・コンピュータを販売するためと書いてある。しかし、FBI調書の原本P37では、

写真　FBI（米国連邦調査局）によるスティーブ・ジョブズに関する調査報告書。FBIの調査とはこの程度のものだったのかと驚かされる。

大統領がスティーブ・ジョブズを輸出関係の協議会の委員に任命するための調査とある。

スティーブは、ＦＢＩ調書のＰ48では若い頃の麻薬使用体験を話している。ＦＢＩは、よく見過ごしたと思ったものだが、Ｐ49に次のように記載されている。

「(スティーブは) 共産党員でもなく、政府の転覆を信奉する、いかなる組織にも属していない」

調査の結果、スティーブの政治思想は保守的で、体制にとって何の危険もないとＦＢＩは判断したらしい。

第六章

ティモシー・リアリーとババ・ラム・ダス

「サイケデリックの導師、ティモシー・リアリーが、リード・カレッジの学食にあぐらをかき、「（…）太古より受継がれてきた目標を現代風にとらえ直せば、ターンオン、チューンイン、ドロップアウトとなる」と訓戒したのは、ジョブズ入学の5年前だった」

『スティーブ・ジョブズ』ウォルター・アイザックソンP72

消えた父トーテ

ティモシー・リアリーは、波乱万丈の生涯を送った人である。リアリーには『ターンオン、チューンイン、ドロップアウト』、『フラッシュバックス　リアリー自伝』という著書があり、共著には『チベットの死者の書―サイケデリック・バージョン』がある。それぞれを単独で読んだ場合、つながりが分かりにくい。少なくとも私はそう思った。だから分かりやすく説明したい。

リアリーは、一九二〇年十月二十二日にマサチューセッツ州スプリングフィールドで生まれた。父親ティモシー・フランシス・リアリーは、陸軍の歯科医で、父親と息子は同じ名前なので、息子の名前には、ジュニアをつけるべきだが、慣例として、そうしない。父親

写真　ティモシー・リアリー著『フラッシュバックス』、今からでは想像もできないかもしれないがLSDの普及に一生を捧げた人物と言って良いだろう。奇行が目立つ。

はトーテという愛称で呼ばれた。

トーテは一八三三年生まれ、タフツ歯科学校を卒業し、ドイツのハイデルベルグで歯科の修行をした。第一次世界大戦中の一九一七年、陸軍の歯科部隊の一等軍曹となった。一九一八年、トーテは、アビゲール・フェリスと結婚した。アビゲールの母方の叔父のマイケル・キャバナーは、ホーリー・クラス神学校を首席で卒業し、バチカンで修行した。帰国すると司教となった。

トーテは、第一次世界大戦終了後の一九一八年、ウェストポイント陸軍士官学校の軍医となり、階級も大尉に昇進した。ここでは、有名なダグラス・マッカーサー、オマール・ブラッドレー、ジョージ・パットンなどの軍人達がいた。この時代がトーテにとって人生最良の時代だったろう。

陸軍を除隊すると、故郷のスプリングフィールドで歯科医となった。初めはうまく行っていたが、アイルランド人のトーテは、酒と女性に弱く、次第に身を持ち崩す。

一九三四年、祖父が死に、トーテは期待していた遺産を継承したが、実は遺産は、全部で6万ドルほどしかなかった。相続税を払って一族で分配すると、トーテの取り分は1万ドル程度だった。それでも少なくはなかったと思うが、期待が大きすぎた。トーテは、あっという間に金を使い果たし、姿を消してしまった。

一九三六年、リアリーは、スプリングフィールドのクラシカル高校に入学した。母親のアビゲールは、息子を聖職者にする気はなかったので、叔父が卒業したホーリー・クロスでなく、息子のリアリーには、クラシカル高校を選んだ。高校当時のリアリーのＩＱ（知能指数）は１２７で、１３５を超えないので、ルイス・ターマンの分類では、天才の部類には入らない。成績はＣやＤもあり、必ずしも良い方ではなかった。

◆ルイス・ターマンのスタンフォード・ビネットＩＱテストについては、『シリコンバレー』Ｐ248を参照されたい。

ウェストポイント士官学校名誉除隊

ティモシー・リアリーは、生徒会長と学校新聞の編集長を務めたが、新聞で学校の全体主義的傾向を批判し、校長からアイビー・リーグの名門大学への推薦状を書いてもらう機会を失った。授業への出席日数が誰よりも少なかったことも問題だったようだ。校長は「君をを退学させることもできるし、そうすべきとは思うが、リアリー家との付き合いは古く、退学はさせない。しかしアイビー・リーグの名門大学への推薦状は書かない」と言った。校長の推薦状なしでは、アイビー・リーグのどの大学からも入学を断られた。

そこでやむなく、母親のコネでイエズス会系の神学校であるホーリー・クロス大学に入学する。1年生の夏休みに士官学校生選抜試験に合格し、ウェストポイント陸軍士官学校に入学を決定する。海軍兵学校に行きたかったが、父親がウェストポイントで軍医をしていたこともあり、母親の希望でウェストポイントになった。ウェストポイントに入るまでのリアリーの操行は最低で、学業成績も良くなかった。

一九四〇年、リアリーはウェストポイント陸軍士官学校に入学した。ここでも行いは感心しなかった。規則を破って深夜外出したり、飲酒していた。女性にも声をかけた。

十二月、陸軍士官学校と海軍兵学校の試合後、リアリーは、ウィスキーの半パイント（1パイントは473cc）瓶を4本買い、コートに隠して持って帰った。帰りの列車の中で最上級生に言われて、ウィスキーを出した。列車がウェストポイントに着く前に全ての瓶が空になった。この時、乗車前にすでにリアリーは酩酊していたようだ。

翌朝、リアリーは飲みすぎで起床できなかった。それだけでも大変なことだが、上級生に誘われて飲んだか否かの答弁に矛盾があった。名誉を傷つける行いとされた。リアリーは退学を勧告されたが、拒否した。そのため、組織的な虐めを受ける。一九四一年二月の軍法会議では無罪となったが、虐めは延々と続いた。リアリーは、とうとう名誉除隊を条件に士官学校を去ることとなった。

一九四二年、リアリーは、アラバマ大学の心理学部に入学し、ドナルド・アンガス・ラムゼデール教授のもとで学ぶが、ガールフレンドの女子寮に忍び込んだことが原因で退学になる。それだけでなく徴兵猶予の資格も失った。一九四二年、クリスマスの直後、徴兵され、バージニア州ユスティス基地に赴く。配属先は高射砲部隊だった。

ところが当時、米軍は戦場での兵士の不安感を取り除くには、精神分析の専門家がぜひとも必要と感じていた。そこで米軍はリアリーを高射砲部隊から引き抜いて、心理学の課程を修了させて精神分析の専門家に養成することになった。リアリーは、ジョージタウン大学で3ヶ月、オハイオ州立大学で6ヶ月学ばされた。その後マイアミ・ビーチの軍のセンターに配属され、一九四四年夏には、シラキュースの兵員輸送部隊の精神分析要員に転属になる。

リアリーは、南太平洋戦線に送られる寸前、バッファローでラムゼデール教授に再会する。一九四四年七月、ラムゼデール教授の口利きで、リアリーはペンシルベニア州のデシュトン・ジェネラル病院の聴覚クリニックに転属される。間一髪で、リアリーは、南太平洋の戦場で死なずにすんだ。

リアリーは、食事時間にピアノを弾きながら歌っていた聴覚技師のマリアンヌに出会い、一九四四年四月結婚する。戦後、一九四六年、リアリーは、マリアンヌと一緒にワシントン州立大学に学び、リアリーは心理学の修士号をとり、リアリーは、さらに一九四七年九月バークレー大学の心理学博士の課程に入学する。

一九五一年、リアリーは、オークランドのカイザー病院に心理学部を設立した。

一九五二年、地中海のマヨルカ島のパルマに執筆のために家族をつれて1年出掛ける。リアリーは研究に参加していたマリー・デラ・チオッパ（自伝ではデルシー）という女性と不倫関係になり、一九五五年十月、マリアンヌは自殺する。マリアンヌは広島の原爆投下後、核戦争の恐怖に怯えていて精神が不安定にはなっていたが、自殺の直接的原因は、リアリーの不倫だろう。

リアリーは、カイザー基金病院の心理学研究所理事長の地位を捨て、欧州を放浪する。リチャード・アルパートによれば、リアリーは、イタリアの各地を自転車で走り回りながら、不渡り小切手をばらまいていたという。

一九五七年一月、リアリーは、『人格の人間関係的診断』という本を出版した。

ハーバード大学人格研究センターとシロシピン

一九五九年、フローレンスにいたティモシー・リアリーを、カリフォルニア州立大学バークレー校時代の友人で、創造性心理学の権威であるフランク・バロンが訪ねてきた。聖なるキノコを食べて神秘的な体験をした話や、ウィリアム・ブレイクの受けた啓示について話した。

さらにフランク・バロンは、高度な心理学シンクタンクであるハーバード人格研究センターの所長のデイビッド・マクリーランド教授が休暇でフローレンスにいるので、仕事を紹介してもらえるかもしれないと教えてくれた。マクリーランドは、リアリーの『人格の人間関係的診断』を読んでいて、ハーバード人格研究センターの講師の職を世話した。人格研究センターで、リアリーは、准教授のリチャード・アルパートに出会う。

一九六〇年夏、メキシコのクエルナバカに滞在していたリアリーの所に、メキシコ大学の人類学者のゲルハート・ブラウンが訪ねてきた。アステカ文明のナワトル語の文献に幻覚キノコへの言及があるが、これを試さないかと持ちかけた。リアリーが集団実験で試したところ、異常な幻覚体験が起きた。こういう瞬間的だが、強烈な記憶の再生、脳の非常に敏感な部分への再突入をフラッシュバックという。

スイスのサンドス研究所のアルバート・ホフマンが、幻覚キノコからシロシピンを合成していたので、リアリーは研究用に提供を求めた。

その頃、オルダス・ハクスリーはMITの客員教授をしていた。そこでリアリーは長い手紙を書いて研究への参加を要請した。ハクスリーは意外なことに積極的に参加してきた。

当初リアリーは35人ほどで、ハーバード・サイケデリック・リサーチ・プロジェクトを組織し、人間精神の内面の探求と精神を診断し変化させる探求を行った。

オルダス・ハクスリーとサイケデリック

オルダス・レナード・ハクスリーは、一八九四年七月二十六日、英国のサリー州ゴダルミングに生まれた。英国の知識階級を代表する名門の出身である。オルダス・ハクスリーはイートン校在学中の16歳の頃、連鎖状球菌に片目を冒され、ほとんど失明しかけている。

一九一三年ハクスリーは、オクスフォード大学英文科に入学する。翌年、第一次世界大戦が勃発するが、目が悪いために徴兵を免れる。オクスフォードの近くのガーシントンの村をモデルにした『クローム・イェロー』という小説を書いた。

ハクスリーは、陸軍省で短期間働いた後、母校のイートン校で教えるが長続きしない。旅行好きのハクスリーは色々旅行をするが、一九三〇年から南フランスに住み。一九三二年に『すばらしい新世界』という小説を書く。暗い感じの小説で、前半はほとほと閉口するが、後半になると、俄然、シェイクスピアの引用が相次ぎ、さすがに大したものだと思う。

一九三七年、ハクスリーは眼の治療のために米国のカリフォルニア州ロサンゼルス郊外に移住する。その後、サンタ・モニカに引越す。第二次世界大戦中は次第に宗教的、神秘主義の傾向を強めていく。ハクスリーは意識の拡張に関心を持った。一九四四年の著書『永遠の哲学』では自己とは何かを深く問い、古今東西の神秘思想家の心に残る章句をテーマごとに集め、ハクスリー自身の解説を加えて神秘哲学思想を研究した。

一九五三年、ハクスリーは精神科医のハンフリー・オズモンドに相談して、自ら幻覚剤のメスカリンの実験を体験することになった。この時のドラッグ経験を記述したのが一九五四年に出版された『知覚の扉』であり、一般大衆に幻覚剤の存在を知らせることになる。

『知覚の扉』は、たしかにハクスリーの教養の深さを感じさせ、正岡子規の「薔薇を描く　花は易しく葉は難たき」という句を引用していることなど、驚くべきものだが、メスカリン賛美と受けとられかねない一面も持っている。

一九五五年にはハクスリーはＬＳＤをも体験することになる。一九五六年には、サイケデリックという言葉がハンフリー・オズモンドがオルダス・ハックスレーに宛てた手紙の中で使われた。精神の視覚化、顕在化といった意味合いの言葉である。一九五七年に精神分析学会で紹介された。

オルダス・ハクスリーのような影響力の強い代表的な知識人がＬＳＤに傾斜してしまったのはある意味で実に不幸なことだった。

ビート世代の大物の来訪

一九六〇年末、ビート世代の大物が次々にリアリーを訪ねてきた。この様子はリアリーの自伝『フラッシュバックス』、ロバート・グリーンフィールドの『ティモシー・リアリー伝記』、バリー・マイルズの『アレン・ギンズバーグ』などに描かれている。

最初に訪れてきたギンズバーグは、サイケデリック・ドラッグの使用には、指導者、もしくは水先案内人のような人が必要であることを指摘した。

アレン・ギンズバーグとピーター・オルロフスキーは、シロシピンを服用して実験に参加した。ギンズバーグは狂気に満ちた聖なる光を目に湛えて、指を立てて言った。

「私は救世主だ。愛を説くために地球にやってきたのだ。これから道を歩いて、人々に憎しみ合うことをやめるように教えてくる」

次にニール・キャサディがやってきた。『フラッシュバックス』にはニール・キャサディの快活で少し軽薄な様子が生き生きと描かれている。ニール・キャサディと恋人のパティ・ベルはシロシピンを服用して実験に臨んだ。ニール・キャサディは言ったという。

「この薬は全てのドラッグのいい点を併せ持ちながら、その悪い面は少しもない。これは極上の快楽を、完璧な英知で喜びを与えてくれる」

ジャック・ケルアックも、ニューヨークのロウアー・イーストサイドにあったギンズバーグのアパートでシロシピンを服用した。ケルアックはソファの上に跳び乗って言ったという。

「我こそはビートニクの王様だ。ハイウェイを放浪する乞食詩人フランソワ・ビヨンだ。俺の低音タイプライターから打ち出される熱い一撃と螺旋の即興に耳を傾けろ」

ケルアックは騒々しかったらしい。人によってはマイナスの効果が出ることも明らかになった。いずれにしても、心の奥深くにしまっていた本音を吐いているのが分かる。東側のスパイの自白剤に使おうとしたCＩＡの意図も多少分からないでもない。

ウィリアム・バロウズは言った。

「あんまり良くないよ。苦痛銀行から広がった紫の炎の一斉攻撃にあったんだ。緊急警報だ。お祭りは敵の縄張りだらけだ」

ウィリアム・バロウズは、シロシピンとは相性が良くなかったようだ。当時有名だった詩人のロバート・ローウェルも相性が良くなかった。そういう人はかなりいたようだ。この頃のことをウィリアム・バロウズは、ティモシー・リアリーの『フラッシュバックス』の序文に書いている。

リチャード・アルパート

一九六一年二月、それまでに２００人を超える披験者にシロシピンが投与された。この頃、ティモシー・リアリーは、サイケデリック革命の同伴者をアレン・ギンズバーグからリチャード・アルパートに切り替える。リアリーは、タンジールにウィリアム・バロウズを訪ねる。

リアリーは、脳の刷り込み能力に基づく新しい教育方法を作り出したいと考えていた。ドラッグを使った再刷り込みにより。新しい価値観を刷り込むことができると信じた。刑務所の受刑者を更生できるかも知れないと思ったのである。ある意味では洗脳である。

一九六一年三月には、コンコード刑務所で、受刑者とハーバード大学院生を交えたシロシピンを使った集団療法的なセッションを行うことになった。コンコルド刑務所の病院には、マディソン・プレスネル博士がいた。一九六一年三月十三日、プレスネルはリアリーの家でシロシピンを服用する。眼を閉じると、プレスネルは世界各地を旅行しているのだった。プレスネルの仮想旅行（travel）体験から、幻覚剤の服用を意味する「トリップ（trip）」という隠語が生まれた。

その結果、２年で参加者の９割が出所し、再犯率を70％から10％に低下させ、生き方を変化させることが実証されたとリアリーは思ったそうだ。これは疑わしいと思う。薬剤で人格や生き方を変えることができた例はないように思う。

シロシピンからＬＳＤへ

「（この頃は）アシッド（幻覚剤ＬＳＤ。正式名称をリゼルグ・アシッド・エチルアミド）・パーティが盛んで、アシッドを受け入れることが正しい生き方なのだとされた。新たな世界観が社会を変化させ、何もかもが猛烈なスピードで動いていた－ストロボ、ブラックライト、幻覚体験、未来からの波。」（『ボブ・ディラン自伝』）

一九六二年春、マイケル・ホリングスヘッドは、蜘蛛の巣作りにどのような影響を与えるかを調べるためにサンドス研究所からＬＳＤを大量に手に入れた。ホリングスヘッドは、巧みにティモシー・リアリーに取り入り、プロジェクトの相談役に雇われた。ホリングスヘッドは、シロシピンでなく、ＬＳＤを使用することを勧めた。

冷戦時代、ＣＩＡは東側のスパイに対して自白を強要したり、洗脳したりするための薬としてＬＳＤが使えるのではないかと考えた。ＬＳＤは一種の兵器とみなされ、秘密の研究が行われており、評判が良くなかった。しかし、ＬＳＤはシロシピンに比べて圧倒的に強力だったので、リアリーは使ってみることにした。

リアリーは、ＬＳＤを研究に持ち込んだが、ハーバード・ケルマン教授等による反対派がＬＳＤが危険なドラッグであると主張して反対運動が起こった。衝突を避けるために、アンドリュー・メロン家の女性資産家のプリティ・ペギー・ヒッチコックに出資をしてもらい、メキシコのジワダネホで、サマー・トレーニング・キャンプを行うことにした。

ジワダネホへ出発する前、反対運動の一件で麻薬取締局から検査官が派遣されてきて、知り合いになったが、ＣＩＡが、極秘に２５００万ドルの予算で、ＬＳＤの研究を行っているという極秘情報を教えてくれた。

これは後に洗脳の研究であるＭＫＵＬＴＲＡ計画として知られるが、実はＣＩＡのフロント企業の一つから、ケルマン教授は一九六〇年に助成金を受けていた。

一九六二年夏、メキシコのサマーキャンプでは、エバンス・ベンツによる『チベットの死者の書』の英訳本をサイケデリック版に編集し、マニュアルとして用いた。きっかけはオルダス・ハクリーがエバンス・ベンツの『チベットの死者の書』をくれたことである。

リアリーの共同研究者のリチャード・アルパートは、幻覚剤の体験によって、神秘主義の文献を真実であるとして理解できるようになり、なかでも『チベットの死者の書』が体験を正確に描写した中心的な本であると思い当った。

リアリーはＬＳＤ反対派の圧力が大きいため、大学

写真　ティモシー・リアリー他著『サイケデリック・エクスペリアンス』：『チベットの死者の書』をLSD文化の観点から翻案したもの。

写真　エバンス・ベンツによる『チベットの死者の書』の英訳。オルダス・ハクスレーなどに高く評価され影響が大きかった。

を離れて、東洋の研究家のアラン・ワッツやヒューストン・スミス等と共ともにIFTF（精神的自由のための国際財団）を設立した。米国中に研究センターを設立して、幻覚剤訓練セッションを行うのが目的である。

リアリーは、『ハーバード・レビュー』に「意識拡張の政治学」という文章を載せ、ハーバードを去った。リアリーは、武器商人や第三次世界大戦を画策しようとする者による歴史の流れを変革しようと確信していた。

ハーバード大学からの追放

一九六三年リアリーとリチャード・アルパートがハーバード大学から解雇されたという知らせが届いた。名目は色々あったが、大学院生や学部学生に幻覚剤を与えて彼等の人生を滅茶苦茶にしたという親達からの苦情が非常に大きかった。それはある意味では確かであった。

リアリーは、ジワタネホでホテルの運営を始めた。客は週1回ＬＳＤによるセッションを行っていたが、程なく取締りに遭遇する。形式的には、リアリーのビザは観光ビザなので商売はできないということで退去命令が来た。ＣＩＡの圧力があったという。

一九六三年七月、ドミニカ共和国のカリブ海の島に幻覚剤共同体を作った人物から連絡があった。米国企業を擁護する保守党に人々はうんざりしており、次の選挙で政権を取りそうな労働党が知的でアバンギャルドな旅行センターをやりたがっているとのことだった。しかし、これもＣＩＡの圧力で潰された。

一九六三年九月、ペギーは、アンドリュー・メロン家の跡取りの弟のビリーにＬＳＤを与えた。ビリーは熱狂的な反応を見せ、ニューヨーク州のミルブルックのメロン家の別荘に研究センターを置くことになった。米国中に幻覚剤センターを置く計画は中止して、ヘルマン・ヘッセの小説『ガラス玉演戯』からとった「カスタリア協会」を名乗って、目立たぬように活動することにした。

この頃、オルダス・ハクスリーが危篤状態になった。リアリーは、ハクスリーから『チベットの死者の書－サイケデリック・バージョン』に基づいてＬＳＤのセッションをしてくれと頼まれた。

一九六三年、十一月二十二日、ケネディ大統領が暗殺され、その夜にハクスリーも亡くなった。

一九六四年、リアリーはモデルのナネットと出会った。

その頃、『カッコーの巣の上で』の著者で、カリフォルニア州でＬＳＤの実験を行っていたケン・キージーとプランクスターの一行がバスで会いに来た。この様子はトム・ウルフの『クール・クールＬＳＤ交感テスト』に描かれている。折悪しく、リアリーは、インフルエンザでケン・キージーには会えなかった。

一九六四年、ケン・キージーの一行の積極性に刺激され、ＬＳＤの啓蒙と視野を広げるためメンバーに世界旅行を提案し、リアリーもナネットと結婚して、新婚旅行を兼ねて世界旅行をすることになった。

インドでは、まずカルカッタに着いた。コナクラを経

写真　トム・ウルフ著『クール・クールLSD交感テスト』：サイケデリック文化とLSDを全米に広めた影響は大きい。

てバナラシ（ベナレス）に行き、ニューデリーで『サイケデリック・エクスペリエンス』を一緒に書いたラルフ・メッツナーと合流し、アルモーラに行った。そこで『チベット死者の書』の翻訳者エバンス・ベンツが建てた家に滞在した。

リアリーは、チベット仏教僧であるラーマ・ゴビンダと過ごし、スリ・クリシュナ・ブレムとも出会うが、ナネットとの仲は、次第に冷めて行く。こんな新婚旅行では当然だろう。結局、帰国後、二人は離婚する。

ターンオン、チューンイン、ドロップアウト

一九六五年十二月、リアリーは、家族と共にメキシコを目指した。ところが、一家は、ラレドでマリファナの不法所持で逮捕された。保釈金は10万ドルで、まともに争った場合、リアリーは最悪で懲役50年になるという。これはいかにもひどいと裁判で争うことにした。裁判の結果は、懲役30年罰金４万ドルであった。ミルブルックに戻ると、リアリー一家は、警察のジョージ・ゴードン・リディの手入れを受け、突然、逮捕されたが、証拠もないため違法とされた。

一九六六年、マーシャル・マクルーハンから、メディア戦略について助言されて、リアリーは「ターンオン、チューンイン、ドロップアウト」という有名なスローガンを思いついた。「ドロップアウト」は現世のしがらみを捨てて解脱せよと言う事だろうが、このスローガンは、リアリーが記しているように「麻薬漬けになって、全ての責任ある社会活動を投げ打つ」と誤解される一面があった。

リアリーはこの頃、ニューヨーク州に宗教法人「精神発見同盟」を組織した。

一九六七年、カリフォルニア州ラグーナ・ビーチに「永遠なる愛の共同体」が組織された。この組織は、純粋な活動であるとはいえ、リアリーも言うように大規模な大麻の密輸組織であった。農場の広がる場所へ引越す。

一九六八年のクリスマスに、リアリーは、突然、警官に尋問され、マリファナ不法所持で逮捕された。一時間で保釈されたが、裁判を起こすことにする。リアリーは次第に負の連鎖に巻き込まれて行く。

一九六九年に最高裁でリアリーは、無罪とされたが、それでは終わらなかった。マリファナ法が違憲とされたので、無罪となったので、ここでリアリーは、カルフォルニア州知事選挙に出馬すると宣言し、ドナルド・レーガンと争うことになった。選挙のキャンペーン・ソングを作ることにする。

ジョン・レノンとオノ・ヨーコから電話があり、モントリオールのクイーン・エリザベス・ホテルでベッド・インというイベントを行い「平和を我等に」という曲を収録するので手伝ってほしいと頼まれる。翌日、ジョン・レノンが選挙のキャンペーン・ソングを作ってくれることになり、有名な『カム・トゥゲザー』ができたが、選挙はむろん敗北した。

一九六九年、最高裁で勝利したものの、すぐに再訴訟を起こされ逮捕される。刑務所で行われた心理テストの多くは自分で設計したものだったので、温和で脱走しない人物にみられるよう答え、脱獄しやすい刑務所に移った。

リアリーは、極左のウェザーマン、ブラック・パンサーの助けを借りて脱獄し、ブラック・パンサーの助けを借りたりしてパリ、アルジェ、ジュネーブと逃亡生活を送るが、カブールで逮捕される。リアリーは、麻薬組織のボスとして起訴された。25年の刑を宣告されたが、ウォーター・ゲート事件で、リチャード・ニクソン大統領が失脚すると、しばらくして保釈された。一九七六年にやっと自由の身になる。
リアリーは、刑務所で宇宙移民の構想を練り『神経政治学』として発表した。以後の活動については割愛する。

ビー・ヒア・ナウとババ・ラム・ダス

スティーブ・ジョブズは、若い頃、ババ・ラム・ダスの『ビー・ヒア・ナウ』に傾倒した。『ビー・ヒア・ナウ』は、ヒンズー教のババ・ニーム・カロリ・マハラジの教えを受けたババ・ラム・ダス（リチャード・アルパート）が書いた本である。

ウォルター・アイザックソンの『スティーブ・ジョブズ』P72によれば、スティーブが『ビー・ヒア・ナウ』を読んだのは、リード・カレッジ時代である。ところが、同じ本のP99によれば、スティーブは、インドから帰ってきた時に『ビー・ヒア・ナウ』をアル・アルコーンに絶対に読むようにと渡したという。インドで初めて読んだような印象を受けて、少し奇妙な印象を受ける。

さらにクリスアン・ブレナンの『林檎の噛み跡』によると、一九七四年春、アタリに入社して、ロスガトスの山麓の小屋に住んでいた頃の事だという。

スティーブに関する話はどれも矛盾に満ち満ちている。しかし、いつ読んだにせよ、スティーブがババ・ラム・ダスの『ビー・ヒア・ナウ』を読んだことは間違いない事実のようである。

『ビー・ヒア・ナウ』の原本が私の手元に届いた時は驚いた。紺の表紙の本で、中には茶色の厚紙に黒で描いた狂気のような凄まじく下手糞な手書きの絵と文字が詰まっていた。確かに、これは正真正銘のＬＳＤ文化なのかも知れない。しかし、こういう書物を礼賛するスティーブ・ジョブズは、どういう人なのか、彼に関する本を書くのは意義のあることなのかどうか、私はしばらく悩んだ。

その内、平河出版社から訳本が出ているのを知り、購入して読んでみた。この訳本は、きわめて周到に用心深く、巧みに編集されていて、絵を小さくして衝撃を最小限に抑えるようにしてある。気を取り直して読破し、執筆を続行することにした。

『ビー・ヒア・ナウ』では、神秘学者のＧ・Ｉ・グルジェフ、Ｐ・Ｄ・ウスペンスキー、オルダス・ハクスリーなどに加えて、ボブ・ディラン、ポール・マッカートニーなどを引用している所がユニークな所だろう。

さて、ババ・ラム・ダスは、本名をリチャード・アルパートといい、一九三一年、マサチュセッツ州ボストンにユダヤ系の家庭に生まれた。父親は弁護士であった。

リチャード・アルパートは、ウィリストン・ノーサンプトン・スクールを一九四八年に卒業した。ついで、タフツ大学を卒業

写真　ラムダス著『ビー・ヒア・ナウ』の邦訳。慎重に良く考えて訳されている。

写真　ラム・ダス著『ビー・ヒア・ナウ』の原著。中には想像を絶する絵が詰まっている。LSD文化の精華というべきかも。

し、ウェスリアン大学の修士課程を修了、スタンフォード大学の博士課程を修了し、哲学博士号を取得した。その後、カリフォルニア大学バークレー校の客員教授を勤めた後、一九六〇年、ハーバード大学の准教授の職に就いた。

臨床治療を始めたのは一九五五年であり、この最初の患者からマリファナを教わった。アルパートは、社会関係学科、心理学科、教育学部大学院、健康サービス（セラピスト）など多彩な方面に渡って活躍した。その他にエール大学、スタンフォード大学とも研究契約を結んでいた。彼のいたハーバード大学の人格研究センターに、ある日ティモシー・リアリーが講師として入ってきた。二人は非常に親しい友人になった。

一九六〇年夏、メキシコのクエルナバカで、リアリーは、ティオナナクティル（神々の肉）と呼ばれる聖なるキノコを、ファンナ・サンチという女性から手に入れて試した。聖なるキノコには、向精神性物質つまり幻覚剤の材料が含まれていた。リアリーが集団実験で試したところ、異常な幻覚体験が起きた。アルパートがクエルナパカ入りした時には聖なるキノコは、もうなかった。

一九六一年、アルパートがスタンフォード大学での秋学期の講義を終えて、ハーバートに帰ってきた。この頃、リアリーの大規模なサイケデリック研究の計画が進められていた。大雪の日に、アルパートは、リアリーの家を訪ねる。そこでシロシピンを服用した。シロシピンのお蔭で、自分の体が消えていくのを観察するという霊的な体験をする。

一九六一年二月、リアリーは、サイケデリック研究の同伴者をギンズバーグからアルパートに切り替える。アルパートの組織力で、大学院生を取り込んだ研究チームができる。研究チームでは、リアリーが父親役でアルパートが女房役だった。

『チベットの死者の書』とＬＳＤの結び付き

先にも述べたように一九六二年夏、メキシコのサマーキャンプで、ティモシー・リアリー、ラルフ・メッツナー等と共にリチャード・アルパートは、エバンス・ベンツによる『チベットの死者の書』の英訳本を、簡素化し、サイケデリック版の『サイケデリック・エクスペリエンス（サイケデリック経験）』に編集した。

この本に書いてあることは、死の瞬間から次の生を得て誕生するまでの間に魂が辿る四十九日の旅、いわゆる中有（バルドゥ）のありさまを描写して、死者に正しい解脱の方向を示す指示の書である。それはＬＳＤなどの幻覚剤を使った実験の甘美で崇高な体験の描写そのままだったという。

オクスフォードから出ている英訳本や、川崎信定氏の『原典訳　チベットの死者の書』を実際に読んでみると、サイケデリック物質を使った実験とは多少趣を別にしているように思う。また英訳と日本語訳の差は著しいが、気をつけて読むと、同じ物を訳した事が分かる。結局、これはチベット語を学ばないと、本当には分からないものだと思う。

私などは、むしろ、日本の仏教の葬式の四十九日の慣習は、チベット仏教にルーツがあったことに驚かされる。日本の

写真　『チベットの死者の書』：1970年代のLSD文化の神秘主義はチベット仏教が接点を持つに至り、盛んに研究された。これはチベット語版からの邦訳。

四十九日の制度は完全に形骸化していて、なんの事だかさっぱり分からなかったが、あれは、実はチベット仏教の儀式であり、四十九日の儀式制度の意味は、そういうことだったかと初めて理解した。

論理に多少飛躍があるのではと思うが、ともかく幻覚剤シロシピンを使った幻覚体験は、チベット仏教と深く結びついた。後にシロシピンはＬＳＤに代わり、チベット仏教にこだわることなく、仏教、ヒンズー教、禅宗などの東アジアの宗教と深く結びついた。

いろいろ批判はあっても当時の人の偉い所は、東アジアの宗教を頭で理解するだけでなく、すぐ現地インドやチベットに行って、現地で直接学ぼうとしたことである。大勢のビート世代やヒッピーが、インドやチベットへの漂泊の旅に出た。

この物語に関係する人だけでも次のようになる。

- アレン・ギンズバーグは、ピーター・オルロフスキーと共に一九六二年二月にインドを訪れる。その後、1年間、インド各地を遍歴する。一九六三年五月、インドを離れる。
- ティモシー・リアリーは、一九六四年にインドを訪れた。
- ビートルズのジョン・レノンは、一九六八年の二月から四月までインドを訪れた。
- ロバート・フリードランドは、一九七三年夏、インドを訪れ、聖人ニーム・カロリ・ババに会った。
- スティーブ・ジョブズは、一九七四年にインドを放浪した。

リチャード・アルパートは少し腰が引けていた。

一九六六年、アルパートは、イランのテヘランからアフガニスタン、パキスタン、インドを経由して、ネパールに行き、ダライ・ラマにも会ったという。

カシミールの高地アマナートに行き、ベナレスを経て、ネパールのカトマンズに到着した。ここで、アルパートは、バガバン・ダスという青年に出会った。アルパートは彼に付いてバネーシュワル、コナラクなどの寺を回った。

旅の途中でバガバン・ダスは、次のように語った。

「過去の事も、未来の事も考えない、ただ今、現在あるがままでいればいい（ビー・ヒア・ナウ）」

これが、アルパート（後のラム・ダス）の経典の題名になった。

アルパートは、ヒンズー教よりも、仏教や禅宗に惹かれた。

ある日、バガバン・ダスは、アルパートをヒマラヤの麓に連れて行き、ニーム・カロリ・ババに会わせた。

またアルパートはハリ・ダス・ババについて学ぶ。

一九六七年春、ニーム・カロリ・ババは、アルパートに米国に帰国するべき時が来たと告げた。

こうしてアルパートは、ババ・ラム・ダスへの道を歩き始める。

第七章

クリスアン・ブレナン

初恋の人　クリスアン・ブレナンとの出会い

スティーブ・ジョブズの初恋の人であるクリスアン・ブレナンが、二〇〇六年から7年間かけて書いた自伝が二〇一三年に出た。これによってスティーブの十代後半と二十代前半の青年時代の様子が少し分かるようになってきた。

実際には、マイケル・モーリッツが一九八四年に『スティーブ・ジョブズの王国』の中で、ナンシー・ロジャースという変名を使って彼女を登場させていた。またジェフリー・S・ヤングも一九八七年に『スティーブ・ジョブズ』の中で、コリン・サンプソンという変名を使って登場させていた。

彼女が実名で登場するのは、二〇一一年のウォルター・アイザックソンの『スティーブ・ジョブズ』が初めてである。17年間も秘密が保たれていたことは幾分異常な気がする。そしてクリスアン・ブレナン本人の自伝が出たのは19年経ってからである。自伝を書けという人、書くなという人、書く資格なんかないという人がいる。クリスアン・ブレナンが、みんなが知らない事を知っているという事は、ある人達にとっては不都合な事だったらしい。

写真　クリスアン・ブレナン著『ザ・バイト・イン・ザ・アップル』：スティーブ・ジョブズの青春時代の恋人の自伝。新しい事実が満載。

クリスアン・ブレナンの家庭

クリスアン・ブレナンは、どんな家庭に育ったのだろうか。クリスアン・ブレナンは、一九五四年九月二十九日、オハイオ州デイトンに生まれた。スティーブ・ジョブズと同じ歳というが、厳密には5ヶ月ほど年上である。

クリスアンは、姉のキャシー、妹のジェイミー、リンダの4人姉妹の次女である。クリスアンという名前は菊を意味する英語のクリスアンシマムから採られたもので、彼女の母親が思いついた。

クリスアンの父親ジェームズ・リチャード・ブレナンは、高校卒業後、軍隊に入った。大学には行っていない。このことが父親がクリスアンを大学に行かせなかった理由の一つに考えられる。

一九六一年、ブレナン家は、オハイオ州デイトンからコロラド州コロラド・スプリングに引越した。さらにネブラスカ州を経て、一九六六年カリフォルニア州サニーベールに引越してきた。

クリスアンの母親は、同じくオハイオ州出身で、バージニア・ラバーン・リッキーと言った。若い時はエリザベス・テイラーのような唇をした美人であったらしい。この時代の女性は皆エリザベス・テイラー風の化粧を真似した。反戦歌手で有名なジョーン・バエズもそうだった。そっくりな写真がある。

クリスアンの祖母は、退役軍人管理局で料理人として働き、一家を支えていた。大恐慌の時代で祖父は失業していた。祖父はバージニアが9歳の時、自殺した。祖母は4回再婚した。幼時の性的虐待体験が彼女の一生に重くのしかかったと言われる。真偽のほどは分からない。

クリスアンの母親のバージニアも料理が得意だったが、料理をしながら文学を読んでいた。彼女は生涯、高級な文学を読んだ。食卓ではウィリアム・フォークナー、D・H・ローレンス、ハーマン・メルビル、ウォーレス・ステグナー、トルーマン・カポーティなどが話題に上がった。食卓の話題には高尚過ぎるほどだ。

クリスアンから見た場合、バージニアの子育てには欠陥があった。長女のみを贔屓《ひいき》にし、また次女のクリスアンには宿題をする机も製図台も与えなかった。キャッシーには大きな机が与えられていた。

バージニアは、女性解放運動に目覚め、大学に通い、心理学と文学の学士号を取得した。バージニアはクリスアンが嫌いであり、一切評価しなかった。バージニアを大学に行かせるべきではなかったと父親は考えていたという。

両親は別居した。バージニアが精神病になったから別居したのか、別居したから精神病になったのか、それは分かりにくい。母親は長女と暮らし、父親は次女のクリスアン達と暮らすことになった。

クリスアンの父親のジェームズは、シルバニアの電子防御研究所に勤めていた。

◆シルバニアの電子防御研究所については『シリコンバレー』P290を参照されたい。

父親が国家機密に関する研究をしていたので、家庭では一切政治や軍事の話はタブーであったが、その分、クリスアンは早熟な子供となり、スティーブが言う「ソビエトなど爆撃してしまえ」式の単純な冷戦観を未熟と感じていた。スティーブは、大人達がサンタクロースが存在すると子供を騙していたことを17歳になっても怒っている子供っぽい所があった。

そう言えば、スティーブが、シリコンバレーの中心部にいて、歩いて行けたショックレー半導体研究所、フェアチャイルド・セミコンダクター、ナショナル・セミコンダクターについて何も語らなかったのは、不思議である。おそらくスティーブは、フレッド・ターマンやウィリアム・ショックレーについても知らなかっただろう。ウィリアム・ノイスの奥さんがアップルに勤めており、ウィリアム・ノイスとスティーブが隣で一緒に写っている写真があるのに、ほとんど言及した形跡がない。

クリスアンがスティーブに初めて出会ったのは、一九七二年クリスアンが17歳、ホームステッド高校在学時代である。クリスアンはスティーブと同じ歳であったが2年生を2回やっているので、スティーブの1年下のクラスにいた。

映画『ハンプステッド』の製作

一九七二年一月、クリスアン・ブレナンとの出会いの時、スティーブは、大きな穴の開いた薄いブルージーンズとアイロンのきいたシャツとテニス・シューズを履いていた。スティーブは、手に小さな本を持ち、後年もそうであったように独特な、俯き加減の歩き方で、歩いて来たという。クリスアンは、すぐにスティーブに惹かれた。

1ヶ月後、クリスアンは日系人のクラスの友人マーク・イズ等と共に『ハンプステッド』という題名の映画作りを始めた。映像と粘土の像、二次元のアニメーションを組み合わせたものだった。クリスアンの担当は二次元のアニメーションだった。映画作りの仕事は金曜日か土曜日の夜11時頃から、明け方にかけて行われた。マーク・イズは音楽を担当していた。ホームステッド高校のマーチング・バンドを抜けてジャズ・バンドを結成していた連中がマーク・イズを中心に前衛的な音楽に取り組んでいた。スティーブはマーチング・バンドにいた事があったから、ある程度マーク・イズを知っていただろう。

ある夜、スティーブがクリスアンに近づいてきて、ボブ・ディランの『サッド・アイド・レディ・オブ・ローランズ（ローランドの悲しい目の乙女）』のコピーをプレゼントした。乙女のモデルは、ジョーン・バエズか、ボブ・ディランの2度目の妻のサラ・ラウンズだろうと言われている。歌詞からすると新妻のサラのようにも思える。

スティーブがプレゼントしたコピーの中には、タイプされた手紙が入っていた。20分ほど話した後、クリスアンは、スティーブの個性的な強い眼差しや感性に惹かれた。練習し計算され尽くしたものだろう。

撮影の暇な時間に、クリスアンは母親の持っていたエドワード・スタイケンの『写真集　人間家族』の写真を手本にした絵を描いて過ごした。彼女の家庭環境もあったろうが、クリスアンは、かなり早熟な少女だったようだ。本が好きな文学少女だったようだが、不思議なことに活動過多症に加えて難読症だったという。文字より絵画や映像が向いていたのかもしれない。ただクリスアンの難読症はコーヒーを飲むと緩和されたのだそうだ。

クリスアンが、校庭の暗闇で油絵具で絵を描いていると、スティーブが蝋燭とマッチを持ってきて、見やすいようにしてくれた。

出会いから1ヶ月後、一九七二年四月、二人はロスアルトスのクリスト・ドライブ２０６６番地（2066 Crist Drive, Los Altos）にあったスティーブの家で会うことにした。

スティーブの両親は、二人とも日中働きに出ているので、日中会うことになった。家に着くと、スティーブは玄関からでなく、彼の寝室の窓から入れと言う。スティーブの部屋は小さいが、小ぎれいに整理されていた。シングルベッド、木製の本棚、引き出し、小さな机があった。机の上にはＩＢＭの電動セレクトリック・タイプライターがあった。

スティーブの家が貧しかったというような記述によく出会うが、ＩＢＭの電動セレクトリック・タイプライターは、たとえ中古であったとしても非常に高価な機械で、貧しい家庭が持てるようなものではなかった。誕生日祝いとして両親はずいぶん無理をして、わがまま息子に買ってやった。

スティーブは、15歳のとき、自分の車を手に入れた。ツートンカラー塗装のナッシュ・メトロポリタンで、エンジンは英国のスポーツカー、ＭＧのエンジンに父親が交換してくれた。その後、アパルトのエンジンを積んだ真っ赤なフィアット８５０クーペに買い換える。どれだけアルバイトをして稼ごうとも、中古車であろうと、そう簡単に自動車は所有できるものではない。これもまた両親は、ずいぶんスティーブを甘やかせて育てたといえるだろう。

またスティーブは、日本のＴＥＡＣのオープンリールの2トラ38と呼ばれるテープデッキと高級なヘッドフォーンを持っていたようだが、これもずいぶん高価な機械であった。スティーブは25ドル以上のものは手にしないという考え方を持っていたというが、何か整合性がとれない。一点豪華主義ともとれないことはない。

スティーブは、ボブ・ディランのブートレグ・テープ（著作権を無視して製造・流通される違法、非合法なテープ。いわゆる海賊版テープ）を揃えていた。これはスティーブ・ウォズニアックの影響によるものだろう。

マーク・イズを中心とする映画の撮影は五月中旬に終了した。真夜中の打ち上げパーティにはスティーブも参加した。

二人の交際は続いたが、スティーブは、寡黙で内気な少年だった。スティーブはクリスアンをボブ・ディランの歌『ガール・フロム・ノース・カントリー（北の国から来た少女）』に登場する少女のようだと言い、彼女はボブ・ディランの人生に登場するような少女だとも言った。

スティーブは、少し舌がもつれたような発音をした。歯並びが特徴的で、どちらかというとアラブ風だったようだ。これはクリスアンもモナ・シンプソンも、たびたび執拗なほど書いているが、私は気がつかなかった。写真を見比べると分かるが、鼻が実父そっくりでアラブ風だったのは分かりやすい。

ノー・グッド・ボイヨー

クリスアン・ブレナンは、スティーブのどこかアラブ風の暗い陰影を備えた神秘的な知的さに惚れたようだ。スティーブは、「フール（愚者）は最も強いタロットのカードだ」などと、風変わりで神秘的で曖昧で不可解な言葉をつぶやくことが多かったという。

私の勝手な想像だが、スティーブは、神秘学者のP・D・ウスペンスキーの『タロットの象徴主義』か『新しい宇宙像』の中のタロットの象徴主義の部分位は読んでいたのではないかと思う。

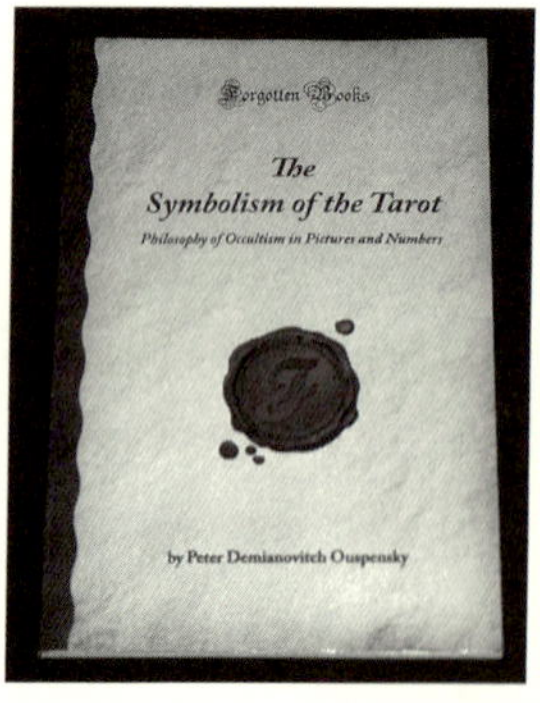

写真　神秘学者のP. D. ウスペンスキーの『タロットの象徴主義』：直接読んだかどうかは記録にないが、スティーブ・ジョブズはタロット占いに凝った時期がある。

ただP・D・ウスペンスキーの『奇跡を求めて　グルジェフの神秘宇宙論』や『ターシャム・オルガヌム』は読んでいないと思う

スティーブは、タロット占いだけでなく、後のリード・カレッジ時代には、易経の占いにも凝っていたという。この時代、ホール・アース・カタログにも易経のことがしばしば出てくる。I Ching という。初めは何の事かと思った。岩波文庫の『易経』を読んでみると、こういうものを米国人が理解するには相当の困難を伴ったと思う。クリスアン・ブレナンは、スティーブの影響で、その後、次第に易経に魅かれていくようになる。この頃のスティーブは神秘的主義に強く魅かれていたようだ。

クリスアンは、スティーブが風変わりなことを呟くたびにディラン・トマスの『アンダー・ミルク・ウッド』に出てくる「ノー・グッド・ボイヨー（よからずやのボイヨー）を思い出したという。

ディラン・トマスの『アンダー・ミルク・ウッド』は、英国BBCのラジオドラマの脚本である。面白い戯曲だが、多少変わっている。英文では、ア・ニュー・ディレクションズ・ペーパーバック社のペーパーバックが簡単に手に入る。解説や注がついていて便利だ。使われている英語の語彙そのものは、さほど難しくないが、曲折があり、最初に読むには日本語でないと無理だろう。『ディラン・トマス全集

写真　ディラン・トマスの全集の一部。これらはクリスアン・ブレナンとスティーブの愛読書であった。

Ⅳ戯曲』国文社に松浦直巳氏の訳がある。上手な訳だ。これを読んでから英文を読むのが良い。DVDでは、ピーター・オトゥール、リチャード・バートン、エリザベス・テイラーが出演している物、CDではリチャード・バートン等が朗読している物がある。どれも面白い。CDを聴きながら英文テキストを読むのが一番良いと思う。

「よからずやのボイヨー」は、『アンダー・ミルク・ウッド』に何箇所か登場するが、この登場人物がクリスアンの言う「スティーブを彷彿させる」という意味を理解するのは難しい。しかし、クリスアンがディラン・トマスを思いつく所はすごい。

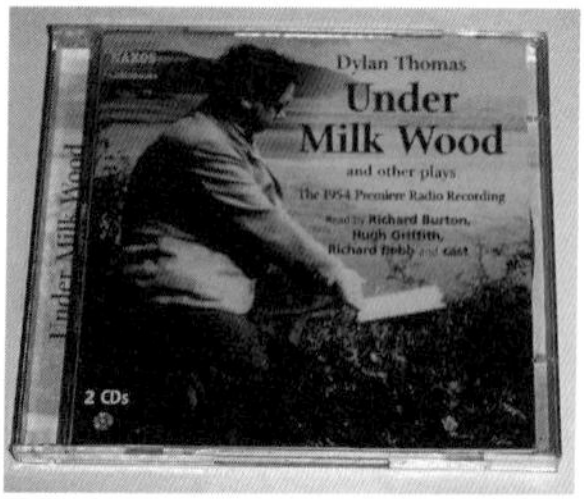

写真　ディラン・トマス『アンダー・ミルク・ウッド』：詩を作った本人の朗読を聴くのも良いと思う。

写真　ディラン・トーマスの『アンダー・ミルク・ウッド』の脚本

写真　ディラン・トマスの『アンダー・ミルク・ウッド』をリチャード・バートン、ピーター・オトゥール、エリザベス・テーラーが演じている。スティーブを髣髴させる「よからずやのボイヨー」が見つかるだろうか？

スティーブとクリスアンの趣味

クリスアンは、どちらかといえば情熱的で、スティーブは論理的で知的であった。二人の性格は陰と陽で正反対だった。

スティーブは、ボブ・ディラン、ジョン・レノン、ビート詩人、シェイクスピア『リア王』、メルビルの『白鯨』、ディラン・トマス、科学、数学、心理学に強い興味と関心を示していたようだ。

クリスアンは、シャガールやレンブラント、19世紀のロシア絵画や、ジェファーソン・スターシップ、ジェスロ・タル、レオナルド・コーヘン、ジョニ・ミッチェル、マハビシュヌ・オーケストラ、ジョン・レノンに関心を示していた。

クリスアンの方が文科的な素養の幅が広いように感じる。もっともスティーブの場合は、ハードウェアに投資が偏っていて、ソフトウェアに投資する費用が不足がちだったのかもしれない。

ただしビート詩人についてはスティーブの方が先んじていたようだ。クリスアンの言うようにスティーブ・ジョブズはナード（おたく）であり、ポエト（詩人）であり、シャーマン（呪術師）であった。

二人は映画をよく見に行った。スティーブの希望で、フランソワ・トリュフォーの『突然炎のごとく（Jules et Jim）』、マルセル・カルネの『天井桟敷の人々（Children of Paradise）』などの名前が分かっている。映画好きな私の母も戦後すぐに『天井桟敷の人々』を見に行ったらしい。

さらにフェデリコ・フェリーニ、チャーリー・チャップリンの『モダン・タイムス』、ウッディ・アレンの映画も見た。映画の好みは評価の定まっていたものが多い。一九六七年のボブ・ディランの『ドント・ルック・バック』、ジョン・レノン、レニー・ブルースのフィルムなども見たようだ。

高校、夜の映画鑑賞、クパチーノ中学校での野球など、いかにも少年少女風の付き合いの延長で、いつか互いの家庭に入り両親と出会うことになった。クリスアンが一番驚いたのは、大型TVの上に本棚があり、そこにジョブズ家の全書籍があったが、スティーブの本まで入れて全部で15冊しかなかったことだという。両親の楽しみはTVを見ることくらいで、本を読むとか、音楽を鑑賞するなど余分な楽しみは何もなかったようだ。貧しいわけではない。庭にはボートも置いてあった。

父親のポール・ジョブズは、気に入らない人間には、あいつの口に拳を食らわせてやるとうそぶくタイプだった。スティーブは父親に殴られたりはしなかったものの、素行を注意され、叱られてばかりいたようだ。父親としては、子供が悪いことをせず、正しく、強く、たくましい、いわゆる男らしい男になってもらいたかったのだろう。いわゆる米国人が理想とする中西部のタイプである。だがスティーブは、その手の人間ではなかった。スティーブは、どちらかといえば、女性的な繊細ささえ感じさせるタイプの人間で、生涯、よく泣き、涙を流した。いわゆるマッチョなタイプではなかった。父親に叱られると皮肉な笑いを浮かべ、じっと我慢しているだけだった。

ロスアルトスのジョブズ家のガレージは、自動車を2台収容できる大きさだったが、そこをポール・ジョブズはマシン・ショップにしていた。ワークベンチがあり、旋盤などの機械は整然と配置され、工具はきちんと壁のペグボード（穴あきボード。フックで工具を吊るす）に場所が決められて吊るされていた。週末になると、ポール・ジョブズは、このガレージで安く入手した車をみごとに修理再生し、かなりの値段で売った。仕上げは素晴らしいものだったらしい。

クリスアンは、ポール・ジョブズから1台目の4ドアのシボレーを250ドルで買い、2台目もポール・ジョブズから買った。

スティーブは、クリスアンの両親のどちらにも好かれなかった。特にクリスアンの父親はスティーブの傲岸不遜さ、自己陶酔性を嫌った。またクリスアンは、スティーブの父親には良い印象を持たれなかった。

スティーブ・ジョブズのＬＳＤ初体験

スティーブが、初めてＬＳＤを体験したのは、一九七〇年、15歳のクリスアンに誘われてのことである。クリスアンがどこからかＬＳＤを入手した。スタンフォード大学の近くには、いくつもＬＳＤのメッカがあった。その辺から流れ出て来たものだろう。

二人はホームステッド高校の2階建ての吹き抜け階段で面白半分にＬＳＤを服用した。スティーブの方が怯えていたという。

一度体験して、それほど危険がないと知ると、スティーブの方が積極的にＬＳＤに傾斜して行ったようだ。サニーベール郊外の麦畑でＬＳＤを使った時は凄かったという。

「僕はバッハが好きで、よく聞いていたんだけど、突然、麦畑がバッハを奏ではじめたんだ。あんな素晴らしい経験ははじめてだった」と語ったと言われている。

このウォルター・アイザックソンの『スティーブ・ジョブズ』の上巻Ｐ69にある記述は、マイケル・モーリッツの『スティーブ・ジョブズの王国』Ｐ93の記述を簡略化したものだろう。

初期にＬＳＤを試した人の中には、なぜかバッハを聞きながらＬＳＤを服用した人も多かったようだ。サニーベールは一八八〇年頃までは小麦畑が中心であったが、税法対策上、果樹園が増加して行った。スティーブの頃にも麦畑が残っていたのだろうかと少し不思議に思う。

◆これについては『シリコンバレー』Ｐ86を参照されたい。

スティーブは、一九七〇年から一九七四年の間にマリファナ、ハシッシ、ＬＳＤを体験したが、その後はやめたとＦＢＩ調書で言っている。常習的な摂取はやめたようだが、完全にやめたというほどでもなかったようだ。一九七〇年代後半でも時々ＬＳＤをやっていたのが確認できる。スティーブは生涯、ＬＳＤを礼賛した。またスティーブは、あまり飲酒しなかった。お酒に弱く、時折、赤ワインを少量たしなむ程度だった。

クリスアン・ブレナンとの愛の暮らし

一九七二年夏、ホームステッド高校を卒業したスティーブは、クリスアンと同棲することになった。二人の愛の棲家《すみか》として選ばれたのは、ロスアルトスのスティーブの自宅から南方の山の方にスティーブンス・キャニオン・ロードを2キロメートルほど入って、スティーブンス・クリーク・ダムを過ぎた湖のほとりにあった。二人は前年に買った真っ赤なフィアット８５０クーペで出かけた。航空写真で見ると鬱蒼たる森の中だ。まばらに存在するヒッピー部落と言ってよいだろう。

その内の一軒の黴臭い小屋にアルフォンソ・タトノというヒッピー風の学生が暮らしていた。サンノゼ州立大学で映画の研究をしていた。このアルフォンソとスティーブ達は、部屋をシェアしたのである。

スティーブの父親のポール・ジョブズは、激怒して同棲に反対した。

「駄目だ。俺の死体を乗り越えて行け」と言ったという。死んでも許さないということだろう。

クリスアンの母親も、クリスアンを嫌っていて、常々、次のように言っていた。

「家から出て行って、ヒッピーのメッカのヘイト・アシュベリー地区にでも行きなさい」

しかし、実際に同棲となると多少とまどったようだ。

小屋の壁にはスティーブが崇拝していたボブ・ディランのポスターが貼られた。クリスアンの曾祖母の使っていた古いベッドやケロシン・ランプが持ち込まれた。いかにも原始的なようだが、ＩＢＭの電動セレクトリック・タイプライターは持ち込まれたようだ。このことから小屋に電気は引き込まれていたらしい。楽しみはと言えば、アルフォンソがフィルム・ライブラリーから見つけてきた映画くらいだったようだ。映画も電気がないと上映できない。

スティーブとクリスアンは、小屋にスティーブの両親を招待したが、来たのはクララ・ジョブズだけだった。肉食を廃した二人はスパゲッティとサラダでもてなした。

この小屋にいた頃、スティーブはウィートフィールド・グループについて打ち明けた。何かの信仰団体だったようで、スティーブの葬式にも出席していたというから、生涯、どこかで接触していたようだ。

スティーブは、この部屋でボブ・ディランの歌の歌詞を自分なりに変えてタイプライターで打っていた。

たとえばボブ・ディランの『ラモーナへ』を『ママ、御願いだから遠慮して』と改作して小屋の扉に貼ったりした。スティーブはクリスアンの母親が断りもなくやってきて、クリスアンの様子を見に来たのに怒ったのである。クリスアンの母親は、クリスアンが妊娠するのを心配した。

クリスアンは、スティーブがボブ・ディランの歌の歌詞を変更するのを評価しなかった。所詮それは、換骨奪胎の替歌作りで芸術にはなり得ない。習作には良いかもしれないが自分の真情を綴ったものではないのである。こういう所はクリスアンは辛辣である。

二人の生活は愛に満ちたものだったろうが、前途に当てもなく、ボブ・ディランを聞くことぐらいしか楽しみのない生活だった。クリスアンとスティーブの狂気にも似た激しい愛の暮らしについては、クリスアンが『ローリング・ストーン』誌の二〇一一年十月二十七日号に短く書いている。これが『林檎の噛み跡』に収録されている。

ある日、お金のなくなった二人は、夜のサンフランシスコ湾のクリシー・フィールドの浜辺に行く。クリスアンが多分、次のように言ったのだと思う。原文にはお金の話をしたと書いてある。

「もう、お金は全くないわ。これから二人でどうやって暮らして行くの？」

するとスティーブはポケットにあった、なけなしのお金を全て夜のサンフランシスコ湾に投げ捨てて、本当の無一文になった話など、切なくも悲しい逸話が出ている。

日本でも、同時代に、片隅の愛の暮らしを歌った『神田川』とか『同棲時代』があった。なつかしく思い出す。

その週末、ウォズニアックが小屋にやってきて、ブルーボックスの売り上げのお金を渡した。それまでクリスアンはスティーブがそういう仕事に関わって、お金を得ていたことは知らなかったという。

夏の終わりになって、またお金が不足してきたので、ディアンザ・カレッジに行って、アルバイトの口を捜した。サンタクララのウェストゲート・ショッピング・センターで不思議の国のアリスのアリス、頭の変な帽子屋、白うさぎの縫いぐるみを着て、子供達を喜ばせるというものがあった。2日間で各人250ドルであった。

スティーブとクリスアン、ウォズニアック、アルフォンソ・タトノの4人で出かけた。真夏の暑い時期で空調が故障しており、汗だくで大変な思いをしたという。何の本にも記載されている有名な事件である。スティーブはきわめて不機嫌であった。大体、子供が好きではないのだ。

ウォルター・アイザックソンによる『スティーブ・ジョブズ』には、概略、次のように書いてある。

夏の中頃、スティーブは、高校時代の友達のティム・ブラウンとサンタクルーズ山脈のスカイライン・ブールバードをフィアットで走っていた。ティム・ブラウンが後ろを見ると、エンジンから炎が上がっていた。そこで落ち着いて「止めて。車が燃えているよ」と言った。スティーブはそうした。喧嘩はしていたものの、父親のポール・ジョブズはやってきて、フィアットを家まで牽引してくれた。新しい車を買うためにスティーブはお金が必要になった。そこでスティーブはウォズニアックに頼んで、ディアンザ・カレッジに車で連れて行ってもらい、アルバイトの口を探した。アルバイトの給与は、各人時給3ドルだったという。

クリスアンの2日間で各人250ドルもらったという言い方、スティーブの時給わずか3ドルしかもらわなかったという否定的な言い方、全体の額も大分違う。二人の言い方の違いは二人の性格の違いをよく反映している。スティーブは、生涯お金をごまかす事で有名だった。またアルバイトをしたのは、車を買うためのお金を稼ぐというより、生活費に困ったという方が本当だろう。

一九七二年の夏が終わると、スティーブは、オレゴン州ポートランドのリード・カレッジに進学する。大学に進学させるというのは、スティーブの養子縁組の条件であった。だから親としては、どうしても大学に進学させねばならない。ところがスティーブが行ってもいいと言ったのは、オレゴン州ポートランドにあるリード・カレッジ、ただ一校だった。

ＦＢＩ調書によれば、スティーブは、一九七二年九月から一九七四年九月までリード・カレッジに籍を置いていたことになっている。

リード・カレッジとはどんな学校だろうか。スティーブは、リード・カレッジでどんな暮らしをしていたのだろうか。次の章で見ていこう。

第八章

リード・カレッジ

サンフランシスコ・ルネッサンス

一九五五年十月七日、サンフランシスコのフィルモア・ストリート3119番地（3119 Fillmore Street Sanfrancisco）にあったシックス・ギャラリーで「シックス・ギャラリーで6人の詩人」という詩の朗読会が開かれた。シックス・ギャラリーは、もとは小さな自動車修理工場だったものを改造したものである。グーグルのストリート・ビューで見ると、今は別の建物になっている。

6人の予定だったが、実際はフィリップ・ラマンテイア、マイケル・マクルーア、ゲイリー・スナイダー、フィリップ・ウェイレン、アレン・ギンズバーグの若手の5人が詩を朗読した。司会は詩人ケネス・レックスロスであり、聴衆は100人ほどいた。

この朗読会は元々カリフォルニア州立大学バークレー校にいたマイケル・マクルーアが中心となってやるはずだったが、忙しいのでギンズバーグにとりまとめを頼んだ。

ギンズバーグは、東海岸のニューヨークを拠点としていたが、サンノゼに住んでいた友人のニール・キャサディに誘われて西海岸に来た。ギンズバーグは、文学修士号を取るためにバークレー校の修士課程に入学した。バークレーのミルビア・ストリート1624番地（1624 Milvia Street Berkeley）に借りた家のことは『ア・ストレンジ・ニュー・コッテージ。イン・バークレー（バークレーの不思議な新しい小さな家）』（全集P143）という詩に描かれている。

サンフランシスコに到着して間もなく、ギンズバーグは、当地の古参の詩人ケネス・レックスロスを訪ねた。ギンズバーグは、詩人界の長老ウィリアム・カルロス・ウィリアムズに紹介状をもらっていた。レックスロスとは馬が合い、ギンズバーグは、レックスロスの文学的サロンに集う詩人達と知り合いになった。

ギンズバーグが、レックスロスに、詩の朗読会に誰を呼ぼうかと相談すると、リード・カレッジの出身のゲイリー・スナイダーが良いのではないかと答えが返ってきた。スナイダーはバークレー校で日本と中国の研究をしており、早くから仏教と禅を学んでいた。スナイダーは、一九五〇年にウィリアム・カルロス・ウィリアムズがリード・カレッジで講演に来た時から、彼のファンであり、ギンズバーグと意見が合った。

こうしてスナイダーは朗読者の一人になった。推薦を恩義に感じたスナイダーは、「司会は絶対にレックスロスでなければ」と主張する。レックスロスは、にんまりして受諾する。

ギンズバーグは、同じくバークレー校に入学したフィリップ・ウォーレンと会った。二人はサボテンの一種のペヨーテについて意見が合った。ペヨーテは幻覚剤の成分メスカリンを含んでいる。フィリップ・ウォーレンも仏教と禅を学んでいた。

フィリップ・ウォーレンは、バークレー校に来るまではリード・カレッジにいて、スナイダー、ルー・ウエルチと寮の同室で暮らしていた。5人の詩人の内、二人がリード・カレッジの出身である。

この朗読会には、すでにいくつかの小説である程度の知名度を得ていたジャック・ケルアックが観客席にいた。ケルアックの一九五七年に出版された『オン・ザ・ロー

写真　ジャック・ケルアック著『オン・ザ・ロード』：ビート世代を象徴する小説。軽快なリズムの文体で展開して行き、何度読んでも面白い。

ド』は、ヒッピーなどの間で多くの愛読者と熱狂的な信奉者を生み、一気にアメリカのカウンター・カルチャーの代表となり、彼らの間で「ビート族の王」「ヒッピーの父」と呼ばれることになる。

ケルアックは、お金を募って、カリフォルニア・ワインのガロン瓶を買ってきて、聴衆に回し飲みをさせた。

次々に詩が朗読された後、ギンズバーグが、『吠える（ハウル）』を朗読した。この題はケルアックが付けたと言われているが、実際にはギンズバーグが付けたようだ。

「僕は見た　狂気によって破壊された僕の世代の最良の精神達を　飢え　苛ら立ち　裸で
夜明けの黒人街を腹立たしい一服の薬を求めて　のろのろと歩いてゆくのを
夜の機械の　星々のダイナモとの　古代からの神聖な関係を憧れてしきりに求めている
天使の頭をしたヒップスターたち」

英語の詩は、本来、英語で味わわねばとは思うが、英語では読者につらいだろうから、諏訪優氏の訳を引用させて頂いた。

ユー・チューブにギンズバーグ本人の朗読がアップされている。シックス・ギャラリーではなく、ニューヨークのワシントン・スクエアでの朗読であるが、素晴らしい朗読である。

写真　ビート世代の代表的詩人アレン・ギンズバーグの詩集。分厚いが彼を理解するには必読の書だろう。行き届いた編集の手が入っている。

耳で聞くだけでも良いが、ギンズバーグの『全詩集1947－1999（コレクテッド・ポエムズ1947－1999）』でテキストを参照しながら聴くと理解が深まる。ハーパー・ペレニアル・モダン・クラシックスから刊行されている。懇切な注と索引がついていて便利である。1216ページもあって、とても読めないと思ったが、厚紙の表紙を付けて、毎日、大学の行き帰りに少しずつ読み、無事読了した。とても重かった。

ギンズバーグは、緊張をほぐすためか、大量のワインを飲んでいた。『吠える』は、息継ぎがしにくい長い行で構成されている。ほとんどの行は「フー（Who）」が先行している。ケルアックは、行ごとに「ゴー（行け）」と叫び、聴衆もこれに倣い始めた。朗読は次第に盛り上がり、熱狂的な気分が盛り上がっていった。朗読が終わった時、それまでほとんど無名だったギンズバーグは、一挙に伝説の詩人となった。

ギンズバーグの全集を見ると、一九四七年から一九五二年の詩を集めた詩集『エンプティ・ミラー：ゲイツ・オブ・ラス（空虚な鏡：怒りの門）』があり、一九五三年から一九五四年の詩を集めた詩集『ザ・グリーン・オートモビール（緑の自動車）』があるが、これらは、詩が作られた日付で、実際に刊行されたのは、ギンズバーグが有名になってからである。

たとえば、『エンプティ・ミラー』の刊行が一九六一年、『ゲイツ・オブ・ラス』が一九七二年のことである。出版社は売れないと首を縦に振らなかった。正直、読んで見劣りがする。『ザ・グリーン・オートモビール』は私家版なのではないかと思う。ともかく、ギンズバーグは、この日まで、ほとんど無名の詩人であった。ところが長詩『吠える』によって、一九五五年十月七日、ギンズバーグは突然、大詩人になった。

『吠える』は、ビート世代の哲学表明のような詩である。『吠える』は、表現的にも、内容的にも、当時の米国では発禁となって当然といわれるほどの過激な詩であった。実際、猥雑で猥褻だということで発禁となった。一年後の一九五七年十月、猥褻ではないとの判決が下ったが、ある程度の年齢に到達していない人や上品な人には、お勧めしない。

シックス・ギャラリーの朗読会は、サンフランシスコ周辺の文学的コミュニティに一大衝撃を与え、覚醒させた。この日、サンフランシスコ・ルネッサンスが始まった。一種の文化革命が始まったのである。

リード・カレッジと『吠える』の最初の録音テープ

実は、この日、発表されたのは『吠える』のパートⅠであって、これにパートⅡ、パートⅢ、「吠えるへの脚注」がつけ加えられた。最初はパートⅡであって、モロク（翻訳ではモーラック）という王の名前の連呼を特徴とする。モロッコのように聞こえるが、モロクである。ギリシア語ではΜολοχと表記するから、モロクだと思う。カナーンの神である。旧約聖書には次のように出てくる。

「あなたの子供をモロクに捧げてはならない。またあなたの神の名を汚してはならない。私は主である。（And thou shalt not let any of thy seed pass through the fire to Molech, neither shalt thou profane the name of thy God: I am the LORD）」

（旧約聖書レビ記 第18章 21節）

モロクは、サンフランシスコの夜の闇に浮かぶサー・フランシス・ドレイク・ホテルからイメージを受けたという。『吠える』の次の行が、あの建物に対応するようである。原稿を書いていて気づいた。

「頭蓋骨を叩き割って　脳みそとイマジネーションを食っている　あのセメントとアルミニュームのスフィンクスは何か？　モーラック（魔神）よ！」

サンフランシスコのユニオン・スクエアに立って、サクス・フィフス・アベニューの角あたりに立って、ポーウェル・ストリートを北の方向に見ると、モロクが現れる。角を生やした牛のイメージが見えればＯＫである。サンフランシスコに行かれたら試してみられるとよい。グーグルのストリート・ビューでも見える。ギンズバーグがエリック・ドルーカーという画家と協力して作った『ハウル　ア・グラフィック・ノベル』という画集がある。それをみると牛のイメージが良く分かると思う。

パートⅢは、カール・ソロモンに対しての訴えかけである。

「カール・ソロモンよ！　僕は君と一緒にロックランドにいるのだ　そこで君は僕よりも気が狂っている」に始まり、「僕は君と一緒にロックランドにいるのだ（アイアム・ウイズ・ユー・イン・ロックランド）」が繰り返される。

最後の「吠えるへの脚注」は脚注らしくない脚注で詩である。モロクの代わりに、「聖なるかな（ホーリー）」の執拗なまでの連呼がある。次のような一節がある。

「聖なるかなピーター！　聖なるかなアレン！　聖なるかなソロモン！　聖なるかなルシアン！　聖なるかなケルアック！　聖なるかなハンケ！　聖なるかなバロウズ！　聖なるかなキャサディ！」

ここに名を上げられた人達が、いわゆるビート世代である。フルネームで重要度の順に列挙すると、次のようになる。

- アレン・ギンズバーグ　（『吠える』、『カディッシュ』で有名）
- ジャック・ケルアック　（『オン・ザ・ロード』で有名）
- ウィリアム・バロウズ　（『裸のランチ』で有名）
- カール・ソロモン　（ギンズバーグが精神病院で出会った編集者）
- ルシアン・カー　（コロンビア大学時代、男に迫られて殺人を犯す）
- ヘルベルト・ハンケ　（タイムズ・スクエア周辺に巣くっていた泥棒詩人）
- ニール・キャサディ　（自動車泥棒を繰り返したマッチョな美男）
- ピーター・オルロフスキー　（アレン・ギンズバーグの愛人）

これにグレゴリー・コルソ（犯罪を繰り返したイタリア系詩人）、ジョン・クレロン・ホームズ（初めてビート『ゴー!』を書いたが、仲間からは疎んじられる）を加えてやっても良いだろう。

つまりビート世代とは、ニューヨークのアッパー・マンハッタンにあるコロンビア大学の文学青年のグループと、それに関係したグループ、ロウアー・マンハッタンのタイムズ・スクエア近辺を根城とする泥棒詩人という奇妙な組み合わせである。

ビート世代

「『オン・ザ・ロード』や『吠える』や『ガソリン』といった本が、新しいタイプの人間の存在を知らせて、人の考え方が変わりはじめているのを伝えていた。」

『ボブ・ディラン自伝』P40

一九五〇年中期から一九六〇年代中期にかけて活躍したビート世代は、今の若い人達には少し縁遠いかもしれない。ビート世代と似た言葉にビート族がある。どちらも混用されているが、文学的風潮のビート世代と、社会的風潮のビート族は分けた方が良かったように思う。ただし区別がつかない部分もある。

デイビッド・ハルバースタムの『ザ・フィフティーズ』には、ビート世代について次のように書いてある。

「彼らはアメリカの中流階級の生活が退屈で型にはまり、真剣な社会的、文化的目的意識を欠いていると考え、これに初めて抗議の声を上げた者たちだった」

「彼らはやがて反体制文化（カウンター・カルチャー）と呼ばれる文化の開拓者だった」

「彼らの抗議は重要な政治的要素を内包していたが、本質的には社会的、文化的なものだった。この時代の政治的状況など、彼らにとってさしたる意味はなかった」

失われた世代という言葉に対応して自分達を何と呼んだらよいかという疑問に、「俺達はビート世代だよ」とジャック・ケルアックが即座に答えた。

ビート世代の影響を受けて一九五七年米国に衝撃を与えたソ連のスプートニクになぞって、ビートニクと呼ばれる

写真　デイヴィッド・ハルバースタム著『ザ・フィフティーズ』：1950年代の米国を克明に描いている。

ようになる人種が登場する。ビート族である。

フィリップ・ノーマンの『ジョン・レノン　その人生』（邦訳は執筆時点ではない）を読んだ時、P186にビートルズの名称はビートに由来するとあって、おやっと思ったりした。初期のビートルズは改名を繰り返しており、最終的なビートルズになる前のバンド名は、シルバー・ビートルズだった。この時代のビートルズのスペルはBeetlesで、シルバー・ビートルズは、日本語にすると、「銀のかぶと虫達で、ぱっとしない。

ビートルズはマーロン・ブランドの主演する映画『乱暴者（The Wild One）』に出てくる言葉でもあったという。ビートルズは一九六〇年にハンブルグのクラブに出演する際に改名を要求され、ビートの詩とビート音楽に合わせてBeatlesとした。当時のジョン・レノンは、ビート哲学に傾斜していた。ビートルズは、ビート音楽を自認したわけである。ジョン・レノン自身の説明はP241に出ている。ブライアン・エプスタインがマネージャになる前のビートルズは、リーゼントに黒革のジャンパー、ナチスを真似たロング・ブーツ（実際にはカウボーイ・ブーツ）に身を固め、黒ずくめの異様な風体で、絶叫を繰り返した。文字通りビート族を地で行っていた。それが敗戦で、すさんで惨めなドイツのハンブルグの若者達に受けたのだろう。

アレン・ギンズバーグが、『吠える』の補充部分を執筆する際、リード・カレッジ出身のスナイダーとフィリップ・ウォーレンがそばにいた。禅や仏教の議論が交わされた。

詩の朗読会の後、2、3週間して、ギンズバーグはバークレー校での修士号取得をあきらめた。『吠える』のあまりの反響の大きさに、詩人としての道を選ぶことになったのである。

一九五六年二月十三日、ギンズバーグは、ポートランド近郊のリード・カレッジにいた。スナイダーと共にヒッチハイクでリード・カレッジに到着し、学生寮で学生達を前に『吠える』の朗読会をした。パートＩまでだったらしい。この時、録音されたテープが現存する最古の『吠える』の録音テープである。従来は一九五六年三月バークレー校のタウンホール・シアターで催された朗読会で録音されたテープが最も古いものとされていたが、リード・カレッジの図書館の片隅に放置されていたテープが見つかった。今やこのテープがリード・カレッジの最も有力なセールス・ポイントとなっている。このテープの内容はリード・カレッジのホームページや iTune から、ダウンロードできる。

一九五六年六月、ギンズバーグの母ナオミが死んだ。東海岸に戻って葬儀に参列することなく、西海岸にとどまって、ギンズバーグは母への追悼の詩『カディッシュ』を書いた。これも名作である。

その後、ギンズバーグは、米海軍海上輸送司令部所属の輸送船ジャック・ペンドルトン軍曹号に乗り組み、北極圏の米軍早期警戒基地への物資輸送に従事することになった。アランの乗る輸送船は、ポートランド、シアトル、タコマにある米軍の物資蓄積拠点から物資を積み込み、アラスカ沿岸からベーリング海峡に達し、さらに北極のチャクチュ海に到達し、アイシー岬を経て、米国最北端のポイント・バローの米軍早期警戒基地に到達するのである。ギンズバーグは、一夜にして有名にはなったものの、まだ入ってくるお金がなかったから、極寒の地での辛いが割のいい仕事に就かないわけには行かなかったのだろう。

時代の潮流は反戦からエコロジーへ

スティーブ・ジョブズがリード・カレッジに入学した一九七二年、米国内の情勢はどうだったろうか。ベトナム駐留米軍は、一九六八年から撤兵を開始し、一九七二年のクリスマス前後、ハノイ、ハイフォン爆撃はあったものの、ベトナム戦争は終結に向かいつつあった。一九七三年三月にはついにベトナム駐留米軍はゼロになった。

ベトナム反戦運動は、一九六八年八月のシカゴの民主党大会会場の外での大衝突の頃を頂点とし、一九六九年のカリフォルニア州立大学バークレー校の弾圧、一九七〇年のケント州立大学の弾圧を経て沈静化しつつあった。弾圧で沈静化したというより、ベトナムからの撤兵によって徴兵の危険性が減少したことが大きかったと思う。

ＬＳＤなどの幻覚剤は、ティモシー・リアリーやケン・キージーの活躍で、米国内に猛烈な勢いで広がったが、ＬＳＤの普及者達は、一時は世界平和や人類の協調を目指したこともあった。

ティモシー・リアリー、アレン・ギンズバーグもそういうことを言っていた時期がある。

ＬＳＤ普及運動は、一九六二年頃からチベット仏教などの東アジア系の宗教と結びつきが始まり、ビートルズが一九六八年にインドを訪れた頃には非常に強く結びついていた。一九七〇年代には、外部の働きかけよりも個人の内面へと向かう。反戦運動の沈静化によって行き場を失った若者達は、仏教やヒンズー教や禅宗へ向かったり、環境運動に向かった。ギンズバーグにしても一九七〇年末には『エコローグ（牧歌詩）』を書いて、自然や環境に眼を転じ始めた。

たとえば、アリス・ウォーターズという人がいる。彼女が経営するシェ・パニースというレストランは、米国でもっとも予約を取るのが難しいレストランと言われている。アリス・ウォーターズの活躍は『アリスのおいしい革命』という番組で有名である。私も全て録画して何回も繰り返し見ている。

アリス・ウォーターズの『シェ・パニースの40年』という本などによれば、アリスは一九四四年に東海岸のニュージャージー州チャタム生まれである。一九六四年カリフォルニア州立大学サンタ・バーバラ校の2年生の時、バークレー校へ転校し、一九六七年にフランス文化の研究で学士号を取得して卒業している。在学中、アリスはフリー・スピーチ運動に熱心に参加していた。マリオ・サビオの情熱的な演説には強く心を動かされたという。アリスは、ロンドンでマリア・モンテッソーリの教育法を学んだ後、バークレー・モンテッソーリ・スクールで2年間働いた。

一九七一年、アリスは友人達とシェ・パニースを開店した。アリスはスローフードの母と言われている。オーガニック、地産地消、旬のものという食材への徹底したこだわりで、シンプルで味わい深い料理を提供する。アリス・ウォーターズは、反戦・反体制で、世界を変えていこうとはしなくなったが、食物のありかたを根源から問い直し、変革していこうという思いは変わっていない。

スティーブはそういう時代にリード・カレッジに入学した。

写真　アリス・ウォーターズ他著『シェ・パニースの40年』：1960年代アリスもベトナム反戦運動に共鳴していた。反戦運動で世界を変革することから、食の変革で世界を変えることに転じた（左：1960年代アリスもベトナム反戦運動に共鳴していた。反戦プラカードと共に写っている）。

リード・カレッジ

スティーブ・ジョブズは、一九七二年九月、オレゴン州ポートランドのリード・カレッジに両親に送られて行った。新学期の始まる数日前という。スティーブは「じゃあね。送ってくれてありがとう」という感じで別れたという。700マイル以上の道を送ってくれた両親に、キャンパスの中を見て行けばとも言わなかった。ただ、これも変だなと思うのはスティーブはIBMの電動セレクトリック・タイプライターをリード・カレッジに持ってきているのだ。この重いプリンターを、不案内なキャンパスの寄宿舎に運びこむのは、かなり大変だったと思う。

ボブ・ディランがニューヨークに出て来た時に、貨物列車に乗って来たと言ったように、スティーブもそういう不幸な孤児的な物語的演出をしてみたかったのだろう。後年、スティーブは、大いにこの事を反省したという。

リード・カレッジは、オレゴン州ポートランドSEウッドストック・ブールバード3203番地（3203 SE Woodstock Blvd, Portland, Oregon）にある。一九〇八年に設立された私立のリベラルアーツ大学である。リベラルアーツ大学に対応する日本語はない。強いて当てるとすれば教養大学ということにでもなるだろう。リード・カレッジの名前はオレゴンの開拓者のシメオン・ガネット・リードとアマンダ・リードに由来する。

リード・カレッジの新入生は、人文系の科目のユマニテイーズ110が必修科目になっている。

この科目はギリシア、ローマの古典、聖書と古代ユダヤの歴史などを多くの必読書リストに従って、みっちり学ぶことになっている。

リード・カレッジのユマニテイーズ110という科目の講義要目に関するインターネットのデータを見ると、たとえば、ある年の秋学期には以下の著者の本を読まねばならない（煩雑になるので書名は省略した）。

アイスキュロス、アリストファネス、アリストテレス、エウリピデス、ハーヴェイ、ヘロドトス、ヘシオドス、ホーマー、マーティン、ミラー、プラトン、プラトン、ソフォクレス、トゥキュディデス。

春学期には以下の著者の本を読まねばならない。

アプレイウス、アタナシウス、アウグスティヌス、外典・注釈付き聖書、ヨセフス、リウィウス、ルクレティウス、オウィディウス、プロティノス、セネカ、タキトゥス、タキトゥス、ヴァージル。

これ位、読まされれば実力も付くだろう。日本の大学でもこういう必読書リストを義務付ければ、学生がアルバイトの合間に大学の講義をたまに聞きに来るということは減るのではないかと思う。

ところが、スティーブは、そういうことを全く知らなかったらしい。大学を選ぶに際してスティーブは克明に大学研究をしたと書いてある伝記が多いが、リード・カレッジではヒッピー文化とLSDが蔓延しているというイメージや風聞だけで選んだようで、カリキュラムを研究したかどうかは疑わしい。もっとも勉強嫌いな男が、もっとも厳しく勉強させられる大学に迷い込んでしまった。これは不幸で、ドロップアウトするのは当然である。

一九七二年十月にクリスアン・ブレナンとスティーブ・ウォズニアックは、自動車で12時間かかってスティーブを訪ねて行った。スティーブのいた寮の部屋には6人の同室者がいた。クリスアン・ブレナンは2日間とどまった。食堂で食事したり、スティーブの部屋でブンゼン・バーナーでキャンベルのトマト・スープを温め、クラッカーと一緒に食べたりした。クリスアン・ブレナンは、大学内の書籍部でマルドゥーン・エルダーのカードを見つけた。

一九七二年頃は、スティーブもクリスアンにロマンチックなラブレターを出していたようだ。ケネス・パッチェンの本の背表紙に、スティーブがカリグラフィで書いたオーフ（oaf）という署名がある。オーフはスティーブのことである。この署名によって、スティーブがまだ何らかの形でブルーボックスの販売に関与していたことが分かる。

クリスアンは、ブルーボックスを使って、ホームステッド高校の校庭の公衆電話からスティーブに長距離電話をした。ウォズニアックが手伝ってくれた、

クリスアンは、一九七三年秋に、飛行機でポートランドに飛び、ヒッチハイクでスティーブとリード・カレッジから帰ってくる計画を立てた。無事にソーサリートまで戻ってきた。

ソーサリートは、アナイス・ニンがハウスボートに住み、『アナイス・ニンの日記』を書いた地であり、オーソン・ウェルズが映画『上海から来た貴婦人』を撮った地であり、オーティス・レッディングが『サンフランシスコ湾のドックに座って』を書いた地でもある。私もあのサンフランシスコ湾岸の美しい町で昼食を楽しんだのを思い出す。

ダニエル・コトケとエリザベス・ホームズ

スティーブ・ジョブズは、ダニエル・コトケと、そのガールフレンドであるエリザベス・ホームズと友人

になった。

ダニエル・コトケ（以下ダン・コトケ）は、ニューヨーク郊外のペルハムの中流家庭に育った。ダン・コトケの叔父は、ジェネラル・モーターズの年金基金のトップだったようだ。

ダン・コトケは、読書好きであった。インタビューなどでも、ためらうことなく、書名が次々に出てくる所をみると、かなりの読書家だっただろう。ただし高校で読んでいたのはＳＦ小説が中心だったらしい。ハーバード大学に入学したかったが、残念ながら願いは叶わなかった。高校の進学指導主任に勧められてリード・カレッジに進むことにした。ダン・コトケは、リード・カレッジでは音楽を専攻し、ピアノを弾いた。ダン・コトケは、ＬＳＤとマリファナの経験でスティーブと馬が合った。

エリザベス・ホームズについてのデータは、インターネットにはほとんど見つからない。公表を拒否している場合と、引用度の低いデータは次第に消されて行く事があるようだ。この場合は前者のような気がする。

エリザベス・ホームズは、ジェフリー・ヤングの『スティーブ・ジョブズ』によれば、身長６フィートで青い瞳を持つブロンド美人であった、天才クラブのＭＥＮＳＡ《メンサ》の資格試験に合格している。

エリザベス・ホームズは、一九五五年カリフォルニア州サンタクララ郡サラトガ育ちで、父親はＩＢＭに勤務していた。一九六〇年代後半から自宅にもモデムが設置されているような先進的な家庭であった。エリザベス・ホームズは自転車でスティーブの家の前を通過することもあったという。エリザベス・ホームズは、親元を離れて独立したい一心で高校の４年生を飛び級している。そしてフラワー・チルドレンの群れに加わった。

リード・カレッジでは心理学を専攻した。特に動物行動学を研究した。

ロバート・フリードランド

スティーブ・ジョブズは、リード・カレッジでロバート・マーチン・フリードランドと知り合った。後半生では、自分の名声を勝手に使われて、忌み嫌った人物だが、彼から受けた影響は大きかった。

ロバート・フリードランドは、一九五〇年八月、シカゴに生まれた。

父親のアルバートは、ドイツのデュッセルドルフに生まれで、祖父と祖母はユダヤ人の音楽家であった。第二次世界大戦が起きると、アルバートは、アウシュビッツの強制収容所に収容された。奇跡的に生き延びて、ポーランド系ユダヤ人のイロハ（Iloha）と恋に落ちた。一九四七年、アルバートは米国に移住し、イリノイ大学の建築学科に進み、フランク・ロイド・ライトについて学んだ。アルバートは、イロハと結婚した。

一九五八年には、フリードランド家はボストン南東のヒンガムに引越した。ロバート・フリードランドは、ヒンガム高校に入学し、新聞部とテニス・チームで活躍した。

一九七〇年、フリードランドは、西海岸のポートランドでＬＳＤの不法所持でＦＢＩに逮捕された。押収されたＬＳＤは2万4千錠にも及ぶ膨大な量であった。フリードランドは、「ベトナム戦争のような愚行から世界を救えるのはＬＳＤなどのドラッグだ」というティモシー・リアリーの教えに従っただけだと抗弁した。裁判の結果、懲役2年の実刑の判決が下りた。控訴審では懲役6ヶ月以上になった。フリードランドは、バージニア州の更生施設で、きわめて真面目に勤め上げ、一九七二年には仮釈放になった。

一九七二年、22歳のフリードランドは、リード・カレッジに入学した。東部の司法機関から、なるべく離れた大学に逃げ込むという頭脳的作戦だったと言われている。一九七二年秋、フリードランドは、反体制を訴えて学生代議員に立候補し当選した。さらに十二月には学生会長に当選した。

スティーブがロバート・フリードランドと知り合いになったのは、スティーブが寮の部屋を回ってIBMの電動セレクトリック・タイプライターを売りつけようとした時と言われている。

ロバート・フリードランドの叔父のマルセル・ミュラーは、ポートランドの南西60キロメートルほどにある果樹園を持っていた。

フリードランドは、ババ・ラム・ダス（リチャード・アルパート）に傾倒していた。フリードランドは、ババ・ラム・ダスがボストンでおこなった講演を聴いていた。一九七三年夏、フリードランドは、インドを訪れ、ババ・ラム・ダスの師であるニーム・カロリ・ババに会った。秋にフリードランドは、米国に帰国した。

帰国したフリードランドは、農場をオール・ワン・ファームと改称した。住み着く人や、しばらく滞在するだけの人がいた。食事と住む場所を提供する代わりに、農園での労働を提供してもらうことになった。悟りを求める霊的な人や、単なるドロップアウトの平凡な人がいた。スティーブやダン・コトケ、エリザベス・ホームズも週末を過ごす場所となった。

実は、このオール・ワン・ファームがどこにあったのか、簡単には分からない。現在の所有者が絶対に開示したがらないのだという。オール・ワン・ファームのホームページに、オール・ワン・ファームを実際に訪ねて行った人の記事は載っているが、その曖昧な叙述では、かなり努力しても場所を特定できない。

クリスアン・ブレナンの本の記述で、ポートランドの南西40マイル（64キロメートル）にあるマクミンビルの近くにあることまでは分かる。それから先が分からない。航空写真を克明に調べることを何度か試みたが、うまく見つけられなかった。

マイケル・モーリッツの『スティーブ・ジョブズの王国』P137には、次のようにある。

「農場の所在地は『スピリチュアル・コミュニティ・ガイド』にも掲載され、放浪者、サイケデリック系、近くにあるクリシュナ教団の寺院の人たち、精神病院の患者など、さまざまな人が訪れていた」

そこで一九七五年ー七六年版の『スピリチュアル・コミュニティ・ガイド』を米国のアマゾンから取り寄せ、調べてみたが、掲載されていないようである。神様が実在するなら、神様が探すなと言っているのかもしれない。

ロバート・フリードランドには、ジャッキー・マクニッシュの『ザ・ビッグ・スコア』という伝記がある。ただ著者の関心はリード・カレッジ以降のフリードランドの文字通りの山師としての活躍にあり、リード・カレッジ時代の記述が少ないのは残念である。読んで見たが、ロバート・フリードランドとは、ものすごく、したたかな男だと感心する。

まだフリードランドとスティーブに関してはまだ知られていない情報が沢山あるように思う。

写真　『スピリチュアル・コミュニティ・ガイド』：1970年代には、悩める若者等によって都市の郊外に小さな霊的共同体が無数に作られた。

あっという間のドロップアウト

一九七二年十一月には、スティーブがクリスアン・ブレナンに電話してきて、リード・カレッジをドロップアウトすると伝えてきた。両親にこれ以上経済的負担をかけたくないというのである。入学してわずか2ヶ月である。

この時の気持をスティーブ・ジョブズは、スタンフォード大学の卒業式における有名な祝辞で次のように語っている。

「両親は汗水たらして働き、貯めたお金で私を大学に行かせてくれた。その頃、自分は何をしたいのかも分からなかったし、大学に通ったらそれが分かるとも思えなかった。それなのに、両親が一生をかけて貯めたお金をみんな使ってしまう。そう思ったから中退し、あとは何とかなると思うことにした」

しかし、当時、スティーブは、本当にそういう殊勝な心掛けだったのかどうか疑わしい。何千ドルもの学費を出している両親は、スティーブが真面目に講義に出席しているかどうか、ずいぶん心配しており、再三、注意もしたようだ。しかし、スティーブは、さっさと嫌いな講義への出席をやめてしまっていた。

きちんと講義に出席することは早々とやめたが、自分の好きな講義には出席することにした。それを自分では聴講と言っていたようだ。学費は両親が半年分か1年分払っていたはずなので、必ずしももぐりの聴講ということにはならないように思う。

スティーブが出席したのはシェイクスピア、詩、ダンス、カリグラフィの四つであった。ダンスは得意でなかったはずだが、異性との接触の機会を増やしたいということだったろう。

スティーブは他人が使わなかった食券で食事したり、寝椅子で寝たり、寮の部屋で寝袋で寝たりした。気ままな放浪者を気取ったのである。

ジェフリー・ヤングの『スティーブ・ジョブズ』P90によれば、特別寮に住んでいたエリザベス・ホームズは、自炊許可を取っていた。スティーブは、2年目以降の食事をエリザベス・ホームズに頼ったりした。スティーブは、ダン・コトケと二人して食事に押しかけた。またコトケとスティーブはエリザベス・ホームズの部屋でLSDでトリップしていたという。

ジェフリー・ヤングの本とマイケル・モーリッツの本ではコトケの部屋の屋根裏部屋に、ウォルター・アイザックソンの本ではエリザベス・ホームズの部屋の屋根裏部屋に、瞑想室を作ったという。どちらが本当であるかは判定しにくい。

またリード・カレッジから西方18マイルのヒルズボロ市ノースウェスト・アロッククレク・ドライブ2095番地（2095 NW Aloclek Drive Hillsboro）にクリシュナ意識国際協会（ハレ・クリシュナ教団）があり、ここでは毎週日曜日の17時から、サンデーフィースト（日曜の饗応）が開催されていた。

17時から17時半までアロティークという儀式があり、17時半から18時15分がバガバッド・ギータの詩編の朗誦、18時15分から18時30分までがキルタンである。音楽に合わせてハレ・クリシュナ、ハレ・クリシュナ、クリシュナ、クリシュナ、ハレ、ハレなどと声高く唱える。

音曲に合わせて踊ることもあった。フリードランドは、一心不乱に踊っていたようだが、スティーブはうまく溶け込めなかったようだ。

そして18時30分から19時時30分までが無料で提供される御馳走の時間である。ライス、野菜、ダル（乾燥豆のスープ）、デザート、飲み物などが出る。

スティーブ、フリードランド、コトケ、エリザベスの四人は、サンデーフィーストに参加するために出掛けた。趣味と実益を兼ねていたのだろう。リード・カレッジから18マイル（30キロメートル）も離れたクリシュナ意識国際協会までわざわざ出掛けて行ったのだから、男性三人はよほど困っていたのだろう。

ドロップアウトした後も、スティーブは、サンフランシスコの湾岸地域とポートランドの間を何度も行き来した。ある時などは友人とメキシコまで行った。飛行機にピックアップしてもらって行ったという。

一九七三年の春頃には、クリスアンは、スティーブを訪ねて行かなくなっていた。この頃、、スティーブはリード・カレッジの近くに部屋を借りたのでクリスアンに一緒に住まないかと電話してきた。スティーブは月２５ドルでコーチハウスを借りた。ここに時折ウォズニアックが訪ねてきて、リード・カレッジの学生にブルーボックスを売りつけていた。お金に困ったスティーブは、心理学科で動物の行動実験用に使っていた電子機器を整備保守する仕事にも就いたという。この時代、スティーブは本当にお金に困っていたようだ。

クリスアンがスティーブとの同棲を断ったので、スティーブは、この時期、別の女の子を探していたようである。一方、クリスアンは、絵画の勉強がしたかった。

一九七三年三月頃、スティーブの母親のクララが、クリスアンに、ジョブズ家に一緒に住まないかと行って来た。スティーブが頼んだのだろう。クリスアンは断った。クリスアンには、美術のクラスに別の恋人ができていたのである。

一九七三年夏、スティーブは湾岸地域に戻ってきた。自宅ではなく、スタンフォード大学の裏手のラフォンダ・ロードとスカイライン・ブールバードが交差するあたりの山中にルームメートと共に家を借りた。かなり深い山の中だ。航空写真で見ると分かる。ここにスティーブはクリスアンを招待した。よりが戻ったような戻らなかったような奇妙な状況にあった。

この頃スティーブは次のように悩んでいたという。

「僕はすでに19歳で、それなのにまだ何をすべきか分かっていない」

自分は42歳で死ぬと信じていたので無駄にする時間はないと焦っていたのである。

悩んだスティーブは、何でも試してみた。ポートランドと湾岸地域の間を何度も行き来したり、多様な人に会ったりもした。すでにギターは弾けるようになっていたが、ハーモニカも練習した。マッサージもやったという。

スティーブは、クリスアンに、『ビー・ヒア・ナウ』にあるトラタク（Toratak）すなわち蝋燭の炎をじっと見つめるようにと命令した。一九七四年春にもロスガトスの山麓の小屋で蝋燭の炎をじっと見つめるようにと命令している。

またスティーブは易経の易を見せたりした。最初はコインを使った易、次に日本の易者のやる筮竹《ぜいちく》という長い棒を使った易を見せた。クリスアンは、何事にも染まりやすい人で、その後、ずっとスティーブ以上に易に凝るようになる。

リード・カレッジ時代、スティーブは、ある術をマスターしていた。何の本にも記録されている術である。たとえばウォルター・アイザックソンによる伝記の第I巻P77には次のように描かれている。

「そのころジョブズは、視線と沈黙で他人を従える術をマスターしていた。彼の得意技に、話し相手を見つめるというのがあった。相手の目をじっと見ながら話し、目をそらさせない。そうやって、自分が欲しい反応を手に入れるんだ」

マイケル・モーリッツによる伝記の本P122には次のように描かれている。

「彼の特徴の一つは、話している相手の目をじっと見つめることだった。目玉の奥までのぞきこむようにして、何か質問をしては、相手が目をそらさずに答えるのを待った」

これは一体何なのだろうと長い間思っていたが、神秘学者P・D・ウスペンスキーの『新しい宇宙像』下巻P39を読んでいた時に、ふと思い当たったことがある。

「催眠状態には様々な形と様々な度合いがある。それは様々な方法で作り出される。筋肉を弛緩させるある種の動作、じっと凝視すること、閃光を放つ鏡、突然の印象、大きな叫び声、単調な音楽などのすべては催眠のための手段である」

あの有名な凝視というのは、催眠術を意識していたのではないかと思う。そうすると、クリスアンに蝋燭の炎を凝視させるというのも催眠術をかけようとしていたのではないかと、理解しやすくなる。ただスティーブが催眠術を意識していたとしても催眠状態にまで行った人はいなかったようだ。気味が悪かったとか不快な印象を与えられたという記録は多数ある。

スティーブは、ますます神秘主義にはまり、ベルナー・エルハルドの同僚かつ恋人だった人のカラー・システムという占いの手伝いをする。

二人の間はまた離れだした。クリスアンはカフェで働きだした。スティーブは自分が偉大な人物になると信じていたようだが、どの分野で偉大になれるのか分からなかった。どうやらボブ・ディランの跡を追って、シンガー・ソング・ライターとなることをかなり真面目に考えていたようだ。クリスアンは、スティーブにはその才能はないと見抜いていた。

この頃、スティーブは、ロスアルトスの自宅に戻っていた。

クリスアンは、ヘルス・フード・カフェや、ベビーシッターのアルバイトをしていたが、スティーブはクリスアンの行く先々に必ず姿を見せた。追っかけである。現れる度にスティーブはクリスアンに珍しいものを見せて、気を引こうとしている。

リード・カレッジ時代の読書

スティーブ・ジョブズは、ダン・コトケと一緒に精神世界や悟りや菜食主義に関するさまざまな本を読むようになる。図書館から借りたともダン・コトケと交換しながら読んだともいう。この頃、スティーブが読んだと言われている本について見てみよう。

スティーブ・ジョブズが大読書家であったという説もあるが、ふつうに追跡すると、その気配は薄い。リード・カレッジに落ちこぼれたのは、必読書に指定された古典を全く受け付けなかったからである。ただし、一風変わった本を読んだ可能性はある。しかし、自分で読んだのか、人の話を聞いて読んでしまったことにしたのか分からない。人の話を聞いて取り込んでしまう術には長けている。

以下に取り上げる以外にダン・コトケによれば『宇宙意識』、『ラーマクリシュナと彼の弟子』を読んだと言われている。ダン・コトケは読んでいただろうけれども、これらをスティーブが読んだかどうかは疑問である。スティーブは視覚化できない文章やプログラムは苦手のようだ。

さらにダン・コトケによれば Zen Minds という本を読んだとも言っている。Zen Mind という本はあるが、Zen Minds という本はない。複数形については、ダン・コトケの間違いか、編集者の間違いだろう。鈴木俊隆の『禅マインド　ビギナーズ・マインド』については後で述べる。

パラマハンサ・ヨガナンダ『あるヨギの自叙伝』

『スティーブ・ジョブズ』上巻P73によれば、スティーブは、パラマハンサ・ヨガナンダの『あるヨギの自叙伝』をリード・カレッジ時代に読んだとある。

しかし、『スティーブ・ジョブズ』上巻P91によれば、次のように書いてある。

「(インドに行った時) 前に来た人が置いていった英語版の『あるヨギの自叙伝』があったので、それを繰り返し読んだ」

これを読むと、リード・カレッジで読んだはずなのに、インドで初めて読んだような印象を受ける。スティーブがiＰａｄにダウンロードしていた本については次の記述がある。

「もっと彼 (スティーブ) らしいと思ったのが本だ。ダウンロードされていたのは1冊だけ―『あるヨギの自叙伝』だった」

(『スティーブ・ジョブズ』下巻Ｐ368)

『あるヨギの自叙伝』は、ヒンズー教のヨガナンダ師の自叙伝である。ヨガナンダは、本名をムクンダ・ラール・ゴーシュといい、一九九三年インドのヒマラヤに近いゴラクプールに生まれた。

『あるヨギの自叙伝』は、ティモシー・リアリーやリチャード・アルパートの本の寄せ集め的な構成と違って、緻密に計画され、丁寧に書かれている。外国への伝道を念頭において書いたらしく、数えてみると、聖書からの引用が74箇所、エマーソンの著書からの引用が7箇所ある。主に米国人に的を絞っていると思われるが、キリスト教徒がヒンズー教を抵抗なく受け入れられるように書かれている。逆に言えばヒンズー教の正統派から見ると、少し逸脱と感じられるのではないかと思う。

この本は穏健で分かりやすい本だ。この本と多少過激な『ビー・ヒア・ナウ』を、同じスティーブが同様に受容できたというのを奇妙に感じる。

チョギャム・トゥルンパ・リンポチェ『タントラへの道』、『仏教と瞑想』

『タントラへの道』、『仏教と瞑想』を書いたチョギャム・トゥルンパ・リンポチェ（丘揚・創巴・仁波切）は、一九三九年二月に、ドルジュ・ドラドゥル・ムクポとして、東チベットのアムド（安多）地方に農民の息子として生まれた。アムド地方の南にカム（康）地方がある。

チョギャム・トゥルンパは、生後13ヶ月のとき、転生活仏として認定された。チョギャム・トゥルンパは、トゥルンパ・トュルクの第11代目であった。

一九五九年、中国のチベット侵攻時にヒマラヤを越えてインドのアルナーチャル・プラデーシュ州へ亡命する。一九六三年、24歳の時、英国オックスフォード大学に留学し、比較宗教学、哲学、美術を学んだ。

一九六七年、チョギャム・トゥルンパは、スコットランドへ移り、欧州初のチベット仏教の瞑想センターであるサムエ・リン瞑想センターを開設した。チョギャム・トゥルンパは、西洋の科学物質文明のなかに仏教を真に根付かせるには、自らのなかの精神の物質主義を断ち切ることが必要だと感じた。その反面、酒を覚え、女性と付き合い、派手な生活を覚え、現世的な欲望に

写真　チョギャム・トゥルンパ・リンポチェ著『タントラへの道』：アルコール依存症と奇行で有名なチベット仏教の破天荒な導師の書物。

目覚めることになる。

一九六九年、英国に戻ったチョギャム・トゥルンパは、スポーツカーで事故を起こし、左半身麻痺になる。これが転機となり、僧衣を脱いで、自己の精神的安定を求める生活を放棄し、俗世間に自己を投げ入れる決意をした。また、若い英国女性と結婚した。彼の変化に、周囲の批判は高まった。英国での布教をあきらめ、新天地をもとめ米国に渡ることを決めた。

一九七〇年、米国に移ったチョギャム・トゥルンパは、説教の時間には必ずと言っていいほど遅刻し、説教中もビールを飲み続け、時には眠り込んだりし、瞑想している信者に後ろから水鉄砲を浴びせるという破天荒なスタイルで、「ワイルドな賢者」として評判になる。

チョギャム・トゥルンパは、チベット仏教のカギュ派に属していたが、ニンマ派にも説教をおこなった。この派の修行者達は大量にアルコールを摂取し、聖なる狂気という陶酔状態に入ることがあったという。その意味で言えば、チョギャム・トゥルンパの行為は、必ずしも教義違反には当たらないらしい。

外国で宗教を広めるためには、外国語ができることが絶対である。鈴木大拙が外国での評価が高いのは、こなれた英語で禅を解説できたからだと思う。チョギャム・トゥルンパ・リンポチェが有名になったのも、通訳なしに英語で流暢にチベット仏教を説明できたからである。

チョギャム・トゥルンパは、さらに『チベットに生まれて』、『仏教と瞑想』の二著書を通して得た信者の支援により、バーモント州とコロラド州に拠点を確保する。

アレン・ギンズバーグは、チョギャム・トゥルンパの説くチベット仏教に共感し、支援することになる。

チョギャム・トゥルンパは、さらに、アメリカ、カナダ各地に、ダールマダーツ（法界）とよぶ仏教瞑想所をおき、その中心としてコロラド州ボールダーにバジュラダーツ（金剛界）センターを設立した。

一九七四年、チョギャム・トゥルンパは、ナーランダ財団、ナローパ研究所・大学を創立する。『タントラへの道』『タントラ―狂気の叡智』を出版した。

一九七七年、チョギャム・トゥルンパはシャンバラ・トレーニング・プログラムを設立。世俗的な環境の中で、チベット仏教の本質を実践して生きるためのプログラムを展開し、多くの弟子が彼の元で学んだ。米国での成功を手にした彼だが、同時に数々のトラブルも抱えていた。アルコールのとり過ぎ、異性関係のスキャンダルなど、宗教者としての姿から逸脱した話題に事欠かなかった。

一九八六年、チョギャム・トゥルンパは、住居とバジュラダーツ・センター本部をカナダのハリファックスへ移す。

一九八七年、チョギャム・トゥルンパは、48歳で死去する。晩年は、交通事故の後遺症と、深刻なアルコール中毒のため、急速に健康がむしばまれて行ったという
チョギャム・トゥルンパの『タントラへの道』は、初版が一九七三年であって、スティーブがリード・カレッジにいた頃に読めたかどうか多少気になる。また『仏教と瞑想』は、初版が一九七四年であって、リード・カレッジでは読めなかったはずだ。ただし、その後読んだかもしれない。

アーノルド・エーレット『無粘液食餌療法』

スティーブ・ジョブズが生涯こだわったのが、無粘液食餌療法である。膵臓癌になっても、結局、この

理論から離れることはできなかった。彼には影響力の大きかった本である。

私は、無粘液食餌療法の提唱者アーノルド・エーレットは、ドイツの有名な学者であって、ドイツでは一定の評価を受けていた学者と思っていたが、そうでもなかったようである。

アーノルド・エーレットは、一八六六年、南ドイツのバーデン州シュバルツバルトのセント・ゲオルゲンに生まれた。フライブルグの近くである。彼の両親は獣医であり、祖父は医者であった。

一八八七年、バーデンの大学を卒業した後、軍務に就くが、すぐに心臓病で除隊した。フランクフルトで学んだ後、技術学校で15年間教鞭を執った。31歳の時、母と同じ腎臓病に罹った。このため欧州各地のサナトリウムを回った。

一八九九年、エーレットは、ベルリンに菜食主義を勉強しに行き、20のベジタリアン・レストランを訪ねた。大学で医学、生理学、化学を学んだ。その後、ニースや植物系の食物療法を試した。アルジェで思い余って断食を試してみた所、これが非常に有効であった。力を回復し病気を克服したと信じたエーレットは、アルジェからチュニスまでの１６００キロメートルを自転車で走破した。

一九〇九年、代謝についての論文を書いた。

その後、エーレットは、南フランスから北イタリアへ徒歩で旅行し、最後にはカプリ島まで歩き通した。さらにエジプト、パレスチナ、、トルコ、ルーマニア、ハン

写真　アーノルド・エーレット著『無粘液食餌療法』：スティーブ・ジョブズの食生活に生涯影響を与え続けた本。

ガリー、オーストリアまで旅行した。またペルシアからインドまで旅行した。歩くことが健康に良いということがスティーブにも伝わったのかもしれない。

一九一四年、エーレットは、米国に渡った。エリス島に上陸したエーレットは、カリフォルニアに旅行した。ところが第一次世界大戦が勃発して、エーレットはドイツに帰れなくなり、カリフォルニアに留まった。エーレットは、ベネディクト・ラストのサナトリウムで5年間働いた。エーレットはカリフォルニア州のアルハンブラにサナトリウムを開設し、彼の持論である無粘液食餌療法を説いた。

一九二二年、断食療法の講演後、エーレットは突然倒れて頭を打ち、死亡した。心臓病で死亡したという。56歳で死んでしまったのでは、彼の無粘液食餌療法は効果がなかったのではという指摘もある。スティーブも56歳で死んだ。

『無粘液食餌療法』というエーレットの代表作には、科学的な食事の方法という副題がついている。読み出すと分かりやすいが、読むまでは『無粘液食餌療法』などと、また怪しいオカルト本を読まされるのかとうんざりする。スティーブ・ジョブズの本を書いていて、最も閉口するのは怪しい本を沢山読まねばならないことだ。

レッスン1の冒頭にこう書いてある。

「医学によって、いかなる名前が付けられていても、全ての病気は便秘である。人間の体を構成する全てのパイプのシステムが詰まるということである。それゆえ、あらゆる病気の特別の症状とは、つまりパイプの特定の場所で粘液がたまって局所的に詰まったということに他ならない。

特にたまりやすい場所は、舌、胃、そして特に全ての消化器官である。消化器官に粘液がたまると便秘の深刻な原因となる」

だから詰まりやすい肉や卵や乳製品をとらずに新鮮な旬の果物や野菜を食べなさいということである。

エーレットの理論の中心は、V＝P－O　つまりV（バイタリティ：活力）は、P（パワー）からO（オブストラクション：障害物）を差し引いたものと定式化される。活力を得るには障害物を減らすのが良い。障害物となる肉や脂肪や蛋白質や澱粉を摂取せず、障害物にならない果物と野菜だけを摂取するのが良いのである。時々、断食をするのが、パイプのつまりを減らすことになるとしている。ただし過激な長期間の断食には賛成できないとしている。

また食べ方であるが、色々な物を同時に食べるのは駄目としている。家畜は草以外のものは食べないし、同時に異なる種類の食物は取らないとしている。家畜は食事中には飲み物は摂らないとしている。人間だけが同時に異なる食材を摂取し、水や酒を飲むとする。これからモノダイエットの思想が出てくる。旬の果物を一種類だけ摂取するのが理想としている。

スティーブは、この理論に傾倒した。にんじんを大量に仕入れてジュースやサラダにして食べた。にんじんの食べすぎでスティーブの肌が一時オレンジ色になったという伝説もある。ダン・コトケと二人、1週間りんごだけという暮らしを試したりした。

エーレットの理論では、野菜は生でなく、焼いたり煮たりしても良いらしい。というより野菜を生で食べるのには否定的だ。ジャガイモは生で食べずとも良く、レモンは数分焼くと甘みが出て美味しくなると書いてある。ビタミンという言葉が出てこない。また彼は甘いものが好きだったらしく、糖分に対してはかなり許容している。またアルカリ性の野菜が良いとしている。

エーレットは、全ての病気や不健康の原因の99・99％は誤った食事であり、無粘液食餌療法でほとんどの病気は直るとしている。細菌という言葉は出てくるが、ウイルスという言葉は出てこない。スティーブが膵臓癌の末期には、また無粘液食餌療法に戻っている。

エーレットは、いかなる種類のものであっても、行き過ぎは良くないとしているが、かなり行き過ぎを説いているのがおかしい。

『無粘液食餌療法』の全部を否定する積りはない。もっともな部分もある。極端に走らなければ確かにもっともだ。だが、スティーブのような人は必ず極端に走る。化学的な毒素を摂取するなというエーレットの主張に賛同しながら、ＬＳＤのような幻覚剤をしきりに取ったりしたのは矛盾である。

スティーブは、この頃、そしてその後も、食後、食べた物をみんな吐き出したようだ。たしかに吐き出してしまえば、体内に粘液を生じさせるような物は蓄積されない。しかし、これはどうも行き過ぎではないかと思う。

『無粘液食餌療法』は、よくある民間療法の一種である。サンフランシスコ周辺の山地には、鬱蒼とした森が生い茂り、隠遁に適した場所がいくらでもあり、オカルト的な神秘集団が発生しやすいのである。

フランシス・ムーア・ラッペ『小さな惑星の緑の食卓』

ウォルター・アイザックソンの『スティーブ』P74によれば、次のようにある。

「もう1冊、大学1年のスティーブに大きな影響―大きすぎる影響かもしれない―を与えた本がある。フランシス・ムーア・ラッペの『小さな惑星の緑の食卓』だ。この本では、菜食主義が個人にも地球にも大きなメリットをもたらすと絶賛されている」

この記述には多少首を傾げざるを得ない。まずスティーブが本当に『小さな惑星の緑の食卓』を読んでいたのかという疑問である。ジェフリー・ヤングの『スティーブ・ジョブズ　パーソナル・コンピュータを創った男』P83によれば、次のようにある。

「その頃はどこの学生も『ビー・ヒア・ナウ』とか『小さな惑星の緑の食卓』（書名は日本語に訳した）を読んでいた」

つまり、当時の学生は読んでいたというので、スティーブが読んでいたとも読んでいなかったとも書いてない。いろいろな著者が引き写しを重ねている内に、読んだことになってしまったのではないかと思う。フランシス・ムーア・ラッペの新左翼的思想は、スティーブの思想とはかなり違う部分がある。

フランシス・ムーア・ラッペという女性は、一九四四年、オレゴン州ペンドルトンに生まれた。育ったのはテキサス州フォートワースであった。一九六六年、インディアナ州のクエーカー教徒のアーラム・カレッジを卒業後、一九六七年から一九六八年フィラデルフィアで福祉関係の非営利団体で働く。

一九六八年、カリフォルニア州立大学バークレー校の大学院で共同体組織論を学ぶ。一九六九年大学院を中退する。その後、次第に食料問題に関心を深め、バークレー校の農業図書館で勉強し始める。

一九六九年、フランシス・ムーア・ラッペは、1ポンドの牛肉を生産するには、16ポンドの小麦と大豆などの飼料が必要であることに気づいた。当時、ちゃんとした食生活には十分な蛋白質が必要であり、毎食十分な肉を摂るべきとされていた。ところが米国人は必要な蛋白質の2倍の量の蛋白質を摂取していた。過剰な蛋白質は無駄になってしまう。こういうことをしていたら地球の人々に十分な量の食料を供給し続けることは可能だろうか。人間は肉、特に牛肉なしでも十分やっていけるという考え方は当時、異端的な思想であったが、フランシス・ムーア・ラッペは、米国の肉食中心の食事は改めるべきだと確信した。

ただしフランシス・ムーア・ラッペは、絶対的な菜食主義者でもなく、自然回帰主義者でもないと念を押している。肉は食べたのだと思う。

フランシス・ムーア・ラッペは、自分の考えを1ページのパンフレットにまとめた。すぐにこれは5ページのパンフレットになり、70ページの小冊子になった。これが一九七一年『小さな惑星の緑の食卓』単行本になった。数百万部売れたという。一九七二年、ミシガン大学で初講演し、次第に全米、全世界で講演するようになる。

米国の肉食の中心はハンバーガーである。ハンバーガーの材料である肉を供給するために、牧場が必要になる。そのために眼を付けられた中米の熱帯雨林が開墾され、地球環境が破壊されて行く。環境問題へ眼が向けられる。

フランシス・ムーア・ラッペは、食料問題、農業問題に考えを推し進め、農業問題は政治的、経済的問題であると意識し始める。また農業の近代化や大規模化が本当によいことかどうか。農業生産における意思決定の寡占化と集中。つまり簡単に言えば、農業における独占資本主義の問題を扱うようになったのである。

さらにフランシス・ムーア・ラッペは、食料増産のための遺伝子組替え農業に対して疑問を抱くようになった。遺伝子組替えは、飢餓問題の解決策にならない。問題はそういう所にあるのではないと考えた。

一九八〇年、フランシス・ムーア・ラッペは食料と開発政策研究所を設立する。

スティーブは、あくまでも自己中心的な個人主義的な人で、社会一般のことには、あまり興味がなかった。後年、自分の車を身体障害者用の駐車場に停めていたし、自分の車にナンバープレートもつけず平然としていた。スピード違反で捕まっても平然として、次の予定があるから早く処理しろと警官に向かって言って唖然とさせたという。社会の決まりなど、まるで問題にしていない。そういう人が果たしてフランシス・ムーア・ラッペの本を全部読んだだろうかと少し疑問に思う。

第九章

アタリとノーラン・ブッシュネル

テッド・ダブニー

オカルトに凝り、東洋的神秘主義にも傾斜していたスティーブ・ジョブズが、コンピュータの世界に急接近するきっかけとなったのは、アタリという会社に入ったことである。いつまでも遊んでばかりはいられないということもあっただろうが、長期的にはロバート・フリードランドに啓発されたインド行きの費用獲得のためでもあった。

スティーブが入社したアタリという会社はどんな会社であったろうか。

アタリについては、一九八四年に刊行されたスコット・コーヘンの『ＺＡＰ　アタリの興隆と没落』という本があり、これが定番であった。

ところが二〇一二年、マーティ・ゴールドバーグとクルト・ベンデルの『アタリ・インク　ビジネス・イズ・ファン（ビジネスは面白い）』という本が出た。この本は多数の写真や図版を含んでおり、克明にアタリの歴史を解説している。

写真　マーティ・ゴールドバーグとクルト・ベンデル著『アタリ・インク　ビジネス・イズ・ファン』：写真から分かるようにアタリのゲームマシンはデザイン的にはすぐれていた。

この本の出現によって、アタリについて語られてきたことの再点検が必要になってきた。アタリを作ったノーラン・ブッシュネルは、大言壮語と虚言癖で有名であり、以前から発言に矛盾があるのではと言われていた。

二〇一〇年九月、サミュエル・フレデリック・ダブニー（以下テッド・ダブニー）という人が、忽然と歴史の舞台裏から表舞台に登場してきて、これまで事実と思われていたことの修正が必要になった。

テッド・ダブニーは、一九三七年、サンフランシスコに生まれた。当初ロスガトスの高校に通ったが、サンフランシスコ市内の職業学校であるジョン・オコンネル高校に通い、製図を勉強した。高校時代、道路局の橋梁部でアルバイトをした。最終的にはサンマテオ高校を卒業した。

いろいろな職業を転々とした後、テッド・ダブニーは海兵隊に入隊し、3年3ヶ月いた。海兵隊ではトレジャー・アイランドとサンディエゴで電子工学の教育を受け、一九五九年、海兵隊を除隊した。

その後バンク・オブ・アメリカに勤務し、短期間のHP勤務を経て、一九六一年にアンペックスに入社した。アンペックスでは軍事製品部に勤務した。超高々度偵察機U2用のカメラなどの関連だったようだ。そこに6年いた後、ビデオファイル部に転属になった。

ビデオファイル部は、レッドウッドシティのアンペックスの本社より、ずっと南のサニーベール市キファー・ロード1020番地（1020 Kifer Road, Sunnyvale）にあった。写真が残っている。ここにノーラン・ブッシュネルが入社してくる。

ノーラン・ブッシュネル

アタリを作ったノーラン・ケイ・ブッシュネルは、一九四三年、ユタ州グレートソルト湖近くのクリアフィールドのモルモン教徒の家庭に生まれた。父親は、セメント・コントラクタであった。これを煉瓦職人だったという資料もある。一生懸命働き、一生懸命遊ぶがモットーであった。父親はノーラン・ブッシュネルが15歳のときに死に、ノーラン・ブッシュネルが跡を継ぎ家族の生活を支えた。

ノーラン・ブッシュネルは、アマチュア無線に夢中になり、ラジオや洗濯機を修理するのが得意で、いたずら好きな子供だった。背は高かったが、スポーツが得意という程でもなかったようだ。

一九六二年、ノーラン・ブッシュネルは、ユタ大学の工学部電気工学科に入学した。工学や経済学よりも人文系が好きだったようである。ブッシュネルの学業成績が良かったとは伝えられていない。

ポーカーで負けたので、夏休みには、ユタ州ファーミントン郡のラグーン・アミューズメント・パークという遊園地の催し物会場で働いたという。初めは夏だけだったが、給料が良かったうえに、コミッションもはずんでくれ、昇格までしたので、それ以降は遊園地で働いた。ここで重要なことはブッシュネルがアーケード・ゲーム・マシンに触れる機会を得たことである。

一九六八年、ブッシュネルは、25歳でユタ大学電気工学科を卒業すると、ディズニーランドのリサーチ・エンジニアになることを希望していたが、ディズニーランドでは採用されなかった。その後、ジョン・マッカーシー教授のスタンフォード大学人工知能研究室ＳＡＩＬにいたと主張している。これは曖昧で、どういう資格でいたのか分からない。知り合いになった友人を訪ねて行ったくらいの意味らしい。ブッシュネルは、悪気はないのだろうが嘘が多かった。

翌一九六九年、26歳のブッシュネルは、アンペックスのビデオファイル部に採用された。アンペックスの音響部門ではなく、新設の画像情報部門であった。磁気記録ということでは共通する要素を持っていただろう。

ここで、32歳のテッド・ダブニーと26歳のノーラン・ブッシュネルは同室となった。ブッシュネルの夢は、娯楽設備を備えたファミリー・レストランを開くことで、その事を熱く語ったようだ。二人は気が合ったらしく、チェスをよくやった。そのうちに碁に転向し、夢中になる。その碁盤も保存されている。勤務時間中に碁をやっていたので、カモフラージュのために碁盤の裏にアンペックスのロゴを入れておいた。

ブッシュネルは、テッド・ダブニーにスタンフォード大学の人工知能研究室のPDP-6上で動作していたスペースウォー（宇宙戦争）ゲームの話をし、二人で見に行ったらしい。

ノーラン・ブッシュネルの主張では、一九六四年、ユタ大学のキャンパスのコンピュータで、一九六二年にMITのスティーブ・ラッセルが書いた「スペースウォー！」というゲームに出会ったことになっている。時期的には十分あり得る話だが、テッド・ダブニーは、それについては全く否定的である。テッド・ダブニーには、多少極端な否定的主張があることは事実だが、ブッシュネルは、後年のビデオ・ゲームに関する特許侵害訴訟に関連して、そう主張せざるを得ない一面もあったようだ。

この頃、ノーラン・ブッシュネルは、DECのPDPシリーズやデータゼネラルのノバのようなミニ・コンピュータを使って、「スペースウォー！」をアーケード・ゲーム・マシンに搭載することを考えた。

アーケード・ゲーム・マシンとするためにはあまり高価なものではいけない。テッド・ダブニーは、高価なベクター・グラフィックス・ディスプレイでなく、安価なテレビ受像機の回路を改造して使うことを考えた。そのためにテッド・ダブニーは、娘のテリーの寝室を取り上げて実験室にした。

この話は長く伏せられていて、ブッシュネルが自分の娘の寝室を取り上げて実験室にしたことになっていた。そもそもノーラン・ブッシュネル伝説には、テッド・ダブニーという人物など存在しなかった。古い本や資料にはみなそう書いてある。私もそう書いたことがある。

一九六九年秋、テッド・ダブニーが作った回路は、スポット・モーション回路と呼ばれ、テレビ受像機の画面上でスポット（丸い点）を発生できる回路であった。

スペースウォーをアーケード・ゲーム・マシンに搭載すると言っても、ブッシュネルもテッド・ダブニーもプログラミングは出来なかったから、アンペックスにいたラリー・ブライアンに眼が付けられた。

こうしてできたコンピュータ・システムは、「スペースウォー！」をかなり簡略化したにもかかわらず、アーケード・ゲーム・マシンとしては複雑すぎた。

ブッシュネルは、DECのPDPシリーズやデータゼネラルのノバなどの汎用のミニ・コンピュータを使用することをやめ、専用基板を使って特化したコンピュータ・スペースのシステムを作ろうと考えた。

また、わずかなコインで遊べるようにするためには、MITやスタンフォード大学が使っていたような高価なベクトル表示ディスプレイを使うわけにはいかない。安価な普通のテレビ受像機でなければならない。

ナッティング・アソシエイツ

ノーラン・ブッシュネルは楽天的で、テッド・ダブニーのスポット・モーション回路が完成したことは、対話型テレビを手に入れたことだと考えた。そこで、このアイデアを古参のアーケード・ゲーム会社に売り込みに行った。一方たまたま診療を受けに行った歯医者の紹介で、同じ患者のデイブ・ラルストンと知り合った。ラルストンは、ブッシュネルをビル・ナッティングに紹介した。ビル・ナッティングは、コイン・ゲーム・マシンを製作する小さな会社を持っていた。

一九七〇年三月、ブッシュネルは、アンペックスを辞め、ナッティング・アソシエイツに技術主任として入社した。ブッシュネルは、「コンピュータ・スペース」を完成させて、ナッティング・アソシエイツに売りつけようと考えていた。ただこの頃、テッド・ダブニーが開発した技術は、TV受像機の画面上でスポットを発生できるというだけのものだった。これを改良してブッシュネルがスポットを任意の場所に移動で

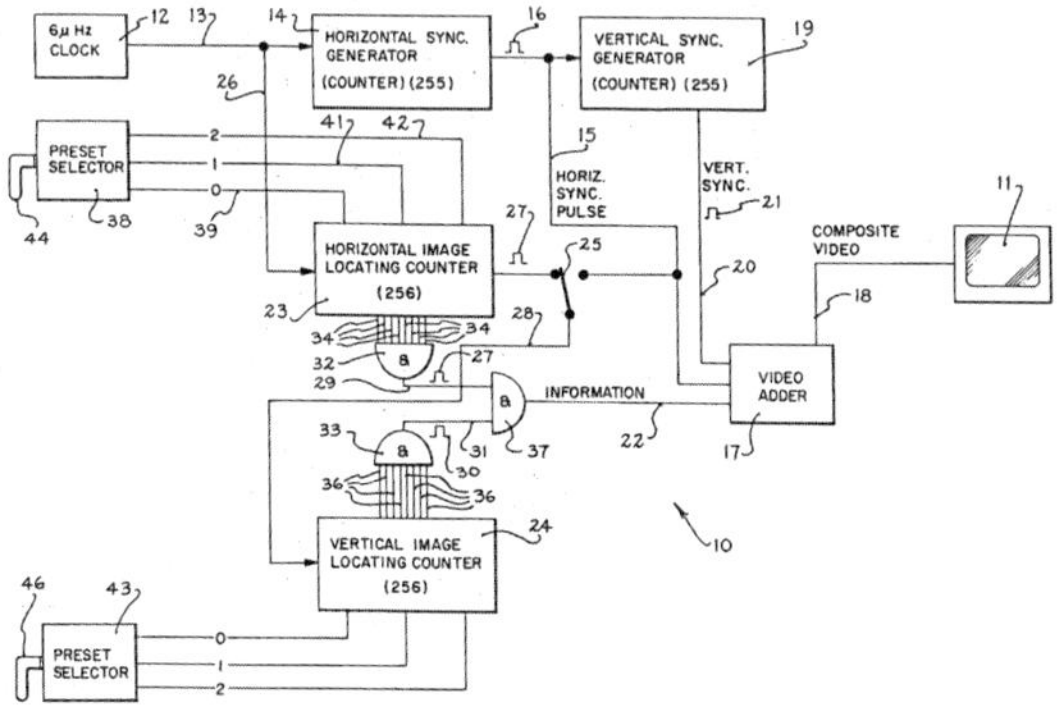

図　ノーラン・ブッシュネルが取得した米国特許3793483の図面（スポットを動かせるようにしている）

きる回路を設計した。これは中規模の集積回路とトランジスター、ダイオードを組み合わせたものだった。

ブッシュネルが油断のならないのは、こうしてできた回路についての特許を、テッド・ダブニーには黙って一九七二年十一月二十四日「娯楽用デバイス用のビデオ画像ポジショニング・システム」として特許申請していることである。一九七四年二月十九日米国特許３７９３４８３として特許が下りた。最近までテッド・ダブニーは、この特許の存在を知らなかったという。

一九七〇年当時、テッド・ダブニーは、アンペックスに勤めていたが、勤務が終わると、マウンテンビュー市ローグ・ストリート５００番地（500 LOGUE ST. MOUNTAIN VIEW）にあったナッティング・アソシエイツに駆けつけて、電源、コイン機構、コントロール・パネルなどを作った。

一九七〇年夏頃、事態の進展と共に、渋っていたテッド・ダブニーも、アンペックスを辞めてナッティング・アソシエイツに入社した。

ブッシュネルは、一九七一年十月のＭＯＡ（Music of America）のショーに「コンピュータ・スペース」をデビューさせようとしていた。テッド・ダブニーは音源発生回路などを作った。

ブッシュネルは、宇宙船の外形を、スポットを動かして描けるようにした。そして、さらに宇宙船を回転できるようにした。スムーズに回転できるように5度ずつ回転できるようにした。全ての画像を作る必要はなく、1個の画像をｘ軸、ｙ軸方向に反転すれば四つの画像が得られることに着目した。５度ずつの回転でもｘ軸、ｙ軸の反転をうまく使えば大幅にデータが減らせることを利用した。

ブッシュネルが設計を終えると、テッド・ダブニーに引き渡され、きちんとした回路に磨きをかけられた。

最後の仕上げにブッシュネルは、キャビネットのデザインを粘土で拵えた。ブッシュネルは、出来上がったデザインをテッド・ダブニーに渡し、テッド・ダブニーは業者に任せた。実に美しいデザインである。この「コンピュータ・スペース」というシステムの写真に関しては是非インターネットでご覧頂きたい。素晴らしいものである。『ソイレント・グリーン』という映画にも使われた。

一九七一年夏頃、ブッシュネルはコンピュータ・スペースを完成させていて、ナッティング・アソシエイツにライセンスしていた。ナッティング・アソシエイツは、コンピュータ・スペースを１５００台生産して販売を始めた。

コンピュータ・スペースは、高価な上に複雑すぎて、あまり売れなかった。ゲーム・マシンの当時のお客はバーの酔っ払いであった。酔っ払い達に評判が出るためには、小難しいマニュアルなど読まずに扱えるように簡単でなければならなかったのである。ブッシュネルが、この神聖なる事実に気がつくには多少の時間がかかった。

一九七一年十月頃から、ノーラン・ブッシュネル、テッド・ダブニー、ラリー・ブライアンやアンペックスの従業員の間で会社設立の相談があった。会社設立は一九七一年十二月三十一日。実際に資金を出したのはブッシュネルとテッド・ダブニーで、それぞれ３５０ドルだった。ラリー・ブライアンは資金を出さなかったので創業者からは外された。

社名については多くの議論があったが、ラリー・ブライアンの提案でシザジー（Syzygy）となった。いくつかの天体が一直線上に並ぶという天文学の用語である。朔望《さくぼう》とか惑星直列と訳すらしい。

ギャラクシー・ゲーム

一九七一年九月、ビル・ピッツとヒュー・タックは、1万4千ドルのDECのPDP-11／20と3千ドルのベクター・グラフィックス・ディスプレイを購入し、「スペースウォー！」を搭載したアーケード・ゲーム・マシンを作った。大学の中でウォー（戦争）という言葉はふさわしくなかったので、「ギャラクシー・ゲーム」という名前にした。

「ギャラクシー・ゲーム」は、スタンフォード大学内のトレジッダー・メモリアル・ユニオンという建物内に設置され、学生に好評を博した。一九七二年、マルチユーザー型に改良されたが、あまりに高価すぎてビジネスにはならなかった。初めてアーケード・ゲームに「スペースウォー！」というビデオ・ゲームを登場させたという名誉を残したきりで終わってしまった。

アタリの設立

コンピュータ・スペースの販売をめぐって、ノーラン・ブッシュネルとナッティング・アソシエイツの社長のビル・ナッティングの意見が対立した。そこで一九七二年五月、ブッシュネルはナッティング・アソシエイツを辞職した。実際は首になったのである。

一九七二年六月、ブッシュネルとテッド・ダブニーは、アーケード・ゲーム会社のバリーと伝統的なピンボール・マシンとビデオ・ゲームを開発する契約を結んだ。

シザジーは存続していたが、シザジーという会社がカリフォルニア州には存在していることが分かったので新しい会社を作ることにした。ブッシュネルの不思議な所はやたらに複雑な会社を作ることである。

会社の名前は、碁の用語のハネ（跳ね）、センテ（先手）などが候補に上がったが、アタリ（当たり）とすることに決まった。一九七二年六月二十七日、サンタクララ市スコット・ブールバード2962番地（2962 Scott Boulevard, Santa Clara）にアタリが設立された。

株数は75000株、ノーラン・ブッシュネルと妻のポーラ、テッド・ダブニーと妻のジョアンの4人が創立メンバーであった。奇妙なことに登記された会社の住所は、サンタクララでなく、テッド・ダブニーの家の住所であるサンノゼのブラックストーン・アベニュー1425番地（1425 Blackstone Avenue San Jose）になっている。またアタリ dba シザジーという名称も使われる。こういう所がノーラン・ブッシュネルの怪しい所である。

アル・アルコーンとスティーブ・ブリストウ

アタリで、フルタイムで働く最初の技術者は、アラン・アルコーン（以下アル・アルコーン）であった。アルコーンは、一九四八年サンフランシスコのヘイト・アシュベリー地区に生まれ育った。ここは一九六〇年代にヒッピーやLSDで有名になる地域である。

アルコーンは、フットボールが好きな少年であった。一九七一年にカリフォルニア州立大学バークレー校の電気工学およびコンピュータ・サイエンス学科を卒業している。アルコーンはヒッピーにはならなかったが、一九六九年五月十五日の血の木曜日事件の時には現場にいた。幸い無傷ですんだ。

アルコーンは、在学中、アンペックスのビデオファイル部でインターンシップをしていた。バークレー校を卒業したアルコーンは多少の曲折の後、アンペックスに入社し、ノーラン・ブッシュネルがナッティングに転職した後のポストを引き継いだ。その後、一九七二年六月にアルコーンは、アンペックスを辞めてアタリに上級スタッフ技術者として入社した。

スティーブ・ブリストウは、一九六八年、カリフォルニア州立大学バークレー校に入学した。一九六九年九月から一九七〇年三月まで、アンペックスのノーラン・ブッシュネルの下で、インターンシップをした。一九七一年に、ブリストウは、アンペックスで働くことになった。

一九七二年、ブリストウは不況でアンペックスを解雇された。そこでブリストウは、ブッシュネルに電話してナッティング・アソシエイツに雇ってもらうように頼んだ。

一九七三年、カリフォルニア州立大学バークレー校を卒業すると、ブリストウは、アタリに就職した。アルコーンが技術担当の元締めで、ブリストウは、その次のランクとなった。

ピンポンとポン

ノーラン・ブッシュネルは、一九七二年五月二十四日、マグナボックスのビデオ・ゲーム・マシンであるオデッセイの内覧会を見に行った。参加者名簿にノーラン・ブッシュネルの署名が残っている。後にアタリがマグナボックスの特許権を侵害したという裁判で決定的な証拠の一つとなった。

ブッシュネルは、どんな酔っ払いでも操作できるゲーム・マシンを作るという構想を持っており、アル・アルコーンにパドルを二つ使って、ボールを打ち合う簡単なビデオ・ゲーム・マシンを作らせることにした。要するにピンポン・ゲーム・マシンである。ノーラン・ブッシュネルは、このゲーム・マシンの回路にかける材料費は15ドル以下でなければならないとした。ノーラン・ブッシュネルはこの計画はGE（ジェネラル・エレクトリックス）の注文に基づくものだと嘘をついた。

ブッシュネルは、ボールを打った時の音にこだわり、ポンという音がするように注文をつけた。アル・アルコーンはゲームの同期信号から音を作り出した。ピンポン（Ping-Pong）という名前は、すでに商標登録されていたので、ポン（Pong）という名前にした。

アンディ・キャップスの酒場

サニーベール市ウェスト・エル・カミノ・リアル157番地（157 West El Camino Real, Sunnyvale）に、アンディ・キャップスの酒場があった。エル・カミノ・リアルという通りに面している。通りを挟んで反対側にサニーベール・ショッピング・センターがある。道路が交差していて立地は良いのかもしれない。現在はルースター・T・フェザーズというコメディ・クラブのお店になっている。

一九七二年十一月、アンディ・キャップスの酒場に、ポンのプロトタイプ・マシンが試験的に置かせてもらえることになった。

注意書きは大変簡単であった。

「高得点を獲得するにはボールをミスしないこと」

ただ、それだけである。ミニマリズム（極小主義）である。スティーブのミニマリズムは、この辺にもルーツがあるのではないかと思う。

アタリのゲームは、非常に簡単で、ほとんどマニュアルを読む必要がなく、操作できるようになっていた。このことがアタリにしばらく勤務していたスティーブに与えた影響がなかったとは言えないように思う。スティーブは製品を極度に簡素化し、またマニュアルを添付することを極度に嫌った一面がある。

コインを入れると、すぐにピンポン・ゲームが始まる。物珍しさに酔っ払い達は、ポンの周囲に集まった。翌日、午前10時にはアンディ・キャップスの前にはポンで遊ぶための行列ができたという伝説がある。これは嘘で、実際にはライバル会社のラムテックの技術者が調べに来ただけだという。

ところが午後10時になると、突然ゲームが動かなくなった。アンディ・キャップスのバーテンダーは怒って、アタリのブッシュネルに電話してきた。その時、ブッシュネルはシカゴにいた。アンディ・キャップスのバーテンダーは電話越しにブッシュネルに叫んだ。

「あのろくでもない機械が壊れた。すぐにここから持って帰れ」

すぐにポンの修理にアル・アルコーンが駆けつけた。ところがポンの回路そのものは壊れていない。完璧に動作した。それでは、コインのメカニズムに原因があるのではないかと、アルコーンは調べてみた。大量の25セント硬貨が投入されたため、なんとコイン・ボックスから25セント硬貨が溢れ出ていた。

しかし、この話も全部が嘘ではないが、ブッシュネルが大袈裟にした伝説なのだそうだ。アタリの話には、まともに付き合い切れない部分がある。

ともかく、こうして伝説的なビデオ・ゲーム・マシンであるポンが誕生した。

◈アンディ・キャップスの酒場については『シリコンバレー』P88を参照されたい。

ブッシュネルは、当初、アタリでポンを製造するつもりはなかった。自社で製造するには、多量の材料、製造機械、工場、従業員などの資源を必要としていた。つまり資金が必要だったのである。そこで、ポンを他社にライセンスし、そのロイヤリティつまり上がりを取りたいと考えた。

ブッシュネルは、最初にナッティング・アソシエイツに話を持って行った。ナッティング・アソシエイツはロイヤリティという考え方が気に入らなかった。次に当時、アーケード・ゲーム・マシン最大手のバリー・ミッドウェイに話を持って行ったが、相手にされなかった。電気機械式のアーケード・ゲーム・マシンこそがゲーム・マシンであり、ビデオ・ゲーム・マシンはゲーム・マシンではないと考えたのである。

ブッシュネルは、意気消沈していたが、アルコーンからアンディ・キャップスの酒場での評判を聞くと、フランシスコ市内で50台の日立のＴＶ受像機が1台60ドルで売られているのを見つけてきて買ってきた。サンタクララ市スコット・ブールバードの自社でポンを生産することを決めた。テッド・ダブニーは、サンまたキャビネットを注文した。裏から見ると、キャビネットの箱に基板とテレビ受像機を置いただけの簡単なものだが、前から見るとなかなかすぐれたデザインである。こうしたアタリのデザイン重視がスティーブ・ジョブズに与えた影響は少なからぬものがあっただろう。

アタリはポンを一九七二年十一月から出荷を始めた。売れるかどうかが心配だったが、いきなり３００台売れた。この頃、大量のテレビ受像機の置場に困ったアタリのやった事と言えば、抱腹絶倒物だが、本当の話か、ブッシュネルの法螺かが判定しにくいので省略する。

銀行からの融資も得て、アタリは、一九七三年一月には製造施設をサンタクララ市マーチン・アベニュー1600番地に移転した。

アタリは、低賃金で長時間労働に使える人間なら誰でも従業員にした。高校生、大学生、金に困ったヒッピー、暴走族、道を歩いているヒッチハイカー、誰でも雇った。回路基板に部品をハンダ付けするだけだったから、ほとんど技術も経験もいらないのである。

さらに部品は徹底的に買い叩いた。

一九七三年に入ると、ノーラン・ブッシュネルはテッド・ダブニーの地位を奪いにかかった。巧妙な恫喝によってテッド・ダブニーの保有する株式を全て買い上げ、テッド・ダブニーを追い出して単独で会社の支配権を握った。ブッシュネルは、きわめて冷酷非情な男である。

一九七三年八月、アタリは、ロスガトス市ウィンチェスター・ブールバード14600番地（14600 Winchester Blvd. Los Gatos）に移転する。シリコンバレーのずっと南の山麓の方に移動した。

この後、アタリは驀進を開始した。

ラルフ・ベア

アタリのポンは、事実上、マグナボックスのビデオ・ゲーム・マシンのオデッセイのテニスゲームの剽窃《ひょうせつ》であった。オデッセイの開発者はラルフ・H・ベア（以下ラルフ・ベア）である。この人は面白い人だから、ちょっと見ておこう。

ラルフ・ベアは、一九二二年ユダヤ人の両親の間にドイツのピルマゼンスに生まれた。11歳の時、ナチスのユダヤ人迫害が激しくなり、ユダヤ人学校に行かなければならなくなった。父はピルマゼンスの靴工場で働いていた。一九三八年、ナチスによるユダヤ人迫害の「水晶の夜」の3ヶ月前に家族と共にオランダ経由でドイツを脱出し、一九三八年八月、米国に到着した。

ラルフ・ベアはドイツの学校時代、英語を勉強していたので、早速、週給12ドルで工員として働けた。ラルフ・ベアは、少ない収入の中から、毎週1ドル25セントを納めて、ニューヨークのナショナル・ラジオ・インスティチュートの通信教育を受けた。通常のコースを数ヶ月で終了し、上級コースも卒業し、一九四〇年卒業した。

通信制とはいえ、一応の資格を身につけたラルフ・ベアは、工場を辞めて、一九四〇年から一九四三年にかけて、ニューヨークのラジオ・サービス・ストアに勤めた。ここで、あらゆる種類の家庭用ラジオ、自動車搭載用ラジオ、テレビ受像機を修理した。

一九四三年には米陸軍に召集され、1年間、米国内で勤務し、その後の2年間は、ロンドンのアイゼンハワー司令部の陸軍情報部に勤務した。フランスにも行ったという。

ラルフ・ベアは、軍用の小火器に関しては専門家並みの知識を身につけ、米国に帰国した時は18トンにも及ぶ外国製小火器を持ち帰り、米国内の三つの軍事博物館に展示した。このことはテレビ・ゲームで、ウィンチェスター・ライフルを模した光線銃を採用したことにつながっていると思う。

一九四九年、ラルフ・ベアは、ＧＩビル（復員兵援護法）の助けを借りて、シカゴのアメリカン・テレビジョ

ン・インスティチュート・オブ・テクノロジーで、テレビ工学の学士号を得た。在学中にテレビスタジオの設備を作った

一九四九年から一九五〇年、ニューヨーク州の電気医療機器会社ワップラーに技師として就職し、手術用切断機、脱毛器、低周波筋肉増強装置などを設計製作した。

一九五一年、今度は、ニューヨークのブロンクスにある ローラル・エレクトロニクスに就職し、ＩＢＭタイム・パンチ・クロック装置の同期用の電力線搬送信号装置、潜水艦追跡用の航空機搭載用アナログ・コンピュータ、白黒テレビジョン受信器などを開発した。

次に一九五二年から一九五六年まで、トランジトロン・エレクトロニクスで働き、ここでトランジスターの知識を身につけた。一九五五年には、トランジトロンのニュー・ハンプシャー州の工場に移り、周波数10メガヘルツから24ギガヘルツまでの各種の大型レーダー・システムを作った。掃引発信機、スペクトラム・アナライザーも作った。この他にも多数の機器開発をしているが、あまりに多いので割愛する。

一九五六年、ラルフ・ベアは、ニュー・ハンプシャー州のサンダース・アソシエイツに入社し、機器設計部のマネージャのスタッフ・エンジニアになり、航空機搭載用レーダーの部品を開発する。またベルリンで旧ソ連の通信傍受装置を製作した。一九五七年、ラルフ・ベアは、機器設計部の電子機器設計部のマネージャになる。さらに一九五八年には、機器設計部の部門マネージャ兼主任技術者となる。八つの部と５００人の部下を持つようになる。このまま、軍用電子機器の開発担当に納まっていれば、社長も夢ではなかったかと思われるのだが、ある意味で魔が差した。

テレビ・ゲーム・システムの極秘開発

ラルフ・ベア本人は、ユダヤ人の思い上がりと言っているのだが、大きな部門を差配するようになり、500人の部下を持てるようになった今、自分のやりたいことをやるという多少の特権が与えられても良いのではないかと考えた。たしかに多少、身勝手な論理かもしれない。

一九六六年八月三十一日、ラルフ・ベアは、テレビ・ゲーム・システムのアイデアを思いついた。ただし、この本人の証言は、ノートに記録があるとはいえ、いくつもあって、違う日付のこともある。

一九六七年、通常のテレビ受像機に接続できるゲーム・コンソールを作った。ラルフ・ベアは文字発生器を作り、テレビ受像機の画面上文字を表示できるようにした。また互いに追い駆けあう二つのスポットを発生できるようにした。

この時点で、ラルフ・ベアは、ウィリアム・ハリソンとウィリアム・ラッシュを雇い、密かにテレビ・ゲームを開発させた。開発は、窓がない部屋にドアーに鍵をかけて締め切った環境で行なわれた。開発担当の二人は、エレキ・ギターのファンで、大音量でエレキ音楽の録音を流していたため、他の社員は新型のエレキ・ギターの開発が行なわれていたと思っていた。

出来上がったビデオ・ゲームのプロトタイプは、12のゲームを実行できた。それらはピンポン、テニス、ホッケー、ハンドボール、バレーボール、ガン・ゲーム、チェイス・ゲームなどであった。その内のあるものは光線銃やゴルフのパッティング・デバイスを使用することができた。回路は茶色の箱に収容され、ブラウン・ボックスと呼ばれた。

この試作機が出来上がると、ラルフ・ベアは、上司のハーブ・キャップマンに見せた。ハーブ・キャップマンはよくやったと褒め、2千ドルをくれた。

しかし、その内に、取締役会で社長の面前で、報告しなければならなくなった。社長は著しく不機嫌であった。「なんとつまらないことをやっているのか」と譴責された。軍用電子機器を生産している会社内で、民生品の玩具を作っているのかと激しく非難されたのである。これは一応もっともだろう。社長の非難にも関わらず、それでも先見の明のある取締役二人が支持してくれた。首にならずにすんだのである。

しかし、代価は大きく、ラルフ・ベアは針の筵に座らされた。会社としての統制を考えると、ある意味で当然だろう。ラルフ・ベアは、テレビ・ゲームのロイヤリティが入ってくるまでは孤立無援に陥った。しかし、一度ロイヤリティが流れ込んでくると、実はあなたをずっと支持していたとみんなが言うようになる。文字通り現金なものである。お金だけが物を言うというのがラルフ・ベアの感想である。

テレビ・ゲームの特許は、ラルフ・ベアとウィリアム・ハリソンとウィリアム・ラッシュの3名の連名で、一九六九年四月『テレビジョン・ゲーミング機器と方法』として申請されている。一九七二年四月二十五日、米国特許3659285として特許が下りた。米国の特許書類にしては分厚く30ページに達している。特許書類には、システム図や回路図面が克明に示されており、ラルフ・ベアをテレビ・ゲームの父と呼んで間違いない。

マグナボックスのオデッセイ

一九六九年、ラルフ・ベアは、出来上がったテレビ・ゲームのコンセプトを、ＣＡＴＶシステム業者のテレプロンプター、テレビ製造業者のＲＣＡ、ゼニス、ＧＥ、モトローラ、マグナボックスなどの企業にライセンスしようとしたが、ＲＣＡを除いては実を結ばなかった。

ＲＣＡとの交渉は半年も続いたが、ＲＣＡが交渉の一環としてサンダース・アソシエイツの買収を提案してきたのを、サンダース・アソシエイツが拒否した時点で潰れた。

ただ、ＲＣＡの交渉チームの一人のビル・エンダースが、インディアナ州フォート・ウェインにあったマグナボックスに転職し、ラルフ・ベアのアイデアを

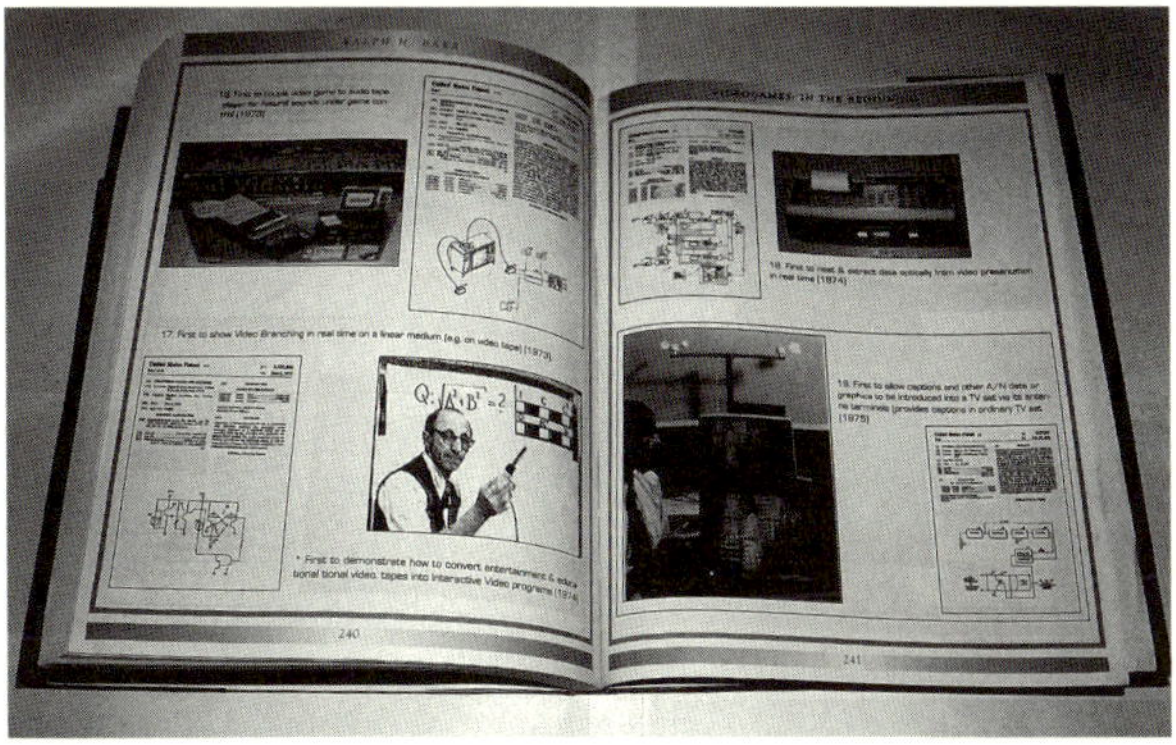

写真　ラルフ・ベア著『ビデオゲームズ・イン・ザ・ビギニング』：ラルフ・ベアが光線銃をかまえている。

ライセンスすることを会社に薦めた。そこで一九六九年から、サンダース・アソシエイツと間で秘密の交渉が進められた。

一九七〇年七月、マグナボックスのテレビジョン・セット部門のマーケッティング副社長のゲリー・マーティンがラルフ・ベアのアイデアの採用を決めた。しかし、ゲリー・マーティンがマグナボックスの経営陣を動かして、テネシー州モリソンのテレビジョン・セット製造工場でオデッセイの製造を始めるのは、一九七一年三月になってからである。

マグナボックスとサンダース・アソシエイツは、協力して開発を進め、一九七一年の秋には製品のプロトタイプが完成した。完成した製品はオデッセイと呼ばれ、もともとのブラウン・ボックスからは、かなり改良や簡略化が行なわれていた。オデッセイは、連邦通信委員会ＦＣＣの無線周波数障害ＲＦＵＩの基準審査を受けて合格し、販売できることになった。

一九七二年四月、マグナボックスは、オデッセイを発売した。オデッセイは最初の1年でマグナボックスは、１台１００ドルのオデッセイを10万台販売した。

ラルフ・ベアには『ビデオゲームズ・イン・ザ・ビギニング（創成期のビデオゲーム）』という本がある。克明に資料を保存した本で貴重なものだが、もう少しまともな編集者に編集させれば良かったのにと残念に思う。ローレンタ・プレスは、ビデオ・ゲームに関する貴重な本を出版している出版社で、『ズィ・アルチメイト・ヒストリー・オブ・ビデオ・ゲームズ（ビデオ・ゲームの究極の歴史）』などは、ずいぶん参考になる本だったし、それほど本の作りも悪くはない。ただ、ラルフ・ベアの本の場合、組版の基本的なルールを全く無視しているのが残念だ。ラルフ・ベアが自分でデザインしたのかなとさえ思う。

アタリの企業文化

アタリの企業文化は、一九七〇年代の米国を象徴するロックとマリファナに代表されるヒッピー文化だった。会社の中では長髪や刺青に身を包んだ若者や、バイカーや、ドロップアウトの若者がロックミュージックが1日中ガンガン鳴り、マリファナの臭う中で作業をしていたという。低賃金で長時間の労働に耐えれば、誰でも採用されていた。金曜日の夜には盛大なビール・パーティがあった。

ノーラン・ブッシュネルは、時折、トップ技術者や管理職を集めてリトリート（Retreat）という期間を設けた。リトリートとは隠遁とか静修のことであって、閑静な場所に引き籠もって、ブレーン・ストーミングを行なうのだが、アタリのリトリートは、ビールとマリファナ漬けで行っていた。

最初の頃のリトリートは、ホリデイ・インで1日だったが、その後、シリコンバレーの南のパハロ・デューンズという太平洋岸の保養地に40人ほどのアタリの幹部を集めて行なわれるようになった。

この習慣が、アタリにしばらくいたスティーブによって、アップルにもたらされたようである。アップルも、しばしばアタリと同じくパハロ・デューンズで、同じ程度の規模の幹部を集めてリトリートの期間を設けた。ただアップルの場合は、ビールとマリファナはアタリのようには出なかったようだ。

ウォルター・アイザックソンの『スティーブ・ジョブズ』の原書の第13章にはリトリートという言葉が何度も出て来る。翻訳では「研修会」と訳されている。

ブッシュネルのロスガトスの新居やエンジニアリング・ビルディングには、ホットタブという大きな野天風呂があった。この風呂にブッシュネルを初めとする数人の幹部がつかってブレーン・ストーミングが行なわれ、戦略的アイデアが練られた。インターネットにアップされているブッシュネルの写真には、熱いホットバスにつかっているものがある。

ホットバスには、男性幹部だけなく、時には美人の女子社員も混浴していた。またアタリでは、開発段階の製品の暗号名には社内の美人社員の名前をつけた。

今では全く考えられないことだが、当時、時代は混乱の中にあり性解放の時代だった。アタリは、全てに非常に開放的な会社だったのである。

ノーラン・ブッシュネルは、奇妙なことを考え付く男で、市場を独占支配するために、近所に住んでいたジョー・キーナンを利用した。ジョー・キーナンは元ＩＢＭのセールスマンであった。ジョー・キーナンは、アプライド・ロジックという会社に勤めたが、ブッシュネルは、一九七三年秋にキー・ゲームズというダミー会社を作らせた。一九七四年秋にキー・ゲームズはアタリに吸収合併された。ブッシュネルは、ジョー・キーナンをアタリの社長とした。スティーブ・ブリストウは、アタリの技術担当副社長となり、アル・アルコーンは研究開発担当副社長となった。

従業員番号40番の社員

一九七四年二月、スティーブはアタリを訪問し、ぐしゃぐしゃの髪とよれよれの服に驚く受付に対し、「雇ってくれるまで帰らない」と宣言する。この辺の話もまちまちである。

アル・アルコーンは、スティーブを時給5ドルで雇うことにし、技術部の電気技術課の責任者ドナルド・ラングにスティーブを預けることにした。

しかし早くも翌朝、ドナルド・ラングから文句を言われる。ウォルター・アイザックソン上巻P85には次のようにある。

「ヒッピーだわ、臭いはひどいわ、あんな奴どうしろと？　俺への嫌がらせじゃないよな？　言うことだって聞かないし」

この頃スティーブは、果物中心のベジタリアンには変な粘液ができないだけでなく、シャワーやデオドラントを使わなくても体が臭うこともないと信じていた。もちろん、そんなことはありえない。昼食にはヨーグルトだけを摂っていたようだが、乳製品はアーノルド・エーレットの教えには反するはずで奇妙だ。スティーブなりの菜食主義だったのかもしれない。

それにスティーブは裸足の生活が多かった。不潔なことは間違いない。

面白いことに、クリスアン・ブレナンは、『林檎の噛み跡』P83で、スティーブは臭くなかったと断言している。スティーブのそばにいても全く臭くなかったという。女性によっては、そういう臭いが気になら

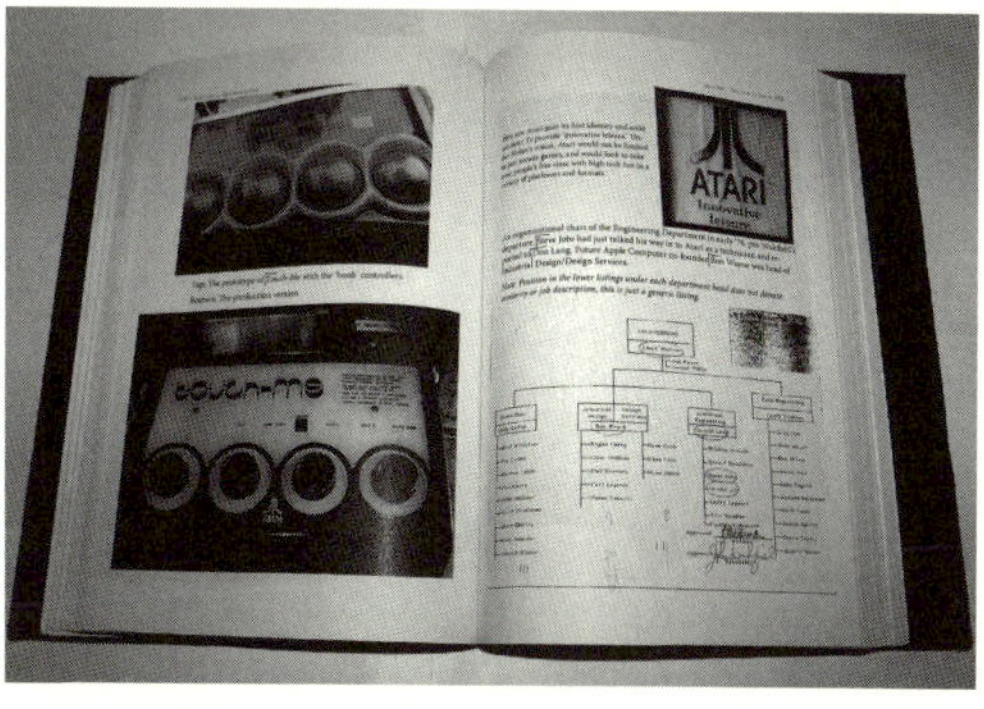

写真　マーティ・ゴールドバーグとクルト・ベンデル著『アタリ・インク　ビジネス・イズ・ファン』：右下の組織図にスティーブ・ジョブズの名前が載っている。

ない場合もあるようだ。

たとえば、ジョーン・バエズは、一九六三年頃、ボブ・ディランと同棲を始めていた。この頃、ボブ・ディランは、ほとんど風呂に入らなかった。自分でも臭いと書いている。だがジョーン・バエズは、ほとんど臭さは気にならなったようだ。もっともジョーン・バエズも裸足で生活していたから、彼女自身もそれほど清潔ではなかったのかもしれない。

一九七四年二月、スティーブは、アタリの従業員番号40番の社員になった。当時、アタリの技術部の構成は次のようなものだった。スティーブは電気技術課にいた。

技術部		責任者ロイド・ウォールマン	直属2人
	モデルショップ課	責任者ホリー・ルロイ	10人
	インダストリアル・デザイン課	責任者ロン・ウェイン	9人
	デザイン・サービス課	責任者ロン・ウェイン	
	電気技術課	責任者ドナルド・ラング	8人
	シアン・エンジニアリング	責任者ラリー・エンモス	11人

アル・アルコーンは技術担当副社長として、この組織の上にいる。

スティーブは、臭いもひどかった上に、他の従業員を「くず（crap）」、「ゴミ（garbege）」などと、ぼろ糞に言うので、全員に嫌われ、夜勤に回された。電気技術の経験は皆無であったのに、どうしてこんな不遜なまでの自信を持てたのか、全く不思議である。実際の仕事が電気技術というより、アタリの秘密の開発部シアン・エンジニアリングから送られてくるゲーム製品のデザイン・チェックだったから、スティーブでも勤まったという説もある。実際にはこの時働いている期間はきわめて短い。

◆シアン・エンジニアリングについては『シリコンバレー』P181を参照されたい。グラスバレーのリットン・ドライブ200番地（200 Litton Drive, Grass Valley）にあった。

インド放浪

一九七四年二月にアタリに入社したスティーブは、程なくして、インド旅行のためにアタリを退社したいとアル・アルコーンに申し出る。ロバート・フリードランドの影響でインドに自分も行ってみたいと考えたのだ。

スティーブには、蓄えがあるはずがないから、アルコーンにインドへの旅費の援助をして欲しいと申し出た。この厚かましい申し出に対して、アルコーンは解決法を考えてくれた。その頃、アタリはキットを作って輸出し、ドイツのミュンヘンで組み立て、イタリアの業者に卸していた。

米国では交流電源の周波数は60ヘルツだが、欧州では50ヘルツである。この交流電源の周波数の違いのため画面がちらつくという問題が起きていた。アルコーンは、スティーブに解決法を教えて欧州までの旅費を負担してやるから、直して来いと言ったのである。

ドイツのミュンヘンに到着したスティーブは、数日で問題を解決した。ドイツからは、スティーブは臭いし無礼だと苦情があった。スティーブからはドイツには肉と芋しかなく、ベジタリアンという言葉が辞書にないと苦情の電話があったという。そういうことはないはずだ。もともと無粘液食餌療法の提唱者のアーノルド・エーレットはドイツ人だし、ドイツ語にはVegetarierという言葉もある。

スティーブは、イタリアのトリノを経由して、スイスのルガノでロバート・フリードランドの叔父のマルセル・ミュラーを訪問した。それからインド訪問となった。

一九七四年の四月頃、スティーブは、ニューデリーに着いた。ここでタクシーの運転手に紹介された安宿に泊まって赤痢にかかる。2、3週間で激痩せしたが、何とか回復し、ニューデリーの北方200キロメートルにあるハリドワールへ行き、クンブメーラ（Kumbhmela）と呼ばれる12年に一度のヒンズー教の大祭を見た。開催地は、太陽、月、そして木星の黄道の位置の特別な組み合わせで決定されるという。

私もNHKのハイビジョン・スペシャル『大沐浴』で見たが、なおグーグルの画像にあっと驚くようなものがある。とても我々の想像の及ぶ世界ではない。長髪で髭を伸ばした全裸の体に白い灰を塗りたくった修行僧が何百人、何千人とガンジス河に突進している。すさまじい異教的な光景で、あっ気にとられる。フランシス・コッポラの『地獄の黙示録』の最終シーンは大袈裟でないと思う。一九七四年のクンブメーラには1千万人の人が集まり、二〇一三年には一億人が参加した。

スティーブは、自分の求める場所はここではないと思ったという。圧倒されたのだろう。

それから列車とバスを乗り継いで、ヒマラヤ山脈の麓ナイニタール近くの村カインチへと移動した。ハリドワールからは東南に220キロメートルである。ニーム・カロリ・ババが住んでいた山奥の村だ。グーグルの画像を見ると、よくここまでスティーブは訪ねて行ったものだと感心する。

カインチには、白い壁に赤い屋根の小さな寺院はあるが、残念なことにニーム・カロリ・ババは、すでにこの世を去っており、ニーム・カロリ・ババに拝謁するというスティーブのインド訪問の目的は叶わなかった。

それでもスティーブは村に部屋を借り、野菜中心の食事を摂りながら、体力の回復を待った。ここで、前に来た人が置いていった英語版の『あるヨギの自叙伝』を繰り返し読んだという。ニーム・カロリ・ババを訪ねて行ったのだから、本来はここでは『ビー・ヒア・ナウ』を読むべきだったのではないかと思う。

ダン・コトケは、後からインドに到着した。ニューデリーで合流した二人は、あちこちの修業道場を放浪して歩く。その頃、米国ではインド・ブームだったから、名のある修行者は、みんな米国に行って一旗揚げようと考えてインドを出国していた。それでも幾人かには会えたようだ。また場所は特定できないが、ある修行道場で、スティーブは、グル（導師）に頭を剃られ、坊主頭にされた。

このインド旅行についての話で一番面白いと思ったのは、ルーク・ドーメルの『ズィ・アップル・レボリューション』P57に収録されている話である。

スティーブは、食物を町中の行商人から買っていた。スティーブは適正な価格については鋭い感覚を持っていた。スティーブは現地人がいくら払うかをよく観察していて、行商人に現地人と同じ価格にしろと言った。しかし、それは無理で、スティーブは外国人だったから、当然、価格は割高になっていた。現地の人はとても貧しく、それはある意味で仕方のない事だった。スティーブが現地の価格にしろと主張して、行商人と口論になることが何度かあった。

ダン・コトケにしてみれば、取るに足らないわずかな金額でもめるとは、スティーブにとって何が問題なのか、さっぱり理解できなかった。すんなり言われただけを払えばよいのにと思った。しかしスティーブは、できるかぎり安い金額で手に入れる事にこだわった。

この他にも、いろいろな本に収録されているが、牛乳を売っている女性に、水を混ぜていると難癖をつけてトラブルになったという話もある。

いずれにせよ、スティーブ・ジョブズは経済感覚に優れ、資本家としての資質は十分持っていたが、あまりに現世人で、これでは悟りの境地に達することは、絶対に無理だったろう。

スティーブとコトケは、ニューデリー北方550キロメートルのマナリというスキーができる温泉町の安宿で不潔なシーツに寝たおかげで疥癬病にかかった。スティーブとコトケは分かれて帰国することにした。

スティーブは、せっかくガンジス河流域を放浪したわけだが、手塚治虫の『ブッダ』に出て来るような仏教遺跡のカビラヴァストゥ、ルンビニ、シュラーヴァスティー（祇園精舎があった）、サールナート（鹿野園があった）、クシナガラ、バイシャリー、ブッダガヤー、ナーランダー、ラージギル（霊鷲山、竹林精舎があった）などは訪れていない。もったいないことである。これらはヒンズー教に圧倒されて、正確な所在地が分からなくなっていたり、遺跡でしかないが、やはりスティーブに事前勉強や予備知識が不足していたのだろう。

スティーブは、ロンドン経由でサンフランシスコ近郊のオークランド空港に到着する。実家に電話して迎えに来てもらうが、頭を剃り、日焼けして、袈裟を着たスティーブを、両親は我が子となかなか見抜けなかったようだ。スティーブは、しばらくロスアルトスの実家で骨休めをすることになる。

ウォルター・アイザックソンの『スティーブ・ジョブズ』上巻P94にあるスティーブの証言では、インドの田舎で7ヶ月過ごしたことになっている。もしそうであればニューデリー着が四月だから、十一月までインドにいたことになる。少し長すぎるように思う。一九七四年の秋以前にはスティーブは米国に戻って、オール・ワン・ファームにいたことが分かっているからだ。クリスアンの『林檎の噛み跡』P87によれば、スティーブがインドに出かけて戻って来たのは4ヶ月後だという。これは少し短すぎるように思う。スティーブがインドに出発する前、クリスアンには別の恋人がいた。

スティーブは、子供の頃からキリスト教には背を向けていたが、青年時代には、当時の時代的流行もあって、東アジアの神秘主義なら何にでも飛びついた感じがある。ヒンズー教、チベット仏教、禅宗などが混在している。

もっともオルダス・ハクスリーでも、アレン・ギンズバーグでも、影響されたのは東アジア宗教や神秘主義の混合物であった。

我々日本人にしても神仏習合であるし、私にしても仏教理解は非常に浅薄である。

小乗仏教でも『ブッダのことば』や『ブッダの真理のことば　感興のことば』を若い時に読んで驚いたことがある。たとえば『ブッダのことば』の先頭には次のようにある。

「蛇の毒がひろがるのを薬で制するように、怒りが起こったのを制する修行者は、この世と、かの世とを共に捨て去る。蛇が脱皮して古い皮を捨て去るようなものである」

蛇の脱皮の譬えは、これが仏教かと衝撃を受ける。

大乗仏教についても『法華経』に次のような一節がある。

「世尊が瞑想に入るや否や、マーンダラヴァ花・マハー＝マーンダラヴァ花・マンジューシャカ花・マハー＝マンジューシャカ花など天上の花の大雨が降りそそぎ、世尊と四主の会衆たちの上に撒き散らされた」

真っ白な曼陀羅華や、真っ赤な曼珠沙華が、空からドドッと降りそそぐ光景は、どうも私の思っている枯淡な仏教世界の風景と異質である。私はインドにも行っていないし、スティーブと大して変わりがないのかも知れない。

原初絶叫療法プログラムへの参加

しばらく自宅にいた後、スティーブ・ジョブズは、再びオール・ワン・ファームに戻った。

一方クリスアン・ブレナンは、やっと無事、高校を卒業した。スティーブからインドから帰って、オール・ワン・ファームにいるとの手紙をもらって喜んだ。友人の女性と一緒にシボレーに乗ってオール・ワン・ファームを訪ねることにした。中間点のユーレカを経てオール・ワン・ファームに到着した。ロバート・フリードランドは歓迎してくれたが、しかし、スティーブは、インドから持ち帰った肝臓の寄生虫（と信じていた）と疥癬に悩まされて、青い寝袋に身を横たえていた。アレン・ギンズバーグのようにインドに行っても何でもない人もいれば、スティーブのように散々な目に会って帰って来る人もいる。クリスアンがせっかく訪ねて行ったのに、スティーブは体調が悪かったのか、あまり機嫌が良くなかった。

むしろ、クリスアンは、リード・カレッジを卒業したグレッグ・カルフーンと仲が良くなった。

1週間いた後、クリスアンはオール・ワン・ファームを去った。

一九七四年末、スティーブは、オレゴン州レッドモンドのマッケンジー・ハイウェイ10199番地（10199 McKenzie Highway）という辺鄙な場所にあった古いホテルで開かれていたオレゴン・フィーリング・センターで開催されていたプログラムに参加した。このプログラムのことは、ダン・コトケとエリザベス・ホームズに教えてもらったという。インドから帰国後、ダン・コトケはポートランドに戻っていた。コトケはエリザベス・ホームズと同棲していた。二人とも大学2年の終りにリード・カレッジを退学していたスティーブの参加したプログラムは、アーサー・ヤノフ流のプライマル・セラピー（原初絶叫療法）である。幼児の頃のトラウマを昇華できるように、思い切り絶叫する。

参加費は、12週間で1千ドルと高額だった。どこから、そんなお金が出たのだろう。不思議だ。しかもクリスアンによれば、スティーブは12週間持たずに途中で脱落したらしい。ただし3ヶ月は、近くのユージーンという町にいたようだ。

この治療を受けた時期に関してはクリスアンの記述とは1年ほど食い違いがある。

アーサー・ヤノフは、一九二四年、ロサンゼルスに生まれている。ヤノフは、カリフォルニア州立大学ロサンゼルス校（UCLA）の学部を卒業し、大学院で修士号を取得した。専門は精神科のソーシャルワークであった。一九六〇年、クレアモント大学院で心理学の博士号を取得した。

ヤノフはカリフォルニアで、心理療法を実践した。ビバリーヒルズのハッカー精神科クリニックでインターンをし、ブレントウッドの神経精神科病院で働いた。一九五二年、個人開業医となった。

そして、原初絶叫療法（長く抑制された幼い頃の心の痛みを、繰り返し遡り、感じ、表現することが必要であるとする精神病の治療方法に思い当たった。ヤノフは『原初からの叫び――抑圧された心のための原初理論』という本を書いている。

ヤノフは自分の精神診療の専門家としての人生は、一九六七年のある日、彼の言う「原初の心痛」を発見したことで変わったとしている。ある治療セッションの間、「床に伏している青年の深い部分から湧き出てくる不気味な悲鳴」を聞いた。そこにヒントを得て、患者が幼児に体験した抑制された感情を再現し、身体で表現することを奨励する「原初絶叫療法」を開発した。幼年時代に蓄積されたトラウマから個人を解放するために絶叫させるのである。

ヤノフの患者には、ジョン・レノンもいた。ジョン・レノンも、フィリップ・ノーマンの書いた『ジョン・レノン　その人生』を読むと、プライマル・セラピーに一時入れ込んだという。ヤノフにオノ・ヨーコが電話したという。

ジョン・レノンの『イマジン』というアルバムの「マザー」という曲では、ジョン・レノンが絶叫して歌う。

「ダディ、カム・ホーム！　マミー、ドント・リーブ！
（父さん、帰って来て！　母さん、僕を置いていかないで！）」

なるほどと思う。非常に感動する歌だ。スティーブが惹かれる気持も分かる。でもジョン・レノンの伝記を読んだ所では、結局、アーサー・ヤノフの療法は、効果があるような、

写真　ジョン・レノン『イマジン』：「マザー」という曲を聴くとアーサー・ヤノフの原初絶叫療法のイメージが掴めるのではないかと思う。

ないようなものだったらしい。スティーブには結局、プライマリー・セラピーは効果がなかったようだ。

禅との出会い

スティーブ・ジョブズは、リード・カレッジ時代に『禅マインド　ビギナーズ・マインド（Zen Mind, Beginner's Mind）』を読んでいたかもしれない。この本は、鈴木俊隆《しゅんりゅう》の著書で、元々英文の本として出版された。

鈴木俊隆は、一九〇五年、神奈川県平塚市の曹洞宗松岩寺に生まれた。12歳で静岡県森町の蔵雲院の玉潤祖温に弟子入りした。駒澤大学在学中に蔵雲院住職となる。一九三〇年、卒業後、永平寺、總持寺で修行した。一九三六年に静岡県焼津市の林叟院住職に転任する。

一九五九年、55歳で米国に渡り、サンフランシスコの桑港寺《そうこうじ》の住職となる。桑港寺は、それまで主に日系人向けに教化活動をしていたが、米国人の参禅者が増加した。鈴木は彼らのために一九六二年にサンフランシスコ禅センターを設立した。

一九六四年、鈴木俊隆は、スタンフォード大学の学生であったティム・バーケットに、スタンフォード大学周辺で集会場が見つかれば、毎週、参禅の会を開きたいと相談し

写真　鈴木俊隆著『禅マインド　ビギナーズ・マインド』：外国人向けに分かりやすい禅の入門書。

た。サンフランシスコ市内にとどまらず、南のシリコンバレー地域に進出しようというのである。ティム・バーケットは、スタンフォード大学関係の人に案内状を送った。十一月、パリアルト市ブライアント・ストリート１００５番地（1005 Bryant Street Palo alto）の米国人の自宅で参禅の会が開かれた。

一方、一九六五年四月、スタンフォード大学の北西のレッドウッドシティのパーム・ストリート８４９番地（849 Palm Street Redwood City）の米国人のアミイ・シンプソンの自宅に、夕方、参禅者のグループが集まるようになった。

一九六五年六月からは、パロアルト市のグループは、同じパロアルトにあったスタンフォード大学の男子学生寮キンボール・ハウスに活動の拠点を移した。

その後、ロスアルトス市ユニバーシティ・アベニュー７４６番地（746 University Avenue, Los Altos）にあった米国人の信者マリアン・ダービイの自宅に拠点を移す。5時45分から始まる早朝の参禅の会である。

一九六五年、桑港寺やサンフランシスコ禅センターでは、敬称としてレブ（レベレンド）やアシスタント・プリーストを使っていたが、米国人の信者の提案で、ロウシ（老師）、センセイ（先生）と呼ぶことになった。そこで鈴木俊隆は、「レブ・スズキ」でなく、「スズキ・ロウシ（鈴木老師）」と呼ばれることになった。

一九六六年二月には、レッドウッドシティの夕方のグループもロスアルトスに合同する。したがって、毎週、朝と夕方2回、座禅の会が開かれた。マリアン・ダービイは鈴木俊隆を自動車で送迎したので、毎週木曜日は1日4回、サンフランシスコとロスアルトスを行き来し、参禅する人に食事も出した。布教というのは熱心な支持者なしには成立しないことが良く分かる。

参禅者が増えたので、手狭になり、一九六六年八月、マリアン・ダービイの家のガレージを改造して禅堂を作った。これをマリアン・ダービイが、ハイクゼンドウ（俳句禅堂）と命名した。日本人にはこういう名前は思いつかない。

またマリアン・ダービイは、鈴木俊隆の朝の説法を録音し編集しタイプして『ロスアルトスの朝の説法』としてまとめた。これが編集者の手を経て、一九六七年に単行本となったのが、『禅マインド　ビギナーズ・マインド』である。したがって当然、英文はこなれ、また内容も非常に分かりやすい簡潔な本となった。日本語訳もある。

写真　鈴木俊隆著『禅マインド　ビギナーズ・マインド』の原著。米国人によってまとめられたので英文が分かりやすい。

またマリアン・ダービイは、俳句禅堂には、常駐の禅僧が必要と考えて。鈴木俊隆に相談した。この結果、一九六七年六月、日本から招かれたのが知野《ちの》好文《こうぶん》（旧姓：乙川《おとがわ》好文）である。チノ・センセイ（知野先生）となった。

知野好文は、一九三八年、新潟県加茂市の曹洞宗の寺に生まれた。駒澤大学を経て、一九六四年に京都大学大学院で修士号（大乗仏教）を取得した。福井県の永平寺で3年間修行を積み、一九六七年、米国に渡った。

一九六七年には修行道場として、カルメル渓谷近くの山中のカリフォルニア州タサハラ温泉にタサハラ（Tassajara）禅マウンテン・センター（禅心寺）が設立された。夏の間、鈴木俊隆と知野好文は、タサハラ禅マウンテン・センターに行き、秋にはロスアルトス俳句禅堂に戻ってきた。

マリアン・ダービイは、ロスアルトスを離れたので、レス・ケイがマリアン・ダービイの家に移り、ロスアルトス俳句禅堂の世話をした。知野好文は米国滞在2年で日本に戻ったが、信者の頼みで一九七〇年米国に戻ってくる。

鈴木俊隆が、ビート世代に与えた影響は大きく深く、ことにゲイリー・スナイダーは、鈴木俊隆の下で参禅を繰り返している。またスナイダーの紹介で、アレン・ギンズバーグとも交流を結び、ギンズバーグは鈴木俊隆が英訳した『般若心経』に感動し、その朗読も行なっている。また鈴木俊隆はチョギャム・トゥルンパとも交流があった。

一九六九年、ロスアルトス俳句禅堂センターは、桑港寺より独立し、ハイク・ゼンドウ・ファウンデーション（俳句禅堂基金）が設立された。

一九七一年十二月に鈴木俊隆は死去する。一九七一年から一九七八年まで、ロスアルトス俳句禅堂センターの指導は知野好文がおこなった。知野好文は一九七九年には、ロスガトスの慈光寺に転任した。

実は一九七五年頃から、スティーブ、クリスアンがロスアルトス俳句禅堂センターに参禅するようになり、知野好文と交流を深める。その後はまことに複雑な展開をして行く。ただ、知野好文が一九八六年にはスティーブのNeXT社の宗教指導者に任命され、一九九一年スティーブとローレン・パイエルの結婚式を司った。二〇〇二年に死去するが、晩年はスティーブのセカンドハウスで生活したことを記しておこう。

一九七五年春、スティーブは、ロスガトスに戻り、アタリに復職していた。周囲の人間とうまくいかないのは従来通りだったので、ノーラン・ブッシュネルは、スティーブを再び夜勤で使い、正職員でなく、コンサルタントにした。

この頃、スティーブはロスアルトス俳句禅堂センターに毎朝参禅するようになり、知野好文と交流を深めていた。サンフランシスコに移ったダン・コトケ、エリザベス・ホームズもここに通った。知野弘文はカーメル近くのタサハラ禅センターでも教えており、スティーブは、そちらにも通うようになる。

不思議な偶然で、ロスアルトスのレストランでアルバイトをしていたクリスアンも、スティーブ・ボディアンの勧誘を受けて、ロスアルトスの俳句禅堂センターに通うようになる。ここでクリスアンはスティーブに再会する。

再び二人はくっついて、ロスアルトスのスティーブの家で会う。この家には正面からは見えないが裏庭があり、そこの小屋にスティーブは住んでいた。スティーブは相変わらず、クリスアンの導師になろうとしていた。ブラウンライスやサヤエンドウなどの簡単な食事も出してくれた。スティーブはインドの神秘的なタントラの教えに傾斜していたようである。そうではあってもスティーブとクリスアンの距離は今一つ縮まらなかった。

多情多感なクリスアンは、ジュニアカレッジで知り合った芸術家ゴードン・ホーラーに夢中になる。さらにオール・ワン・ファームからやってきたグレッグ・カルフーンと恋仲になり、オール・ワン・ファームで同棲を始める。さらに二人はインドへ巡礼の旅に出ようと決める。資金を稼ぐために、二人はサンフランシスコ湾岸地域に戻ってアルバイトをする。

インド行きの時、スティーブは、道を究める妨げになるからクリスアンを連れて行かないほうがいいとカルホーンに忠告している。焼餅もあっただろう。二人はスティーブの忠告にもかかわらず、インドに出発する。スティーブが、やがてクリスアンが生むリサは自分の子供でないと言ったのも、ある意味で分からないでもない。

インド到着後、二人は、たまたまインドにいたロバート・フリードランドの案内でブリンダーバンを訪ねる。クリスアンとカルホーンの二人は、一九七六年三月から1年近くをインド各地を回って過ごした。スティーブの旅より、ずっと充実していたようである。準備が良かったのと、カルホーンが途中でイランに行って英語を教えて旅費を稼いだりしたからだろう。

またクリスアンは、パールバーティ（Parvati）、シャラーダ（Sharda）という洗礼名をもらった。パールバーティをクリスティはParvatiと表記しているが、Parvatiではないかと思う。パールバーティには雪山女《せっせんにょ》という訳がある。シャラーダについては、クリスアンは「門の守護者」というチベット仏教の洗礼名をもらったと思っていたようだ。インドとパキスタンの国境付近のカシミール地方にSharda Peethという場所があり、門の遺構の写真もある。

スティーブ・ジョブズにとっての禅は鈴木俊隆『禅マインド　ビギナーズ・マインド』程度の水準で生涯終始したように思われる。鈴木大拙の『禅』の本は、有名ではあるが、たぶん米国人には少し難しい本だと思う。鈴木大拙はずいぶん大胆な主張をしている。

禅の本として有名な『碧巌録』になると、米国人にはかなりつらいと思う。私も最初、岩波文庫で読み始めたが、原文と書き下し文だけのかなり難しい本なので、英訳（"The Blue Cliff Record"）を取り寄せて読もうとした。ところが英文は意味を取りやすいが、固有名詞が全く分からない。たとえば"Emperor Wu of Liang asked the great master Bodhidharma"などとあると、何のことかと思う。『梁の武帝、達磨大師に問う』なら全く簡単である。歴史的背景も良く分かる。また英文では漢文の味がほとんど伝わって来ない。

我慢して岩波文庫で読むと、先に進むにつれて段々分かりやすくなり、文章の華麗さに引き込まれて行く。『碧巌録』を読む前には『無門関』や『臨済録』も読んでおくと理解しやすくなるだろう。しかし、『碧巌録』は、どちらかと言えば、禅の修業者の心得についての本であり、禅の教義や奥義について教えてくれるものではない。そこが多少不満である。

スティーブ・ジョブズがついに悟りの境地に達することはなかったと言われているように、私も悟りの境地には、とても到達できそうもない。文学として読んだだけだ。

第十章

マイクロ・コンピュータ革命の日は来た、しかし…

エド・ロバーツ

一九七四年十二月、ニューメキシコのアルバカーキという辺境の地にMITS（マイクロ・インスツルメンテーション・テレメトリ・システムズ）社がマイクロ・コンピュータ革命の烽火を上げた。

MITSはエド・ロバーツが設立した。なぜMITSはニューメキシコのアルバカーキという辺境の地にあったのか、私にとっては長い間の謎だった。それはエド・ロバーツの経歴の中にヒントがあった。

エド・ロバーツは、一九四一年フロリダ州マイアミに生まれた。第二次対戦中父親が陸軍に応召された時、一家は、祖父母のジョージア州ウィーラー郡に疎開した。戦後、父親はフロリダで中古家電の修理屋を始めた。エド・ロバーツは高校時代リレー式の計算回路を組み立てたという。

エド・ロバーツは、マイアミ大学に進み、医者になりたいと考えていた。エレクトロニクスに興味を持っていた神経外科の医師に医学部に行く前に工学の学位を取った方が良いと言われて、電気工学に専攻を変えた。学生結婚をして、子供もできたので、エド・ロバーツは米空軍に入って学位を取得することにした。

基本訓練を終えた後、テキサス州サンアントニオのラックランド空軍基地の暗号機器の保守学校に進んだ。終了後は保守学校の教官になった。収入の不足を補うためにリライアンス・エンジニアリングという会社を設立した。

一九六八年、エド・ロバーツはオクラホマ州立大学を卒業し、ニューメキシコ州アルバカーキのカートランド空軍基地の兵器研究所のレーザー部門に配属された。エド・ロバーツは兵器研究所でフォレスト・ミムと仕事をしたが、二人とも模型のロケットに興味があった。除隊後二人は仲間を誘って模型のロケットの電子装置キットを発売する会社を設立した。

会社名はＭＩＴ（マサチュセッツ工科大学）に似た名前が良いということでＭＩＴＳが選ばれた。ＭＩＴＳとはマイクロ・インスツルメンテーション・テレメトリ・システムズの頭文字をつなぎ合わせたものである。名前を直訳すると、マイクロエレクトロニクス、計測器、遠隔操縦システムとなる。マイクロ・エレクトロニクス、電圧計などの計測器、リモコンの飛行機やロケットなどを扱う科学教材の会社である。

ＭＩＴＳの最初のヒット商品は、加減乗除の四つの機能だけを持ったＭＩＴＳモデル８１６電卓キットであった。この販売は非常に好調であったが、半導体の巨人テキサス・インスツルメンツなどが参入してくると、たちまち苦戦に陥り、一九七四年には累積で30万ドルの赤字を出した。

◈テキサス・インスツルメンツについては『シリコンバレー』Ｐ356以下を参照されたい。

ＭＩＴＳとオルテア８８００

そこでエド・ロバーツが目をつけたのが一九七四年四月にインテルが発売したマイクロ・プロセッサーのインテル８０８０であった。当時インテル８０８０は1個３６０ドルで販売されていたが、1千個の大量発注をすることで、インテルの営業に1個75ドルにまけさせた。

エド・ロバーツは、身長１９０センチメートル、体重１１０キログラムという体格にものを言わせて、インテルの営業担当者を脅して1個75ドルで仕入れたという伝説がある。実際は、どうせ売れっこないものだったし、大量に買ってくれれば、その程度の値引きなど問題でなかったのだろう。

エド・ロバーツは、このインテル８０８０を使って、手作りのミニ・コンピュータ・キットを設計、製造し、販売することにした。当時は、ミニ・コンピュータ・キットと呼び、マイクロ・コンピュータ・キットと呼ばなかった。

その頃、ニューヨークで『ポピュラー・エレクトロニクス』という雑誌を編集していたレスリー・ソロモンという編集者がいた。ソロモンは、ブルックリン生まれのユダヤ人で、どうも話を少し膨らませる癖があったようだ。ほら吹きというわけではないのだが、パレスチナでイスラエルのためにペギンと共に戦ったことがあるとか、南米のインディアン部落へ神秘的な旅をしたとか、そういったエピソードをよく人に聞かせたという。それにしても、この人物はずいぶんと仕掛人である。自身が編集長を務めたポピュラー・エレクトロニクス誌を使って直接仕掛けたものだけでも、ハリー・ガーランドとロジャー・メレンのＴＶダズラー、ＭＩＴＳのオルテア８８００、プロセッサ・テクノロジーなどがある。

ソロモンはエド・ロバーツのコンピュータに興味を持った。エド・ロバーツに1台だけの試作品を航空便で送ったが、米国ではよくある通り、輸送中に消えてしまった。

配線図を見た上に確かに動作するというエド・ロバーツの言葉を信じて、ソロモンはエド・ロバーツの記事を掲載することにした。ソロモンはこのコンピュータに何と名前をつけたものかと考えた。

伝説ではソロモンの12歳の娘のローレンが『スタートレック』に出てくるオルテアが良いと言ったので、オルテア８８００にしたという。最近になると編集者がつけたという説が有力になっている。

この世にたった1台しかない試作品は失われたので、空箱にＬＥＤとスイッチだけを取り付けた空のモックアップを急いで製作して写真を撮った。そして『ポピュラー・エレクトロニクス』の一九七五年一月号に掲載した。これによって、マイクロ・コンピュータ革命の勃発が全米に報道された。

わずか３９７ドルで、自分だけのコンピュータを持てるという夢に人々は興奮した。胡散臭いと言えそうだが、夢はいつも胡散臭いものだ。

◈当初３９７ドルであったが、一九七五年三月には４３９ドルに値上げした。一九七五年五月の広告で残っているものを見ると、組立てキットは４３９ドル、完成品は６２１ドルとなっている。

ＭＩＴＳは、一九七五年一月に1千台の注文を受けた。これはＭＩＴＳの製造能力をはるかに超えたものであった。注文してもちっとも届かないという不満が広がった。一九七五年八月までにＭＩＴＳは5千台を生産し、送り出したと言われているが、それはかなり疑わしい。

しかし、スティーブとウォズニアックは出遅れた。二人がアップルⅠを引っさげてマイクロ・コンピュータ革命に参入するのは、1年後の一九七六年になってからである。

オルテアＢＡＳＩＣ

ポピュラー・エレクトロニクス一九七五年一月号を読んで、興奮した人にポール・アレンがいる。ポール・アレンは、西海岸のシアトルから東海岸のボストンのハネウェル社に就職していた。その友人がビル・ゲイツで、彼もシアトルからボストンのハーバード大学数学科に入学していた。当時、どちらかと言えば、落ちこぼれになりつつあった。ポール・アレンからのニュースで、二人はオルテア８８００用のＢＡＳＩＣ

インタープリターを開発しようと意見が一致した。二人はすでにDECのミニ・コンピュータPDP-10に長い経験を持っていた。

ポール・アレンはDECのマクロ・アセンブラーを改造して、インテル8080用のアセンブラーを作った。またインテル8080の動作をソフトウェア的に模擬するシミュレーターというプログラムを作った。実はポール・アレンとビル・ゲイツはオルテア8800を実際には見たこともないし、触ったこともなかったが、マイクロソフトBASICを開発したのである。二人は浮動小数点演算パッケージの開発には躊躇したが、モンテ・ダビドフという学生が引き受けた。

ビル・ゲイツとポール・アレンは、ポピュラー・エレクトロニクス一九七五年一月号のオルテア8800の回路図を見て、マイクロソフトBASICを開発したことになっている。この一月号の記事を見ることは長いことできなかった。しかし、インターネットの発達で今では見れるようになった。

記事はMITSのエド・ロバーツとウィリアム・イエイツ（S-100バスの設計者）が書いている。モックアップの写真が先頭にあり、基本的なブロック・ダイアグラム、インテル8080の内部構造図、インテル8080とバスへの信号線の配置とインターフェイス、クロック回路、RAMへの接続図はある。しかし、いわゆるオルテア8800の全体の回路図はない。それにここに示されたものは、その後に作られた実際の回路とは大分違っていたと言われる。

そこで回路図を見て、オルテア8800の動作を理解したというのは、はっきり言って嘘とは言わないまでも伝説だろう。ソフトウェアでシミュレータを作るだけで、ハードウェアを作るわけではないから、CPUがインテル8080で、メモリが小さいということだけで十分だったのだろう。

一九七五年三月、ポール・アレンは出来上がったマイクロソフトＢＡＳＩＣインタープリターを穿孔した紙テープを持って、ニューメキシコ州アルバカーキのＭＩＴＳ社を訪ねた。この時、飛行機の中で、紙テープを読み込ませるためのブートプログラム・ローダーというプログラムを持ってくるのを忘れたことに気づいた。そこで記憶しているアセンブラーのコードを使って飛行機の中でプログラムを書いた。

ＭＩＴＳを訪れたポール・アレンがブートプログラム・ローダーを使って紙テープを読み込ませると、ＢＡＳＩＣインタープリターが動いたという。この話もいろいろなバリエーションがあって、伝説となっている。ともかく完全ではないが、オルテア８８００につながれたテレタイプＡＳＲ-33が動いたらしい。

そこでエド・ロバーツはポール・アレンを雇い、続いてビル・ゲイツを雇った。

ポール・アレンとビル・ゲイツはマイクロソフト社を設立し、一九七五年七月二十二日、ＭＩＴＳと契約した。

ＭＩＴＳのオルテア８８００の周辺ボードを購入した場合、75ドルで買えたが、単体でオルテアＢＡＳＩＣを購入しようとすると５００ドルと高価で、これが問題を引き起こすことになる。

クロメムコ

一九六九年、スタンフォード大学に在籍していた博士課程の学生二人が知り合った。ハリー・ガーランドとロジャー・メレンである。

ロジャー・メレンは、一九四六年、カリフォルニア州チコに生まれた。一九六八年、チコ大学の電気工学科を卒業した後、スタンフォード大学大学院に進んだ。一九六九年修士号取得、一九七三年に博士号を取得している。一九七二年からスタンフォード・集積回路研究所に入所している。

ハリー・ガーランドは、一九四七年、ミシガン州デトロイトに生まれた。カラマズー大学の数学科を卒業し、スタンフォード大学大学院に進んだ。脳と運動の関係を研究した。一九七二年博士号を取得している。そしてスタンフォード電子研究所SELに入所する。

◆スタンフォード電子研究所SELについては『シリコンバレー』P225を参照されたい。

二人の専攻は、それぞれ電気工学と生物物理学と違っていたが、アマチュア無線と電子工作という趣味が合い、友人となった。二人の仲は良く、住まいも常に近くにいて電子機器の実験を続け、『ポピュラー・エレクトロニクス』誌などに投稿し、原稿料を稼いだという。

彼等の記事に登場する電子部品には、一般の読者には簡単に手に入らない物もあったので、第三パーティの業者が電子部品キットとして供給販売することになった。そんな中に科学教材社MITSが供給販売するオペアンプ（演算増幅器）テスターがあった。

一九七四年暮れにロジャー・メレンは、ニューヨークのポピュラー・エレクトロニクス誌の編集部にレス・ソロモンを訪ねた。そこでロジャー・メレンは、MITSのオルテア8800のモックアップを見つけた。ロジャー・メレンはオルテア8800を見るなり興味を引かれ、「一体それは何ですか」とレスリー・ソロモンに尋ねた。すると、「価格400ドルを切るインテル8080を使用したミニ・コンピュータのモックアップだよ」という返事が返ってきた。ロジャー・メレンには信じられなかった。当時、インテル8080は、小売りでは1個400ドル近くもしたからである。397ドルでミニ・コンピュータのキットが買えるわけがない。

レスリー・ソロモンから知らされた話が信じられない思いのロジャー・メレンは、ニューヨークからカリフォルニアへの帰途、ニューメキシコにあるＭＩＴＳに立ち寄ることにした。ＭＩＴＳは二人のアイデアを使った製品を販売していながらロイヤルティーが未払いであったたし、何よりもオルテア８８００を2台入手して帰りたかったからである。

ニューメキシコに立ち寄ったロジャー・メレンは、ＭＩＴＳ本社の貧相なことと、従業員の少ないことに驚愕した。しかし、ＭＩＴＳの社長であるエド・ロバーツとは意気投合し、明け方までオルテア８８００について話し合うことになった。ロジャー・メレンは背が高く、体格の良い男であった。この点、エド・ロバーツと共通している。

ここで、ロジャー・メレンはオルテア８８００用にサイクロプスTVカメラを制御するインターフェイスボードを開発したいと提案した。エド・ロバーツはオルテア８８００を1台送ると約束した。

カリフォルニアに戻ったロジャー・メレンはハリー・ガーランドとパートナーシップを組んで会社を作った。会社の名前は、彼等の寄宿舎であったクロサーズ・メモリアル・ホールから取って、クロメムコとした。クロサーズとは、スタンフォード大学の古い卒業生で、ジェーン・スタンフォードを助けて大学のために尽くしたジョージ・エドワード・クロサーズ判事のことである。クロサーズ・メモリアル・ホールは一九五四年に建設され、１２０人の大学院生を収容できた。

クロメムコはカリフォルニア州のマウンテンビュー市チャールストン・ロード２４３２（2432 Charleston Road, Mountain View）に本社を置いた。

二人は、早速オルテア８８００用のサイクロプス・デジタル・カメラやマイクロ・コンピュータ製品を作ることにした。サイクロプスとは、ギリシア神話に登場するシシリー島に住む一つ目の巨人である。この装置は、ＴＶカメラから映像を取り込んでモノクロでデジタイズするもので、ＴＶカメラは目が一つなので、サイクロプスと名付けたらしい。サイクロプスはポピュラー・エレクトロニクス誌の一九七五年二月号の表紙を飾った。比較的、簡単そうに見える回路だが、これを本当に使いこなすにはソフトウェアが重要なのだろう。いつの時代にも傑出した人はいるが、当時の一般の人にどこまで使いこなせたのだろうか。

さて、クロメムコは、次にオルテア８８００用のメモリ基板を販売した。クロメムコは、メモリ基板をプロセッサー・テクノロジーに外注した。これは、ホームブリュー・コンピュータ・クラブのモデレータとして知られるリー・フェルゼンスタインが設計したボードである。ＭＩＴＳのメモリ基板は粗悪品が多く、品質の良いクロメムコの製品はたちまち評判を上げた。

ただ、それもほとんど動作しないとまでいわれたＭＩＴＳのメモリ基板と比較しての話である。もともと、安価な部品を使用していたのに加え、メーカーによる行き届いた品質管理を受けていたわけでもなかった。さらに、設計もアマチュアだったため、トラブルはつきものであっただろう。ソケットを多用していたこともあり、不良品率は決して低くはなかったように思う。

クロメムコの次の製品は、オルテア８８００用のＲＯＭカードのバイト・セイバーであった。

続いて一九七五年十一月には、クロメムコのＴＶダズラーが、ポピュラー・エレクトロニクス誌の表紙を飾った。これはカラーＴＶと接続してセミグラフィックスを楽しめるインターフェイス基板であった。

さらにゲームのためのジョイスティック・コントロールや、８ビットのデジタル・チャンネル一つとアナログ・チャンネル七つをサポートするＤ＋７Ａというインターフェイス・カードを出した。

こうしてクロメムコは、次々にオルテア８８００用の周辺ボードや周辺機器を発売したが、いよいよ本体に迫ることとなった。

一九七六年八月クロメムコはＺ-１を出した。ＣＰＵはインテル８０８０でなく、ザイログＺ80で、８ＫバイトのＲＡＭを搭載していた。クロメムコはＺ80を使うことで、ＭＩＴＳやＩＭＳＡＩとの差別化を図った。ただ、クロメムコは、ＩＭＳＡＩの筐体《きょうたい》と同じような物を使っていた。そこで、クロメムコのマシンとＩＭＳＡＩのマシンを外見で見分けるのは、少々難しかった。

また、クロメムコは、内部バスにオルテア・バスを採用した。すでにオルテア・バスは、ＭＩＴＳとＩＭＳＡＩが採用したことで、普及していた。クロメムコは、実績のあるオルテア・バスをＳ-１００バスと呼んで採用した。ライバルのオルテアのバスという名前では困るのだ。

Ｓ-１００バスとは、スタンダード１００バスという意味である。このネーミングは、あたかも米国標準であるかのような印象を与えることができる点で、なかなか頭脳的であった。標準が制定されたような錯覚を与え、標準仕様を採用したがっていた制御分野では、Ｓ-１００バスがかなり長期的に利用された。実際、後にＳ-１００バスはＩＥＥＥ６９６として実質的な米国標準になったのだが、標準の常で、標準として制定された頃には、Ｓ-１００バスは時代遅れになっていた。

こうして見ると、クロメムコの戦術は、小判ザメ戦略で、実質的にはＭＩＴＳとＩＭＳＡＩのマシンをコピーして売ることであった。人気のある製品を真似した上に改良し、結果として本家よりも良いものを作り出してしまおうというのである。

確かに無難な戦略ではあるが、S-100バスのような原始的なものを真似していたのでは発展の見込みはなく、独自のバスを採用したコモドールのPET、アップル-I、タンディのTRS-80が出ると、クロメムコは、すぐにメインストリームの座を追われてしまった。

とはいえ、クロメムコは、一九七七年六月には、Z-2を出した。CPUはZ-80だが、メモリは64Kバイトに増強され、CP/MもどきのクロメムコDOS（ディスク・オペレーティング・システム）を搭載した。

クロメムコの強みは、スタンフォード大学の人材やホームブリュー・コンピュータ・クラブの優秀な人材を活用したことにあった。クロメムコは、一九七九年にIMSAIが倒産してしまった後でも存続していた。一九八三年の最盛時には、クロメムコの規模は従業員500人、年商5500万ドルにまで膨れ上がった。

しかし、結局クロメムコは、ダイナテックに吸収されてしまった。一九八七年のことである。ダイナテックはダイナテック天候システム、ファズ・バスターなどの子会社を持っていた。クロメムコはダイナテック天候システムに組み込まれ、ダイナテック・コンピュータ・システムズと名前を変えている。事実上、この時点でクロメムコは終焉を迎えたといってよいだろう。

一九九〇年、ハリー・ガーランドとロジャー・メレンの二人はキヤノン・リサーチ・センター・アメリカの創立者となる。もちろん、キヤノンの子会社の米国法人である。21世紀に向けて設計された真にグローバルなイメージングアプリケーションを開発したいという思いを込めて設立された

マイクロ・コンピュータの初期に関係した人物は大学中退者が多いが、二人は大学院卒で博士号まで持っている。その点で、少し異色な存在といえる。

ＩＭＳＡＩ

映画『ウォーゲーム』をご覧になったことがあるだろうか。一九八三年にＭＧＭ／ユナイテッド・アーティストによって作られたＳＦ映画である。この映画で活躍する古典的なホーム・コンピュータがＩＭＳＡＩ《イムサイ》のコンピュータである。計測器のジャンクのようなＩＭＳＡＩ　８０８０で、北米防空司令部に鎮座するＷ．Ｏ．Ｐ．Ｒ．という軍用コンピュータに挑戦するという設定が、同映画のミソである。

一九七〇年代にマイクロ・コンピュータに参入した会社は、ほとんどがカウンター・カルチャーに入れ込んだ反体制派か、社会からドロップアウトしたヒッピーの若者たちによる会社であった。当時の若者たちは決まったように長髪にひげを蓄え、Ｔシャツに擦り切れたジーンズではだしという格好をしていた。一般的傾向としてマリファナを吸引し、自由な恋愛を楽しみ、仏教や禅の不可解な教えの中に人生の真実を追い求めていた。

ＩＭＳＡＩは、カウンター・カルチャーかぶれのヒッピーとはまったく関係ない会社であった。同社の社員は、ヒッピーではなく、自らをセールスマンと信じていた。社員にはＩＢＭ出身者と軍隊経験者が多いのが特徴である。

ＩＭＳＡＩの創業者であるビル・ミラードは、ＩＢＭでの勤務経験があり、サンフランシスコのオンライン・データベースを担当するマネージャであったという。

一九六九年、ビル・ミラードは、独立すると、システム・ダイナミクスという会社を創立した。ＩＢＭ互換の通信機器を販売する会社であった。会社設立から3年後の一九七二年になると、システム・ダイナミクスは解散し、同年五月にＩＭＳアソシエイツが創立された。ＩＭＳは Information Management Service の略である。業務内容は、コンサルティングとエンジニアリングであった。以後3年間は、ＩＭＳアソシエイツで資本と経験の蓄積に努めることとなる。

一九七四年、ビル・ミラードはニューメキシコのＧＭの自動車ディーラーから経理用システムを作るように勧められた。そこで、ＩＭＳＡＩマニュファクチャリング（通常ＩＭＳＡＩと略す）を創立することになる。ＩＭＳＡＩは、ＩＭＳアソシエイツの子会社であった。

ＭＩＴＳのオルテアの反響は大きく、生産が注文にまったく追いつかない状況が続き、しかも不良品が多かった。特にメモリ基板の評判は散々だった。そこで、ビル・ミラードは、オルテア８８００を購入して、バラバラに分解して研究させ、コピー作成の可能性について検討させた。一九七五年五月には早くもＩＭＳＡＩ　８０８０の先行広告が出ている状況であったが、準備するのに一九七五年六月から十一月までかかり、実際の生産は一九七五年十二月になって始まったらしい。

こうして登場するＩＭＳＡＩ　８０８０は、オルテア８８００のコピーで技術的には何の革新もなかった。製品としてきちんと作り込み、オルテア８８００よりも大容量の電源を搭載していたくらいである。しかし、ＩＭＳＡＩ　８０８０の良いところは、ともかく動作するところにあった。もっとも、故障がなかったわけでなく、実際にはサポートもメンテナンスもひどいありさまだったが、それでもオリジナルのＭＩＴＳオルテア８８００よりはまともな状況で、概して好評であった。

ビル・ミラードは、マイクロ・コンピュータが人類の未来を切り開くなどという夢想を抱くことはなく、スモールビジネスのためのデスクトップ・ツールでなければならない、と考えていた。コンピュータの理想のようなものにはまったく興味がなかった。その代わりに、興味があったのは、マーケット・シェアを大きくすること、資本を大きくすること、会社を大きくすることだけであった。ビル・ミラードは、機械についてよりも金儲けについて話し、目標やその道程について話すのを好んだ。

ここで、エド・ファーバーという人物が登場する。一九五七年にコーネル大学を卒業した後、海兵隊に入り、IBMに入ってセールスを担当した経歴を持つ人物だ。12年IBMに在籍した後の一九六九年にメモレックスへ入社し、さらにオムロンの子会社へと渡り歩いた。

一九七五年、ビル・ミラードは、エド・ファーバーをIMSAIにスカウトした。注文が殺到したIMSAIの快進撃を見て、エド・ファーバーはコンピュータの販売方法に関する、あるアイデアを思い付いた。フランチャイズ店の設立である。こうして、一九七六年十月二十一日に生まれたのがコンピュータランドである。最初の社名は、コンピュータシャックであったが、ラジオシャックからの強硬な抗議を受けてコンピュータランドと社名を変更した。最初の実験店舗は、十一月にカリフォルニア州ヘイウッドに設立された。正式な第1号のフランチャイズ店ができたのは、一九七七年二月のことである。コンピュータランドはみるみるうちに大きくなった。

コンピュータランドの社長はエド・ファーバーであったが、実質的な支配者はビル・ミラードであった。初期資本がビル・ミラードから出ていたのに加え、従業員のうち25%はIMSAI出身者であったからだ。ただ、法律的にはIMSAIとコンピュータランドは、はっきりと分かれた形態を取っていた。

一九七七年、ＩＭＳＡＩは、ゲアリー・キルドールのデジタル・リサーチからＣＰ／Ｍを買い、ＩＭＳＡＩ８０８０に搭載した。ＣＰ／Ｍを搭載したことなど先進的な製品にもかかわらず、カスタマーサポートに問題があった。会社の成長に、サポートの内容が全く追いつかなかった。さらにひどいことに、大したテストも行わないまま製品が出荷されてしまうようなことがあった。

アップル、タンディ、コモドールのいわゆるご三家が登場してくると、ＩＭＳＡＩは次第に厳しい立場へと追い込まれていった。ＩＭＳＡＩ最後のマシンとなったのはＶＤＰ-80で、主なスペックとして、12インチのディスプレイ、1Ｍバイトのフロッピードライブ、32ＫバイトのＲＡＭ、フルキーボードを備えていたが、前述のようにテストが不十分にもかかわらず製品を出荷してしまうなど、問題は多かった。

ＩＭＳＡＩはあまりに急激に成長したために、キャッシュフローが追いつかなくなり、あっという間に倒産してしまった。一九七九年のことであった。こうして、ＩＭＳＡＩは表向きには姿を消すが、ＩＭＳＡＩの火は消えずに残ることとなった。

ここで、トッド・フィッシャーという人物が登場する。高校を卒業すると米空軍に入り、電子機器の修理技術を身に付けていた。空軍に長い間いる気はなかったので、除隊してＩＢＭに入社し、タイプライターとキーパンチマシンの修理技術を覚えた。一九六七年にＩＢＭを辞めると、一九六八年から一九七一年にはロックバンドの楽器を修理する仕事で生活の糧を得ていた。こうしたユニークな経歴の後でＩＭＳＡＩに勤めるが、結局は退職してしまう。そして一九七八年十月、元ＩＭＳＡＩ社員で後に妻となるナンシー・サンソ・フレイタスと、資本金８００ドルで、ＩＭＳＡＩ製コンピュータの修理会社であるフィッシャー・フレイタスを創設した。会社はカリフォルニア州オークランドの古い倉庫にあった。

一九七九年に入り、当のIMSAIが倒産してしまうと、フィッシャー・フレイタスは、競売を通じて、IMSAI製品の生産を継続する権利や必要な工具、保守・修理用部品を手に入れた。IMSAIの会社名を獲得して、新たにIMSAIを名乗ることになったのである。一九八三年の映画『ウォーゲーム』は、このようにしてIMSAIが存続していたために、実現したものだった。注目すべきことに、今でも、IMSAIシリーズ2を995ドルで購入することができるという。

IMSAIが失われてしまったとしても、コンピュータランドにダメージはなかった。形式上は別会社のため、損害の補償を要求されなかったのだった。ビル・ミラードはIMSAIを捨て、コンピュータランドに乗り換えた。

コンピュータランドはIBM出身者が多いこともあって、本家IBMに気に入られた。一九八一年におけるIBM PCの発売では、シアーズとコンピュータランドが、IBMの有力な販売チャネルとして選ばれた。コンピュータランドの覇権は、対抗相手として、ビジネスランドが出て、さらに低価格販売のコンプUSA、ベストバイ、フライズが出現したことで次第に弱くなるが、しばらくの間存続した。

一九八七年に入ると、ビル・ミラードはとうとうコンピュータランドの全持株を売却した。相当の金額を手にしたらしい。その後、ビル・ミラードは、一九九一年六月にコンピュータランドを去って、サンフランシスコのヘアケアー・チェーンの名誉会長に納まっている。

コンピュータランドのその後は、一九九二年にTRWのカスタマーサービス部門を大型買収するといった事業展開も見せていたが、一九九四年にメリセルに買収され、さらに一九九七年にはアジア系のSYNNEXに買収されてしまった。

ホーム・ポン

アタリの製品は時代と共に少しずつ変化して行った。

まず電気・機械式のアーケード・ゲーム・マシンがある。昔のゲーム・センターに置いてあった機械である。これにビデオ・ゲーム・マシンが加わった。バーやボーリング・センターに置かれたＴＶ受像機を改造したゲーム・マシンである。

これらは大きくて、とても一般家庭に持ち込めるようなものではなかった。

ところがマグナボックスのオデッセイは、家庭においてあるＴＶ受像機に接続できる家庭用の小型マシンであった。これをＴＶゲーム・マシンと呼ぼう。ただ問題は製造のためには多くのチップを必要としたことである。少数生産の場合は問題ないが、大量生産となると、回路基板に多数のチップを差込み、ハンダ付けするか、ワイヤー・ラッピングする必要があった。

ところが当時出現したＬＳＩ（大規模集積回路）技術を使うと、一挙にチップ数を減らすことが可能になった。アタリの研究開発担当副社長となったアル・アルコーンは、ここに目をつけた。

一九七四年、アタリに勤めていたハロルド・リーは、アーケード・ゲーム・マシンやビデオ・ゲーム・マシンの設計に飽きて、アタリを辞めた。ところが、アルコーンは、ハロルド・リーに電話してきて、ビデオ・ゲーム・マシンのポンを大規模集積回路を使って縮小して、家庭用テレビに接続できないかと訊ねた。ハロルド・リーは、できると思うと答えた。そこでハロルド・リーはアタリの外部コンサルタントとなった。

ハロルド・リーは、ＭＯＳソーサリーという会社を作り、ロスガトスのある丘の頂上に作業場を作って開発を始めた。

ハロルド・リーは、少しずつ回路設計を行ない、アルコーンに渡した。アルコーンは妻のケイトに手渡して、回路をワイヤー・ラッピングで作らせ、動作を確かめた。元々ハロルド・リーは、スタンダード・マイクロシステムズという会社のＩＣ（集積回路）の設計者だった。

ハロルド・リーはＩＣの設計にＣＡＤ（コンピュータ支援設計）システムのアプリコン・システムを使った経験があり、今度もそうしようとした。アプリコンはＤＥＣのＰＤＰ-11ミニ・コンピュータとベクター・グラフィックス・ディスプレイを使ったシステムであった。ちょうどうまいことに時間貸しのマシンがあり、１時間当たり80ドルの使用料で使用することができた。これによって設計効率が非常に向上した。このＩＣは、大盛りのざる蕎麦をひっくり返したような多数の電線が走り回っていた一九七二年のポンの回路を非常に簡単にした。

このＩＣはＣＣ３６５９と呼ばれた。外部回路は、電源回路、チャネル切り替えスイッチ、左右パドル、クロック、スピーカーだけであって、ゲームのロジックは全てＩＣの中に組み込まれている。

ハロルド・リーの工夫でゲームはカラー化された。このＩＣは全く秘密にされていたようだが、ＡＭＩのダン・ソコルなどは、密かに知っていたようだ（『ザ・ファースト・アップル』Ｐ51参照）。

こうして画期的な製品が出来上がったので、一九七五年一月のニューヨーク・トイ・フェアに出品した。盛大な反響があるかと思っていたが、ほとんど何もなかった。気落ちしていた所へ、シアーズのスポーツ用品部門のトム・クインから引き合いがあった。あまり期待していなかったが、二日後、トム・クインが西海岸の本社に訪ねてきた。

シアーズのシカゴ本社でデモをしたが、役員会議室のＴＶに接続すると何も表示されなかった。アル・アルコーンが、電線をつなぎかえてＴＶのチャンネル設定を変更すると、みごとに動作した。

マグナボックスが特許権侵犯で訴えてくるのではとシアーズは心配したが、ノーラン・ブッシュネルは心配ないと説得した。当面は乗り切れたように見えたが、しかし、実際は翌年マグナボックスは提訴してきた。

アタリは、クリスマス・セールに合わせて5万セットの製造を提案したが、シアーズは7万5千セットを発注してきたのでアタリは慌てた。それだけの製品を作るだけの資金がなかったのである。胡散臭い企業という評判のアタリに融資する銀行があるわけがなかった。そこでシアーズが自分の銀行から融資してくれた。

まだいくつも難題はあった。たとえば電波の漏洩に関するＦＣＣ（連邦通信委員会）の審査はきわめて厳格なことで有名であるが、何とか乗り切った。製品の名前もホーム・ポンと決まった。必死の生産によって、ホーム・ポンのクリスマス・セールは大成功であった。1セット98ドル95セントであったから、アタリとしては非常に潤った。シアーズは喜んで、さらに7万5千セットを発注してきた。アタリ自身も5万セットを製造することにした。

アタリはホーム・ポンにＡＴＲＡＩと表示することを主張した。シアーズは従来そのようなことはしたことがなかったが、アタリの名前を表示することを許した。これによってアタリの名前は広く認知されることになった。

トム・クインは気の毒なことに独断専行が過ぎるとして首になった。

あとづけの論理として、ホーム・ポンの構想は、一九七三年八月三日付けの文書で「カラー化した消費者向けのポン」を作るとしたことにあるとされた。また計画の暗号名はダーリーンであった。

ホーム・ポンは当初二人用ゲームとして出発したが、次第に4人でもできるようになっていった。

アタリの成功を見て、多くの会社がTVビデオ・ゲーム市場に参入し、競争が激化した。

一九七五年五月には、アタリは従業員347人で、税引き後利益を75万ドルを計上するはずが、逆に60万ドルの赤字を計上してしまった。

アタリは必死になってベンチャー・キャピタルから資金を集めようとした。その中にセコイア・キャピタルのドン・バレンタインがいた。このつながりはスティーブとアタリにとって重要である。

◆ドン・バレンタインについては『シリコンバレー』P378、P441、P450を参照されたい。

しかし、アタリの赤字補填には十分でなく、一九七六年、アタリはワーナー・コミュニケーションズに2800万ドル(約36億円)で身売りした。ノーラン・ブッシュネルはその内、500万ドルをもらった。ブッシュネルはその後も2年間、会長にとどまった。

ブレイクアウト

一九七五年夏の終わり頃、ノーラン・ブッシュネルは、ブレイクアウト・ゲームについて考え始めた。林檎の収穫期の八月頃と推測される。これには意味がある。

ポンのようにそれまでのピンポン・ゲームは、二人で遊ぶ対戦ゲームであったが、一人で遊べるゲームがあってもよいのではとブッシュネルは考えた。レンガの壁に向ってボールを打って崩していくブレイクアウト・ゲームについての構想を持った。小さな黒板にゲームの概要を書いて開発を指示した。

すでにホーム・ポンでIC化の技術は持っていたが、ブッシュネルは不良在庫を作らずにすむように、TTLなど汎用のチップを使って作るように命令した。

ポンを汎用チップで作った場合、120個のチップを必要としていたが、50個よりも少ないチップで作れたら、設計料の他に、チップ1個の削減に対して100ドルというボーナスも約束した。

さて、ウォズニアックは、アリス・ロバートソンと付き合い始めた頃、サニーベールのホームステッド・レーンズというボーリング場で、初めてポンを見た。一九七三年頃の事と思われる。ウォズニアックは自分で、ポンを作ることを決めた。最終的に28個のチップでポンを完成した。それをスティーブが勧めていたアタリに持っていって見せたことがある。これが伏線となる。

スティーブは、ウォズニアックに電話して、ブッシュネルの構想について話した。スティーブはノーラン・ブッシュネルが要求していない条件を付けた。4日で完成させなければならないというのである。ウォズニアックは無茶だと思ったが、引き受けた。

ウォズニアックは、不眠不休で、ブレイクアウト・ゲームを完成した。これが可能だったのは、ポンを自作した経験があったからだろう

約束にしたがって、スティーブは、ノーラン・ブッシュネルから、700ドルのデザイン料と5千ドルのボーナスをもらった。厳密に言えば、数字が合わない。7千ドルという記述もある。アタリの話は、とかくそういう辻褄が合わないものなのである。だが、スティーブは700ドルを山分けしただけで、

350ドルしかウォズニアックに渡さなかった。5千ドルのボーナスのことはウォズニアックには秘密にして自分のものにしてしまった。スティーブの暗い一面だろう。このことは、10年後のスコット・コーヘンの『ZAP　アタリの興隆と没落』で暴露された（原著P55）。ウォズニアックは、これを読んでショックを受けたという。お金に関しては異常なまでに吝嗇で汚いと言われるスティーブの一面だろう。

スティーブが4日で完成させなければならないという条件を付けたのは、オール・ワン・ファームの林檎園の林檎の収穫期だったからという。2週間ほど待って現金を受け取ると、スティーブはオール・ワン・ファームに跳んで行った。

スティーブは、オール・ワン・ファームのグラベンスタインという種類の林檎園を再興していた。林檎を絞ってサイダーにした。ロバート・フリードランドは、オーガニック・サイダー・プレスというサイダーの会社を作った。物質主義から避難する場所だったはずなのに、フリードランドは金儲けに乗り出し始め、みんなの気持もスティーブ・ジョブズの気持も次第にさめて行ったようだ。

写真　スコット・コーヘン著『ZAP　アタリの興隆と没落』、事実の記述は訂正の必要があるが、大局的見通しはすぐれている。

アレックス・カムラートとコンピュータ・コンバーサ

アレックス・カムラートは、一九三〇年にインディアナ州に生まれた。一九五二年に朝鮮戦争に参加した。一九五五年、ドイツのフィルゼックに駐屯していた米陸軍第7師団の戦車部隊の欧州派遣軍信号部隊を除隊した。通信技術者だったようだ。一九五七年には北カリフォルニアのメンローパークにおり、一九六三年にはサンタクララにいた。一九六八年にはカムラートはＳＲＩ（スタンフォード研究所）に勤めていた。ＬＭＳＣ（ロッキード・ミサイルズ＆スペース社）にもいたようである。

一九七〇年代初期に、カムラートは、マウンテンビューにコール・コンピュータという小さな会社を作った。カムラートは、自宅を売り払ってミニ・コンピュータＨＰ-２１００を買い、自宅のガレージに設置して、コンピュータのタイムシェアリング・サービスを始めることになった。

マウンテンビュー市オールド・ミドルフィールドウェイ１９６１番地（1961 Old Middlefield Way Mountain View）に会社を移した。ここはスティーブが小学校、中学校時代を過ごしたマウンテンビュー市ディアブロ２８６番地の家のすぐそばである。モンタ・ローマ小学校もクリッテンデン中学校も数百メートルの距離にある。

一九七五年一月にオルテア８８００が出現すると、カムラートは興奮した。小型の端末の可能性を感じたのである。カムラートは、ホームブリュー・コンピュータ・クラブの集会へ出席し、誰か小型の端末を作ってくれる人間を探した。一番優れた技術者は誰かと聞くと、みんながスティーブ・ウォズニアックだと言った。ウォズニアックとの連絡は、コール・コンピュータのシステム管理者を勤めていたジョン・ドレイパーがウォズニアックをカムラートに紹介したという。

カムラートは、小型端末に対して自分なりの構想を持っており、ベージュ色のケースまで決めていた。小型端末の名前はコンピュータ・コンバーサと決めた。カムラートは、これを制作・販売する会社コンピュータ・コンバーサを設立した。カムラートは1万2千ドルを出資し、会社の株式の70％を取得した。

カムラートは、ウォズニアックが小型端末を設計する見返りに、新会社の株式の30％を与え、ミニ・コンピュータを無料で使用できる権利を与えた。

カムラートは、コスト削減のためにマイクロ・プロセッサを使わないことにした。これは一見良い判断のように見えたがそうでもなかった。

ウォズニアックは、在来型のチップを使っていかに極限まで部品数を減らして回路を設計するかに夢中になった。その結果、出来上がった回路は、非常に技巧的でウォズニアックにしか理解できないものだった。何かバグが生じた場合、ウォズニアックにしか直せなかった。ウォズニアックは物事を完成させるとか、細部を完全にするとか、ドキュメント化するようなことは面倒で、大嫌いであった。

ウォズニアックは、コンピュータ・コンバーサの設計はしたが、製造には関心を示さなかったので、スティーブが製造を担当することになった。ウォズニアックは、ティーブが無経験で、何も知らないのを知ってはいたが、スティーブに任せることにした。これはひどい失敗につながる可能性があった。また実際そうなった。

スティーブは、部品調達に辣腕を振るった。ウォズニアックが設計した回路に必要な部品をもっとも安い価格で手に入れた。この経験でスティーブは部品に強くなった。

カムラートは、ワイヤー・ラッピングでなく、プリント基板を使うことにし、小さなエンジニアリング会社の社長だったロバート・ウェイに発注した。スティーブがプリント基板の責任者になった。スティーブが妥協を許さない完璧主義者だったからである。また小型端末の製造において、スティーブは全てに完璧を期し、片端からノーと言った。誰かが失敗をすると、すぐ「愚か者」と罵倒した。

カムラートは、スティーブとは対照的に楽天主義で、何でもＯＫであった。

こういう組み合わせで会社がうまく行くわけがなかった。しかし、スティーブにとっては非常に良いビジネス経験になったことだろう。

ウォズニアックは、一九七五年三月五日、メンローパークにあるゴードン・フレンチの自宅のガレージで創立されたホームブリュー・コンピュータ・クラブに夢中で、コンピュータ・コンバーサのことなど、もうどうでも良くなっていたようだ。

ウォズニアックとスティーブは、コンピュータ・コンバーサの製作・販売の権利を売却していた。惜しかったのは、キャプテン・クランチすなわちジョン・ドレイパーの助力もあってコンピュータ・コンバーサは、ＡＲＰＡＮＥＴ接続できたことでこれをもっと追究できたら、インターネット端末として別の局面展開もあっただろう。しかし所詮、縁がなかったのである。

スチュアート・ブランド

スチュアート・ブランドは、一九三八年イリノイ州ロックフォードに生まれた。父親は広告のコピー・ライターであり、アマチュア無線家であった。母親はバッサー大学の出身だが宇宙ファンであった。彼が編集した『ホール・アース・カタログ』の表紙に宇宙から撮った地球の写真が多いのは、ブランドの母親の影響もあるかもしれない。

この時代の人は多かれ少なかれそうだが、ブランドは、少年時代、核戦争の恐怖に怯えていた。ボブ・ディランもジョーン・バエズも子供の頃、学校で実施された核戦争の避難演習について語っている。核戦争はまさに身近の現実のものだったのである。

さて、ブランドは、全寮制のフィリップス・エクセター・アカデミーという大学予備学校を経て、スタンフォード大学に入学した。ここで『人口爆弾（The Population Bomb）』を書いたポール・エーリッヒの進化論的生物学に感銘を受ける。またオルダス・ハクスリーの『知覚の扉』を読んだ。

意外なことにブランドは、スタンフォード大学を卒業後、陸軍レンジャー部隊に入隊する。落下傘降下は気に入ったようだが、やはりレンジャー部隊は自分に合わないと途中で辞め、陸軍写真部員となり、各地を転々とする。一九六二年に陸軍を除隊する。

その後6年間、ブランドは、ニューヨークのロウアー・マンハッタン地区とカリフォルニアのヘイト・アシュベリー地区を行ったり来たりして芸術家との交流を深める。また全米各地のインディアン居留区や各地のコミューンを訪ねた。

またブランドは、メディアアート集団ＵＳＣＯ（ザ・ＵＳカンパニー）と強いつながりを持った。ＵＳＣＯは、ティモシー・リアリー、マーシャル・マクルーハン、バックミンスター・フラーに強い影響を受けている組織だった。

マーシャル・マクルーハンは、元々はカナダのトロント大学の英文学の教授であったが、一九六〇年代には、メディア評論家として活躍した。マクルーハンは、サイバネティクスの創始者ノーバート・ウィーナーに強い影響を受けた。年輩の方は、マクルーハンが「マクルーハン旋風」などとして日本でも非常に評判となったことを覚えておられると思う。「メディアはメッセージである」という有名な言葉がある。

バックミンスター・フラーは、『宇宙船地球号　操縦マニュアル』で有名である。「宇宙船地球号」というネーミングだけ知っている人も多いのではないだろうか。実は私もそうだった。今回、執筆のために読んでみて、何というエクセントリックな歴史観と、経済学理解だろうと驚いた。

また北米防空のために設置された早期警戒レーダーのレーダー・ドームもしくはジオデシック・ドームが、バックミンスター・フラーの発明になるものと知ったのは非常に意外だった。フラーの活動を支えた資金は、米軍から、あるいは根源的には冷戦から出ていた。

マイロン・ストラロフ

マイロン・ストラロフは、一九二〇年四月二十日、ニューメキシコ州ロズウェルに生まれ、一九四一年スタンフォード大学の電気工学科の修士課程を修了し、一九四六年にアンペックスに入社した。

一九五四年、アンペックスの長期戦略立案補佐役となっていたストラロフはセコイア・セミナーに参加した。そこでジェラルド・ハードの「心の拡張と、ある種の心の拡張に役立つ薬」についての講義を聞いた。人間は、まだ手つかずの潜在能力を持っていて、それに到達できる、という考えに興奮した。しかし、ストラロフは、「ある種の心の拡張に役立つ薬」については当惑したようである。

一九五六年、ジェラルド・ハードは、ストラロフに、LSDについて熱心に語り、アル・ハバードという怪しい男に会うように勧める。アル・ハバードは、ストラロフにヌセドリンの錠剤を与え、酸素と二酸化炭素の混じった、「メドゥーナの混合」とも呼ばれるカーボゲンという気体を吸引させた。これは幻覚状態を引き起こす。これによってストラロフはジェラルド・ハードの説を受け入れ始めた。

一九五六年四月、ストラロフは、カナダのバンクーバーにあるアル・ハバードのアパートの部屋でLSDを試した。ストラロフはLSDの熱狂的な信奉者になった。

ストラロフは、LSDが、世界の究極の問題に対する解答だと確信した。LSDは社会にとって、人類の進歩をうながす強力な道具となりうる。ストラロフは人間の心を拡大するという自らの大きな探求に踏み出した。

カリフォルニアに戻ったストラロフは、LSDの熱狂的な信奉者になった。彼はカナダで受けたLSD経験が、世界の究極の問題に対する解答だと確信した。ストラロフは、非公式のLSD研究会を立ち上げ、アル・ハバードを招いて話をしてもらった。

ストラロフにとってLSDを服用した状態では、心がシャープで澄みわたり、新しい考えが次々に生まれてくる可能性がある。そこで、ＬＳＤをアンペックスの製品計画過程の一部として用いれば、会社のビジネスを進める完璧な道具になりうると思いついた。とんでもない話である。

アンペックスの長期戦略立案補佐となっていたストラロフは、執行役員の会議でＬＳＤを使った研究プロジェクトを提案したところ、すぐに却下された。幻覚剤ＬＳＤで会社の長期戦略を立案するなど常識的には受け入れられない話である。

ストラロフは、それでもくじけず、アンペックスが自分の実験を受け入れる気がないことを知りながら、アンペックスの技術者８人をＬＳＤの体験候補に選ぶ。そしてアル・ハバートと医者の助けを借りて、シエラネバダの小さな小屋に行き、彼らにＬＳＤを摂取させた。

個人的な資産を得て裕福になっていたストラロフは、一九六一年に会社を円満退社し、メンロパークの目立たない場所に、自己資金で国際高等研究財団（IFAS：International Foundation for Advanced Study）を設立した。

その後４年にわたって、５００ドルでＬＳＤと創造性の各研究課題へ参加できるという方式を始め、国際高等研究財団はシリコンバレーの優秀な技術者３５０人以上にＬＳＤ実験を行った。つまりメンロパークにはＬＳＤの有力な供給源の一つがあった。

アンペックスは非常に優れた音響機器の会社であったが、不思議な事に奇人変人を輩出する。創業者のアレクサンダー・ポニアトフも老年の奇行で有名だし、アタリのノーラン・ブッシュネル、オラクルのラリー・エリソンもアンペックスの出身だ。

スチュアート・ブランドとＬＳＤ

一九六二年、スチュアート・ブランドは、メンロパークの国際高等研究財団でＬＳＤを初めて試した。料金は５００ドルだった。これによってブランドは、ＬＳＤに傾斜する。

一九六三年、ブランドは、ケン・キージーに自己紹介の手紙を書き、その後、ケン・キージーに会った。また、ブランドは、ペリー・レーンにあったケン・キージーの家で、ケン・キージーの親衛隊メリー・プランクスターズに会った。さらにブランドは、メンローパークの退役軍人管理病院に出入りし、ＬＳＤを家に持ち帰るようになった。ＣＩＡのＭＫＵＬＴＲＡ計画に参加したものと思われる。

ブランドは、ケン・キージーとメリー・プランクスターズのサイケデリック・カラーで彩色されたファーザー号というバスによる有名なＬＳＤツアーには参加しなかった。一線は越えずに、ある程度のスタンスを取るというのが、ブランドの生き方のようだ。

一九六六年、ブランドは、ケン・キージーと共にトリップス・フェスティバルを企画した。ＬＳＤパーティの大掛かりなものである。音楽では、ケン・キージーとメリー・プランクスターズのＬＳＤパーティを契機として、ジェリー・ガルシアを中心に一九六五年にパロアルトで結成されたグレイトフル・デッドがデビューすることになる。

一九六六年一月二十一日から一月二十三日にかけて、サンフランシスコのロングショアメンズ・ホールでトリップス・フェスティバルが開かれた。すでにＬＳＤは禁止され、非合法になっていたので、「ＬＳＤなしのアシッド・テスト」として開催された。アシッドはＬＳＤのことである。実際にはＬＳＤだらけだった。デイグロ（DayGlo）と呼ばれるサイケデリックな蛍光塗料を全身に塗りたくった男女がＬＳＤを摂取し、照明を落とした空間で、サイケデリック音楽とさまざまな色彩が点滅する光の中で踊り狂った。まさに狂乱のフェスティバルである。

この時から、サンフランシスコのヘイト・アシュベリー地区は、ヒッピーのメッカとなり、全米から若者が殺到してくるようになる。ケン・キージーとメリー・プランクスターズは、ますます有名となったが、ブランドの名前はカウンター・カルチャーの新しい演出者、担い手として一挙に注目されるようになる。

ホール・アース・カタログ

トリップ・フェスティバルの後、スチュアート・ブランドは、多様な活動をする。もっとも有名なのがバッジである。一九六六年三月、ブランドは、ＬＳＤを服用した後、ノースビーチの３階建てアパートの屋上に上った。バックミンスター・フラーの地球に関する言説を思い出しながら、サンフランシスコの街を見回した。そんなことはありえないが、ＬＳＤの効果もあって、地球は丸く見えた。その時、ブランドは、なぜ宇宙から地球全体を写した写真はないのかと思った。

そこで、次の週、ブランドは、ＮＡＳＡ（米航空宇宙局）に宇宙から見た地球全体（ホール・アース）の写真をリリースさせる運動を始めた。スチュアート・ブランドは「なぜ我々は地球全体（ホール・アース）の写真を見たことがないのか」と書かれたバッジを作った。

さらにカリフォルニア州立大学バークレー校のサザー・ゲートで1個25セントで売った。大学はすぐに禁止してブランドを追い出したが、かえってその事件がサンフランシスコ・クロニクル紙に載って評判になった。ブランドが、バッジを胸に飾っている有名な写真が残っている。金髪でなかなかの美男子である。自意識に満ち溢れている。

一九六七年、NASAから地球全体の衛星写真がリリースされた。これが、一九六八年、ホール・アース・カタログ創刊号の表紙を飾った。この運動の中で、ブランドはバックミンスター・フラーと知己になった。一九六六年、ブランドは、米国インディアンのロイス・ジェニングスと結婚した。

一九六七年、ブランドは妻と共に、メンローパーク市に移り、友人のディック・レイモンドが一九六六年に設立した非営利の啓蒙教育団体ポルトラ・インスティチュートで働き始めた。

ポルトラ・インスティチュートは、一九六六年メンローパーク市メリル・ストリート1115番地（1115 Merille Street, Menlo Park）に設立された。このポルトラという名前はスペインの総督ガスパル・デ・ポルトラにちなんだものと推測される。

当時、ポルトラ・インスティチュートの活動は、学校教育へのコンピュータ導入と、授業で使うシミュレーション・ゲームの開発であった。

ポルトラ・インスティチュートは、カウンター・カルチャー運動にとっては絶好の場所にあった。隣にホール・アース・トラック・ストアがあった。これは元々トラック・ストアという商品や情報を届けるトラックを使ったストアから発展して店舗となったものだ。

南側数十メートルのメンローパーク市エル・カミノ・リアル1010番地（1010 El Camino Real, Menlo

Park）には、平和主義者ロイ・ケプラーの経営するケプラー書店があった。

北東百メートルには、ＳＲＩ（スタンフォード研究所）があり、南東３００メートルほどにＬＳＤで有名な国際高等研究財団があった。さらに南東約1キロメートルにはスタンフォード大学があった。

この位置関係だとＳＲＩにＬＳＤが浸透した理由も良く分かる。またポルトラ・インスティチュートにＳＲＩの影響が及んだ理由も良く分かる。たとえばディック・レイモンドはＳＲＩで数年間働いていた。

一九六八年、スチュアート・ブランドの父親が亡くなり、ブランドは、10万ドルほどの遺産を継承した。またロイス・ブランドも数千ドルの遺産を継承した。これを原資として、ブランド夫妻は一九六八年七月に6ページほどのホール・アース・カタログを発行した。謄写版刷りだったという。一九六九年一月に出版された増刊号は61ページになり、1千部発行された。

ホール・アース・カタログは、4年間で４４８ページに成長し、発行部数も１００万部に増加し、米国のカウンター・カルチャーのバイブルとなるまで成長する。一九七一年の休刊までに総発行部数は２５０万部に上ったという。

ホール・アース・カタログは、単なる通信販売のカタログではない。きちんとした主張を持った、カウンター・カルチャーのカタログである。

ホール・アース・カタログに取り上げられるには、次の条件のどれかに合致しなければならない。

- ツール（道具）として有用であること
- 自立した教育に関係していること
- 高品質であるか低価格であること

- これまであまり知られていないこと
- 通信販売で簡単に手に入ること

ホール・アース・カタログ自体は、通信販売をせず、カタログに掲載された商品を欲しい人は、業者に問い合わせるか、メンローパーク市サンタクルツ・アベニュー558番地（558 Santa Cruz avenue, Menlo Park）にあったホール・アース・トラック・ストアで買い求めることになっていた。建物の外観は、ほぼ昔と同じだが今は花屋になっている。正面から見ると間口は狭いが。航空写真で見ると奥行きは深い

ホール・アース・カタログの当初の分類は、次のようになっていた。

(1)　ホール・システムを理解する
(2)　シェルターと土地の利用
(3)　インダストリーとクラフト
(4)　コミュニケーション
(5)　コミュニティ
(6)　遊牧
(7)　ラーニング

(1)の「ホール・システムを理解する」は、システム理論や、バックミンスター・フラーの影響を受けたものだ。

(2)の「シェルターと土地の利用」はバックミンスター・フラーのジオデシック・ドームを思い浮かべればよい。この分類は後に消えたようだ。

(3)の「インダストリーとクラフト」は、スチュアート・ブランドが後年愛用するバックスキンのジャケットに代表される。この分類も後に消えたようだ。

(4)の「コミュニケーション」はノーバート・ウィーナーの影響を反映している。HPの電卓などの当時のハイテク製品が扱われている。

(5)の「コミュニティ」では、コミュニティ精神、グリーン・シティ、コミュニティ・ガーデニングなどの項目があったりする。

(6)の「遊牧」では、世界旅行やナショナル・ジオグラフィックスなどの雑誌が扱われていたりする。

(7)の「ラーニング」で面白いのは、易経の易の解説書や道具を扱っていることだ。

分類は次第に増え、生物の多様性、サステイナビリティ（存続可能性）、ハウスホールド（家族）、ヘルス、ファミリー、セックス、テイミング・テクノロジー、ポリティカル・ツール、リブリフッド（暮らし）などが付け加わる。置き換えられたり、消えたものもある。ハイブローで気取ったネーミングが多い。

二〇〇五年の「スタンフォード大学の卒業式」での記念講演で、スティーブ・ジョブズは、『ホール・アース・カタログ』の一九七四年九月号を絶賛した。この号の裏表紙の言葉「ステイ・ハングリー、ステイ・フーリッシュ（飢え続けよ、愚かであり続けよ）」を、卒業生達に贈った。よくこれを『ホール・アース・カタログ』の最終号と書いてあるが、これは誤解を生みやすい。

かなり前に絶版となった『ホール・アース・カタログ』は、現在、非常に高価で入手しにくくなっている。5ドル寄付すると、電子版で最終号を送ってくれるという話があったので送金した。でも届いていない。申し込み方が悪かったのかもしれない。「まあ、たまにはそんなこともあるさ」と諦めた。

代わりに、ハワード・ラインゴールドが編集したミレニアム版の『ホール・アース・カタログ』を米国から購入した。届いてみると、28×38センチメートルで384ページあった。

　非常に巨大な重いハードカバーの本で、びっくりした。厚さを別にすると、私の持っている本では一番大きい方の部類に属する。米国のどこかの単科大学の図書館の払い下げ本だったらしい。カバーの汚れを溶剤で落とし、マジック・インキの跡を消すなど、細かい修理を繰り返すと、きれいになり、いくぶん満足した。

　しかし、残念なので、最終号を買い求めてみた。通常、最終号と言われているのは、一九七一年一月の発行の『ザ・ラスト・ホール・アース・カタログ』で448ページある。ところが届いてみると、「ステイ・ハングリー、ステイ・フーリッシュ」が裏表紙にはない。あれっと思って、もう一度だけ挑戦しようとして調べ直してみた。

　その結果、「ステイ・ハングリー、ステイ・フーリッシュ」が裏表紙に載っているのは、一九七一年の最終号ではなく、休刊の3年後の一九七四年九月に発行された『ホール・アー

写真　『ザ・ラスト・ホールアース・カタログ』：1971年の最終号だが、これには有名な「ステイ・ハングリー、ステイ・フーリッシュ」はない。

写真　『ザ・ミレニアム・ホール・アース・カタログ』：スチュアート・ブランドでなく、ハワード・ラインゴールドが編集した。

ス・エピローグ』であることが分かった。届いた号の裏表紙には確かに「ステイ・ハングリー、ステイ・フーリッシュ」が載っていた。また実際にはページ番号はないが、449ページから始まり、次の450ページからはページ番号がふってある。つまり3年前の最終号の続きとなっている。

以上から、ウォルター・アイザックソンの『スティーブ・ジョブズ』P107の次のような記述は正しいとは言えないことが分かる。

「ジョブズはホール・アース・カタログが大好きだった。特に好きだったのが最終号（エピローグが正しい）で、大学にもオールワンファームにも、ハイスクールの生徒だった一九七一年（一九七四年が正しい）に出たその号を持っていったほどだ。最終号（エピローグ）裏表紙には早朝の田舎道の写真が使われていた。風景で『ハングリーであれ。分別くさくなるな』の一言が添えられていた」

アイザックソンが最終号を確認していないことは明らかで、またスティーブ・ジョブズが『ホール・アース・カタログ』を毎号愛読

写真　『ホール・アース・エピローグ』：1974年に出たエピローグ。最終号の3年後に出た（左：裏表紙に有名な「ステイ・ハングリー、ステイ・フーリッシュ」がある）。

していたかどうかは、多少疑問のような気がする。「ステイ・ハングリー、ステイ・フーリッシュ」は、部下のスピーチ・ライターが見つけて来た言葉のように思う。

フレッド・ターナーの『カウンター・カルチャーからサイバー・カルチャーへ』は、大変すぐれた本だが、ホール・アース・カタログの限界について面白いことが書いてある。

当時は、ブラック・パンサーや米国インディアンの運動が盛んであったが、それらについてはブランドは、殆ど触れなかった。黒人革命運動には距離を置き、先住民であるインディアンの運動についても同じであり、象徴的な扱いに過ぎず、軽い扱いだった。女性解放運動に関しても同じだった。ケン・キージーの一九六五年のベトナム・デイにおけるように、ホール・アース・カタログは、反戦反体制からは距離を置いた。あくまで知的な個人の内的な生活のための雑誌だったというのである。

ブランドの最近の本『地球の論点』を読むと、彼は、都市への人口集中を礼賛し、気候変動や環境保護を批判し、原子発電所を肯定し、遺伝子改造食品を礼賛している。非常に克明な論証であるが、どちらかと言えば、体制礼賛のイデオローグになってしまったという印象を受ける。元々そういう考え方の萌芽が根底にあったのかもしれない。

そうこうする内、ブランドは、何度も鬱病に悩まされるようになった。出すごとに前より良いカタログを出さねばならないというのは相当の軋轢だろう。ロイス・ジェンイングスとの結婚も破綻した。ブランドは、全てを解消することにした。

一九七一年六月二十一日、ブランドは、エクスプロラトリアムという科学博物館を借り切ってホール・

アース・カタログの活動停止パーティを開いた。パーティには数百人の関係者が出席した。ブランドは100ドル札で2万ドル分の札束を持ってきた。真夜中になって、ブランドは参加者にこの2万ドルの有効な使い方を聞いた。次々にさまざまな提案が出た。お金は参加者の間を回っている間に14905ドルに減ってしまっていた。

それから途中を省くと、その使い方が決まるまで、フレッド・ムーアが、そのお金を預かる事になり、自宅の裏庭にブリキ缶に入れて埋めたという。そのお金がどうなったか、諸説があって分かりにくい。掘り出したという説もあるが、お金を埋めたり、掘り出したり不自然である。

スティーブン・レビーの『ハッカーズ』では、フレッド・ムーアが銀行に預けなかったのは、「やつらはそれで戦争をするから」と言ったという。フレッド・ムーアが変人であることが分かるエピソードだが、本当かと思う。

結局、世慣れしていないフレッド・ムーアは、次々に押しかけてくる連中に有用なプロジェクトに寄付せよと言われて、何となくむしり取られてしまった。苦労して稼いだお金でないものは、とかくそんな風になってしまいがちだ。

写真　スティーブン・レビー『ハッカーズ』の最近のペーパーバック。1984年に私が買った版よりずっと読みやすい体裁になっている。

フレッド・ムーア

一九五九年、高校生のフレデリック・ローレンス・ムーア・ジュニア（以下フレッド・ムーア）は、バージニア州アーリントンの自宅から、バイクに乗って姿を消した。バイクを途中のハイウェイに隠し、ヒッチハイクでワシントンの空港へ行き、マイアミまで行って、船をチャーターしてキューバに行こうとした。しかし、スクリューが壊れて失敗した。

フレッド・ムーアは、カリフォルニア州立大学バークレー校に入学した。当時、ROTC（陸軍士官候補生課程）の訓練を受けることは義務化されていた。これに対し、フレッド・ムーアは良心的拒否により、陸軍士官候補生課程の免除を要請した手紙を米国司法長官に送った。あわてた大学当局はフレッド・ムーアを呼び出して注意した。

これに対してフレッド・ムーアは、大学の運営本部のあるスプロウル・ホールに、三脚に手書きの看板を立てて座り込んだ。看板には「強制的なROTC反対、カリフォルニア大学が良心を尊重すべき、という私の信念に従い、ここに7日間の断食を行う」と書いてあった。

米国国防総省に勤める父親の大佐がやってきて、フレッド・ムーアを連れ帰った。その間、1300名ほどの学生が嘆願書に署名していた。

一九六二年秋、カリフォルニア州立大学バークレー校はROTC義務化を否決し、フレッド・ムーアは数学専攻の新入生として大学に再入学した。一九六三年一月にはバークレー校を退学し、カソリック・ワーカーの平和組織に入った。またCNVA（Committee for Non-Violent Action：非暴力行動委員会）の活動家になった。CNVAの平和行進に参加した後、コネチカット州ボランタウンにあるCNVAの共同体農場に移った。また、フレッド・ムーアは徴兵拒否運動に参加し、徴兵カードを返納した。米国中を旅して回り、選抜徴兵登録制に対しても非協力的な発言を繰り返した。一九六五年には起訴され、ペンシルバニア州の連邦刑務所に2年間投獄された。フレッド・ムーアは仮釈放も拒否し、一九六七年四月に釈放された。

ピープルズ・コンピュータ・カンパニー

ホール・アース・カタログは、二つのグループに影響を与えた。一つはピープルズ・コンピュータ・カンパニー（以下PCC）であり、一つはリソース・ワンである。

PCCの中心人物は、ボブ・アルブレヒトである。アルブレヒトの出自はユダヤ系であるという以外はほとんど分からない。謎の人である。アルブレヒトの趣味は、ギリシアのダンスと、ウゾーというギリシアの酒、ブズーキなどのギリシア弦楽器と、コンピュータであった。

アルブレヒトは、一九五五年にミネアポリスのハネウェル社の航空宇宙部門でIBM650というコンピュータに出会った。その後、コロラド州で、バロース205というコンピュータの使い方を教えた。程なくして、アルブレヒトは、コロラド州デンバーのマーティン社の航空宇宙部門に勤めた。業務は核実験のシミュレーションだったという。

軍事研究に嫌気がさし、アルブレヒトは、CDC（コントロール・データ・コーポレーション）に勤めた。

デンバーのジョージ・ワシントン高校で講義をした時、高校生がコンピュータを使えるようになりたいと希望していることを知って驚いた。そこでCDCのオフィスで、CDC160Aコンピュータを使って、高校や大学生から大人まで広い階層の人達にFORTRAN言語のプログラミングを教えた。アルブレヒトは、次第に、人々にコンピュータの福音を広めるのが使命であるように感じ始めた。コンピュータ言語もFORTRAN言語よりもケメニーとカーツの開発したBASIC言語が良いと確信するに至った。アルブレヒトは、一九六四年にCDCを辞め、フリーランスとなり、コンピュータ向けの数学の本を書いていた。

一九六六年、アルブレヒトは、離婚し、サンフランシスコのノースビーチ近くのロシアンヒルという急峻な丘を登るロンバード・ストリートの頂上付近に移り住んだ。この坂を私は家内の運転するボルボ265で通過したことがあるが、非常にスリル満点であった。私にはとても運転できない。

ここで毎週火曜日の夜、ワインのテイスティングとギリシアのダンスとコンピュータを合わせたパーティを開いた。アルブレヒトは、ラム・ダス、ティモシー・リアリー、ジョン・マッカーシーなどのカリスマの影響を受けたミッドペニンシュラ自由大学の運動に関わっていった。

アルブレヒトは、ディック・レイモンドに出会い、メンローパークに引越した。

ディック・レイモンドとアルブレヒトは、ポルトラ・インスティチュートをポルトラ・ファウンデーションという財団に改組した。ポルトラ・ファウンデーションは、ダイマックスというテクニカル関係の出版社も持っていた。ダイマックスは、バックミンスター・フラーが、ダイナミックとマクシマイズから作った造語ダイマクションから作られた言葉である。

一九七二年、ダイマックスの支援を受けて、アルブレヒトと妻のマリー・ヨー・アルブレヒト、ルロイ・フィンケル、ジェリー・ブラウン、マーク・ルブラン、ジェーン・ウッド、トム・アルブレヒト等のスタッフによって、初心者でもコンピュータにアクセスできるように啓蒙する隔月刊のピープルズ・コンピュータ・カンパニー紙（以下ＰＣＣ紙）というタブロイド版の新聞が発行された。

この場合の「ピープルズ」は、カウンター・カルチャーや左翼思想の影響を受け、「人々の」でなく「人民の」という意味合いが強い。新聞にしたのはもっとも低コストだったからという。

ボブ・アルブレヒトは、ＰＣＣ紙の発刊の辞で次のように述べている。

「コンピュータは、多くの場合、人民のためというよりは、人民を抑圧するものとして使われてきた、人々を自由にすると言うよりは、人々を管理するために使われてきた。今や、これら全てを変革する時が来た。我々にはＰＣＣ紙が必要だ」

ＰＣＣ紙は5年間続き、発行部数は8千部であった。一部がインターネット上に保存されており、今でも見ることができる。手書きの漫画があり、素人的なアングラ紙風の作りの新聞である。この新聞には、いやに竜の漫画が多いと思ったが、どうもアルブレヒトが竜が好きであったことに基づくものらしい。アルブレヒトのあだ名もドラゴンであった。

ＰＣＣ紙だけでなく、ピープルズ・コンピュータ・カンパニー社も作られたという。法人として正式に作られたのかどうか、もし作られたとしても正確な設立年月日も分からない。ここでは、ＰＣＣ紙の編集部があった所を、ＰＣＣと呼ぼう。ポルトラ・ファウンデーションでもダイマックスでもＰＣＣでも事実上、同じアルブレヒトの会社である。

アルブレヒトは、ミニ・コンピュータ会社ＤＥＣのために『マイ・コンピュータ・ライクス・ミー』という本を書くことを条件に、一九七一年ミニ・コンピュータＰＤＰ-8をダイマックスに貸し出させた。この本は一九七二年に出版されている。25万部を売ったという。追加の機器も到着したので、ダイマックスもしくはＰＣＣは、コンピュータ・マニアのメッカになった。

ＰＣＣでは、誰でもコンピュータにアクセスできた。ＰＣＣには一九六〇年代の「パワー・ツー・ザ・ピープル（人民に権力を）」という精神にあふれていた。ここに一九六八年十二月、パロアルトに戻ってきたフレッド・ムーアが住み着いた。フレッド・ムーアは、パロアルトで組織的徴兵拒否運動を行うべきと考え、ロスアルトス高校へのオルグを試み、何度も警察に逮捕された。

ＰＣＣでは、毎週水曜日に、持ち寄りディナー・パーティが開かれていた。この会合にはサンフランシスコ湾岸地域のコンピュータやカウンター・カルチャーに関心を持つ人達が集まってきた。リー・フェルゼンスタインも常連であった。

アルブレヒトはボス的な性格で、部下は使えたが、対等な仲間としての付き合いは苦手だったようだ。手狭になっただけでなく、人間関係のいろいろな問題も生じて来たので、本家のメンローパーク市メリル・ストリート1115番地から分離して、分家のピープルズ・コンピュータ・センターが、少し離れたメンローパーク市メナルト・アベニュー1921番地（1921 Menalto Avenue, Menlo Park）に設置された。

こうした中で、フレッド・ムーア、ゴードン・フレンチは、どうしてもボブ・アルブレヒトと合わなかった。ＰＣＣの持ち寄りパーティも廃止された。二人は自分達の組織を立ち上げたかった。そして実際、そうした。

フレッド・ムーアは、チラシを作って、知り合いや関心のありそうな人に配った。


アマチュア・コンピュータのユーザー・グループ
ホームブリュー・コンピュータ・クラブ…名前は何でも結構です
自分のコンピュータを作っていますか？　端末？　TVタイプライター？

入出力デバイス？　それとも何かデジタル式のブラック・マジック・ボックス？

それとも、時間借りのタイムシェアリング・サービスにお金を払っていますか？

もしそうなら、同じ興味の人と一緒に集まりませんか？　情報交換したり、アイデアを交換したり、おしゃべりしたり、何かプロジェクトで働きましょう。

僕らは、三月五日午後7時、メンロー パーク市18番アベニュー614番地（マーシュ・ロードの近く）のゴードン・フレンチの家に集まります。

もし、この時間に都合がつかなければ、次の集会のためにカードを送って下さい。

それでは向こうでお会いしましょう。


現在、インターネットで検索して見つけられる郵送されたチラシは、一九七五年二月十七日、スティーブ宛で、フレッド・ムーアの署名がある。「君に来てもらうことを望みます。オルテアを組み立てた人もいると思います」と手書きで書き添えてある。スティーブと言っても、スティーブ・ウォズニアックではない。

スティーブ・ドンピエーだろう。スティーブ・ウォズニアックは、ＰＣＣに出かけていて、たまたま電信柱に貼ってあったチラシを見たアレン・バウムから連絡をもらっている。

ホームブリューは、英語ではHomebrewで、家が青いわけではない。自家醸造という意味で、手作り自作のコンピュータと言うのが通常の解釈である。アルコールの自家醸造は、どこの国でも禁止されているので、そこに反体制の雰囲気を盛り込んだのだという説を読んだことがある。そうかもしれないとは思わないでもない。

ホームブリュー・コンピュータ・クラブ

一九七五年三月五日午後7時、メンロパーク市18番アベニュー６１４番地（614 18th Ave. Menlo Park）のゴードン・フレンチの自宅のガレージでホームブリュー・コンピュータ・クラブの集会が開かれた。家の左手は道路の行き止まりになっているが、ここに小雨の降る中、32人が集まった。多数の車が集まってきて、ガレージの中で会合が開かれたから、近隣の人は何事かと思っただろう。

最初の会合では、ゴードン・フレンチが集会を仕切る。フレッド・ムーアがその様子をメモした。

話題の中心は、ニューメキシコ州アルバカーキのＭＩＴＳが発売したオルテア８８００であって、それまでに１５００台が出荷されたこと、三月中には１１００台が出荷される予定と報告された。

この日のメンバーは特定しにくい。完全な名簿の記録がないからだ。主催者だからゴードン・フレンチ、フレッド・ムーアは当然いた。リー・フェルゼンスタインもいた。リー・フェルゼンスタインは後述するコミュニティ・メモリを通じて知り合い、仕事場を共同で借りているボブ・マーシュと一緒だった。ボブ・アルブレヒトは最新号のＰＣＣ紙と、届いたばかりのオルテア８８００を持ってきた。製造番号2だったようだ。わざわざニューメキシコ州アルバカーキのＭＩＴＳの本社に行って催促し製造番号4のオルテア８８００のキットを手に入れたスティーブ・ドンピエー、電子部品屋のマーティ・スパーゲル、ダン・ソコル、ケン・マクギナス、アレン・バウム、スティーブ・ウォズニアックもいた。

2回目の会合は三月十九日、ポルトラバレーのアラステラデロ・ロードにあったジョン・マッカーシー教授のＳＡＩＬ（スタンフォード大学人工知能研究所）のコンファレンス・ルームで開かれた。スタンフォード大学の南側の辺鄙な丘陵地帯にある。参加者は倍増して60名になっていた。

四月十二日発行のホームブルー・コンピュータ・クラブ会報第2号には、28名の個人情報データがある。ウォズニアックによれば、第1回目の会合の時、「全員が紙に自分の名前と興味のあることを、何ができるのかを書くことになった」（『アップルを作った怪物』Ｐ206）とあるので、それではないかと思うのだが、悩ましいのは、そうだとすると、出席していても名前が出ていない人がいるので、最初の参加者が32名以上になってしまうことだ。第1回、第2回の出席者の内、個人情報データを出した人のデータだけが並んでいると解釈するのが自然なようだ。

ここで目を引くのは、これまでに出てきたブルーボックスで有名なジョン・ドレイパーや、コンピュータ・コンバーサのアレックス・カムラートが名前を連ねていることだ。

スティーブ・ウォズニアックについては、住所はクパチーノのホームステッド・ロード２０８００番地（電話番号は現在意味がないので省略)。1行65文字、28行、40個のチップでＴＶタイプラーターを作成したこと、自分独自のポンを作ったこと、ブレークスルーというビデオ・ゲームを作ったこと、ＮＲＺＩ(Non Return to Zero Inverted)方式の大変簡素なカセット・テープ読取り装置を作ったことが記されており、また17個のチップによるＴＶチェス・ディスプレイ(内蔵基板３枚)、30個のチップによるＴＶディスプレイを製作中とある。

技術的には、デジタル設計、インターフェイシング、入出力デバイスを得意としているなどと記されている。自由にできる時間は限られていること、回路図ありとも書かれている。

この記録で初めて技術者スティーブ・ウォズニアックが文献に姿を現わしたといえる。

３回目の会合は、四月十六日、メンロパーク市ペニンシュラ・ウェイ９２０番地にある(920 Peninsula Way, Menlo Park)ペニンシュラ・スクールの講堂で開かれた。

この時、スティーブ・ドンピエーが、オルテア８８００をプログラムして、ラジオにノイズを拾わせ、ビートルズの「フール・オン・ザ・ヒル」を演奏して大喝采を受けた。この現象を見つけ出しただけでも凄いが、すべてのコードを拾い出した努力には感嘆する。今でもユー・チューブで、プログラミングと演奏を再現した様子を見ることができる。ビートルズの「フール・オン・ザ・ヒル」に聞こえるか否かは別として、参会者はさぞ興奮したことだろう。

３回目までゴードン・フレンチが仕切った。ゴードン・フレンチは、どちらかというと教師タイプで、自分の考えた方向に強引に運営しようとしたことがクラブのみんなに嫌われた。ゴードン・フレンチは自分で作り出したホームブルー・コンピュータ・クラブから浮き上がり、たまたま社会保険庁の仕事が来たので、それを潮にホームブリュー・コンピュータ・クラブを去って行った。

4回目は、五月十四日、SLAC（スタンフォード大学線形加速器センター）で開かれた。以後10年間、ホームブリュー・コンピュータ・クラブは、原則的にSLACで開催され、リー・フェルゼンスタインが司会を続けることとなった。会員は400人とも500人とも言われた。変動もあり、何とも言えない。

フレッド・ムーアも次第に、ホームブルー・コンピュータ・クラブの活動に幻滅し、反戦運動や平和運動に転進する。フレッド・ムーアはホームブリュー・コンピュータ・クラブを反戦運動や平和運動の拠点にしたかったが、それには失敗し、自分から出て行くしかなかったのである。

現実の革命と同じようにマイクロ・コンピュータ革命の先駆者の二人は、すぐに舞台から姿を消したのである。

ホームブリュー・コンピュータ・クラブでは、マッピング・セクションとランダム・アクセス・セクションが次第に出来ていった。マッピング・セクションは全体討議で、ランダム・アクセス・セクションは自由に小グループに分かれて情報交換や議論をする場であった。

ウォズニアックについて言えば、電卓の開発に従事していながら、一九七五年三月になるまで、インテル8080などのマイクロ・プロセッサーの存在に全く気づいていなかったこと、オルテア8800の存在も知らなかったらしい事には驚かされる。

インテル8008の時代は終わって、インテル8080の時代に入っているのに、部品業者のマーティ・スパーゲルからインテル8008の技術仕様書をもらったことで、会合に出席したことは無駄ではなかったとか発言している。それもインテル純正の資料ならまだしも、セカンドソースのカナダのマイクロシステム・インターナショナル・リミテッドの資料である。そして自宅に帰ってすぐにマイクロ・コンピュータを自作することに決めたと発言していることには首をひねりたくなる。

電卓用の４ビットのマイクロ・プロセッサー、インテル４００４は一九七一年に発売され、８ビットのマイクロ・プロセッサー、インテル８００８は一九七二年に発売されている。また爆発的な人気を呼んだインテル８０８０は一九七四年に発売されているからである。

もっとも現実は案外そんなものであるのかも知れない。

◆これらの事情については『シリコンバレー』第12章を参照されたい。

リー・フェルゼンスタイン

さてここで、リー・フェルゼンスタインについて見ておこう。

リー・フェルゼンスタインは、一九四五年ペンシルバニア州フィラデルフィアのストロベリー・マンション地区で生まれ育った。そこはユダヤ移民と黒人が多く居住する、あまり豊かとは言えない地区であった。

フェルゼンスタインの両親は、ロシア系ユダヤ人である。母親はディーゼル燃料噴射器の発明者の娘であり、父親は蒸気機関車の工場で働いていた商業的芸術家であり、共産党員であったが、内輪もめで地区の責任者のポストを外され、一九五〇年代半ばには共産党の活動をしていなかった。フェルゼンスタインと、兄との仲は良くなかったという。兄の名前はジョゼフだったが、これはヨシフ・スターリンから取った。この時代、スターリンを尊敬するあまり、子供に彼の名前をつけた例は少なくなかったようだ。

フェルゼンスタインは、11歳の頃からエレクトロニクスに強い関心を抱いた。地下室で機器を組み立てたりした。フィラデルフィア公立図書館の分館に通ってはラジオ・アマチュア・ハンドブックを閲覧した。またヒース社のヒースキット電子工作シリーズの短波受信機のマニュアルを耽読した。空想に耽る方が多く、あまり実技には取り組まなかったようだ。ヒース社からヒースキット組立てキットを買うのでなく、配線図を見て部品を集め、組み立てようとするのだから、部品の入手に不安があったのである。

フェルゼンスタインは、フィラデルフィアの男子校セントラル・ハイ高校に進んだ。高校時代ロバート・ハインラインのＳＦ『動乱２１００（Revolt in 2100）』、『異星の客（Stranger in a Stranger Land）』などを読んだ。生涯、強い影響を受けたようだ。

フェルゼンスタインは、公民権運動にも強い関心を持ち、地域活動だけでなく、一九六三年八月のワシントン大行進にも参加した。

一九六三年、フェルゼンスタインは、カリフォルニア州立大学バークレー校の電気工学科に入学する。フェルゼンスタインは成績のＧＰＡが３・０に届かず、奨学金はもらえなかった。

そこでフェルゼンスタインは、ウェストハイマー教授のオプトメトリー研究室の実験補助をする。ここで真空管を使った演算増幅器とパルス整形回路を作った。しかし、フルタイムで働くのは難しかった。

１年生の学年末、フェルゼンスタインは、コオペラテイブ・ワーク・スタディ・プログラムに応募した。6ヶ月大学の外部の期間で働き、夏期講座で取得単位の不足分を埋め、通常の4年間でなく、5年間で卒業するものだった。フェルゼンスタインは、カリフォルニア州エドワード空軍基地のＮＡＳＡ飛行研究センターで技術補助をすることになった。部品の振動試験、簡単なアナログ回路を設計した。

2ヶ月ほど平穏な時間が過ぎた頃、軍情報部の将校がやってきて、フェルゼンスタインの公民権運動や反戦運動への参加経験について質問した。その過程で、フェルゼンスタインは、両親共に米国共産党員であったことを知らされた。フェルゼンスタインは、そのことは軍情報部の将校に言われるまで知らなかったという。

こうして、一九六四年十月、フェルゼンスタインは、エドワード空軍基地を追われ、バークレー校に戻り、再びウェストハイマー教授のオプトメトリー研究室の実験補助をすることになった。

フェルゼンスタインは、フリー・スピーチ運動に参加する。また十二月、大学運営本部のあるスプロウル・ホールでの座り込みにも参加する。この時、警察に検挙された800人の内にフェルゼンスタインも入っていた。

フェルゼンスタインはフリー・スピーチ運動の仲間からは警察無線を傍受できる機器を製作するように頼まれた。フェルゼンスタインは、そんなことは、すぐにできることではないと言った。

弾圧が激しくなり、フリー・スピーチ運動の参加者間の連絡がとりにくくなった。フェルゼンスタインは、一般的な情報通信の問題としてコミュニティの成員間の連絡を取るには、どうしたら良いのかを考え始めた。

一九六六年、フェルゼンスタインは、ティミニス・リサーチに技術者として勤める。程なく解雇され、バークレー計測器の技術者となる。電子回路の温度試験を担当し、トランジスター・パルス・タイミング回路を設計した。

一九六七年、フェルゼンスタインは、バークレー校からドロップアウトした。職を求めて、ボルト・テクニカル・サービス、レイセオン・エデックス、コンサルトロニクスなどを転々とする。

一九六八年、フェルゼンスタインは、バークレー・バーブというアナーキスト的な地下新聞の編集に参加した。軍事担当の編集者だったようだ。彼はデモ行進は整然と行われるべきだと主張した。投石が銀行の窓を壊すなら良し、中小企業の窓を壊すのは駄目だと書いた。徴兵の看板を爆破するのは気持が良いとし、保存しているダイナマイトは2週間ごとに日に当てて湿気を防ぐべきとした。かなり過激である。鬱屈したものがあったのだろう。

バークレー・バーブで内紛が起きると、これまた反体制の出版社であるトライブに移った。ここでは、営業とともにレイアウトの仕事もこなしていたというのだから、よほど小さな出版社だったのだろう。

フェルゼンスタインは、一九六八年から一九七一年アンペックスで働く。アナログ・トランジスター回路、高出力高精度発振器などを設計する。演算増幅器やTTLロジック回路も手がけた。また一九七〇年にサービス・ビューロー社に派遣されてBASIC言語を学びに行かされた。

アンペックスでは、データゼネラル製ミニ・コンピュータのノバ用のアセンブリ言語でミニ・コンピュータ用のインターフェイスのテスト・プログラムも書いた。

一九七一年、フェルゼンスタインは、それまで6年間にわたった精神的な悩みも一応解消し、アンペックスを辞めて、バークレー校に復学した。一九七二年、電気工学科を27歳で卒業する。

一九七二年、フェルゼンスタインは、プロジェクト・ワンの下部組織のリソース・ワンという組織のサンフランシスコ・スイッチボードという支部に時給3ドル50セントで雇われた。

この組織の人々は、職のない技術者に、彼等の技術を活かす何か有用なものを与えるべきだとしていた。また技術のツールは、人民によって管理された場合には、社会変革のツールに成り得るとした。何となくユートピア的な秘密結社的な感じがする。

リソース・ワンは、データベースを作って、それをサンフランシスコ湾岸地域のスイッチボードと呼ばれる支部で共有させようとしていた。ヘイト・アシュベリー・スイッチボートという支部は活発に活動していたが、サンフランシスコ・スイッチボード支部は、事実上、冬眠状態だった。この組織はサンフランシスコのマーケット通りの南側のあまり治安の良くない地域の倉庫にあった。

カリフォルニア州立大学バークレー校を卒業したパム・ハートが、リソース・ワンの社長であったが、彼はトランスアメリカ・リーシング社に掛け合って、時代遅れの巨大なXDS-940というホスト・コンピュータを長期ローンで手に入れた。

XDS-940は、元々はSDS-940という名称であったが、ゼロックス（XEROX）社がSDS（サイエンティフィック・データ・システムズ）社を買収したことにより、XDS-940と呼ばれるようになった。このコンピュータは非常に大きなもので、ハードウェアの管理はフェルゼンスタインが担当し、ソフトウェアの管理はゼロックスのPARCのハッカーであるピーター・ドイッチが担当することになった。

こうして一九七二年から一九七三年にかけて、フェルゼンスタインは、リソース・ワンの技術者としてXDS-940メインフレーム・コンピュータの設置とメンテナンスに従事した。インターフェイス回路やモデムや磁気ディスク・チャンネルを設計製作し、テレタイプ周辺も手がけた。

一九七三年、ユダヤ系のエフレム・リプキンがリソース・ワンに参加する。リソース・ワンから、エフレム・リプキン、マーク・シュパコフスキー、フェルゼンスタイン等によって、コミュニティ・メモリ・プロジェクトという組織が出来る。この組織はマーケット・ストリートの南側から、サンフランシスコ湾の対岸のバークレーに移転する。フェルゼンスタインはハードウェアを、リプキンはソフトウェアを、シュパコスキーはユーザー・インターフェイスとデータ管理を担当した。

リプキンは、XDS-940のユーザーとのインターフェイスを受け持つプログラムを書き直し、さらにROGIRS（リソース・ワン・情報検索システム）を構築した。フェルゼンスタインは、タイムシェア社から寄贈されたテレタイプASR33を修理しXDS-940に接続した。

一九七三年八月、コミュニティ・メモリは、デュラント・アベニューにバークレー校の学生達が運営していたレオポルド・ストコフスキー・メモリアル・サービス・パビリオンというレコード店に、テレタイプASR-33を設置した。無料で誰もが情報検索ができるようにしたのである。

このテレタイプは正面にガラス板をはめ込んだボール箱をかぶせられており、側面にはへたくそな文字が書いてあった。テレタイプの操作は、前面の二つの丸い穴に手を通して行った。何のためにあるのかと不思議だったが、スティーブン・レビーの本によれば、コーヒーやマリファナ煙草の灰をテレタイプにかけられないようにするためだったという。なるほどと納得した。つまり、コンピュータのテレタイプ端末を開放し、市民が作るデータベースを市民が利用できるようにした。結果的には電子掲示板（BBS：ブレティン・ボード・システム）を提供した形になった。いずれにせよ一般の市民に自由にコンピュータネットワークに触れられる機会を与えたのである。

その後、コミュニティ・メモリは、テレタイプASR-33の設置場所を、対岸のホール・アース・アクセス・ストアとミッション地区の公立図書館に移した。テレタイプ端末をバークレーから、対岸のメンローパーク市とサンフランシスコ市に移したのである。ただテレタイプ端末は故障がちであった。もっと信頼性の高い機器が必要であった。この試みはなかなか実を結ばなかった。この経験から、リー・フェルゼンスタインは、コンピュータのターミナルは理解しやすく、簡易で、かつ保守しやすいものでなければならないと知った。

これ以上先へ進めるには、全く新しいシステムを必要とし、それには膨大な投資が必要であった。そしてコミュニティ・メモリとリソース・ワンのグループは対立を深めていた。またメンバーは、ほとんど燃え尽きていた。そこでコミュニティ・メモリのユートピア的な実験は終わりを迎えることになる。

ＴＶタイプライター

一九七四年からリー・フェルゼンスタインは、再びボルト・テクニカル・サービスで働く。テープ・カートリッジ・ストレージ装置を設計し、プロトタイプを製作する。

一九七四年から一九七九年にかけてフェルゼンスタインは、バークレーのデラウェア・ストリート１８０７番地（1807 Delaware Street, Berkeley）にＬＧＣエンジニアリングを設立し、コンサルタント業務に従事する。ＬＧＣはロング・グレイス・サイバネティックスの略である。

フェルゼンスタインについては、もう一つだけ付け加えて置きたい。

一九七四年、フェルゼンスタインは、父親からイヴァン・イリッチの『ツールズ・フォー・コンビィビィアリティ（相互親和のための道具）』という本を贈ってもらった。イヴァン・イリッチはオーストリアのウィーン生まれの哲学者、社会批評家、文明批評家である。この人もユダヤ系である。

イリッチは、ハードウェアは人々に快適さを与えるためでなく、最終的にユーザーと道具の間に共生的関係が成り立つように、長期的見通しを持って設計されなくてはならないと説いた。

これから、フェルゼンスタインは、コンビィビィアル・サイバネティックス・デバイスという人民のための端末（ターミナル）を思いついた。

ボブ・マーシュやフェルゼンスタインは、ドン・ランカスターが製作した家庭用のＴＶ受像機に文字を表示できるＴＶタイプライターに影響を受けていたようだ。彼の原稿は『ＴＶタイプライター・クックブック』という一九七六年に発行された本にまとめられている。私も40年近く前に購入して、何かヒントはないかと当時眺めたものである。本棚の隅から出てきた。なつかしく感じた。

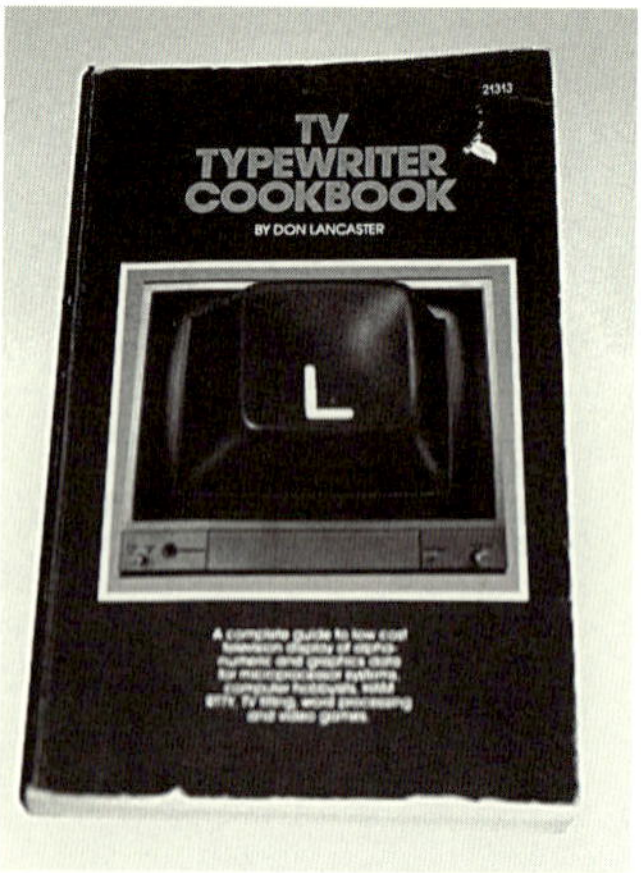

写真　ドン・ランカスター著『TVタイプライター・クックブック』：TVにキーボードをつけてタイプライターとできないかということで、多くの試みがなされた。

この端末にフェルゼンスタインは、トム・スウィフト端末という名前を付けた。

フェルゼンスタインの回路実現の手段は保守的であり、ジャンク屋で買えるような手馴れた部品を使うことであり、斬新で高価なマイクロ・プロセッサーを使って危険を冒すようなことはしたくなかった。

フェルゼンスタインのトム・スウィフト端末の設計思想は『ザ・トム・スウィフト端末またはコンビィビィ

アリティ・サイバネティック・デバイス』という文書にまとめられている。きわめて手堅いが、熱い革命的なビジョンは感じられない。高邁な理想を持つが、現実的な条件に縛られすぎているものと思われる。１部50セントで配布したという。

一九七五年四月、フェルゼンスタインは、ボブ・アルブレヒトから、トム・スウィフト・端末を作るように注文を受けた。これがＶＤＭ（ビデオ・ディスプレイ・モジュール）-１になる。フェルゼンスタインはＶＤＭ-１を設計しただけで、製作は別の会社がおこなったらしい。ＶＤＭ-１が完成すると、スティーブ・ドンピエーが、ＶＤＭ-１で動作するトレック80というゲームを書いた。

ＶＤＭ-１の設計が完成すると、アルブレヒトは、フェルゼンスタインにＶＤＭ-１を使ったコンピュータＳＯＬ-20を設計するように注文した。ボブ・マーシュ、ゴードン・フレンチも設計を手伝った。このＳＯＬ-20は、グレイ・イングラムとボブ・マーシュの設立したプロセッサー・テクノロジーから一九七六年八月から発売された。当初アップルと競ったマイクロ・コンピュータである。

プロセッサー・テクノロジーは一九七六年四月一日、ボブ・マーシュとゲイリー・イングラムによって設立された。初めはＳ-１００バス用のメモリ基板を製作・販売する会社だった。

ＳＯＬ-20はオルテア８８００と違って、しっかり設計されていたが、現在、インターネットから264ページある『ＳＯＬシステムズ・マニュアル』をダウンロードして読んでみると、多少うんざりする。全てに克明だが、このマニュアルの指示通りに組み立てて行くのは大変だと思う。軍用規格のマニュアルのようで楽しいという感じがしない。

またＳＯＬ-20コンピュータの外観のデザインは、ＩＢＭブルーに塗られ、横板は木材だった。余剰材料を使ったようだ。外観は多少平凡で、当時、私は全く魅力を感じなかった。ましてや海外から取り寄せて組み立てたいとは思わなかった。

第十一章

スティーブ・ウォズニアック立つ

アップル-Iの設計思想

スティーブ・ウォズニアックは、ついに自分で、マイクロ・コンピュータを作ることにした。

ウォズニアックは、どのようにしてアップル-1を設計したのだろうか。ウォズニアックは、2回目のホームブリュー・コンピュータ・クラブの会合では、スキーム（回路図）を配っていると発言しているが、それは無理だろう。まだ自分の使うCPUさえ決まっていなかったからだ。

入力にトグル・スイッチではなく、キーボードを使い、出力にLED（発光ダイオード）でなく、家庭用TV受像機を使い、メモリにROMを使うことぐらいが書いてあっただけだろう。それは当時、誰でも思いついていたことだ。

当時はオルテア8800が主流だったので、そこに使われていたインテル8080が圧倒的なシェアを持っていた。ただし300ドル以上した。この価格は購入量によっても上下するので、いろいろな価格が伝えられている。マイクロ・プロセッサーだけに300ドルを投じるのは辛い。

◆インテルについては『シリコンバレー』第12章を参照されたい

ウォズニアックの場合は朗報があった。HPの人間なら40ドル出せば、モトローラのMC6800と周辺チップをいくつか買えるということだった。またダン・ソコルがMC6800の周辺チップをくれた。

そこで、ウォズニアックはMC6800などのマイクロ・プロセッサーの勉強を始めた。

◆モトローラについては『シリコンバレー』第10章以降を参照されたい。

さらに、これも不思議なことだが、ウォズニアックは、電卓は一種のコンピュータだと今更ながらに気がついたことだ。そして電卓の良さを、自分の設計するマイクロ・コンピュータに取り入れて行こうとした。

オルテア８８００では、電源を入れてもすぐには動かせない。プログラムをトグル・スイッチを使って、1行ずつメモリに書き込んで行かなくてはならない。これには、かなりの時間がかかる。全部書き込みが終わると、制御をマイクロ・プロセッサーの開始番地に移して、プログラムの実行を開始する。面倒なのは電源を入れると毎回、これと同じような動作をしなければならないことだ。

もう少し気の利いたシステムだと、紙テープ・リーダー（穴の開いたテープを読み取る装置）がつながっていて、ブート・システム・ローダーという立上げ用の非常に短いプログラムだけをトグル・スイッチを使って書き込んで実行すると、あらかじめ紙テープに穴を開けて書き込んでおいたプログラムを紙テープ・リーダーから読み込んでくれる。

要するにあらかじめ用意したプログラムを自動的に読み込めるようにすれば良い。紙テープを使う方法もあるが、ウォズニアックは、電卓で行われていたようにプログラムを書き込んだＲＯＭ（リード・オンリー・メモリ：読み出し専用メモリ）をマイクロ・コンピュータ本体に搭載してしまえば良いと考えた。

電源を入れると、あらかじめＲＯＭに書き込まれていたブート・システム・ローダーというプログラムに制御が移り、このプログラムがマイクロ・コンピュータを動かすプログラムを起動する。

入力用のトグル・スイッチを廃止し、キーボードに置き換え、出力用のＬＥＤを廃止し、ＴＶ受像機に置き換えるのだから、まず必要なのはキーボードを制御するプログラムと、ＴＶ受像機への出力を制御するプログラムである。これらをウォズニアックはモニター・プログラムと呼んだ。

これらのことをマイクロ・プロセッサーMC6800を搭載したマイクロ・コンピュータにやらせるにはどうしたら良いか、必要な部品は何か、ウォズニアックは一つずつ考えて行った。

キーボードからの文字入力

これは、ハードウェア的にはMC6820　PIA（周辺インターフェイス・アダプター）を使っており、非常に簡素なものである。ソフトウェアの方が大変だったろう。制御するプログラムは6502　16進モニター・プログラムとして、アップル-Iオペレーション・マニュアルにリストが収録されている。キーボードは標準的なASCIIキーボードを使用する。キーが押されると、7ビットのASCII《アスキー》文字符号が生成される。それがどうして起きるかのような基底還元主義は捨ててよい。そうなると割り切って結構である。

キーが押されると、短いストローブ・パルスが生成されて、それがMC6820の内部にあるフリップフロップをセットする。ストローブの訛った言い方がストロボ（閃光）である。これによってモニター・プログラムは、トリガーされて（引き金を引かれ）キーボードから新しいキャラクタ（文字）を読み込むことになる。

ＴＶ受像機への表示

スティーブ・ウォズニアックは天才的な男である。したがってその設計した回路はきわめて技巧的であって、普通の人には分かりにくい。大まかな所で説明しよう。ただし分からなくとも気にしないで構わない。スティーブ・ジョブズは、多分理解していなかった。

当時の米国のＴＶ受像機には１９２本の走査線があった。一つの文字を表示するのに、縦方向に８本の線が必要とすれば、１９２を８で割って24行の文字が表示できる。横方向に何文字を表示するかは設計方針にもよる。ウォズニアックは40文字とした。

碁盤の上に碁石を並べてみよう。Ａという英文字を碁石を並べて表現することを考える。縦七つ横五つの升目で表現できる。縦方向にくっつかないようにするには、縦にもう一つ隙間をとって縦八つ横五つとすれば良い。この８×５の升目で英数字は全て表現できる。

毎回、英文字が出てきた時に、碁石の並べ方を考えるのは煩雑だから、これをＲＯＭ（リード・オンリー・メモリー）に記憶させておけば楽だ。こういう特殊な目的のための記憶装置をキャラクター・ジェネレーター（文字発生装置）という。ウォズニアックは、シグネティックスという会社の２５１３というキャラクター・ジェネレーターを使った。２５１３の記憶容量は、２５６０ビットしかなかったので、64文字しか記憶できない。８×５×64＝２５６０である。

数字や記号も扱うことを考えると、実は64文字では英小文字を扱うのが難しい。そこで２５１３では英大文字と数字と記号しか収容できなかった。ROMが高価だったためである。このため、アップル-Iでは英語の大文字しか表示できなかった。昔のアップル-Iの画面写真をご覧になれば、英語の大文字しか使われていないことに気が付かれるだろう。

CPU（中央）からビデオ出力用の文字データが出力されてきた時、大雑把に言えば、これはASCII符号という形態で出力されてくる。これをキャラクター・ジェネレーターに記憶されている文字と対応づけなくてはならない。ふつうはASCII符号は7ビットだが、この場合、64文字だから6ビットで良い。64は2の6乗である。

文字を表示すると言っても、一挙に8ドット×5ドットの文字は表示できない。TV受像機は水平方向に走査（スキャン）を繰り返しながら、文字を表示していく。つまり縦方向の5個の碁石を順番に並べていく。すると8行あるので、これを指定するには3ビット必要になる。8は2の3乗だからだ。

つまり、英文字を指定するには、ASCII符号と文字表示パターンの対応に6ビット、走査線の位置を指定するための3ビットが必要である。合計9ビットを指定すると、文字表示パターンの1行分5ドットが出てくる。

2513キャラクタ・ジェネレーターには、次の入力信号が入る。Aはアドレス線である。

。A0からA3までの3ビット　　走査線の縦方向の位置

。A4からA9までの6ビット　　ASCIIコードのアドレス

また2513キャラクタ・ジェネレーターの出力は、5ビットで文字の出力パターンである。

これまで、簡単のため、一つのASCII符号と一つの文字表示パターンの対応だけを考えた。

ところが、画面には40文字×24行表示しなければならない。そこで1画面分のＡＳＣＩＩデータ40×24＝９６０文字分のデータをどこかに保存しておくと便利である。普通はこれをスクリーン・メモリと言って、ＲＡＭ（ランダム・アクセス・メモリ）を使う。しかし、コストの節約とミニマリストのプライドで、ウォズニアックは安価なシフト・レジスターを使った。こういう手の込んだことをするので、回路が複雑になって分かりにくくなる。

文字表示パターンの横方向の位置は、40文字分、0から39までである。6ビットで64まで表現できるが、2進数０００００（10進数0）から１００１１１（10進数39）までで良い。

縦方向の位置は24行分、0から23まである。5ビットで32まで表現できるが、2進数００００（10進数0）から１０１１１（10進数23）までで良い。

後は、ビデオ信号に変換してＴＶ受像機に持っていけるようにするだけだ。そう書くと簡単そうだが、結構むずかしい。

アップル-Ｉのオペレーション・マニュアルが、インターネットからダウンロードできる。ここにある回路図と、アップル-Ｉの基板の写真を一つずつ照合し、部品の説明をインターネットからダウンロードすれば、多少は分かるかもしれない。良い図面や鮮明な写真を入手するには少し根気を必要とする。

それにしてもウォズニアックは何という天才かと敬服する。

チャック・ペドル

この頃の話がアップル草創期の一番面白い話の一つである。

まず、チャック・ペドルである。長い間、写真が1枚しかなく、痩せた人だとばかり思っていたが、インターネットで映像を見て、110キログラムという巨漢であったのには驚いた。

チャック・ペドルの祖先は、英国からカナダのニューファウンドランドへ移民してきた。

ペドルという姓は、本来はペドル家のそばを流れるピドル川に由来するが、ピドルというのはあまり上品な言葉ではないので、チャック・ペドルの祖父がペドルと改名した。彼の父親の兄弟は21人いた。

カナダは、ペドル家にとって暮して行くのに楽ではなかったので、一九三七年一家は米国のメイン州バンガーへ引越し、チャック・ペドルはこの地で生まれた。したがって米国人である。

チャック・ペドルは、少年時代、ラジオのアナウンサーになりたかったようだが、夢はかなわなかった。

一九五五年に海兵隊に入隊した。海兵隊は彼をカリフォルニアに配属したので、チャック・ペドルは、いつかカリフォルニアに住みたいと思うようになった。

チャック・ペドルは、一九六〇年にメイン州立大学を卒業した。一九六一年ＧＥ（ジェネラル・エレクトリックス）に入社した。在学中に結婚し子供が３人いた。最初の配属地はカリフォルニアで、次はアリゾナ州フェニックスのコンピュータ・センターであった。ここでチャック・ペドルはＮＣＲ３０４コンピュータに触れた。

一九六三年、チャック・ペドルは、大型コンピュータGE‐235用のBASIC言語の講習を受け、職場の人々に教えた。2年後GEは、タイムシェアリング・サービスに参入した。GEは、チャック・ペドルをオハイオ州イベンデールのタイムシェアリング・センターに送り込んだ。大型コンピュータのIBM7094が10台、GE‐600が5台、GE‐225が25台、技術者とプログラマーが4千人いた。

ところが一九六〇年代末、GEはIBMとコンピュータの競争に負け始めた。そこで一九七〇年、GEは、コンピュータ事業からだけでなく、タイムシェアリング・サービスからも全て撤退することになった。

突如、解雇されたチャック・ペドルと3人の同僚は、電子式キャッシュ・レジスター開発ビジネスを立ち上げたが、資金難でうまく行かなかったようだ。チャック・ペドルと奥さんの間にはすでに4人の子供がいたが、こうした苦境の中、離婚した。ところが数週間して二人の子連れのシャーリーと再婚した。

一九七二年ワード・プロセッサー会社を立ち上げるが、あえなく失敗。進みすぎていたのだ。

一九七三年、チャック・ペドルはモトローラに入社し、MC6800のアーキテクチャの設計者トム・ベネットの部下となった。DECのPDP‐8の命令セットを模倣したと言われる。

公式にはMC6800の開発に当たったのは以下の人々と言われている。

- ジェフ・ラベイル　　テクニカル・ディレクタ
- トム・ベネット　　開発
- マイク・ウィルス、ジーン・シュライバー、ダグ・パウエル　　システム・デザイン

ビル・メンシュがMC6820 PIAチップを設計した。

チャック・ペドルはMC6800を25ドルで売りたいとし、300ドルで売りたいというモトローラと

対立した。チャック・ペドルはＭＯＳＴＥＫ《モステック》の会長Ｌ・Ｊ・セバンを訪ねて行った。セバンは特に関心を示さなかった。

　ある日、チャック・ペドルはＧＥの以前の上司に出会い、ペンシルバニア州ノーリスタウンにあるＭＯＳテクノロジーの社長ジョン・オリバー・パイビネンに会ってみたらと言われた。

　パイビネンは、フィンランド移民の子供として一九二五年シカゴに生まれている。第二次世界大戦中は陸軍信号部隊にいた。戦後ミシガン大学の電気工学科の学部を卒業、大学院を修了した。最初はバロースに入社したが、一九五〇年代の終わりにはＧＥにいた。標準化されたパルスを生成する真空管回路（米国特許２７８６１３７：一九五七年）と特殊な動作をする10進カウンターの真空管回路（米国特許２８２４９６１：一九五八年）、磁気コアを使ったシフト・レジスタ（米国特許３１９９０８８：一九六五年）の特許を持っていた。

　一九六九年パイビネンは、アレン・ブラッドレーの資金援助を得て、モート・ヤッフェ、ドン・マッキントッシュローリン等とＭＯＳテクノロジーズを設立し社長となった。

◆『シリコンバレー』第1版Ｐ484の記述、「ＭＯＳテクノロジーは、チャック・ペドル等によって設立された」は、私の誤りで、「ジョン・パイビネン等によって設立された」が正しい。訂正してお詫びする。多分昔読んだジェフリー・ヤングの『スティーブ・ジョブズ』上巻Ｐ162の「彼（チャック・ペドル）は自分の会社をコモドールに売ってしまっていた」あたりを無批判的に受け入れてしまっていたからだろう。

　そこでチャック・ペドルは、フィラデルフィア郊外30キロメートルほどのノーリスタウン・リッテンハウスロード９５０番地（950 Rittenhouse Road Norristown）のＭＯＳテクノロジーズのバレー・フォージ・コーポレート・センターを訪ね、ジョン・パイビネンに会った。ＭＯＳテクノロジーズの得意先にはコモドールがあった。二人は気が合い、チャック・ペドルの計画を実行に移そうということになった。ただ、ＭＯＳテクノロジーはＰチャネルのＭＯＳしか経験がなく、低価格・高速を実現するにはＮチャンネルＭＯＳの技術をものにしなければならないということで意見が一致した。

一九七四年八月モトローラは、ＭＣ６８００を発表し、価格を３００ドルに設定した。

同じ月チャック・ペドルは、７人の同志を引き連れて、モトローラを脱藩し、ＭＯＳテクノロジーに入社した。ＭＣ６８００にほぼ互換な６５０１を設計したのである。

チャック・ペドルは、６５０１マイクロ・プロセッサーの設計において思い切った策を採った。ＭＣ６８００がＰＤＰ-８の命令セットを模倣したなら、６５０１は、もっと進んだＰＤＰ-11の命令セットを模倣しようとしたのである。

またチャック・ペドルは、パイプラインという方式を採用した。仮にマイクロ・プロセッサーが命令の読み出し、命令の解読、命令の実行、実行結果の保存というような四つの処理部分でできて

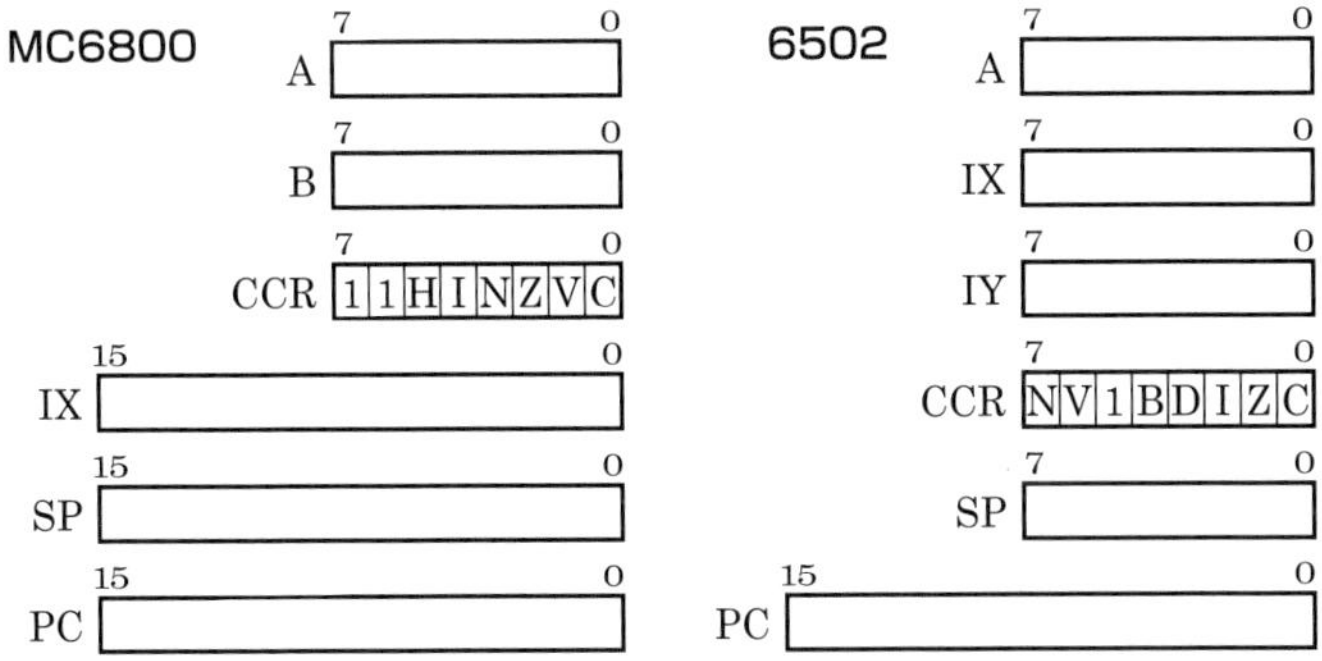

図　MOSテクノロジーのマイクロプロセッサー6502のレジスタ配置：MC6800と全く同じではないがピン配置は似ていた。

いて、各部が独立して動作できるようになっているとすれば、理想的な状況では、4倍の速度で動かせる。これをパイプライン処理という。現実にはなかなか難しい問題があるが、ともかくやってみたのである。
さらに、これは少しやり過ぎだったが、６５０１は、ＭＣ６８００と40本のピン配置がほぼ同じだった。つまり、３００ドルのＭＣ６８００用の基板のＭＣ６８００を６５０１に差し替えても動作する。ただしレジスタ配置も違うのでプログラムの完全な互換性はない。しかし、これは、たちまちモトローラからクレームがついたので、６５０２ではピン配置を少し変えた。差し替えて動作することはなくなったが、回路を少し変更すると、６５０２に差し替えても動作できるようにできる。実際スティーブ・ウォズニアックの設計したアップル-Ⅰでは、どちらでも対応できるようになっていた。

６５０２を完成させたチャック・ペドル達は、一九七五年九月十六日からサンフランシスコ市の南のデーリー・シティにあるカウ・パレスで開催されるウェスコン７５の会場で、６５０２を25ドルで販売することにした。一九七五年八月、ＭＯＳテクノロジーが発表した６５０１は20ドルであって、３００ドルのＭＣ６８００は到底太刀打ちできない。モトローラに告訴すると脅されて、九月に前述のように６５０１を少し変更した６５０２を発表し、価格を25ドルとした。

ところが、当日になると、思いがけないことが起きていた。主催者が、会場では一切の物品の販売を認めないと通告してきたのである。
困ったチャック・ペドル達は、近くのサン・フランシス・ホテルのマッカーサー・スイートという大きい部屋を借りて、そこへ会場から入場者を誘導し、６５０２を販売することにした。

マッカーサー・スイートの入口のドアー付近には、チャック・ペドルの妻のシャーリー・ペドルが、にこやかに構えていて、「25ドルで６５０２を1個、もう10ドルでマニュアルをお買い求めいただけます」と大きなガラス瓶一杯に詰まった６５０２を指差した。

部屋の中では６５３０　ＲＲＩＯＴ（ＲＡＭ・ＲＯＭ・Ｉ／Ｏデバイス）チップが30ドルで売られ、開発者のトレーニング・キットのＴＩＭ（ターミナル・インターフェイス・モニター）やＫＩＭ（キーボード・インプット・モニター）-1が展示され販売されていた。

もちろん、ウォズニアックは６５０２に飛びついた。『アップルを創った怪物』には、次のようにある。「そこで僕は20ドルのチップ数個と5ドルのマニュアル１冊を買った」。

チップは６５０２だと数行後で言っているのだから、20ドルという記憶は正確でない。マニュアルの価格５ドルも正確ではない。ウォズニアックの記憶の正確さは、そのくらいと思っていれば良いのかもしれない。

この時、一番、吹き出す話は、実は大きなガラス瓶一杯に入っていたのは、完動品ばかりではなかったということである。当時のＭＯＳテクノロジーの生産技術では、ガラス瓶の半分の量の６５０２を作り出すの

写真　ブライアン・バグノール著『コモドール・オン・ザ・エッジ』：2010年版、上下2冊になるはずであったが、下巻は出ないままになったようだ。

が精一杯で、後はダミーで動かなかった。上半分だけが本物だった。上げ底であった。

さてともかく、ウォズニアックが６５０２を手に入れたのは、一九七五年九月中旬である。ところが、ウォズニアックの『アップルを創った怪物』には、一九七五年六月の十六日から十八日とある。どうして、このような奇妙な間違いが起きたのか調べてみた。

６５０１、６５０２の最初の報道は、一九七五年七月二十四日号のＥＥ（エレクトロニクス・エンジニアリング）タイムズ誌によるものである。そして６５０２の一番有名な宣伝広告が、六月付けで出たように見える記事が多い。しかし一番有名な広告は、ＩＥＥＥ（米国電気電子技術者協会）の『コンピュータ』誌の一九七五年九月号のＰ38〜39に出ているものである。これには八月に６５０１を20ドルで発売したが、今月九月には６５０２を25ドルで発売すると出ている。

つまり『アップルを創った怪物』の場合は、インタビューをまとめた米国の編集者が間違えたものと思われる。ブライアン・バグノールの『コモドール　ア・カンパニー・オン・ザ・エッジ』という本のＰ33にも同じ広告の写真が出ていて、説明にはＥＥタイムズ九月八日号Ｐ38-39とある。これも間違いである。

次のＵＲＬが広告のＵＲＬである。

http://commons.wikimedia.org/wiki/File:MOS_6501_6502_Ad_Sept_1975.jpg

したがって『アップルを創った怪物』のＰ225にある一九七五年六月二十九日、ウォズニアックはキーボードから文字を入力し、ＴＶ受像機にそれを表示するのに成功したという記述はＭＣ６８００なら良いが、６５０２を使ったものとするなら、６５０２が入手できる３ヶ月も前の話で、整合性が取れない。したがってＭＣ６８００を使ったボードでキーボードから文字を入力し、ＴＶ受像機にそれを表示するのに成功したと考えることにしたい。製品化されたアップル―Ⅰのボードにも MＣ６８００を意識していた痕跡が残っている。ボードの左上と左の２箇所に、（６８００ ＯＮＬＹ）と白く書かれた場所がある。

アップル―Ⅰの設計

これから６５０２を使ったマイクロ・コンピュータという呼び方はやめて、アップル―Ⅰ《ワン》と呼ぶことにしよう。また、アップル―Ⅰの表記ではハイフンが入っていたが、アップルⅡではなくなる。

一体、ウォズニアックはアップル―Ⅰをどのように設計したのだろうか。部品を集めた話は語られているが、部品を並べただけでは設計はできない。ふつうは何かを作るには手本があるのが普通である。九月の時点で、ウォズニアックはＫＩＭ―１を見ているので、この設計を参考にしたかもしれない。回路図を見ると、きわめて簡単な回路である。

またレイ・ホルトという人は、ウォズニアックが、自分のＪＯＬＴという６５０２コンピュータを買ったと主張している。ただこのコンピュータの発売は一九七五年十二月なので、少し遅いように思う。

さらにウォズニアックは、近所のサンタクララ市ホームステッド・ロード３８００番地（３８００ Homestead Rd, Santa Clara）にあったＡＭＩ（アメリカン・マイクロシステムズ・インコーポレイテッド）からＤＲＡＭを買っている。このつながりはホームブリュー・コンピュータ・クラブに来ていたＡＭＩのダン・ソコルを通じたものだろう。ＡＭＩは、一九六六年にフィルコ・フォードのハワード・ボブ等４人の技術者によって設立されたが、ここも６５０１を生産しており、６５０１用のトレーニング・キットの開発をしていたようなことを読んだことがある。

しかし、私はアップル-Iを、色々な見地から詳しく検討して見たが、独自設計と言って良いだろう。

またウォズニアックが作ったアップル-Iは全く問題なく動いたのだろうか。キーボードやＴＶ受像機につなぐまでの苦心は『アップルを創った怪物』に記録されているが、もう少し本格的なものになった場合、問題なく動いたのだろうか。

これについては『コモドール　ア・カンパニー・オン・ザ・エッジ』という本のＰ50に、チャック・ペドルの証言が載っている。

「この若者達（ウォズニアックとスティーブ）は、ベイエリア（サンフランシスコ湾岸地域）に住んでいて、彼等のシステムは動作しなかった。そこで我々は開発システムＭＤＳ-６５０（マイクロコンピュータ・デベロップメント・ターミナル）を持って行って、ガレージの中で彼等のシステムを立ち上げられるように午後の間中、手伝った」

文章の前後関係から一九七六年二月より前である。ブルー・ボックスの時も最初は完全に機能せず、キャプテン・クランチに助言をもらった。何もトラブルがなかったとか、全部自分だけで、できたと言う方が不自然な気がする。

ともかく一九七六年二月には、ウォズニアックは、こうして完成したアップル-Iをホームブルー・コンピュータ・クラブに持って行った。この時点ではプリント基板ではなく、ワイヤー・ラッピングで配線していたようだ。

一九七五年十月モトローラは、MOSテクノロジーのマイクロ・プロセッサー製造停止とNチャネルMOS技術など25件の特許侵犯でMOSテクノロジーを訴えた。チャック・ペドル以下４人の６５０２の開発者が訴えられた。軽率なことにモトローラを去る時に、マイク・ジェームズが持ち出した資料を処分しなかったことがモトローラに露見してしまった。

MOSテクノロジーに資本を出していたアレン・ブラッドレーは、モトローラが訴訟を起こしそうだとなると、面倒を避けるため、MOSテクノロジーの創立者達にほぼ無償でMOSテクノロジー社を譲ってしまった。アレン・ブラッドレーの後ろ盾がなくなると、MOSテクノロジーは、たちまち資金繰りが苦しくなった。モトローラのような巨大企業を相手の公判維持には膨大な費用がかかる。

一九七六年三月、MOSテクノロジーは、モトローラとの和解に踏み切り、６５０１を犠牲にし、特許費用20万ドルを支払い、持ち出した文書を返却した。

MOSテクノロジーは、一九七六年九月、ジャック・トラミエルのコモドールにわずか75万ドルで工場ごと買収された。MOSテクノロジーの創業者達は株を譲渡して儲けたが、チャック・ペドルは取り残された。

ジャック・トラミエル

ジャック・トラミエルは一九二八年九月ポーランドのウッチ（Lotzというスペルだが、そう発音する）にユダヤ系の子供として生まれた。

一九三九年、怒涛のごとく進入してきたナチス・ドイツ軍がウッチに進駐してきた。つかの間ナチス・ドイツ軍の華麗な行進に心躍らせたトラミエルであったが、やがて人口の3分の1の20万人のユダヤ人がウッチのゲットーに押し込まれることになった。

トラミエル一家はゲットーの狭い一室で寝起きし、ジャックの父は靴の製造に従事し、ジャックは下着の工場で働くことになった。

一九四四年八月、一家はポーランドのウッチから、ドイツのアウシュビッツ強制収容所へ移動させられた。男女は別々にされた。トラミエルは母と別れ、父と一緒にされた。さらにしばし生きることを許されるグループと、即時にガス室に送り込まれるグループに選別された。選別の結果、生きることを許された父と子は、ハノーバー郊外に移され、強制収容所を作る作業に従事させられた。着衣も食事も貧弱で劣悪であった。父は子に次のように言って責めた。

「親孝行な息子は父親に食べ物を貢いでくるのに何故おまえはそうしないのか」

ジャック・トラミエルは危険をおかして、高圧電流のフェンスを越え、ナチス親衛隊の台所に忍び込み、やっとの思いで食物を盗み出した。手に入れた食物を父に渡すと、父はすでにもう食物を受け付けない体になっていた。後年、ジャック・トラミエルは、父の死はガソリンを血管に注射するという人体実験の結果であると知った。事実とすれば悲惨な話だが確かめようがない。

ナチス・ドイツが敗戦し、米軍によってジャック・トラミエルが収容所から解放されたのは、一九四五年四月十日、時にジャック・トラミエルは16歳だった。アウシュビッツに収容されたユダヤ人の内、生き残ったのは、きわめてわずかであったという。

収容所から解放されても、苦しい日々であった。文字通り食べるためにジャック・トラミエルは米陸軍の厨房で働いた。この頃、母がウッチに生存していていることを知り、再会した。

ジャック・トラミエルは、一九四七年七月、強制収容所の生き残りのヘレン・ゴールドグラブと結婚した。

トラミエル夫妻はHIAS（ヘブライ移民援助協会）の援助を受けて、別々に米国に渡った。

ジャック・トラミエルは、一九四七年十一月、乗船切符と10ドルだけを渡されて単身先にニューヨークに渡った。ジャック・トラミエルという本名を捨てることになる。

ニューヨークでもHIASの援助を3週間ほどは受けたが、その後は辛い底辺の暮らしであった。ジャック・トラミエルは映画を見て英語を覚えようとした。

一九四八年、ジャック・トラミエルは、陸軍に入隊し、フォート・ディックス基地の厨房で働いた。

除隊したジャック・トラミエルであったが、一九五〇年朝鮮戦争で召集を受ける。幸い戦地に赴くことはなく、陸軍の事務機器修理部門で事務機器の保守と修理に専念することになる。その間、ジャック・トラミエルは、IBMの事務機器の学校に通う。そこでジャック・トラミエルはIBMの電動タイプライタの修理技術を覚えたのである。これが後年非常に役に立つことになる。

除隊したジャック・トラミエルは、軍隊での経験を活かしてエース・タイプライタというタイプライタ修理会社に入社する。週給50ドルであった。給料は十分でなく、会社が引けると、ジャック・トラミエルはタクシーの運転手に変身して稼いだ。ジャック・トラミエルは、陸軍でのコネを利用してエース・タイプライタに顧客を紹介したが、ボーナスや昇進などの見返りはなかった。これに怒ったジャック・トラミエルは、陸軍時代の友人と会社を興した。ジャック・トラミエルは、国連から中古のIBMタイプライタを200

台買い込み、修理して販売した。

復員兵援護法のおかげで、ジャック・トラミエルと友人の二人は、銀行から2万5000ドルを借りることができたという。このお金をつぎ込んでジャック・トラミエルは、ブロンクスに中古タイプライタの修理販売のシンガー・タイプライタ社を設立することができた。

しかし、中古タイプライタの修理販売ではそれほど儲からないということが次第に分かってきた。オリンピア社、アドラー社、エベレスト社などの輸入タイプライタを扱った方が儲かるということが分かってきた。ブロンクスでは何より安いことが重要であった。ブロンクスでは商売仇も多く、だんだん居づらくなってきた。

ジャック・トラミエルの奥さんには、親戚が多く、またカナダのトロントにも多くの親戚がいたので、足繁く通う内に、とうとう一九五四年トロントに移り住むことになった。トロントでも、ＩＢＭのタイプライタと会計機を修理して販売していた。

その内、ジャック・トラミエルはイタリアのエベレスト社の代理店を買収した。この買収を通じて、ベルリン生まれの英国人のエリック・マーカスを知った。彼の義父はベルリンで会計機を製造していたが、ユダヤ人であったので、一九三六年にドイツを離れていた。

ジャック・トラミエルは、エリック・マーカスから、あれこれ教わったが、特にチェコスロバキアのタイプライタ会社について教わった。

ジャック・トラミエルは、カナダの政府からの注文を取たかったが、そのためには、カナダ製のタイプライタが必要になった。そこでジャック・トラミエルはカナダ以外の国から部品を取り寄せてカナダでライセンス生産をしようとした。

しかし、友人に聞いて見た所、米国や欧州のどの会社もジャック・トラミエルにライセンスを供与しないだろうということであった。英国のコンスル・タイプライタならライセンスを供与するだろうと言われた。そこでジャック・トラミエルは、コンスル・タイプライタのライセンスを手に入れた。ジャック・トラミエルはチェコスロバキアからタイプライタの部品を輸入し50人の技術者を雇ってカナダで組立てさせた。カナダで組立てれば、そのタイプライタはカナダ製ということになった。

しかし、まだ会社に名前がなかった。ジャック・トラミエルが共同経営者のエリック・マーカスとタクシーでベルリン市内を走っている時に、会社の名前を議論していた。すると准将と書かれた軍用車が見えた。そこで准将（Commodore）つまりコモドールを会社の名前に採用した。将軍（General）や提督（Admiral）はすでに使われていたからである。こうして一九五八年コモドール社が誕生した。

コモドールは、最初にシアーズ・ローバックに、タイプライタを売り込んだ。資金としてジャック・トラミエルは、シアーズ・ローバックから17万6千ドルを借りた。

シアーズ・ローバックを顧客に持ったコモドールは急速に大きくなった。大きくなると、さらに大量の資金が要る。ジャック・トラミエルは、シアーズ・ローバックの仲介でポウェル・モルガンと接触し、彼のアトランティック・アクセプタンス社から資金を融通してもらった。

一九六〇年から、エリック・マーカスは、義父がベルリンで生産していた会計機の販売を始めた。

ジャック・トラミエルは、エリック・マーカスの義父の会社の米国およびカナダの代理店契約を取った。

一九六二年にジャック・トラミエルは全社を買収する。

ジャック・トラミエルは、アトランティック・アクセプタンス社からの巨額の負債を返済するために一九六二年、コモドールを1株2ドル50セントで上場する。一九六六年、コモドールに資金を融通していたアトランティック・アクセプタンス社が破産すると、決算書に虚偽記載があったことが発覚し、大問題に発展した。

コモドールもここまでかと思われたが、一九六六年、アービング・グールドがコモドールの株17％を40万ドルで買収し、コモドールの会長になった。グールドはジャック・トラミエルをタイプライタ事業から、電卓事業に向かわせた。

ジャック・トラミエルの失敗は、アービング・グールドと組んだことである。コモドール・ビジネス・マシンの支配権はアービング・グールドに移った。得体の知れないジャック・トラミエルに融資するのは、アービング・グールドくらいしかなかったのだろう。親会社としてコモドール・インターナショナルがバハマに設立された。税金逃れは明確で、何とも胡散臭い。

強制収容所という地獄からの生還者だけあって、ジャック・トラミエルの商売は、きわめて苛烈で戦闘的であった。従業員を低賃金で長時間こき使い、仕入れは徹底して値切った。「ビジネスは戦争だ」というのが彼のスローガンだ。どんな強い相手にも臆することなく激しい戦いを挑む。わざわざ強い相手を挑発して喧嘩に引き込むような所があって愉快だ。

一九七〇年代、コモドールは電卓ビジネスの世界に参入し、巨人ＴＩ（テキサス・インスツルメンツ）との激しい価格戦争を耐え抜き、前述のように一九七六年九月、ＭＯＳテクノロジーを買収した。

スティーブ・ジョブズの協力

スティーブ・ジョブズは、この頃、コール・コンピュータに出入りしたり、アタリに出入りしたりしていた。アタリからはホロスコープに関係した機械を設計してくれと頼まれたが、スティーブには、そういう技術はなく断った。彼はエージェントであって、紹介するほうが得意である。頼みのウォズニアックは、アップルーⅠに夢中になり、ゲーム・マシンには興味を示さなくなってしまっていた。

やることを見出せないスティーブは、スタンフォード大学1年生の物理学の講義を聴講したりした。またスティーブは、ホームブリュー・コンピュータ・クラブには数回出入りしたようだが、繰り返されるハードウェア談義には興味がなかった。理解できなかったし、興味もなかったと言って良いだろう。

さて、アップルーⅠ開発の過程で、ウォズニアックは、マイロン・タトルから32個のインテル製のSRAMチップを借りた。手元にある古い『インテル・コンポーネント・データ・カタログ1979』を見ると、多分インテル2102という容量1キロビットのSRAMだと思う。

1キロビットは、厳密には1000ビットだが、2進数を使う関係で、1024ビットとするのが業界の習慣である。SRAMは、スタテイックRAMのことである。高速だが高価だ。

SRAMチップ1個の容量は1024ビット、32個全部合わせると4Kバイトになる。これを情報通信工学技術者風に計算すると次のようになる。

１０２４は２の10乗である。32は２の５乗である。したがって、これを掛け合わせると、２の15乗ビットになる。掛け算が指数の足し算になる。ここで１バイトは、８ビットつまり２の３乗ビットである。２の15乗を２の３乗で割る。割り算が指数の引き算になり、２の12乗になる。結果は、２の12乗つまり４０９６バイトすなわち４キロバイトである。

慣れれば楽だが、初めての人は拒否反応を起こすかもしれない。多分スティーブは、こういう計算はできなかったので、文科系の読者は分からなくとも心配には当たらない。

この頃、ＤＲＡＭが出現した。ＤＲＡＭはダイナミックＲＡＭのことで安価だが、定期的にリフレッシュしてやらないとメモリの内容が消えてしまう。その分、回路的な手当てが必要である。

当初、ウォズニアックは、ＡＭＩの４キロビットのＤＲＡＭを使ったようだ。

ここでスティーブが活躍する。スティーブは、ＡＭＩのＤＲＡＭでなく、インテルのＤＲＡＭを使ったらどうかと提案した。ウォズニアックは、品薄の上に、価格が高くて手が出ないと答えた。

すると、スティーブは、あちこち電話をして、インテルからＤＲＡＭを無料で手に入れてしまった。まるで魔法である。『インテル・コンポーネント・データ・カタログ１９７９』を見ると、16ピンのインテル２１０４であると思う。

16本のピンには、いろいろな信号が割り当てられている。４キロビットとなると、通常の考え方では、４キロビットつまり４０９６は、先に述べたように２の12乗であるから、12本のピンにアドレス線がつながらなくてはならない。電源線や他の制御信号線などを考えると、16本では、ピンが足りなくなるはずだ。

カタログをよく見ると、アドレス線につながっているピンは半分の６本しかない。これを解決するため２回に分けてアドレスを送るのである。

アップル‐Ｉのマニュアルと回路図と写真を見ると、驚くことがもう一つある。インテル２１０４でなく、ＭＯＳＴＥＫのＭＫ４０９６という同等品が使われているものがあることだ。むしろこちらの方が主流になっている。この場合のＭＯＳＴＥＫはＭＯＳテクノロジーではない。

ＭＫ４０９６が八つあると、４キロバイトのメモリを持つことになる。通常は４キロバイトで、１２０ドルを払って追加すると、８キロバイトまで拡張できることになる。

ウォズニアックは、２５６バイトのＰＲＯＭ（プログラマブルＲＯＭ）２個を手に入れてモニター・プログラムを搭載した。これも『インテル・コンポーネント・データ・カタログ１９７９』を見るとインテル１７０２Ａだろう。

アップル‐Ｉでは、あるボードの写真を拡大して見ると、ＭＭＩ（モノリシック・メモリーズ・インク）社の１０２４ビットの６３０１‐１ＰＲＯＭを２個使っている（アップル‐Ｉのマニュアルには３６０１と間違った番号が記載されている）。

１０２４ビットのＰＲＯＭ二つで２０４８ビット、つまり２５６バイトである。シグネティクスの８２Ｓ１２９や、ハリスのＨ１０２４などの同等品を使う場合もあったようだ。アップル‐Ｉのマニュアルに明記されている。

アップル‐Ｉのモニター・プログラムの完成形は『アップル‐Ｉ　オペレーション・マニュアル』に載って

いる。アドレスは16進数でＦＦ００からＦＦＦＦまでである。16進数のＦＦは、10進数の16掛ける16で256バイトで計算が合う。

電源は通常の教科書通りの設計で、３端子レギュレータＬＭ３２０‐ＭＰ‐５（‐５Ｖ）、ＬＭ３２０‐ＭＰ‐12（‐12Ｖ）、ＬＭ３２３（＋５Ｖ）、ＬＭ３４０‐12（＋12Ｖ）を使っている。コンデンサーは青いスプレーグ社製のものが使われている。これでは少し力不足の電源である。

◆スプレーグについては『シリコンバレー』Ｐ422を参照されたい。

スティーブは、ホームブリュー・コンピュータ・クラブには初回からではなく、途中から時折、参加していたが、醒めた目で見ていた。スティーブは、ホームブリュー・コンピュータ・クラブに出席している人は、マイクロ・コンピュータを作るだけの技術や時間を持っていない人が多く、プリント基板を作って売ったらいいのではないかと言ったという。

ウォズニアックは、これを一九七五年の感謝祭（十一月十四日）頃と言っているが、少し早いような気がする。一九七六年の一、二月頃とする『スティーブ・ジョブズの王国』の説の方を採りたい。一体、アップル‐Ⅰのプロトタイプがいつ完成したのか記録がはっきりしない。伝説の霧の中に埋もれている。

しかし、ホームブリュー・コンピュータ・クラブに、二人で持って行って見せたというのは信じて良いと思う。

アップル・コンピュータ設立の構想

そして二人は、アップル-Iのプリント基板を製造販売する会社を設立することを決めた。きちんとしたプリント基板を作るには、おおまかに言って、1千ドル必要だった。そのためウォズニアックは、HP65電卓を500ドルで売ったが、最終的にその半額しかもらえなかった。スティーブは、フォルクスワーゲンのバスを1500ドルで売った。これもエンジンが劣悪品でかなりの額が返却となった。この額もいろいろ伝えられていて、どれが正しいかはもはや分からない。1500ドル程度は確保できたようである。

スティーブは、アタリでもらった5千ドルを銀行に隠していたはずだが、そのことは表面に出せなかった。まず会社の名前を決めなくてはならない。スティーブは、まだオール・ワン・ファームに未練があって、春の内、グラベンスタインというリンゴの木の剪定をして帰ってきた。スティーブをウォズニアックが空港で出迎え、85号線を南下するスアルトスまでの車中で、会社の名前をいろいろ検討した。その結果、アップル・コンピュータ・カンパニーが良いということになった。略してアップルである。

アップル・コンピュータという会社名は、ビートルズのアップル・コープスと抵触しないかという心配は当初からあった。果たして一九七八年にはアップル・コープスから訴えられた。一九八一年には多額の賠償金を支払う約束で和解した。結局はあまり払われなかった。さらにアップル・コンピュータは音楽ビジネスに参入せず、アップル・コープスはコンピュータ・ビジネスに参入しない約束であった。アップル・コンピュータはその後も度々約束を反古にし、訴訟が繰り返されることになる。

ともかく会社名決定後、二人は、アタリ社のスティーブの知り合いであるハワード・キャンティンにプリント基板の版下作成の依頼に行った。６００ドルで設計してくれることになった。見通しはついた。

次に会社設立の実務に通じた人物を確保する必要があった。二人とも会社の実務など何も知らなかったからである。そこでスティーブは、アタリのインダストリアル・デザイン課、デザイン・サービス課を統括していた42歳のロン・ウェインに眼をつけた。

スティーブの考え方が芽生えてくる。自分で何でもやる必要はない。能力のある人間を探し出して来て強引に説得して使えば良いのだ。

ウォズニアックによるプリント基板の回路図（schematic daiagram）は、一九七六年三月十日に完成していたようである。その推測の根拠は、『アップル-I　オペレーショナル・マニュアル』という15ページのマニュアルに付属している回路図に、デザイン・エンジニアとしてウォズニアック、プロジェクト・エンジニアとしてスティーブが三月十日付けで署名しているからである。厳密に言うと1枚だけスティーブの署名が四月二日になっているが、多分ロン・ウェインのタイプミスだろう。

この回路図をハワード・キャンティンに渡してプリント基板の版下作成に出すと同時に、ロン・ウェインに清書してもらったのだと思う。プリント基板の版下ができると、サンタクララの小さな会社にプリント基板の製作を発注した。多分、三月中にはプリント基板はできていたと思われる。

ウォズニアックとスティーブは、プリント基板に部品をはめ込み、完成したアップル-Iをホームブリュー・コンピュータ・クラブに三月の終わり頃から四月上旬に持って行き説明をした。当初は基板だけを売ろうとしていた。回路図や説明書も配ったようだ。困ったことにホームブリュー・コンピュータ・クラブの会報に記録が残っていない。

ウォズニアックがアップル-Iの機能の説明をし、続いてスティーブが後年有名になる口調で「これほどすばらしい製品なら、ふつう、いくらぐらいすると思うか」と問いかける。このあと何十年も、製品のプレゼンテーションで彼が使い続けるやり方である。釣り込んで買わせる縁日の叩き売りのような気がする。

スティーブ・ウォズニアックのテキサス・ヒット

スティーブは、何事にかけても抜け目がない。そして、ウォズニアックはどちらかと言うと抜けていることが多い。しかし、ウォズニアックは、この時点で、きわめて如才がなかった。

ウォズニアックは、スティーブの主張通り、会社を作ってプリント基板を製造販売するには、HP（ヒューレット・パッカード）の承認と許可が必要だと考えたのである。アップル-Iのプロタイプの作成は、HPの施設で行われた。部品をもらったこともあるだろうし、PROMの焼き込みにはHPの機械を使った。デバッグにはHPの計測器を使った。したがって、アップル-Iを製造販売するにはHPの承認と許可が必要なのである。スティーブは、そんな事など、どうでも良いと思ったかもしれないが、これは大事なことなのだ。

モトローラを脱藩してMOSテクノロジーへ移ったチャック・ペドルは、この手間を一部省いたためもあってモトローラに訴えられ、苦境に陥った。スペリー・ランドを脱藩してナショナル・セミコンダクターを設立したベルナルド・ロスラインは、この手間を省いたためにスペリー・ランドに訴えられ苦境に陥った。

◆ベルナルド・ロスラインについては『シリコンバレー』のP426以下を参照されたい。

一九七六年三月一日とされるが、ウォズニアックは、HPの上司のビート・ディキンソンに報告し、ビート・ディキンソンは上司のエド・ハインセンに報告し、エド・ハインセンは上司のマイルス・ジャッドに報告した。マイルス・ジャッドはHPのデスクトップ・コンピュータの開発をしていたコロラド・スプリングスのエンジニアリング・グループの責任者であった。

三人の上司の前でウォズニアックは、アップル-Iについて説明した。しかし、残念ながら、これはHPが取り上げるような製品ではないと言われた。おもちゃかゲーム・マシンにしか見えなかったのだろう。ウォズニアックは気落ちした反面、しめたと思っただろう。

実は、この後、アップル-Iのボードを50台受注した時も、四月二十八日、ウォズニアックは、上司のビート・ディキンソンに報告した。ディキンソンはHPの法務部門に報告するように言った。法務部門は2週間かけて、HPの隅々まで打診した。結局、ウォズニアックは、一九七六年五月頃、HPの法務部門からアップル-Iに関してHPは何の権利も主張しないという覚書をもらった。完璧である。

これでウォズニアックは、HPから一切訴えられるこ

写真　ロナルド・ウェイン著『アドベンチャーズ』：わずか12日間で逃げ出したアップルの創業者の自伝。

となく、副業として堂々とアップル-Iの製造販売ができることになったのである。

ロン・ウェイン

ロナウド・ウェイン（以下ロン・ウェイン）は、一九三四年五月十七日、オハイオ州クリーブランドに生まれた。父親はハンガリー系のルイス・ウェイン（ルイス・マックスウェルトン・ビニツキー）という建設労働者だった。ウェインが2歳の時、父親はオハイオ州エリリアに別の家庭を持って姿を消した。

そこでウェインは母親に育てられた。母親の家系はロシア系ユダヤ人であった。祖母の結婚前の姓はマゴドフであり、母方の祖父はミンスク生まれのアイザック・ボゴッドだった。ユダヤ人弾圧があまりにひどかったので、祖父と祖母は、一九〇六年、シベリア鉄道経由でロシアを脱出し、カナダを通り、デトロイトを経由して、オハイオ州クリーブランドに着いた。二人は先に着いていた親族の助けで生活を始めることができた。クリーブランドの下町で新聞売りをすることから始めた。苦労して稼いだお金でエリリアに古い家とわずかな土地を買った。この土地で育てた農作物をクリーブランドのファーマーズ・マーケットで売り捌くことによって次第にお金を貯めた。馬車はいつしかトラックになり、エリリアの家はクリーブランドの家になった。

ただ、この零細な農業ではウェインの母親を養え切れなかったので、ウェインの母親はWPA（雇用促進局）を通じて仕事をもらい働き始めた。コンプトメーターの操作係になったこともあったし、爆撃機のエンジンの防火壁を重いリベット銃を操作して製造したこともあった。一年後、腕に痛みを感じて労働力委員会に頼んで、ヒコック電気計測器会社に転勤させてもらった。

ロン・ウェインは、子供の頃から模型工作が好きで、特に技量を発揮したのが、古典的な拳銃の製作で、古道具屋に売れるほどにまで上達したようだ。老齢になっても拳銃を持っている写真があって、何だろうと思ったものだが、子供の頃から銃を製作することが好きだったようだ。また古典音楽や博物館・美術館めぐりが好きという一面もあったようだ。

一九四八年、母親とロン・ウェインはニューヨークに移った。6番アベニューと50番ストリートの交差するあたりで、マンハッタン島の中心に近い小さなアパートに住んだ。母親は戦争終結で不要になった軍需品の屑鉄ブローカー会社のオフィス・マネージャーになった。しばらくして母親は、もっと給料の良い仕事を見つけ、クイーンズ地区に移った。

ロン・ウェインは、一九四八年から一九五三年までマンハッタンにあったインダストリアル技術高校のインダストリアル・デザイン学科に入学した。インダストリアル・デザイン学科は、定員に満たなかったので、インダストリアル・デザイン学科と建築学科を合体させた。この時代、ロン・ウェインは、エレクトロニクスに興味を持った。合衆国印刷局が安く売り出した海軍のトレーニング・コースのテキストや、ARML（米国無線リレー連盟）のテキストから学んだ。

高校を卒業すると、マンハッタンの印刷会社に勤めた。製図工、イラストレーター、テクニカル・ライターとして働いた。この時代も軍需品の放出品やヒースキットを使ってエレクトロニクスを勉強した。こうした知識を下敷きにニューヨークのフラッシングにあるケプコ社に勤めた。商用電源を作っている会社であった。

さらにロン・ウェインは、地形図を作っていたロックウッド・ケスラー・バートレット社に移った。ロン・ウェインは、22歳の時、運転免許を取り、一九五六年型プリマスを買って、母親と米国大陸横断を試みた。二人はロサンゼルスに移住することにした。母親は家具会社に就職し、ロン・ウェインは高出力の音響機器を作っていたリング・エレクトロニクスに勤めた。この頃、サンフェルディナンド・ジュニア・カレッジの二部に通ったが、単位の取得を欲張りすぎて、長続きしなかった。二部の場合、あまり先を急ぎすぎてはいけないので、職場と両立するようにじっくり取り組むのが良いようだ。

その後、ロン・ウェインは、ローレンス・リバモア研究所に派遣された。しばらくして昇進の話が出たが、学位を持っていないということで立ち消えになった。米国のような学歴社会では学位を持っているということは重要な事なのである。

ロン・ウェイン個人の生活では、切手とコインの収集と販売でかなりの成績を上げた。ロン・ウェインは自宅の近くに店舗を借りて直接販売するまでになった。ただ高価な切手やコインを扱っていたので、強盗に備えて常時、拳銃を握り締めていなければならず、店舗を閉めて通信販売に切り替えた。母親とロン・ウェインは、蓄えもできたので家を購入した。

30歳を過ぎてロン・ウェインは、ロサンゼルスの北西にあるチャッツワースのネットワーク・エレクトロニクスに勤めていた。この頃、ロン・ウェインは、スロット・マシンに興味を持っていた。

ロン・ウェインは、カール・カルロス、ラリー・メイン達とラスベガスにセントウア・スロット・マシン社を設立した。ケンタウルス座を意識したものだ。ロン・ウェインは、ローガン製の旋盤を使って本格的なスロット・マシンを作った。仕事はうまく行きそうに見えた。ロン・ウェインとラリー、カールの3人は各自1万5千ドルずつ出資した。この話はロン・ウェインの『アップル創業者の冒険』という本に詳しく書かれている。興味のある方は御一読されると良い。話を端折ると、結局、ロン・ウェインの冒険はみじめな失敗だった。

ただ、この頃、一九七二年四月、日本では、ほとんど使われないダルソンバール型電流計を使ったストロボスコープ的な表示機器に関する米国特許3627214を取っている。私も一時、電子計測の講義でダルソンバール型電流計について教えたことがある。正確な計測ができないので、神経質な日本人には向かない。

裁判にも負け、出資してくれた人たちへの債務補償をして、文無しになったロン・ウェインは、友人に600ドルを借りて、母のいるロサンゼルスへ帰途の旅費に当てた。

一九七三年、ロサンゼルスに戻ったロン・ウェインは、リブラスコープ社に勤めた。その後、ロサンゼルスからマウンテンビューに移った。事業失敗の心の傷を癒すために、ロン・ウェインは、ジュール・ベルヌ原作の『海底5万マイル』に出てきた潜水艦ノーチラス号の模型を作った。1.8メートルもある巨大なものだった。ボール紙で作ったものらしい。

一九七三年秋、この巨大な模型を海洋博物館に寄付した後、ロン・ウェインは、アタリに入社した。

本人は『アップル創業者の冒険』で従業員番号395と言っている。これはちょっと困った記述で、数ヶ月後に入社したスティーブ・ジョブズが従業員番号40である。どちらかが間違っているのだろう。多分、両方とも間違っているのだろう。

ロン・ウェインは、チーフ・ドラフトマン（製図主任）兼プロダクト・デザイン・コーディネーターとして働き、リーガン・チェンとピート・タカイチと仕事をした。

アタリでの仕事は特に可もなく不可もなく、ロン・ウェインは人と争うこともなく働いたようだ。ロン・ウェインの話は、仕事よりも旅行や美術の趣味の方が生き生きしていて面白い。本人も意識していたようだが、上に立つ人ではなかったようだ。

ロン・ウェインは、やがてスティーブ・ジョブズと知り合う。一九七四年二月のスティーブのアタリ入社から四月のスティーブのインド旅行出発の間だろう。

嘘か本当か分からないのだが、ロン・ウェインの『アップル創業者の冒険』P96あたりでは、この時期、スティーブがロン・ウェインに「5万ドル手に入る見込みがあるのだが、スロット・マシン開発に立ち戻る気はないか」と聞いたり、25万ドル分の金を買い、40万ドルで売ったと言ったとかある。前者については、どこかで読んだ覚えがある。後者については現実歪曲だろう。

ロン・ウェインは、スティーブとは親しかったが、ウォズニアックとは、ほとんど親しくなれなかったようだ。

第十二章

アップル誕生

アップル・コンピュータ・カンパニーの設立

一九七六年四月一日、マウンテンビュー市カリフォルニア・ストリート1900番地（1900 California Street, Mountain View）のロン・ウェインのアパートで、スティーブ・ジョブズ、スティーブ・ウォズニアック、ロン・ウェインがパートナーシップ契約を結んだ。

ロン・ウェインが言う所では、アパートの一室のソファーの一方にスティーブが腰掛け、他方にウォズニアックが腰掛け、ロン・ウェインが部屋の中を歩き回りながら、話を進めた。一番問題となったのは、ウォズニアックが開発したアップル-Iの権利を会社に全て譲り渡すかどうかで、ウォズニアックはかなり抵抗したという。しかし、最後にはウォズニアックが折れ、話がまとまり、ロン・ウェインがその場でパートナーシップ契約書を起草することになった。パートナーシップとは合名会社と考えてよいだろう。

このアップル・コンピュータ・カンパニーのパートナーシップ契約書を入手するまでは、どんなものかと一目でよいから見たいものだと思ったが、あらゆる検索テクニックを駆使して探し出すと、この程度のものかと思う。

この文書はロン・ウェインによって20年位前に500ドルで売られ、スティーブの死後2ヶ月にサザビー競売に出され、補足文書込みで、シスネロス・コーポレーションの最高経営責任者のエドワルド・シスネロスに159万ドル（1億5900万円）で買われた。

すごい文語の文章である。最初の方だけ訳してみよう。

アップル・コンピュータ・カンパニー・パートナーシップ契約

一九七六年四月一日

関係当事者殿

ステフェン・G・ウォズニアック氏（以下ウォズニアックという）、スティーブン・P・ジョブズ氏（以下ジョブズという）、ロナルド・G・ウェイン氏（以下ウェインという）は、いずれもカリフォルニア州サンタクララ郡の住人であるが、法人名アップル・コンピュータ・カンパニー（以下会社という）の名の下に、特にコンピュータ・装置、部品、関連する材料を製造し販売するために組織される会社の設立に互いに賛成した。さらに、これに添えて記しておく。会社は、カリフォルニア州サンタクララ郡において、一九七六年四月一日、州と郡の全ての法律、法規、規制に適合し正式に設立された。（以下略）

この調子で3ページ続く。ふつう契約書には、名前だけでなく、帰属会社や住所を入れるものだと思うけれど入っていない。言葉使いは仰々しいが、契約書としてはずいぶん粗雑なものだ。

それでも一九七六年四月二日、カリフォルニア州サンタクララ郡の登記所に証明書番号20443として受理された。この時のアップル・コンピュータ・カンパニーの登記は、サンタクララ市マウンテンビュー、カリフォルニア・ストリート1900番地在住のロン・ウェイン名義でなされている。

以下、普通の言葉で説明しよう。

会社の持分比率としてウォズニアックが45％、スティーブ・ジョブズが45％、ロン・ウェインが10％となっている。これはスティーブのしたたかな所で、スティーブとウォズニアックが揉めた時、ロン・ウェインを味方につければ、会社の支配権を握れるということである。

会社内部での役割分担としては、ウォズニアックが電気工学を担当し、スティーブが電気工学とマーケッティングを担当し、ロン・ウェインが機械工学とドキュメンテーション（文書化）を担当することになっている。議決には51％以上の賛成が必要で、１００ドル以上の支出に対しては75％以上の賛成が必要とされた。

このパートナーシップ契約が成立すると、スティーブは猛烈に活動を始めた。たちまちこれにロン・ウェインは怖気づく。なんとロン・ウェインは契約成立後12日で、パートナーからの脱退を申し出た。パートナーシップ修正の契約書も残っている。

ロン・ウェインが怖気づいた理由は、スティーブが、ポール・テレルのバイト・ショップからアップル-Iの完成品50台、合計2万5千ドル分の注文を取ってきてしまった事にある。

ロン・ウェインは、アップル-Iの基板を25ドルで作り、それを1枚50ドルで少しずつ売るような、つましいビジネスを考えていた。それが一挙に2万５０００ドルのビジネスになった。

ビジネスとしては、大した額ではないが、ロン・ウェインの胸に、たちまちスロット・マシンの会社の事業運営に失敗した苦い経験が戻ってきた。アップルは有限責任の株式会社ではなく、無限責任のパートナーシップ形態であり、債務が生じた場合、パートナーが個人的に引き受ける必要があったため、債権者が自分のところへ取り立てに来るおそれがあった。

ロン・ウェインは、ある筋からバイト・ショップのポール・テレルの支払いが滞りがちだと聞いたという。これが正しいかどうかは分からない。ともかくアップル-I一台について250ドル分の部品が必要であるとすれば、1万2500ドル分の部品が必要になる。それが焦げ付いた場合、ロン・ウェインは10％つまり1250ドルの損害を負担しなければならない。それは前の会社の債務をやっと払いきったロン・ウェインには耐えられないことだった。ロン・ウェインから見た場合、スティーブやウォズニアックは、旋風のように物凄く乱暴な男達であった。暴走する虎の尻尾につかまって疾走するようなものだ。恐怖でロン・ウェインは胃の震えが止まらない。やはり自分の情熱と関心は、マイクロ・コンピュータにではなく、スロット・マシンにあるとして、アップル・コンピュータから逃げ出すことにした。一九七六年四月十二日、アップル・コンピュータ・カンパニーのパートナーシップ契約書の修正の届出がなされている。

条項は二つあり、条項Aでは、四月十二日以降ロン・ウェインは、ロン・ウェインのパートナーとして地位は終了し、ロン・ウェインの全ての義務と責任は終了するとある。条項Bでは、ロン・ウェインの脱退に伴い、ウォズニアックとスティーブは、ロン・ウェインに対し800ドルの支払いを義務付けられている。

何の記載もないが、パートナーシップ契約の際に、ロン・ウェインは800ドルを支払ったのだろうか。一銭も出さずにパートナーにしてもらえるというのは考えにくい。大体、パートナーシップ契約書には出資額の記載や知的所有権の移転に関する記載が何もない。

ロン・ウェインが抜けた場合、アップル・コンピュータ・カンパニーのパートナーシップ契約の申請人が消滅してしまうので、おかしなことになるのだが、問題にはならなかった。問題となるほどの会社ではなかったのだろう。

ポール・テレルとバイト・ショップ

ポール・テレルは一九七五年十二月バイト・ショップを開いた。最初の店舗は、ウェスト・マウンテンビュー市エルカミノ・リアル１０６３番地（1063 West El Camino Real, Mountain View）だけであった。

◆バイト・ショップについては『シリコンバレー』P84を参照されたい。

バイト・ショップの1軒目はマウンテンビュー、2軒目はボブ・ムーディがパロアルトに開いた。彼がアップル-Ⅰの木製のキャビネットの主な供給元であった。バイト・ショップの3軒目がキャンベル郡、4軒目がパロアルトにあった。

毎月1度、各店舗の経営者がホテルに集まって、情報の交換や戦略について話し合った。

バイト・ショップは、規模が拡大してもディーラーシップ制で、フランチャイズ制ではなかった。バイト・ショップが全米に急速に拡大できた秘密はここにある。フランチャイズ制のように本部から、うるさい命令や仕入れを強制されることなく、自由裁量で店舗運営が出来たからである。

組織名称は、当初のバイト・ショップから、一九七六年三月にバイト・インコーポレイテッド、バイト・インクと変わっていった。本部はサンノゼの1番ストリートにあった。

ポール・テレルは、ＭＩＴＳから北カリフォルニアでの独占販売契約を結んでいたが、アップルと契約してアップル-Ⅰ50台を発注した。さらに50台合わせて１００台の注文を出した。

ここで、アップルには、さらに資金が必要になった。基板だけなら、なんとか資金は足りたが、完成品となると、基板に乗せる部品が必要なのだ。どこの銀行も、長髪で裸足で、むさい臭いのするスティーブを相手にしなかった。そこで直接部品を調達することにした。

スティーブは、まずアタリを訪ねた。アル・アルコーンは現金を持ってくれば部品を渡そうと言って相手にしなかった。次にハル・テクのハル・エルジクに会った。ここでも断られた。次々に訪ねた部品屋では、どこでも断られたが、最後にスティーブは何とか部品屋のマネージャの説得に成功した。昔の本ではキーラルフ（Kieruff）エレクトロニクスのマネージャのボブ・ニュートンとある。最近の本ではクラマー（Cramer）エレクトロニクスのマネージャになっている。この場合の論拠はスティーブ・ウォズニアックの『アップルを創った怪物』Ｐ243にある。ただウォズニアックの記憶は曖昧で完全には信じがたい。

スティーブは、自分の話が嘘でないことを証明するために、ＩＥＥＥのコンピュータ・コンファレンスに出席中のポール・テレルを電話で呼び出し、２万５千ドル分の製品を発注したと、ポール・テレルに確認してもらったという有名な逸話がある。

結局スティーブは部品２万ドル分の代金を、無利子だが30日以内に全額完済するという条件で貸し付けてもらった。そこでアップル・コンピュータは、30日でアップル-Ｉを50台完成させねばならなくなった。

アップル-Ｉの組み立て

次は作業場の確保である。スティーブ・ウォズニアックの妻のアリスは協力的ではなかった。そこでウォズニアックのアパートは使えなかった。そこでスティーブのロスアルトスの実家が作業場になった。

さらに組み立てに必要な労働力の問題がある。

スティーブは、部品を基板に挿す仕事を、妊娠して実家に戻ってきた妹のパティにやらせた。

スティーブは、HPの電卓部門がオレゴンに移転するのに伴い、解雇されていたビル・フェルナンデスを雇った。この人もHPの正式のエンジニアではなく、テクニシャンだったのだろう。

ビル・フェルナンデスは、HPでもやっていたように、アップル-Iのボードを出荷する前に、熱を加えてテストするためのバーン・イン・ボックスを作る。

ビル・フェルナンデスは、後に正式なアップルの社員となり、社員番号4をもらう。

スティーブは、ダン・コトケにも声をかけた。スティーブが一九七五年の春、アタリに就職訪問した時、実はダン・コトケも一緒にアタリに行った。しかし、ダン・コトケは採用されなかったので、ニューヨークに帰り、ハンプシア・カレッジに合格した。しかし、秋学期からは受け入れないとのことだったので、コロンビア大学に潜り込んだ。第二次世界大戦後、復員兵を受け入れるために作られた社会人コースのようなものだったらしい。音楽を専攻していたという。

1年次が終わった頃、ダン・コトケはスティーブに夏休みにロスアルトスに仕事を手伝いに来ないかと誘われる。ロスアルトスについたダン・コトケは、スティーブの妹のパティより、うまく出来ると言って、部品を基板に挿す仕事をもらった。パティは、タコベルで働くことになる。ダン・コトケは後にアップルの社員番号12の社員となる。

スティーブは、対岸のサウサリートに住んでいて、宝石研磨の仕事をしていたエリザベス・ホームズにも声をかけた。エリザベスは、当時コロンビア大学出身のアディ・ダ・サムラージュ（フランクリン・アルバート・ジョーンズ）の始めたカウンター・カルチャー的な新興宗教運動に夢中になっていた。

エリザベスは、最初はハンダ付けをやらされた。エリザベスは、サラトガ高校で宝石加工の授業を取ったので、ハンダ付けや、溶接、金属加工一般はマスターしていたのだが、ある時、うっかりハンダを基板にこぼしてしまった。すると、スティーブが怒って、「我々には無駄にできるような資材はない」と言って、エリザベスをハンダ付けから外し、帳簿業務に移した。

エリザベスは、アップルに勤める気は最初からなかった。エリザベスは、スティーブの激しい、時に狂気のようになる性格に気づいていた。友人ならともかく、彼に使われる身分にはなりたくないと思ったという。巨額の財産を作るチャンスは逸したが賢明であったのだろう。

アップル・コンピュータでは、入荷する部品を特に品質検査する事はなく、特に問題なく動作すればそれで良いとした。その代わりに部品の価格は徹底的に叩いた。品質はともあれ、価格は最低でなければならなかった。アップル—Iの原価は約250ドルとなった。

スティーブは最初の12台が完成すると、ポール・テレルのバイト・ショップに納めた。

納入されたアップル—Iを見て、ポール・テレルは驚愕したという。納められたのは部品を実装した基板だけで、電源を自作すること、TV受像機への接続、キーボードへの接続が必要であった。やり方はマニュアルには書いてあったが、ふつうの人にできたかどうかは疑わしい。さらにケースも自作しなければならなかった。

相当もめたはずだが、スティーブは、強引に押し切った。ポール・テレルの元々の注文は「アセンブル（組み立てられ）され、テストされたもの」であった。常識的にはアップル—Iはこの条件を満足していないが、文字通りに受け取れば条件は満足している。

ポール・テレルは、やむなく12台分の納入価格6千ドルの小切手を払った。スティーブは運も良かったのである。もしロン・ウェインが心配したようにポール・テレルが納入を拒否した場合には、その時点でアップル・コンピュータは崩壊していた。

スティーブとポール・テレルの妥協点は、アップル-Iの価格設定にある。アップル-Iの納入価格500ドルに対して、ポール・テレルは33％の利益を上乗せした。そのためアップル-Iの定価は666・66ドルになった。

意外なことに、この価格の666・66ドルがきわめて問題になった。猛烈な抗議が殺到したのである。666という番号が「獣の数字」として聖書の『ヨハネの黙示録』に載っているとは、スティーブもウォズニアックも知らなかったという。

ヨハネの黙示録には、次のように書いてある。

「ここに、知恵が必要である。思慮のある者は、獣の数字を解くがよい。その数字とは、人間をさすものである。そして、その数字は666である」

まんまと6千ドルを手にしたスティーブは、その一部を使って、できたばかりのアップル・コンピュータを会社らしく見せる工夫をした。

まず電話代行サービス（アンサーリング・サービス）を頼んだ。電話がかかってくると、転送してもらい、スティーブの母親が秘書を装って電話に出るのだ。

さらに郵便専用住所を登録した。これがくせもので、アップルーIのマニュアルには、パロアルト市ウェルチ・ロード770番地（770 Welch Road, Palo Alto）と印刷されている。

そんな所にアップルの会社があったとは私は聞いたことがない。地図でみると、現在のスタンフォード・ショッピング・センターとスタンフォード大学の境あたりである。1時間ほど調べて、そこに昔、電話代行サービスの会社があったことが分かった。

本当の会社の所在地は、ロスアルトス市クリスト・ドライブ2066番地なのだが、電話代行サービスの所在地パロアルト市ウェルチ・ロード770番地を名乗っていたのである。知らない人はスタンフォード大学の関係企業かと思っただろう。いかにもスティーブらしい。

ロン・ウェインは去った

アップルの初代のロゴは、ロン・ウェインが制作した。きわめて短期間しか使われなかったので、ご存知の方は少ないだろう。アップル・コンピュータ・カンパニーの広告、アップル-Iのオペレーション・マニュアル、アップル・BASICユーザーズ・マニュアル、など数点に使われている。

林檎の木の下にニュートンが本を読みながら座っているエッチング風の絵である。手間がかかっただろう。解説の必要もないと思うが、ニュートンが林檎《アップル》の落ちるのを見て万有引力の存在に気がついたことに基づいている。

このロゴの額縁には、ウィリアム・ワーズワースの詩が引用されている。相当大きく拡大しないと、細かい字で読めない。使っていることを知らないと発見もできないだろう。

これは1千ページもあるワーズワースの詩集のうち、「プレリュード：もしくはある詩人の魂の成長」（THE PRELUDE;OR GROWTH OF A POET'S MIND）という詩集の第3部の「ケンブリッジの住まい」（RESIDENCE AT CAMBRIDGE）からとったものである。

この長い詩の中でニュートンという名前は、2箇所にしか出て来ない。よほどワーズワースの詩集を読み込んでいないと引用できないと思う。私もコンピュータ検索でやっと見つけた。ウェインとは、おそろしく学のある不思議な男だったと思う。

ウェインは、ワーズワースの原詩の60行付近から2行抜粋して使っている。

Of Newton with his prism and silent face,
The marble index of a mind for ever
Voyaging through strange seas of Thought, alone.

ニュートンはプリズムを持ち静穏な顔をして
（この行は省いている）
たった一人で不思議な思考の海を航海する

ドキュメントとしては、まずアップルI・オペレーショナル・マニュアルがある。15ページある。表紙にはロン・ウェインのデザインしたロゴが入っている。アップルIの仕様やモニター・プログラム、回路図がきれいに清書されて入っている。一九七六年四月頃に作成されたものだろう。

次にアップルIのチラシがある。一つは1枚もので一九七六年七月の日付が入っている。もう一つは2枚もので、七月以降だろう。そして両方共にBASICテープ付きのアップル・カセット・インターフェイスについて言及されている。そしてロン・ウェインのデザインしたロゴが入っている。

またアップル-Iのカセット・インターフェイスの説明書がある。

最後にアップルBASICユーザー・マニュアルがある。14ページの先行版で一九七六年十月の日付が入っている。むろんこれにもロン・ウェインのデザインしたロゴが入っている。

ロン・ウェインは、四月十二日にアップルを抜けたわけだが、こうして見ると分かるように、しばらくはアップルの仕事をしていたようだ。ロン・ウェインは、スティーブがロン・ウェインのドキュメンテーション作成に対して1700ドルを支払ってくれたと証言している。吝嗇で有名なスティーブにしては、よくそれだけ払ったと思うが、これは本人の勘違いで、弁護士経由で届いたこの小切手はパートナーシップ放棄の手切れ金である。800ドル払うことになっていたが、倍以上の1700ドルを払って、ロン・ウェインのパートナーシップを法的に完全に消滅させたのである。

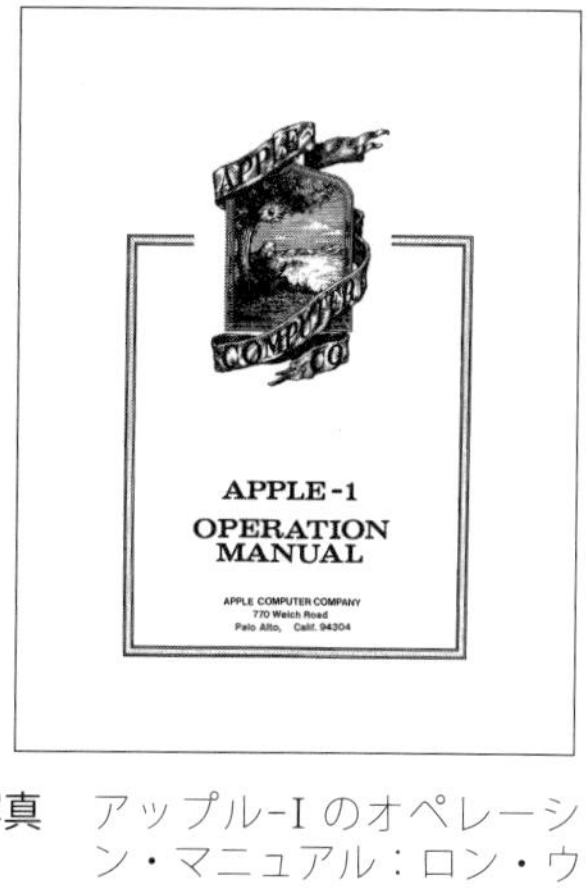

写真　アップル-I のオペレーション・マニュアル：ロン・ウェインがデザインしたアップルのロゴがある。

更なる冒険への旅立ち

ポール・テレルがウェスト・マウンテンビューの自分の店で売り切ったアップル-Iは10台から15台程度で、売れ行きが鈍いと苦い思いをしていた。しかし、スティーブの方はアップル-Iの売れ行きに気を良くしていた。ゼロからの出発だから、プロの考え方とは違うのである。

そこで、注文はないが、スティーブは50台の新しいアップル-Ⅰを作ろうとした。信用借りだけでは運用はできない。資金が必要になり、アレン・バウムと、その父親で、心臓病で失職中のエルマー・バウムに5千ドルを借りた。もちろん危険を伴うから、10％という高い利子がついた。このお金は数ヶ月で完済されたという。

父親のエルマー・バウムは、後に自ら頼み込んで、契約社員を経てアップル・コンピュータの従業員番号34の正社員になった。

スティーブは、ポール・テレルから依頼されて。ケースを作ること、カセット・インターフェイスを作ることを考えねばならなかった。アップル-Ⅰは、一九七六年末までに１５０台９万５千ドルを売り上げた。アップル・コンピュータは再投資、信用借りの繰り返しで急速に大きくなっていた。ただし、この時点ではたかが知れていると言えばそうである。

一九七六年八月二十八日にニュージャージー州のアトランティック・シティで開催されたＰＣ’76にスティーブとウォズニアックはアップル-Ⅰを持って参加した。

これには、パーソナル・コンピュータのゴッドファーザーと言われたスタン・ベイトの深慮遠謀があった。スタン・ベイトは、ニューヨークでコンピュータ・マートを経営していたが、アップル-Ⅰを見て、アップル・コンピュータの将来性に注目した。そこでブースの一部を提供したのである。

とはいえ、二人はひっそりと参加し、ウォズニアックはホテルの部屋に引き籠り、アップルＢＡＳＩＣに最後の磨きをかけていたという。

一九七六年九月、MOSテクノロジーはジャック・トラミエルのコモドールに買収された。また会社の垂直統合を主張するジャック・トラミエルは、続いてパロアルトのサウス・カリフォルニア・アベニュー901番地にあったオプティカル・ダイノード社を買収した。パロアルトと言っても、エル・カミノ・リアルの向かい側でなく、スタンフォード大学側で、スタンフォード・リサーチ・パーク内にあった。HPまで数百メートルの近距離にあった。

◆位置関係を掌握するには『シリコンバレー』P34の図を参照されたい。テニスコートと旧フェイスブックの中間位、カリフォルニア・アベニュー寄りである。

実は私も全く知らなかったが、この建物の一角に東海岸に本社を置くコモドールの社長ジャック・トラミエルと技術担当副社長のアンドレ・スーザンがオフィスを持ち、チャック・ペドルもここにいて、新しいコンピュータPET（パーソナル・エレクトロニクス・トランザクター）を作り出そうとしていたのである。PETはコンピュータ業界特有の語呂合わせだから意味を追求する必要はない。

一九七六年十月、コモドールからチャック・ペドルと技術担当副社長のアンドレ・スーザンがスティーブとウォズニアックを訪ねた。コモドールはウォズニアックの技術が欲しかったのである。

コモドールはアップルと技術協力をして新しいコンピュータを作りたかった。しかし、コモドールとウォズニアックの間では二つの問題で意見の違いがあった。

ウォズニアックは、BASICの代わりに自分の開発したスウィート16を使いたがった。しかし、チャック・ペドルはマイクロソフトBASICのほうが良いと感じていた。

実際、ジャック・トラミエルは、ビル・ゲイツを完膚なきまでに叩きのめして、マイクロソフトBASIC

を2万5千ドルの安値で買い取った。以後一切、追加料金を払わず全てのマシンに使用してしまったのだから、したたかなものである。その代わり、以後のマシンのBASICではPEEK、POKEという特殊な関数を使ったパッチだらけになり、動作はするが意味不明になった。

またウォズニアックは、新型機にはカラー表示を希望したが、コスト優先のコモドールには受け入れ難かった。そこで、コモドールはアップル・コンピュータの買収を提案した。スティーブは買収に応じる条件を出した。現金10万ドルとコモドール株を少し、スティーブとウォズニアックにそれぞれ年俸3万6千ドルを保証して欲しいというものだった。吝嗇で有名なコモドールのジャック・トラミエルがこういう条件に応じる訳がない。そこで買収の話は流れた。

ずっと不思議に思っていたことだが、コモドールはMOSテクノロジーを買収し、6502の開発者チャック・ペドルもいた。何故ウォズニアックの技術が必要だったのだろうか。たしかにMOSテクノロジーやコモドールはKIM-1という開発用ボードを製造販売していた。しかし、新しい時代のコンピュータ製造についてはは自信がなかったのだ。

たとえばPETにはテレビ受像機を組み込むことになっていたが、コモドールのチャック・ペドルのチームには全く経験がなかった。そこでアダム・オズボーンの啓蒙書を読んで、おっかなびっくりテレビ受像機とつなげることにした。CESという展示会にPETは出品されたが、会期の最終日まで画像が出なかった。最後にバグ取りに成功して画面に画像が出たが、何と逆さまになっていた。そこでまた、あわててアダム・オズボーンの本を読むという風だった。この話はブライアン・バグノールの『コモドール　ア・カンパニー・オン・ザ・エッジ』という本に収録されている、この逸話に登場するアダム・オズボーンの本が何だったのか、書名が記されていないので、よく分からない。アダム・オズボーンの初期の本はほとんど持っているはずなので、保存してある本には全て当たってみたが、分からない。チャック・ペドルの記憶違いの可能性もあるかもしれない。

さて買収の話は、複雑な結果をもたらした。二人は買収が実現した時の分け前について激しく争った。そこへウォズニアックの父親のジェリー・ウォズニアックが介入してきた。ジェリーによれば、アップル・コンピュータの技術は全部ウォズニアックが開発したものであり、儲けの大半は息子が受け取るべきだと考え、スティーブに「お前なんか何もしていないじゃないか」と激しく攻撃した。スティーブは二、三度メソメソと泣いたという。

お金は、人も変え、人と人との関係も変える。しかし、それでもアップル・コンピュータの事業は続き、ウォズニアックは次のアップルⅡについて考えていた。

写真　風雲児アダム・オズボーンの書いた『マイクロ・コンピュータ入門』：この後多数の本が出版された。分かりやすい本である。

写真　ブライアン・バグノール著『オン・ザ・エッジ　ザ・スペキュタクラー・ライズ・アンド・フォール・オブ・コモドール』：コモドールの興亡を描いた本。2007年版。

アップルＢＡＳＩＣ

スティーブ・ウォズニアックは、「101 BASIC Computer Games（１０１個のＢＡＳＩＣコンピュータ・ゲーム）」という本に時代の流れを感じたという。一九七五年に出版された、ＤＥＣ版の本はＰＤＦファイルでダウンロードできる。ＢＡＳＩＣ《ベーシック》とは、一九六四年、米国ダートマス大学で、ジョン・ケメニーとトーマス・カーツにより、コンピュータ教育用の言語として開発された。ＢＡＳＩＣとはBeginner's All-purpose Symbolic Instruction Code」（初心者向け汎用記号命令コード）の頭文字をつなげたものである。

多分、ＢＡＳＩＣという言葉が先にあり、語呂合わせで作られた造語という一面があり、意味を深く追求する必要はない。初心者向けのプログラミング言語である。

ＢＡＳＩＣインタープリターとは、ＢＡＳＩＣ言語で書かれたプログラムの命令列を逐次解釈しながら実行するプログラムである。ＢＡＳＩＣ言語とＢＡＳＩＣインタープリターは厳密には違うが、実際には混用されることが多かった。

マイクロ・コンピュータ用で最初に商業的に成功したＢＡＳＩＣインタープリターは、ビル・ゲイツとポール・アレンのマイクロソフトＢＡＳＩＣだった。これはインテル８０８０用として出発した。

ウォズニアックは、６５０２用にＢＡＳＩＣインタープリターを書くことにした。ウォズニアックは、ＨＰのＢＡＳＩＣの文法構造を解析することから始めた。

ビル・ゲイツとポール・アレンが開発したマイクロソフトＢＡＳＩＣはＤＥＣのＢＡＳＩＣの文法構造を

真似ていたから、同じＢＡＳＩＣとはいえ、互換性はなかった。

ウォズニアックがＢＡＳＩＣインタープリターの中核部分を作るのには、４ヶ月ほどかかったという。一九七六年七月の日付が入ったチラシにＢＡＳＩＣテープ付きのアップル・カセット・インターフェイスについて言及されているから、一九七六年三月以前にはＢＡＳＩＣインタープリターの開発が開始されたものと思われる。

先行版のアップルＢＡＳＩＣユーザー・マニュアルの日付は、一九七六年十月だから、この頃、アップルＢＡＳＩＣの一応の輪郭が完成したようだ。ウォズニアックは開発作業時間短縮のために、浮動小数点演算と文字列処理を省いた整数型ＢＡＳＩＣとした。したがってマイナス３２７６８からプラス３２７８７までの整数しか扱えなかった。

ゲームだけなら、これでも使えないわけではなかった。だからウォズニアックは自分の整数型ＢＡＳＩＣをゲームＢＡＳＩＣと呼んでいた。ゲームＢＡＳＩＣでは、科学技術計算に必須の浮動小数点数が扱えなかった。ウォズニアックが浮動小数点演算を理解していなかったわけではない。開発は面倒で手間がかかったのである。ハードウェア開発で多忙なウォズニアックには荷が重かった。

ドクター・ドブズ・ジャーナルの一九七六年八月号に、ロイ・ランキンとスティーブ・ウォズニアックの連名で「６５０２用浮動小数点用ルーチン」という記事が載っている。プログラム・リストには一九七六年七月五日の日付がある。浮動小数点演算の基本をウォズニアックが書き、対数関数や指数関数や浮動小数点数の加減乗除や整数型への変換などをスタンフォード大学の博士課程の学生ロイ・ランキンが書いたようだ。サインやコサインやタンジェントなどの三角関数があれば、もっと良かったのにと思う。

カセット・インターフェイス

アップル-Iには、当初、外部記憶装置はついていなかった。したがってBASICインタープリターを動かすためには40分ほどかけてBASICインタープリターの機械語プログラムを片端からキーボードから打ち込まなければならなかった。これはタイプの名手と言われるウォズニアック以外には、なかなか大変なことである。そして電源を切ると、せっかく打ち込んだプログラムは、全部消えてしまう。

これを解決する方法は色々あるが、外部記憶装置としてカセット・テープレコーダーを使う方法がある。カセット・テープにBASICインタープリターを記録しておき、アップル-Iに電源を入れたら、わずかな操作だけで、BASICインタープリターをアップル-Iにロードできるようにカセット・インターフェイスを作ればよい。

当時、ウォズニアックは忙しかったので、スティーブは、HPの他の技術者に1千ドルの支払いを約束して頼んだが、うまくできなかった。仕方なくウォズニアックが設計した。オペアンプ（演算増幅器）1個、トランジスター2個、NORゲート1個、NANDゲート1個、PROM2個だけという、きわめて簡素な回路だが、案外うまく動作した。

ただし動かすには、アップル-Iの基板上にジャンパー線を付けることと、パターンの切断が必要で、全くの素人には少し難しかったかもしれない。またオペアンプの出力波形を見ると、ひずみが出ているので、カセット・テープレコーダーの音量のボリューム調節が必要なことがあった。データの伝送速度は

1500ボー程度であった。1秒間に1500ビット程度送信できたということだ。速くはないが、キーボードから打ち込むよりはずっと楽だ。

正式名称はアップル・カセット・インターフェイスであり、略称はACIであった。BASICのテープ込みで75ドルであった。もうガレージは満杯なので、ボード屋のディック・オルソンに作らせた。これも信用借りだった。

アップル・カセット・インターフェイスとアップルBASICの宣伝文句は"Byte into an Apple"であった。これは洒落で林檎を噛もうというならByte（バイト）でなくBite（噛む）なのだが、コンピュータ用語のバイトを使っている。

◈オペアンプ（演算増幅器）については『シリコンバレー』P435を参照されたい。

ランディ・ウィギントン

ホームブリュー・コンピュータ・クラブで、スティーブ・ウォズニアックは、優秀な高校生を二人獲得する。後のアップル社員番号6のランディ・ウィギントンとアップル社員番号8のクリス・エスピノーサとである。

ランディ・ウィギントンは一九六〇年生まれ。父親はロッキードの技術者で、一家はサニーベールに住んでいた。ランディ・ウィギントンはベラーマイン大学予備学校という高校時代、毎朝5時半に起きて、1時間バスに乗って高校に通学した。水泳部に入っていたので、授業開始前と放課後プールで泳いだ。またバスに乗って午後5時頃帰宅した。バスに乗っている間6502のマニュアルを読んだ。ランディ・ウィギントンはコンピュータを勉強したかったが、高校生に無料でコンピュータにアクセスさせてくれる会社や施設を見つけるのは難しかった。

そんな中、コール・コンピュータが無料でアクセスさせてくれることが分かった。早速、ランディ・ウィギントンは、コール・コンピュータでコンピュータの勉強を始めた。そんな中ホームブリュー・コンピュータ・クラブのチラシを見て、是非とも参加したいと思った。問題は歳が若すぎるので、自動車の免許を持っておらず、SLACまで行くには誰かに自動車で連れて行って貰う以外に行く方法がなかったことである。

コール・コンピュータにはウォズニアックが出入りしており、幸運なことに、ランディ・ウィギントンの家は、ウォズニアックの借りていたマンションから3ブロックしか離れていないことが分かった。そこでウォズニアックの好意によって、おんぼろシボレー・マリブで毎回SLACで開かれるホームブリュー・コンピュータ・クラブの集会に連れて行ってもらえることになった。

クラブからの帰りにはウォズニアックとフットヒル・ブールバードにあるデニーズの店に行き、コンピュータについていろいろ教えてもらった。

アップルでアルバイトをするようになると、もう免許を取れたので、朝5時半に自動車で会社に到着し、8時まで働き、高校に行って、午後4時に会社に戻り、7時まで働いた。

高校を卒業すると、アップルに正式に入社し、朝7時か7時半には出社した。ウォズニアックは8時半に来て、二人で近くのボッブズ・ビッグ・ボーイというレストランに行き、朝食をとった。ウォズニアックは、毎回「何とまずいコーヒーなんだ」と文句を言ったという。それでいて毎日、そのコーヒーを注文したという。

ランディ・ウィギントンは一九八五年まで9年間、アップルの社員であった。

クリス・エスピノーサ

クリス・エスピノーサは、一九六二年生まれ、ロサンゼルスに育った。8年間に九つの学校を転々とした。やがて一家はクパチーノに引越した。エスピノーサは、ホームステッド高校には一九七四年に入学し、一九七八年に卒業した。

ホームステッド高校入学前の一九七四年の夏休みにエスピノーサはコンピュータのクラスをとった。タイムシェアのネットワークでHPのコンピュータとつながれた端末上でタイムシェアBASICをプログラミングの勉強をした。早熟な子供だったわけである。

一九七五年六月、エスピノーサの友人の父親がくれたチケットで、友人と共にリッキーズ・ハイアット・ハウスで開かれたカリフォルニア・コンピュータ・ショーに参加した。そこでMITSのオルテア8800と接続された旧式のテレタイプASR-33があった。ある男がテレタイプの紙テープ・リーダーからオルテア8800にオルテア用のマイクロソフトBASICを読み込ませていた。エスピノーサと友人はオルテア8800を見るのも触るのも初めてであったが、BASICは知っていたので、プログラミングして走らせることができた。

その男はポール・テレルと名乗り、来月マウンテンビューにバイト・ショップを開くつもりだと言った。

MITSのブースにポール・テレルがいたのは、北カリフォルニアでは、ポール・テレルだけがMITSのオルテア8800の独占販売権を持っていたからだろう。

人の記憶は曖昧で、バイト・ショップの開店は一九七五年十二月であるから、開店が遅れたとあっても辻褄が合わせにくいが、ともかく、エスピノーサは、バイト・ショップに出入りして『バイト・マガジン』や『インターフェイス・エイジ』などの雑誌を興味深く見たりした。

ある時、ホームブリュー・コンピュータ・クラブのチラシを見て、絶対に行きたいと思った。ところがエスピノーサは、まだ14歳であって自動車免許を持っておらず、SLACに行きようがなかった。しばらくしてエスピノーサは、パロアルトのバイト・ショップでスティーブがアップル-Iを設置しているのに出会ったという。

そこでエスピノーサの母親が自動車を運転してSLACに連れて行ってくれた。エスピノーサの母親はスタンフォード大学のコンピュータ科学科と共同で仕事をしプログラムの経験もあり、コンピュータには理解があったが、風体の宜しくないヒッピー風の男達にはなじめないようだった。後年、彼女はアップルに勤務し、10年ほどワード・プロセッサの講習をしたという。

ここでエスピノーサは、スティーブにウォズニアックとランディ・ウィギントンを紹介されたという。前後の事情を辻褄が合うように考慮すると、エスピノーサがホームブリュー・コンピュータ・クラブに行ったのは一九七六年中頃と思われる。

エスピノーサがパートタイム風にアップルで働き始めるのは一九七七年アップル・コンピュータが再組織されてからの一九七七年三月十七日からである。高校の授業が終わってからアップルに出かけて行った。一九七八年カリフォルニア州立大学バークレー校に行った。それから34年間、アップルで働いた。

アップル・カセット・インターフェイスが出来上がると、ＢＡＳＩＣの絶え間ないバージョン・アップが必要になった。この任に当たったのはウォズニアックと高校生のランディ・ウィギントンとクリス・エスピノーサであり、３人はウォズニアックのアパートで夜遅くまでＢＡＳＩＣの改良と機能付加に取り組んだ。

ウォズニアックの妻のアリス・ロバートソンは、次第に苛立ちを隠せなくなり、離婚に踏み切ることになる。離婚の代償としてウォズニアックは、アップルの未公開株の内、自分の持株８３２万株の半分の４１６万株をアリス・ロバートソンに贈与する必要があった。ウォズニアックはこれを嫌い、弁護士に介入してもらって、アリス・ロバートソンに15％の１２４万８０００株を贈与することで許してもらうことになる。残りは現金だったはずである。アリス・ロバートソンは億万長者にはなれただろうが、離婚は幸せではなかっただろう。

ウォズニアックは、本質的にハードウェアが好きで、次第にアップル-Ⅰの次の機種アップルⅡの構想に夢中になり、二人に任せることが多くなった。

面白いことにアップル・コンピュータのソフトウェア部隊は、しばらく、この高校生のランディ・ウィギントンとクリス・エスピノーサの二人だけであった。

スティーブは生涯1行のプログラムも書いたことがなく、ランディ・ウィギントンとクリス・エスピノーサ達の仕事には理解が薄く、否定的にさえなることがあった。スティーブは視覚的に捉えられるデザインには天才的だったが、プログラミングに対しては理解がなかった。

ウォズニアックのハードウェア偏重、スティーブのデザイン偏重、プログラミングに対する無理解は、初期のアップルには、重い足かせとなった。

オルテアＢＡＳＩＣ

一九七五年六月、パロアルトのリッキーズ・ハイアット・ハウスにＭＩＴＳのキャラバンが到着した。この時、ホームブリュー・コンピュータ・クラブのメンバーが殺到した。ＭＩＴＳのオルテア８８００のキットが届かないとか、届いて組み立てたけれど動かないとか、ＭＩＴＳのＤＲＡＭ基板が動作しないとか、オルテアＢＡＳＩＣの料金を払い込んだのに届いていないとか、不満は色々あった。

そんな中、テレタイプから、オルテア用のマイクロソフトＢＡＳＩＣを紙テープから読み込ませ、４ＫＢＡＳＩＣインタープリターを動かしていた。何度もデモをする内に、床に紙テープが散乱することになったのだろう。その時、誰かがオルテア８８００用ＢＡＳＩＣの紙テープを拾った。多分、スティーブ・ドンピエーだろうと言われている。

スティーブ・ドンピエーは、この紙テープをホームブリュー・コンピュータ・クラブに持って行き、コピーを頼んだ。コピーの依頼はＡＭＩのダン・ソコルが引き受けた。会社に自由に使えるＰＤＰ-11につながれたテレタイプがあったからである。ダン・ソコルは、70本のオルテア８８００用テープを作った。

ダン・ソコルは、これをホームブリュー・コンピュータ・クラブに持って行き、無料で配った。

条件は1本コピーをもらったら、次の集会に2本のテープを持ってきて無料で配ることだった。

スティーブ・ドンピエーもダン・ソコルも別にやましいと感じなかったのは、ビル・ゲイツやポール・アレンがＢＡＳＩＣインタープリターを開発したのは、ハーバード大学に学生のピケット・ラインを潜り抜けて、国防総省がそっと搬入したDECのミニ・コンピュータPDP-10上であったからである。反戦・反体制の活動家の集まりのようなホームブリュー・コンピュータ・クラブにとっては、許しがたい行為だったからだろう。

それにビル・ゲイツやポール・アレンは、ハーバード大学に対して、商品としてのBASICインタープリターを開発する許可は取っていなかった。だから、ハーバード大学のコンピュータを長時間無料で使用して、出来上がったソフトウェアを商品として販売するのは、道義に反する。違法でもあろう。しかもポール・アレンは、当時ハネウェルの社員であって、ハーバード大学の部外者である。実際、ハーバード大学からは注意が出たようだ。しかし、そういうことをビル・ゲイツのような強烈な個性は意に関することはない。

マイクロソフトが、ハーバード大学から完全な免罪符をもらうのは、一九九九年、ハーバード大学コンピュータ科学・電気工学科に、ビル・ゲイツとスティーブ・バルマーが2千万ドル（約20億円）のマクスウェル・ドウォーキン・ビルを寄付してからである。マクスウェルとドウォーキンは、ビル・ゲイルとスティーブ・バルマーの母親の名前を合わせたものである。

ともかくビル・ゲイツの怒りはすさまじく、一九七六年二月三日付けでホームブリュー・コンピュータ・クラブのホビーストへの公開状を送る。盗人がさらに盗人を非難する奇妙な手紙のような気がする。ビル・ゲイツもスティーブ・ジョブズと同様、厚かましく身勝手な一面がある。

こういうパターンは、シリコンバレーでは何度も繰り返される。後にゼロックスのGUIをアップルのマッキントッシュが盗み、それをまたマイクロソフトのウィンドウズが盗んだ。

ビル・ゲイツの歴史的な公開状を訳してみよう。原文は、ひどく文章が屈折している。無理に意訳せず、ほとんど直訳に近くして原文の感じを保存した。

一九七六年二月三日
ホビーストへの公開状

私にとって、現在、ホビー市場において最も重大な問題は、良質なソフトウェア・コースや書籍やソフトウェア自体が欠けていることだ。良質なソフトウェアや、プログラミングを理解できる所有者なしでは、ホビー用コンピュータは無駄になってしまう。良質なソフトウェアがホビー市場に向けて書かれているだろうか？

ほぼ1年程前、ポール・アレンと私は、ホビー市場が拡大する事を期待して、モンテ・ダビドフを雇って（浮動小数点演算ルーチンを書かせ）オルテア用ＢＡＳＩＣを開発した。初期段階の仕事は2ヶ月ほどしかかからなかったが、我々3人は昨年のほとんどを、ＢＡＳＩＣの文書作成、機能の改良や機能追加に費やした。現在、我々は4Ｋ、8Ｋ、拡張、ディスクＢＡＳＩＣを持っている。我々が使用したコンピュータ使用時間の価格は4万ドルを超えている。

ＢＡＳＩＣを使っている何百人という人々から得られたフィードバックは、全て肯定的であった。しかしながら、二つの驚くべき事実が明らかになった。

1　これらの「ユーザー」のほとんどは、ＢＡＳＩＣを購入していない（全てのオルテア・ユーザーの10％以下の人々だけがＢＡＳＩＣを購入した）

2　ホビーストへの販売から得られたロイヤリティの総量は、オルテアBASIC（の開発）に使った時間で割ると、1時間当たり2ドル以下にしか値しなかった。

どうして、このようなことがあり得るのか？　ホビーストの大多数は、諸君のほとんどがソフトウェアを盗んでいるという事に気づかねばならない。ハードウェアについては対価を支払わねばならないが、ソフトウェアは共有すべきというのか。ソフトウェアを開発する人に対価が支払われないとは、どういうことか？

これは公正と言えるだろうか？　諸君がソフトウェアを盗んでも、MITSには何らの問題も生じない。MITSはソフトウェアを販売して収入を得ているわけではないからだ。我々に対しては、マニュアル、テープ、その他諸般の費用に対してロイヤリティが払われて、やっと収支がトントンになる。

諸君が行なっていることは、良質なソフトウェアが書かれないよう妨害していることだ。無料でプロフェッショナルな仕事をするような人間がいるだろうか？　プログラミング、あらゆるバグ取り、製品の文書作成、流通に三人・年の労力をつぎ込んで、無料にしろと言うのだろうか。

実際、我々ほどホビー・ソフトウェアに大金をつぎ込んでいる者はいない。我々は、6800BASICを書き上げ、8080APLや6800APLを書きつつあるが、これらのソフトウェアをホビーストに利用できる様にする事には、何のインセンティブも見出せない。最も直接的に言えば、諸君のやっている事は泥棒だ。

オルテアＢＡＳＩＣを再販している人達はどうだろうか。彼らはホビー・ソフトウェアで金儲けをしているではないか？　そうだろう。我々に報告されてきている連中はいつか滅びる。彼等はホビーストに汚名を与えており、クラブの集会からたたき出されるべきだ。（オルテアＢＡＳＩＣの代金の）支払いをしてくれる人、サジェスチョンやコメントをくれる人からの手紙は歓迎する。宛先は、ニューメキシコ州アルバカーキ、アルバラド・ストリート１１８０番地（1180 Alvarado SE, #114, Albuquque, New Mexico, 87108）とだけで結構である。私にとって10人のプログラマーを雇うことができ、ホビー市場を良質のソフトウェアで満たせることほど、うれしい事はない。

ビル・ゲイツ

ジェネラル・パートナー、マイクローソフト（Micro-Soft）

ビル・ゲイツが、当時、ＡＰＬ言語のプログラムを開発していたり、マイクロソフトのスペルが現在のMicrosoft でなく、当時は Micro-Soft としていたことなども分かる。

タイニーＢＡＳＩＣ

ＰＣＣ紙を編集していたボブ・アルブレヒトは、オルテア８８００に初めて触れた時、インテル８０８０用のアセンブリ言語や機械語の知識がなくては動かせないことに気がついた。またメモリの制約も厳しいことにも気がついた。そこで、ボブ・アルブレヒトは、スタンフォード大学でコンピュータ・サイエンスを教えていたデニス・アリソンを訪ね、コンパクトでメモリを食わないBASICインタープリターの設計仕様を書いてくれるように頼んだ。

デニス・アリソンは、依頼されたBASICインタープリターの仕様を書き上げ、それを載せた記事を『参加プロジェクト』と名づけた。目標は非常に限定されたもので、単純なプログラムを書くための最小のBASIC的言語を書くことであった。浮動小数点演算もサイン（正弦関数）もコサイン（余弦関数）もFOR－NEXT文も配列さえないものだった。文法は非常に簡素なものだった。またこのBASIC言語は擬言語で記述されており、インテル８０８０以外のマイクロ・プロセッサーにも移植が簡単なものであった。このプロジェクトは参加型プロジェクトで、興味を感じた者は誰でも手助けと修正をして欲しいと呼びかけた。

３週間後の一九七五年十二月十二日にはテキサス州のデイック・ウイップルとジョン・アーノルドが書いた2Kバイトに納まるタイニーBASICインタープリターが届いた。あまりに反響が大きく、ボブ・アルブレヒトは、タイニーBASICジャーナルという臨時増刊号を出そうとしたが、やはりタイニーBASICに関する新雑誌が必要と考えた。

そこでボブ・アルブレヒトは、スタンフォード大学の大学院にいたジム・ウォーレンに月額３５０ドルで新雑誌の編集を頼んだ。ジム・ウォーレンは変わった人だ。時代の申し子なのかも知れない。

ジム・ウォーレン

ジム・ウォーレンは、一九三六年、カリフォルニア州オークランドに生まれた。育ったのはテキサス州サンアントニオだった。一九五九年にテキサス州サンマルコスの南西テキサス州ティーチャーズ・カレッジの数学科を卒業し、高校の数学教師になった。しばらくしてNSF（全米科学財団）の基金で教職を1年間休職して、一九六四年テキサス州オースチンのテキサス州立大学大学院の数学統計学科の修士課程を修了する。コンピュータ時代にコンピュータに出会い、その研究に夢中になる。

教職には戻ったが、ジム・ウォーレンは一九六四年にカリフォルニアに移る。マウンテンビューで仕事を見つけた。新左翼運動に影響を受けると同時に、享楽的で贅沢な生活にはまって行った。特にヌーディスト運動に魅かれ、サンタクルーズ山中のヌーディスト・コロニーの常連になった。

ジム・ウォーレンは、ラ・ホンダに家を買ったが、不法占拠していた人達が立ち去った後、ニール・キャサディが押しかけてきて、すぐに立ち去った事もあった。

一九六五年、ジム・ウォーレンは、カリフォルニア州バーモントのカソリック系ノートルダム・カレッジの数学科の主任となった。一九六六年までは禁酒家だったが、程なくLSDに染まる。またジム・ウォーレンは、ヌーディスト・パーティに日を送っていたが、パーティが大規模になるにつれて有名になり、サンフランシスコ・クロニクル紙にすっぱ抜かれてしまった。厳格なカソリック・スクールの教師がとんでもないことをしていると首になった。

職を失ったジム・ウォーレンは、ミッドペニンシュラ自由大学に関係した。過激でユートピア的で、ヒッピー的な組織であった。ボブ・アルブレヒトとの接点はここにあったようだ。

一九六八年から一九七〇年にかけて、ジム・ウォーレンは、フリーランスのミニ・コンピュータ・プログラマー兼コンピュータ・コンサルタントとして活動していた。

この後ジム・ウォーレンは大学院を渡り歩く。

一九七四年、カリフォルニア州立大学のサンフランシスコ・メディカル・センターの医用情報科学科の修士課程を修了する。一九七五年にはスタンフォード大学大学院電気工学コンピュータ工学博士課程を修了する。一九七七年にはスタンフォード大学大学院のコンピュータ科学科の修士課程を修了した。

ボブ・アルブレヒトがジム・ウォーレンに新雑誌の編集を頼んだ頃、ジム・ウォーレンは大学院生とは言うものの、すでに39歳であった。

こうしてPCC紙から、一九七六年、有名な『ドクター・ドブのTiny BASIC美容体操と歯列矯正ジャーナル』がスピンオフした。「バイトを使い過ぎずに軽快に走らせよう」と副題がある。長すぎる名前なので、ドクター・

写真　1976年から発行された『ドクター・ドブのTiny BASIC美容体操と歯列矯正ジャーナル』誌の合本。BASICが中心・カウンター・カルチャー的な色彩が強い。

ドブズ・ジャーナルまたはＤＤＪと略すことが多い。

ジョン・マルコフによれば、ドブというのは、デニス・アリソンとボブ・アルブレヒトの名前をつないで縮めたものである。コンピュータのプログラミングは頭の美容体操であり、バイトを使いすぎないことは、メモリを食わないことで歯列矯正だという。

またさらにホーム・コンピュータのユーザーのためのリファレンス・ジャーナルとも記されている。カウンター・カルチャー的な奇妙な名前の分家ができたのである。長すぎるので『ドクター・ドブズ・ジャーナル』と略称されるようになった。後にピープルズ・コンピュータ・カンパニー・シリーズで合本が３冊出ている。私は一九八三年に米国留学中に入手した。30年以上も大事に保存して置いた。もはや歴史的価値しかないかも知れないが、なつかしい本である。

ウェスト・コースト・コンピュータ・フェア

マイクロ・コンピュータ・ショーは、ミシガン州デトロイト、ニュージャージー州トレントン、ニュージャージー州アトランティック・シティのような西海岸からは僻遠の地で開かれることが多く、新しいマイクロ・コンピュータ・テクノロジーのメッカ西海岸で開かれない事には不満がつのった。

ジム・ウォーレンが、ホームブリュー・コンピュータ・クラブの会報の編集をしていたボブ・リーリングと話している内に、たまたま話がそこに及んだ。

そこでジム・ウォーレンはリーリングと共に、西海岸でマイクロ・コンピュータ・ショーを開く事に決めた。ウェスト・コースト・コンピュータ・フェア（略称ウェスコンまたはWCCF）と名前が決まった。開催日は、一九七七年四月十六日から十七日とした。会場は、当初ジム・ウォーレンが在学していたスタンフォード大学のメモリアム講堂を予定していた。ところが卒業生のあるグループが、当日の夜、パーティを予定していたので、別の会場を探さざるを得なくなった。

そこで、ジム・ウォーレンは、サンフランシスコ・シビック・オーディトリアムとブルックス・ホールを使う事にした。ウォーレンは、意外に興行主としての才能があった。

スティーブ・ジョブズは、一九七六年九月、ウェスト・コースト・コンピュータ・フェアの会場の一番良い場所を欲しいと申し込んだ。先見の明があった。

ウェスコンは、ある意味でマイクロ・コンピュータあるいはパーソナル・コンピュータの新しい時代を開くことになる。

先の話だが、一九八三年ジム・ウォーレンは、WCCFの権利を３００万ドルでプレンティス・ホールに売却した。さらにこれはインターフェイス・グループとコムデックスのシェルダン・アーデルソンに売却された。

第十三章

アップルⅡ

アップル-Ⅰは、一九七六年四月に発売され、一九七七年十月に販売終了となっている。

アップルⅡのCPUは、アップル-Ⅰと同じクロック速度1メガヘルツの6502だった。

アップルⅡのプロトタイプは、一九七六年八月頃にできたが、発売されるのは一九七七年六月である。こうしたデータは解釈の仕方によって少し違う。製品発表と製品発売でずれたりする。

アップルⅡは、アップル-Ⅰと違って、ハイフンを省略して表記する。アップル-Ⅰは多分、DECのミニコンのPDP-8やPDP-11の方式を真似てハイフンを入れていたのだろうが、アップルⅡになるとハイフンをとってしまった。またⅡというギリシア文字が使えないので、][として表記したりした。

スティーブ・ジョブズは、アップルⅡを一般家庭向けの大量消費製品として考え始めていた。だが、スティーブ・ウォズニアックにとってのアップルⅡは、自分のやりたいゲームをやるためのマシンだった。アタリのためにハードウェア的に作ったブレイクアウト・ゲームを、ソフトウェア的に実現できるマシンを作りたいというのが願望だったようだ。そのためにカラー化し、メモリを強化し、ジョイスティックやスピーカーを付けた。ウォズニアックは、アップル-Ⅰの整数型BASICをゲームBASICと呼んでいた。アップルⅡでもROM化されたが、同じである。

この二人の考え方の違いが程良く調和して、名

写真　『アップルⅡリファレンス・マニュアル』：1979年版。全てに渡って丁寧である。特にハードウェアの説明が丁寧である。

機アップルⅡが誕生することになる。

アップルⅡのハードウェアのマニュアルとしてもっとも優れていると思うのは、一九七九年版のアップルⅡリファレンス・マニュアルであると思う。同じ名前で一九七八年版がある。他にウィンストン・D・ゲイヤーの『アップルⅡサーキット・ディスクリプション（アップルⅡの回路記述）』という本もある。

電源ユニットとロッド・ホルト

スティーブ・ウォズニアックは電源には興味がなく、度々、電源系統で失敗している。動けば良い式の考え方で、しっかりした工業製品という考え方を持っていなかった。そこでスティーブ・ジョブズは、アタリに行って、アル・アルコーンにきちんとした電源を設計してくれる技術者の紹介を頼んだ。アル・アルコーンが推薦してくれたのは一九三四年生まれのフレデリック・ロドニー・ホルト（ロッド・ホルト）だった。当時42歳であった。

ロッド・ホルトは、18歳で最初の結婚をし、その後離婚と結婚を繰り返していた。青年時代に祖父からレーニン全集を贈られたという。ロッド・ホルトは、オハイオ州立大学の大学院数学科を修了した。ビートニック世代の常でベトナム反戦運動や反体制運動にも参加した。ロッド・ホルトは、エレクトロニクスとオートバイに興味を持った。イージー・ライダー気取りだったのかも知れない。

やがてロッド・ホルトは、西海岸を目指す。一九七五年一月から一九七六年一月、ロッド・ホルトはサンタクララのレーザー光学関連のコヒーレント社に上級プロジェクト・エンジニアとして勤務した。

一九七六年一月から一九七七年アタリに上級プロジェクト・エンジニアとして勤務した。だから古参と言う訳ではない。スティーブが会った頃は、半年かそこら勤務していただけだろう。

スティーブ・ジョブズの元々の注文は、安定した、しっかりした電源というよりも、美学が先にあり、ケースが完全密閉で、音のうるさいファンやベント（排気孔）をなくすことにあったとも言われている。そのためには効率が良く、熱を発生しない電源が欲しいというのである。

ロッド・ホルトは、スイッチング・レギュレータ方式の電源を採用することにした。スイッチング・レギュレータ方式には色々あるが、ロッド・ホルトが採用したのはフライバック方式であり、その後、主流になったＰＷＭ（パルス幅変調）方式ではない。その後ＰＷＭ方式に変わった。アップルは比較的保守的であった。ともかく新しいスイッチング・レギュレータ方式の電源は、5V《ボルト》、12V、−5V、−12Vの直流電圧、38W《ワット》の電力を供給できた。電磁波の漏洩防止対策のため、金属の箱の中に格納されていた。普通では中は見えない。無駄な電力消費が少なめではあった。

ただファン（扇風機）はともかくとして、ベント（空気穴）まで不要としたのは無茶であった。ＲＡＭを増設すると、電源とチップの発熱がひどく、プラスチック製のケースがひずむなどの問題が発生し、ベントなしのケースは、最初の２００台までで、以後はケース本体の両側に切り込みのようなベントが入った。

物理や工学の原理を無視したスティーブ・ジョブズの過激な美学中心の思想は、生涯最後までアップルの製品にいくつも問題を起こすことになる。

スイッチング・レギュレータ方式の電源製造は、近所の主婦のアルバイトでなされたという。需要が増えた段階で香港のアステック社に製造が移管された。アステック社が作った72ページほどのスイッチング・

レギュレータ方式の電源のマニュアルがインターネットから入手できる。

ロッド・ホルトは、この電源に関して一九七八年二月に米国特許を申請しており、一九七八年十二月十九日に米国特許４１３０８６２が与えられた。

ウォルター・アイザックソンの『スティーブ・ジョブズ』Ｐ130の「ホルトは一般的なリニア電源ではなく、その頃オシロスコープなどの計測器に使われていたスイッチング電源を選んだ」とあるのは、必ずしも正しくないというケン・シリッフの指摘がある。

少し調べて考えてみて分かった。これは、ジェフリー・ヤングの『スティーブ・ジョブズ』Ｐ165の「(ロッド・ホルトは) アナログ・エンジニアとしての永年の経験のなかで、10年前に彼はオシロスコープ用にスイッチング形式の電源を設計したことがある」という文章をウォルター・アイザックソンが読んで、スイッチング形式の電源とは、オシロスコープに使われる電源であると勘違いしていたのだろうというのである。よく考える人もいるものだと感心した。私にとっては、ウォルター・アイザックソンが、確かにジェフリー・ヤングの本を下敷きにしていることが分かったことが重要である。

拡張スロット

拡張スロットは、ユーザーがコンピュータに自作あるいはメーカー製の機能拡張ボードを差し込んで機能強化ができるようにする、いわば差込み口である。オルテアー８８００には多数の拡張スロットがあって、第３パーティがこぞって拡張スロットに差し込める拡張ボードを作成した。先に述べたクロメムコが良い例である。

拡張スロットをめぐっては、美学と閉鎖性を好むスティーブの主張する2本と、オープン性と拡張性を好むウォズニアックの主張する8本の間で有名な対立があった。ただ、いつもは宥和的なウォズニアックが絶対に譲らなかった。これはアップルⅡの寿命を長くしたことで、結果的に正しい選択だったろう。

スティーブは、マッキントッシュでスロットを全廃し、iPhone、iPadでは蓋さえ開けられない様にし内部電池交換さえ普通ではできないようにした。スティーブには自分の作品を病的なまでに他人に触らせたがらない奇妙な性向があった。自分の作ったものは完全で「これだけで十分で、これ以上何が必要か。他人が触る必要があるか」という有名な天上天下唯我独善である。独尊というよりは独善である。

メモリの拡張

アップルⅡでは、ＲＡＭに、当初４Ｋバイトのモステック４０９６または同等品を使っていたので、12Ｋバイトまで拡張できた。その後16Ｋバイトのモステック４１１６または同等品を使えば、48Ｋバイトまで使えるようにした。４ＫバイトのＲＡＭチップと16ＫバイトのＲＡＭチップの組み合わせは色々あり、ジャンパー線で設定した。

６５０２は、８ビットＣＰＵでアドレス空間は2^{16}ビット、つまり64Ｋバイトまで使えたが、内訳は次のようになっていた。

- ０から48Ｋバイト　ＲＡＭ（ランダム・アクセス・メモリ）

・48から50Kバイト　I／O（入出力）
・50から52Kバイト　I／O　ROM（入出力ROM）
・52から64Kバイト　ROM（読み出し専用メモリ）

実際には、6502は256バイトごとのページで管理していた。最初の方のページは割り当てが決まっていて、ユーザーが自由に使えるわけではなかった。

・ページ0　システム・プログラムが使用
・ページ1　システム・スタック
・ページ2　GETLN入力バッファ
・ページ3　モニター・ベクター・ロケーション
・ページ4から7　テキストと低解像度グラフィックスのプライマリー・ページの保管場所

ページ8から191までがフリーRAM領域だが、低解像度グラフィックス、高解像度グラフィックスの使用状況によっては次の様な割り当てがあった。

・ページ8から11　テキストと低解像度グラフィックスのセカンダリー・ページの保管場所
・ページ32から63　高解像度グラフィックスのプライマリー・ページの保管場所
・ページ64から95　高解像度グラフィックスのセカンダリー・ページの保管場所

モニター・プログラムを搭載したROMは、アレン・バウムの支援を受けて、ウォズニアックが、アップルーIの256バイトから2048バイト（2Kバイト）に拡張し、機能性を向上させた。

BASICをROM化して、電源投入と同時にBASICが起動されるようにした。

アップルⅡの基板の版下の作成は、アップル-Iのプリント基板の版下を作ったハワード・キャンティンに頼んだ。

カセット・インターフェイス

アップル-I用のカセット・テープレコーダー用インターフェイスは、ほどほどには動くものだったが、今一つ信頼性がなかった。アップルⅡ用にはオペアンプ（演算増幅器）の特性をうまく使って改良がほどこされた。性能は向上したが、完全とは言えず、またヒューマン・インターフェイスも必ずしも良いものではなかった。

また面白いことに。高級なカセット・テープレコーダーは向かなかった。アナログ用の雑音消去回路や、音量の自動調節回路のような高級な回路がついていると、デジタル信号の保存には不適当だったからである。日本のパソコンでも、初期にはそういうことがあったのを思い出す。

ケースのデザインとジェリー・マノック

スティーブ・ウォズニアックの設計し、開発したアップル-Iは非常に独創的なパソコンだったが、いかんせん最初は基板だけだった。ポール・テレルのエル・カミノ・リアル通りのバイト・ショップ店で売り出された時は、木製の筐体に収容してあった。キーボードもついていたが、いかにもおざなりだった。これは完全に手作りの製品であり、商品というレベルには達していなかった。

スティーブにとって大事なことは、外観も内部も美しいということだった。この美しいということは、スティーブのきわめて重要な哲学であった。

一九七七年一月、スティーブは、ロン・ウェインにアップルⅡのケース（筐体《きょうたい》）のデザインを依頼した。ところがスティーブは気に入らなかった。たしかにあまり洗練されたデザインではない。ロン・ウェインは懐古主義者なのだ。

そこでウォズニアックのHP時代の同僚がジェリー・マノックを紹介してくれた。ジェリー・マノックはHPで数年間デザインをしていた経験があった。そういえばアップルⅡはどことなくHP風の印象がある。スティーブ・ジョブズは一九七七年一月の初め頃、ジェリー・マノックに電話してケースのデザインを1500ドルで依頼した。スティーブは前金での支払いを拒否した。

アップルⅡのケースがどこかHP的な印象を与えるのは、デザインしたジェリー・マノックがHP出身であったからかも知れない。

アップルⅡの前面に、アップル・コンピュータのロゴと小文字でapple Ⅱと浮き上がらせたアルミ製のネームプレートは、スティーブがHPのラベルを作っている会社を探し出して作らせたと言う。ますますHP的な感じを受けるわけである。

ケースは最初から最後まで同じであったわけでなく、次々に改良が加えられた。キーボードの変更によってケースの形状は変わった。電源スイッチにしても、最初はトグル・スイッチで、後にロケット・スイッチに変えられた。

一応デザインが終って、実際にプラスチックでケースを製作することになった。ケースの成型法には、リアクション・インジェクションとストラクチュアル・フォームという二つの方法があった。スティーブは安くて簡単なリアクション・インジェクションを選んだ。金属の型でなく、エポキシ製の型を用いた。このように安直な方法を取ったので、遠目には美しいが、初期のケースはできそこないばかりであった。トリミング・ナイフや紙やすりやパテを使って凸凹を直し、ベージュ色の塗料スプレーで補修する必要があった。

一九七七年九月には、ついにケースの成型押し型が壊れた。アップル・コンピュータはアップルⅡを3ヶ月ほど出荷できなくなり、資金が底をつき苦境に陥った。資金調達の交渉がまとまるまでマイク・マークラとスコットは自分の懐から20万ドルを供出した。こういうこともあってマイク・マークラは、ベンチャー・キャピタルからの資金調達にますます熱心になった。アップル・コンピュータは、一九七八年一月に向けて資金調達を目指した。

一方、行動力に富むスティーブが大会社向けの成型押し型を専門に製造しているシアトルの会社テンプレスに飛び、多額の金を支払って一九七七年十二月までに解決した。ケース一つ取っても、事はそう簡単ではなかったようだ。

キーボード

アップル-Iにはキーボードは付属していなかったが、アップル・コンピュータは、データネティックスのキーボードを勧めた。薄い褐色のキートップを持つキーボードである。データネティックスはカリフォルニア州ロサンゼルスの南にあった。キャッシュ・レジスターや会計機用のキーボードを作っていたという。テレタイプＡＳＲ-33のキーボードを真似したと言われている。よく似てはいるが、細かく比較してみると完全に同じではない。それと、このデータネティックスのキーボードは大文字しか使えない。

スティーブは、一九七七年春にデータネティックスに掛け合って、アップルⅡ用のキーボードを作ってくれるように頼んだ。一九七七年の夏頃には目鼻がついていた。

アップル-Ⅰ用のキーボードとアップルⅡ用のキーボードの違いは、リセット・キーと電源入力スイッチがついたことと、テレタイプＡＳＲ-33用のキー・ボードにあった制御用キーラベル、Ｘ-ＯＮ、Ｘ-ＯＦＦ、ＢＡＣＫ ＳＰ、ＬＩＮＥ ＦＥＥＤ、ＲＵＢ ＯＵＴ、ＢＲＥＡＫなどが姿を消したことである。

また[]やバックスラッシュやアンダースコアと言うラベルも姿を消した。３種のキーボードを比較してみると、設計思想が分かって面白いと思う。アップルⅡはミニマリズムで不要なものは取ってしまう。簡潔さを突き詰めて洗練に至るという思想である。

アップルⅡのキーボードのキーの数は52であった。また思い出すと不思議なことだが、アップルⅡになっても大文字しか使えなかった。小文字は使えなかったのである。キーボードは大文字だけに対応していた。表示用のキャラクタ・ジェネレーターも大文字にしか対応していなかった。

ＲＦモジュレータ

アップル-Ⅰでは、テレビ受像機に接続するには、外付けのＲＦモジュレータ（変調器）が必要であった。

ＲＦとはラジオ・フリケンシーつまり無線周波数のことだが、ふつうはそんなことは意識していない。

大衆商品としてのアップルⅡでは、外付けのＲＦモジュレータは望ましくない。内蔵であって欲しい。

アップル・コンピュータは、ロッド・ホルトの勧めでアタリからＲＦモジュレータの技術を買ったようだが、どうしてもＦＣＣ（連邦通信委員会）の定めた電波漏洩規制基準をクリアできなかった。これではアップルⅡは販売できない。


そこでスティーブは、ジャンク屋のＭ&Ｒエレクトロニクスのマーティ・スパーゲルに会いに行き、アップルⅡ用のＲＦモジュレータの仕様を渡し、ＲＦモジュレータを製造販売してくれるように頼んだ。ユーザーは自分でＲＦモジュレータを買い、テレビに接続する。こうすればＦＣＣの規制を免れることができる。奇策である。マーティ・スパーゲルはSup'R'Modという奇妙な名前のＲＦモジュレータを製造して売った。スティーブは1ヶ月に50個位は売れるよと安請合いしたが、実に40万個も売れてしまった。

ビデオ・ディスプレイ

アップルⅡでは、次の3種のビデオ・モードがあった。

- 40字×24行のテキスト・モード（９６０文字表示）
- 48×40ブロック（１９２０ブロック）配列の低解像度グラフィックス・モード
- ２８０×１９２ドット（５３７６０ドット）の高解像度グラフィックス・モード

文字は横５ドットで縦７ドットで相変わらず大文字だけであった。

アップルⅡではカラーも使えた。カラー化についてはアップルⅡが初めてではなく、クロメムコがダズラーというカラー表示用の基板を先に出していた。

ビデオについては、ウォズニアックの回路は独創的なものだった。ビデオ・メモリとシステム・メモリが共有される不思議な構造を取っていた。クロックのタイミングで使い方が変わる技巧的な仕組みである。そのためスピードは多少犠牲になった。

ウォズニアックはビデオ・ディスプレイ関連でいくつか米国特許を取っている。

- 米国特許４１３６３５９　『ビデオ・ディスプレイを使用したマイクロ・コンピュータ』　一九七七年四月十一日出願
- 米国特許４２１７６０４　『デジタル的に制御するＰＡＬカラー・ディスプレイ用装置』　一九七八年九月十一日出願
- 米国特許４２７８９７２　『ディスプレイと共に使用するデジタル的に制御されたカラー信号生成の方法』　一九八〇年一月八日出願

アップルⅡのカラー化は、ブレイクアウトというゲームを楽しみたいというウォズニアックの個人的な希望から出ていた部分が多い。

第十四章

アップルの再編

スティーブは、新たに作る50台分のアップルⅠの部品代を必要としていたので、ノーラン・ブッシュネルに相談に行った。アル・アルコーンにも相談に行ったようだ。どちらにせよ、結局、アタリはビデオ・ゲームで手一杯で、マイクロ・コンピュータにまで手を広げる余裕はないとのことだった。成功した今、なお危険を冒す気にはなれないという一面もあっただろう。

アタリは、自分自身では、お金は出せないが、ベンチャー・キャピタルを利用したらと言われた。アタリに融資してくれたセコイア・キャピタルのドン・バレンタインを紹介してくれた。

◆ドン・バレンタインについては『シリコンバレー』P378、P441、P450を参照されたい。

ドン・バレンタインは、メルセデス・ベンツに乗って、スティーブとウォズニアックの待つガレージを訪れた。汚い風体の若者二人が出てきた時は驚いたという。

ドン・バレンタインは、マイクロ・コンピュータの市場はどのくらいと思うかと聞いた。ウォズニアックは、百万台だろうと答えた。百台売るのにも苦戦しているのに、何と荒唐無稽なと、ドン・バレンタインは感じたに違いない。まず、マーケティングと物流を理解し、ビジネスプラン（事業計画）をきちんと立てることが必要だと説いた。

そういう人をパートナーに迎えたらとアドバイスした。体良く逃げを決め込んだのである。

そこでスティーブは、マーケティングの専門家を紹介して欲しいとドン・バレンタインに執拗に頼んだ。バレンタインの教えてくれた3人の中にマイク・マークラがいた。

ウォルター・アイザックソンは、『スティーブ・ジョブズ』で次のように書いている。

「ジョブズ家のガレージに来たときも、ドン・バレンタインは落ちついた色のメルセデスだったが、マイク・マークラは金ピカのコルベット・コンバーチブルだった」

この記述の内で、「金ピカのコルベット・コンバーチブル」は間違いだという。

コンピュータ歴史博物館が出しているオラル・ヒストリー（口述歴史）シリーズがある。コンピュータの世界の重要人物のインタビュー記事である。その中に二〇一二年五月一日にアルマス・クリフォード・マークラ・ジュニアが口述しているものがある。無料で誰でもダウンロードできる。A４サイズで打ち出すと49ページある。

その44ページで、マイク・マークラは、概略、「ウォルター・アイザックソンの伝記には、細かい所で正しくないところが沢山あるが、そういう所は大して問題ではないとしても、金色のコルベットを持っていたという記述は直して欲しい」と言っている。金色のコルベットなど持っていたことがなく、一体どこからそんな事の情報を仕入れたのか分からないと言っている。

これは調べてみると、マイケル・モーリッツの『スティーブ・ジョブズの王国』P243の「ジョブズのガレージに乗っていった愛車は、なんと金色のシボレー・コルベットだった」が次々に引き写され、最後にアイザックソンが無批判的に引き写したことに原因があるらしい。

スティーブは、ドン・バレンタインの他にアーサー・ロックも訪ねて行ったという。

マイク・マークラ

アルマス・クリフォード・マークラ・ジュニア（愛称マイク・マークラ）は、一九四二年ロサンゼルス近郊のバーバンクに生まれた。父親はバーバンクのロッキード航空機で働いていた。有名な戦闘機P-38を組立てたとも言う。祖父は発明家で父親も発明に関心があった。曽祖父はフィンランド生まれで、アルマス・クリフォード・マークラのアルマスやマークラはフィンランド語である。アルマスは真実の愛を意味するという。フィンランド系であることを必要以上に目立たないようにするためにマイク・マークラを名乗ったのだろう。

マイク・マークラは、バーバンクで育ち、ジョン・バロウズ高校に通った。その後、グレンデール・ジュニア・カレッジに2年間通い、南カリフォルニア大学電気工学科に転学した。大学院も南カリフォルニア大学で電気工学修士となった。

学生時代は友人に頼まれてステレオ・セットを組み上げたり、ガソリン・スタンドや自動車修理工場で働いたり、ケータリングのアルバイトをしたり、スーパーマーケットのセーフウェイで働いたり、ありとあらゆるアルバイトをした。

一九六四年、マイク・マークラは、南カリフォルニア大学の最終学年で、ヒューズ航空機で働いたことのあるノーマン・ロビンソン教授の紹介でヒューズ航空機に就職した。ヒューズ航空機では、マッハ6で飛ぶ迎撃型のロッキード・ブラックバード（3機しか生産されなかった）の射撃管制装置の開発に従事した。

ここで大学院に行くことを勧められ、南カリフォルニア大学大学院電気工学科の修士課程を修了した。

マイク・マークラは、ヒューズ航空機には4年間いたが、他の世界も知りたいと思い、さまざまな会社や機関に経歴書を送った。スペース・テクノロジー・ラボに転職が決まりかけていた所、フェアチャイルド・セミコンダクターのジャック・ギフォードから強い誘いがあり、結局、一九六七年九月、マイク・マークラは、フェアチャイルド・セミコンダクターに入社する。ここでフロイド・クバンメにも出会う。マイク・マークラの経歴は半導体産業のもっとも劇的で華やかな時期と一致する。全てを説明するのは無理なので、適宜『シリコンバレー』を参照して頂きたい。

◆ジャック・ギフォードについては『シリコンバレー』P379、P436、フロイド・クバンメについてはP442以下を参照されたい。

マイク・マークラが入社早々フェアチャイルド・セミコンダクターから、ロバート・ノイス、ゴードン・ムーア、アンドリュー・グローブが去り、インテルを設立する。フェアチャイルド・セミコンダクターは、当時レスター・ホーガンの時代であった。

◆これらの人達については『シリコンバレー』に詳述してある。ロバート・ノイスについてはP303以下、ゴードン・ムーアについてはP314以下、アンドリュー・グローブについてはP468以下、レスター・ホーガンについてはP412以下を参照されたい。

フェアチャイルド・セミコンダクターからは、さらにジェリー・サンダース、ジャック・ギフォードが抜け、AMD（アドバンスド・マイクロ・デバイセズ）を設立した。マイク・マークラも誘われたが断った。激動の中にいたわけである。

◆ジェリー・サンダースについては『シリコンバレー』Ｐ381以下、Ｐ416以下、ＡＭＤについてはＰ416を参照されたい。

フェアチャイルド・セミコンダクターにおけるマイク・マークラの仕事は、リニア集積回路のプロダクト・マネージャであった。マイク・マークラは、フェアチャイルドに4年間とどまっていたが、インテルのロバート・ノイス、ゴードン・ムーア、ロジャー・ボロボイの誘いで、一九七〇年にインテルに、ロバート・グラハムの後釜のプロダクション・マネージャとして転職する。

◆ロバート・グラハムについては『シリコンバレー』Ｐ473以下を参照されたい。マイク・マークラの言うようにロバート・グラハムの後釜とすると一九七一年になってしまう。

マイク・マークラによれば、当時のインテルは創業者達の性格を反映して、研究所臭さが抜けていなかった。特にセールス部門はなっていなかったという。出荷とカスタマー・サービスは、若い女性が一人で担当していた。「バックログ（未処理の注文）はどうなっている？」と尋ねると、「何のことですか？」と聞き返された。呆れて、やさしい言葉で説明すると、手書きの注文リスト綴りを持ってきたという。全く会社の体をなしていなかったのである。

マイク・マークラは、マーケッティング、出荷、予測、カスタマー・サービスなど何でも担当した。インテル１１０１（ＲＡＭ）、１６０１（ＰＲＯＭ）、８００８（開発名称１２０１：ＣＰＵ）などを担当した。

◆インテル１１０１、８００８については『シリコンバレー』Ｐ495、Ｐ490、Ｐ492を参照されたい。

またマイク・マークラは、インテルの取締役会長のアーサー・ロックとも出会う。マイク・マークラの説明中、アーサー・ロックは半分位は眠っていたという。まだ52歳だからそれほど年齢が行っているわけでもないので、出荷とか予測には興味がなかったのだろう。

◆アーサー・ロックについては『シリコンバレー』P330、P467を参照されたい。本書でも後に簡単に説明する。

一九七四年、マイク・マークラは、わずか32歳でインテルを退職し、クパチーノに隠遁する。人生でやりたいことが52個あるとして退職した。むしろ、それよりはマイケル・モーリッツが言っているように、自分の上にマーケッティング担当副社長が任命されたことに嫌気がさしたのだろう。

マイク・マークラ自身の年齢計算にはどこか間違った所があるか、数え方に重複があると思う。大学卒業が22歳、インテル退社が32歳であることは間違いないので、マイク・マークラが言うように、あるいは経歴書に記しているようにヒューズに4年、フェアチャイルドに4年、インテルに4年勤めたとすれば、34歳になってしまう。どこかに矛盾がある。3年数ヶ月を多分4年として繰り上げているのだと思う。

マイク・マークラは、インテルの上場前に借金をしてはインテルの株を買い増ししていた。ここにマイク・マークラの成功の秘密がある。こうして出来た本源的蓄積を使って、マイク・マークラは、ベンチャー・キャピタリストになった。

アップル・コンピュータの再編成と再出発

ドン・バレンタインがスティーブにマイク・マークラの電話番号を教えたという説と、ドン・バレンタインがマイク・マークラにスティーブの電話番号を教えたという説があるが、ともかくマイク・マークラはスティーブのガレージに出掛けて行った。ドン・バレンタインと違って、マイク・マークラはスティーブとウォズニアックとは気があったようだ。

マイク・マークラは、彼等が自分のビジネスプランを書けるように手伝おうと言った。その上で知り合いのベンチャー・キャピタルにビジネスプランを持って行き、融資を受けられるようにして上げようと言った。しかし、スティーブもウォズニアックもビジネスプランを書く事に何の関心も示さなかった。見たことも聞いたこともなかったからだろうが、そういうことに関心を持つ二人ではなかった。乗りかかった船ではあるし、そこで仕方なくマイク・マークラがビジネスプランを書く事にした。

二人の若者と付き合う内にマイク・マークラは、次第にアップル・コンピュータの世界に引き込まれて行った。マイク・マークラは、アップル・コンピュータを本格的な企業として再編成し組織化して5年以内にアップル・コンピュータをフォーチュン５００に入れる企業にしてみるぞと思った。

マイク・マークラは、株式と引き換えに25万ドルの信用保証を提案した。

またアップル・コンピュータ・カンパニーをアップル・コンピュータ・インコーポレイテッドとして株式会社として再編成した。創業者のマイク・マークラ、スティーブ、ウォズニアックの三人が株式を26パーセントずつ所有する。残りは、将来的に投資家に提示できるように取っておくことにした。

ロッド・ホルトも早い段階から会社設立の相談に顔を出していた。ロッド・ホルトは、一九七七年二月にアップル・コンピュータに入社し、技術担当副社長になった。一九八〇年頃までにはアップル・コンピュータの株式を４００万株程度保有していた。これはスティーブの半分、ウォズニアックより多いから、一大成功者なのだろうが、最近の画像を見ても、とても大富豪には見えない。アップル・コンピュータからは6年後に体良く追い出されている。

問題は、ウォズニアックであった。ウォズニアックはＨＰを辞める気はなく、パートタイムで勤めたいと言った。マイク・マークラはこれに強く反対し、フルタイムで働かなくてはならないと主張した。２週間ほど悩んだ末にウォズニアックは同意した。ウォズニアックは一九七七年二月にＨＰを辞めた。三月には妻のアリス・ロバートソンに離婚訴訟を起こされた。

一九七七年一月三日、新法人のアップル・コンピュータが設立され、一九七七年三月、それまでの会社の共同経営権を５３０８ドル96セントで買い取り、将来の禍根を断つため、ロン・ウェインの共同経営権を１７００ドルで買い取った。

スティーブ・ジョブズとスティーブ・ウォズニアックは、こうして得た５３０８ドル96セントの半分の２６５４.48ドルずつを支払い、アップル・コンピュータの株式を８３２万株ずつ購入した。

また一九七七年十一月には、マイク・マークラは９万１０００ドルを支払ってアップル・コンピュータの株式８３２万株を手にした。

一九七七年一月三日、マイク・マークラは、アップルのマーケッティング哲学を宣言した。文法的にも語彙的にも奇妙な英語で訳しようがない。誰も本気に読まなかっただろうから問題はなかったろう。レジス・マッケンナは、つまらない文書だと笑ったそうだ。

アップルのマーケッティング哲学

感情移入せよ（Empathy）　アップルは、顧客の要望を他のどの会社よりも正確に理解する

焦点を絞る　(Focus)
やると決定した事をうまく行なうには、重要でない機会は全て排除しなければならない

認められよう (Impute)
人々は本をその表紙で判断する。アップルは最高の製品、最高の品質、最も有用なソフトウェアなどを提供するが、もしいい加減なやり方でしか製品を提示できなければ、顧客には、いい加減な製品としか受け止められない。もし創造的でプロフェッショナルなやり方で製品を提示できれば、アップルは顧客に品質の良さを認められるだろう

マイク・マークラ
一九七七年一月三日

アップル・コンピュータのビジネスプラン

一九七七年一月に再組織されたアップル・コンピュータの設立契約書やビジネスプランは入手しにくい。スタンフォード大学には、アップルが寄贈した膨大なアップル関係の文書が保管されている。これらの文書のインデックスだけでも237ページある。公開されているが、残念ながら、個別文書はインターネッ

トでは公開されていない。異国にいる個人では、とても時間的にも資金的にも閲覧しにくい。ただそんなにあると読む気力も失せるだろう。

最初にマイク・マークラがビジネスプランを書く決意をしたのは、一九七六年十一月と言われている。マイク・マークラは一九七七年の最初の3ヶ月を使ってビジネスプランを書き上げた。この時、マイク・マークラはパロアルトの製薬会社シンテックスのジョン・ホールに手伝ってもらったと言っている。

最近、マイク・マークラがアップル・コンピュータのビジネスプランを書いた40ページ程度の文書をコンピュータ歴史博物館に寄付しており、インターネットで公開されている。最初のビジネスプランという触れ込みだが、完全な保証はない。残念ながら日付がないからだ。

何のために書かれた文書かというと、米国の一九三三年の証券法（Securities Act of 1933）に抵触しない範囲で、アップル・コンピュータの株式15万株を売却したいためである。売却価格は空白のままである。

一九三三年の米国証券法によって株式公開前に無闇に株式を売買することは原則的に禁じられている。現在96ページもある一九三三年の証券法の例外規定と解釈については、専門家でないと分かりにくいが、例外はある。限られた数のベンチャー・キャピタルに対して融資を仰ぐ見返りとして株式を売却することは許されている。そのためにアップル・コンピュータのビジネスプランについて説明するというものである。

そういうことを考慮すると、この文書は一九七七年中に書かれて配布された最初の方のビジネスプランであると見て大体間違いない。

ビジネスプランの構成は次のようになっている。

- 序論とまとめ
- 製品とマーケッティング・プラン
  - マーケット
  - 製品別のマーケット・サイズ
  - 製品プラン
    - 本体　アップルII、アップルIIA、アップルIIB、アップルIII
    - 周辺機器
    - メモリ
    - アクセサリ
- マーケッティング・プラン
  - 商品計画
  - 流通
  - 競争　タンディTRS-80、コモドールPET、アタリ、TIなど
- 運用プラン
  - 組織とスタッフ
  - 製造プラン
- 付録A（なし）
- 付録B　アップルのソフトウェア・バンクとポリシー
- 付録C　欧州アップル・コンピュータの組織

本文の前に2ページほどの説明がついていて、リスク・ファクター（危険要素）が説明されている。四つの危険要素が挙げられている。比較的、率直な自己分析である。

1. 運用経験　　アップル・コンピュータは新しい会社で、予測の正確性や財務予測や運用効率などの判断に基づく長い運用経験を持っていない。

2. 製造　　アップルは、特注の射出成型ケースを手に入れるために著しい困難を経験した。この問題が供給元を増やすことによって解決できるものかどうか保証がない。

3. キャッシュ・フローと急速な成長　　アップルの経営陣は、マーケットの急速な成長と起こり得る変動が深刻なキャッシュ・フロー管理の問題を引き起こすかもしれないと考えている。

4. 経営　　アップル・コンピュータの経営陣は若く、どちらかと言えば消費者向けの大量消費エレクトロニクスのビジネス経験が少ない

本文は読んでみると、内容は大したことがない。特筆すべきなのは、マイク・マークラですらアップル・コンピュータがビジネス分野に需要があるとは全く考えていないことだ。

欧州アップル・コンピュータは、一九七七年にコモドールからアップル・コンピュータに入社したアンドレ・スーザンが差配していた。

ともかく、このビジネスプランによって、一九七八年一月にベンチャー・キャピタルから資金調達ができた。上場ではない。アップル・コンピュータは、普通株552万株を1株9セントで売り、51万7500ドルを調達した。大した金額ではない。やはり上場しないと巨大な資金は調達できない。

主な出資者は次の通りである。

- アーサー・ロック　64万株　出資額5万7600ドル
- ベン・ロック・アソシエイツ　320万株　出資額28万8000ドル
- ドン・バレンタイン　167万株　出資額15万ドル

アーサー・ロックは、株数は少ないが、シリコンバレーのベンチャー・キャピタルの雄として知られており、アップル・コンピュータの資金調達において箔をつけるのに役立った。気難しい男だったようだ。

ベンロック・アソシエイツは、ロックフェラー財閥のベンチャー・キャピタル部門である。ここには、マイク・マークラのフェアチャイルド・セミコンダクター時代、インテル時代の同僚ハンク・スミスを通じて売り込みを計ったという。ハンク・スミスは当時ベンロック・アソシエイツのジェネラル・パートナーとなっていた。

マイク・マークラは殊更に一流のベンチャー・キャピタリストや知名人に売り込みを計った。

マイク・マークラは、インテル時代のコネクションを使って、当時インテルの副社長だったアンディ・グローブにも売り込んだ。

マークラ、ジョブズ、ウォズニアックの保有株式832万株ずつを3倍すると、2496万株で、これに552万株を加えると、3048万株である。1株の価格9セントをかけると、およそ300万ドルとなり、アップル・コンピュータの市場価格は、およそ３００万ドルと評価された。物価水準を考えると、３億円の倍数くらいのものだ。まだまだ小さい。

アップル・コンピュータの上場後には、ドン・バレンタインやセコイヤの名前は消えている。ドン・バレンタインは、一九七八年八月、ひそかに全株を売却していた。上場まで持っていれば大儲けできたのに失敗している。アップルの先行きを見抜けなかったのかも知れない。

アーサー・ロック

アーサー・ロックは、一九二六年、ニューヨーク州ロチェスターに生まれ育った。ニューヨーク州といっても、オンタリオ湖の沿岸である。父親はロシアからの移民でロチェスターでキャンディ・ストアを経営していた。少年時代、ロックは、家業の手伝いをした。

第二次世界大戦が起きると、一九四四年徴兵されたが、新兵の訓練が終わると終戦になった。実戦には参加せず、死なずにすんだ。ロックはＧＩビルを資金に使って、シラキュース大学に入学し、一九四八年ビジネス・アドミニストレーション学科を卒業した。一年間ニューヨークのビック・ケミカル・カンパニーで経理関係の仕事をした後、ハーバード・ビジネス・スクールに入学し、一九五一年経営学修士号ＭＢＡを取得した。専門は証券分析であった。ＭＢＡ取得後、ロックは、ウェルトハイム・アンド・カンパニーを経て、ヘイドン・ストーン・アンド・カンパニーに入社した。ここでフェアチャイルド・セミコンダクターの設立に大活躍した。

◆この話の詳細は『シリコンバレー』を参照されたい。

一九六一年、アーサー・ロックがニューヨークから500万ドルの資金を抱えてカリフォルニアに移って来て、トーマス・J・デイビスと共に、サンフランシスコにデイビス&ロックというベンチャー・キャピタルを開業した。

一九六八年七月一八日、ノイスとムーアは、NMエレクトロニクスを創立した。Nはノイス、Mはムーアである。それがインテグレイテッド・エレクトロニクスと変更され、さらに短縮されてインテルとなった。新会社の株式の総数は200万株であり、ノイスとムーアは、それぞれ24万5千株を購入した。アーサー・ロックは、一万株であった。

取締役会の取締役は6人で、アーサー・ロックが取締役会会長であった。インテル設立時のスタッフは、12人程度と伝えられる。後に一九七一年、レジス・マッケンナとマイク・マークラがインテルに入社してくる。アップル・コンピュータで重要な役割を果たす3人である。

◆この話の詳細は『シリコンバレー』を参照して頂きたい。

スティーブンス・クリーク・オフィス・センターへの移転

一九七七年の一月の会社再編成の後、アップル・コンピュータは、ロスアルトスのジョブズ家のガレージを抜け出し、クパチーノ市のスティーブンス・クリーク・ブールバード20863番地（20863 Stevens Creek Blvd, Cupertino）のビルディング3スイートCに事務所を借りた。ここはスティーブンス・クリーク・オフィス・センターという、言わば新興企業を相手とした貸事務所センターの中である。

スティーブ・ジョブズの自宅からは6キロメートルで自動車で7分、ホームステッド高校からは3キロメートルで自動車で5分の距離で、すぐ近くにあった。

新しい事務所の近くには、スティーブとウォズニアックお気に入りの店があった。

菜食主義のスティーブは、事務所の裏手にあった自然食品系のグッドアース・レストランに行った。スティーブは相変わらず裸足でぼろを着て臭かったが、果食主義の食事をしているかぎり、臭くなるわけがないと信じていた。

肉食系のウォズニアックは、先にも述べたようにランディ・ウィギントンと毎朝ボッブズ・ビッグ・ボーイという店に行って、一口コーヒーを飲んでは「何てまずいコーヒーなんだ」と愚痴をいうのが常だったという。あいかわらず砂糖壷の側に発泡性のアルカセルツアーなどの薬を置くなどのいたずらも繰り返していた。

アップル・コンピュータの事務所そのものは、30坪弱程度の小さなものだったらしい。図面が残っている。やがてアップルの慣例になるが、部屋を四つに仕切る。左上がオ

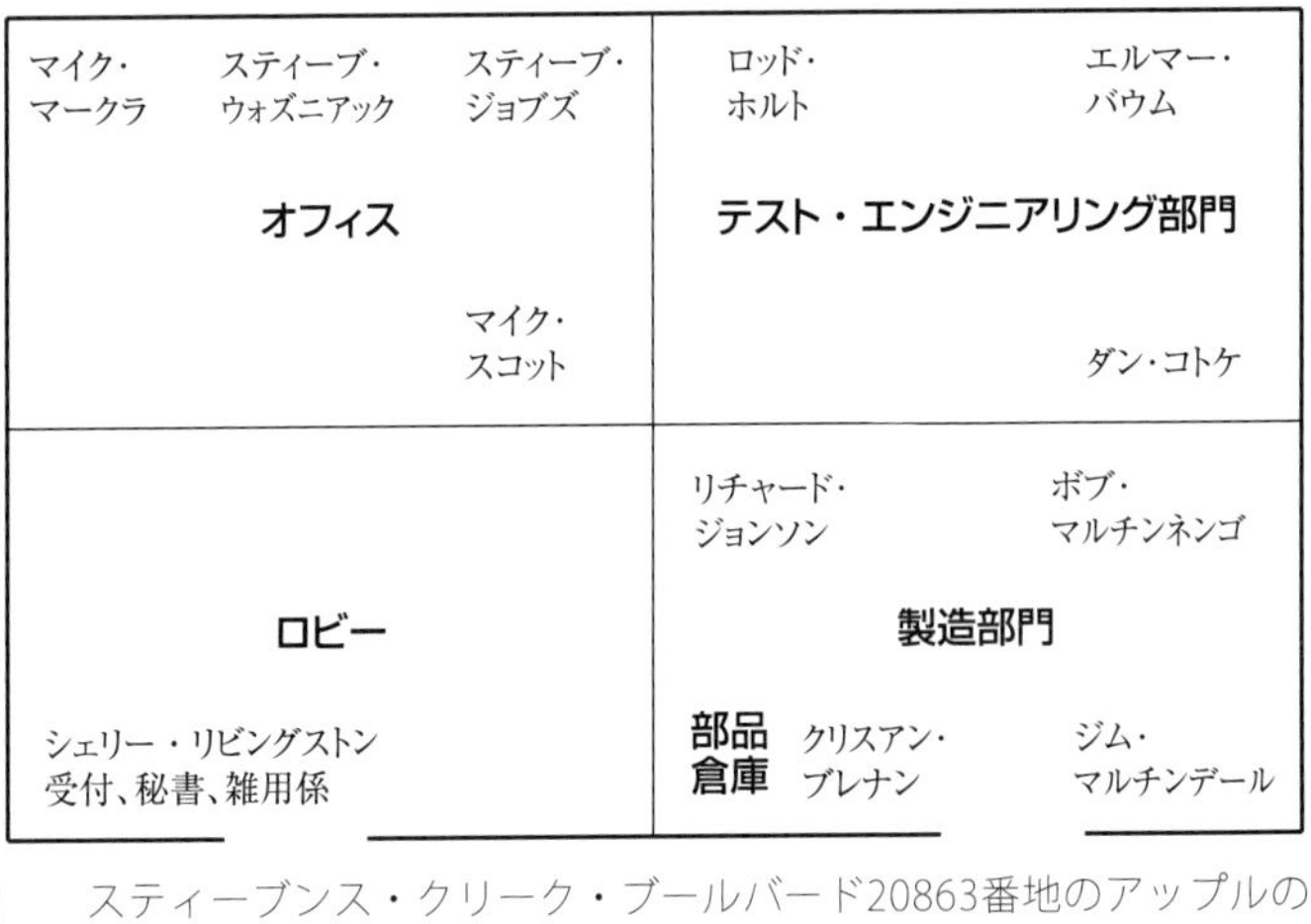

図　スティーブンス・クリーク・ブールバード20863番地のアップルのオフィス

フィス、左下がロビー、右上がテスト・エンジニアリング部門、右下が製造部門である。

オフィスには、マイク・マークラ、スティーブ・ウォズニアック、スティーブ・ジョブズ、マイク・スコットの他に３人がいる。狭苦しいだろうと思う。

ロビーにはナショナル・セミコンダクターでスコットの下で働いていたシェリー・リビングストンが受付、秘書、雑用係として働いている。

テスト・エンジニアリング部門には、ロッド・ホルト、ダン・コトケ、エルマー・バウムの名前が見える。

製造部門にはリチャード・ジョンソン、ボブ・マルチンネンゴ、ジム・マルチンデールが見える。ここに一時クリスアン・ブレナンもいた。

ビル・フェルナンデス、ランディ・ウィギントン、クリス・エスピノサなどは図面には出ていない。彼等はだんだんスティーブ・ジョブズから遠ざけられて行く。

一九七七年中頃のアップルの役員構成は次のようである。参考のために上場前の保有株数を記してある。厳密には変動があり、一九八〇年十二月の保有株数は後に記す。

マイク・マークラ	取締役会会長、マーケッティング担当副社長	８３２万株
マイク・スコット	社長	３１０万株
スティーブ・ジョブズ	運用担当副社長	８３２万株
スティーブ・ウォズニアック	技術担当副社長	８３２万株
ロッド・ホルト	最高技術責任者	１９７万株
ジーン・カーター	ディーラー・マーケッティング担当ディレクター	６８万株

マイク・スコット

マイク・マークラは、強硬姿勢が不得意で、妥協型の性格であり、傲慢で他人の言う事を聞かないスティーブ・ジョブズを抑えきれない心配があったので、マイク・スコットを社長に迎えることにした。

マイケル・スコット（以下マイク・スコット）は、一九四三年、フロリダ州のゲインズビルに生まれた。カリフォルニア工科大学の物理学科に入学した。卒業後はベックマン・インスツルメンツのシステム事業部で2年間働いた。サターン・ロケットの地上計器を開発していたらしい。

◈ベックマン・インスツルメンツについては『シリコンバレー』P299以降を参照されたい。

マイク・スコットは、ベックマン・インスツルメンツから引き抜かれて一九六七年九月からフェアチャイルド・セミコンダクターに入社した。マイク・マークラと同日入社であった。また二人は誕生日も同じ二月十一日であった。

マイク・スコットとマイク・マークラの愛称も同じマイクであった。これでは間違いやすいので、アップル・コンピュータ内部ではマイク・マークラをマイクと呼び、マイク・スコットをスコットと呼んだ。本書では、マイク・マークラをマークラ、マイク・スコットをスコットと呼ぶ。マイクと呼ぶと頭が混乱するからである。

スコットは、一九七二年ナショナル・セミコンダクターに移り、製造部門ディレクターとなった。一九七七年一月、会社の中の人事抗争に愛想がつきて退社した。

マークラが声をかけて、スコットをリクルートし、一九七七年五月からスコットがアップル・コンピュータの社長になった。スティーブ・ジョブズはマイク・スコットには初めから警戒し、仲が良くなかった。

有名な事件に社員番号での争いがある。スティーブが1番を要求したが、スコットはウォズニアックに1番を与えた。スティーブには2番を与え、マイク・マークラには3番を与え、自分は7番をとった。スティーブは怒って0番を主張した。

スコットはフェアチャイルド・セミコンダクター時代、荒削りで粗暴であり、ジャック・ギフォード等がナイフとフォークを使って食事をすることを何度も教えなければならないほどであった。

◆ジャック・ギフォードについては『シリコンバレー』Ｐ379、Ｐ436を参照されたい。

また、フェアチャイルド・セミコンダクター時代のある時、ロバート・ワイルダーは、スコットと、ワゴン・ウィールというバーで飲んでいた。ここで、ワイルダーがスコットにちょっかいを出して口論となり、外へ出て駐車場で殴りあいになった。ワイルダーは簡単にぶちのめされたと言う。ワイルダーは、喧嘩好きであったが、喧嘩の実技にはすぐれていなかったようだ。

◆ロバート・ワイルダーについては『シリコンバレー』Ｐ434以下を参照されたい。

こうした話を聞くと、アップルでスティーブを威圧できた事が、なるほどと理解できる。

スコットは、ずんぐりむっくりした男で、興奮気味で、いつもこぶしを握りしめて事務所を歩きまわっていたという。スコットは、粗暴な反面、奇妙にセンチメンタルで、気前の良い所もあった。

スコットは、アップル・コンピュータの株式を一九七七年十一月に1株1セントで１２８万株、一九七八年八月に1株9セントで１９２万株を取得している。都合３２０万株を取得したわけである。アップルが上場すると一夜にして７０４０万ドル（70億円）以上の金持になった。

スティーブは、どこでも裸足で歩き回った上、トイレの便器の水を流して足をひたすと爽快だと言っていたのを､最初はスコットはからかったが、しまいには自分もトイレの便器の水を流しながら足をマッサージするようになったという。あまり衛生的ではない話である。

またスティーブは、製品の保証期間を業界の標準的な90日間でなく、１年間を主張して、スコットと衝突した。この時もスティーブは悔しさのあまり涙を流して泣いた。彼ほどよく泣く男はいなかったと言われる。それでもスティーブはスコットの反対を押し切った。

一九七八年二月二十四日、スティーブの23歳の誕生日に、スティーブの机の上に「誕生日おめでとう」と書かれたリボンのついた大きな白薔薇のリースが飾られていた。米国では白薔薇のリースは葬儀用であって、悪意が潜んでいる。もちろん白薔薇の好きなスコットのいたずらだったが、スティーブは怒りで蒼白になったと言う。

少し先の話になるが、一九八〇年十一月のアップル・コンピュータの株式上場の３ヶ月後の一九八一年二月二十五日水曜日の朝９時、スコットは社員40人程度を解雇した。数字は資料によって異なる。もっとも狙われたのはアップルⅡの開発部隊で、検査部門も製品の出荷の遅延を招くとして解散させられた。営業担当部長も解雇されたようだ。

当時の資料によれば、一九八〇年九月二十六日のアップル・コンピュータの正社員は１０１５人であった。マーケッティングとセールスに１９８人、研究開発に１５２人、製造に５５８人、管理職は１０７名であった。

スコットの狙いは、無能な社員を首にすることと、アップル・コンピュータ社内の雰囲気の引き締めと経費削減にあった。スコットはナショナル・セミコンダクターのチャールズ・スポークの猛烈なやり方に習ったのだと思う。

◆チャールズ・スポークについては『シリコンバレー』P440たりを参照されたい。

当時の研究開発部にはアップルⅡ、アップルⅢ、リサ、マッキントッシュと四つの部隊があったはずだから、盛りを過ぎたと判定されたアップルⅡの部隊が不要と判定されたようだ。上場後、浮き浮きと陽気な雰囲気に包まれていたアップル・コンピュータの職場は突然、陰惨な暗い雰囲気に包まれ、この日はブラック・ウェンズデー（暗黒の水曜日）と呼ばれる事になった。

この解雇に当たって、スコットはマイク・マークラや取締会の同意を求めていたようだが、同意が必ずしも得られないままに、断行してしまったようだ。この事件はきわめて深刻で、マイク・マークラはスコットを解雇せざるを得なくなり、一九八一年三月スコットはアップル・コンピュータの社内から姿を消す。

工場と倉庫

マイケル・モーリッツは、スコットが生産と財務のいずれについても変わった考え方を持っていたと述べている。ミニマリズムと倹約で、生産の自動化や高価な検査用機器を極端に嫌った。またスコットは最小限の労働力で、最大限の仕事をこなすような会社を作り上げたいと考えていた。具体的にはアウトソーシング（外部委託）である。

スコットは、ウォズニアックのホームブリュー・コンピュータ・クラブ時代の知人の妻で、ロスアルトスに住んでいたヒルディ・リヒトに基板組み立ての手伝いを依頼した。部品が自宅に配送されてくると、近所に住む東南アジア系やメキシコ系の不法移民に配り、組み立てさせた。基板が組みあがってくると基板をテストし、アップル・コンピュータに納品させた。きれいごとだけでなく、ずいぶん安い賃金で下請けさせたというマローンの記述を読んだことがある。最低賃金も社会保障も無視したのである。

だからアップル・コンピュータは、しばらくの間、スティーブンス・クリーク・ブールバード２０８６３番地の30坪ほどの小さな本部だけで、工場なしにアップルⅡを生産できたのである。

しかし、アップルⅡが爆発的に売れ出すと、いつまでも小規模な形態にとどまる事はできず、工場が次々に作られる。一九八〇年十二月の時点では、アップル・コンピュータの工場は次のようであった。テキサス州キャロルトンが主力である。

工場

•クパチーノ（3箇所）	カリフォルニア州	1942坪
•サンノゼ	カリフォルニア州	973坪
•サニーベール（2箇所）	カリフォルニア州	1313坪
•ガーデン・グローブ	カリフォルニア州	581坪
•ニューベリーパーク	カリフォルニア州	182坪
•キャロルトン	テキサス州	2810坪
•カントリー・コーク	アイルランド	1166坪

倉庫については次のようになる。

・サニーベール	カリフォルニア州	８７１坪
・アーバイン	カリフォルニア州	８８９坪
・シャーロット	ノースカロライナ州	８１９坪
・キャロルトン	テキサス州	１１０７坪
・ザイスト	オランダ	８２４坪

スコットは、アップル・コンピュータの現金の出し入れにも気を使った。小切手を切る手間を省くためバンク・オブ・アメリカに給与支払いシステムを提供してもらった。納入業者への支払いは長く、取立ては短いという都合の良いシステムにした。またアップル・コンピュータを本格的な会社にみせるために大手の会計事務所のアーサー・ヤングに会計監査を任せた。

吝嗇だと言われるスティーブ以上にスコットは吝嗇であった。スティーブがアップルⅡに洗練された立派なマニュアルをつけようと提案した時、スコットはアップルⅡを動かすプログラム・コードと命令の一覧表だけで十分とした。近所のコピー店でコピーしてきて、ホルダーに納めて同梱させた。

その後、スコットは、もう少しまともなマニュアルを書き上げ、それを秘書のシェリー・リビングストンにタイプさせた。本格的に印刷されたマニュアルではなかった。ウォズニアックは『ウォズパック』という資料集を作った。寄せ集め的なものだったが、ないよりはましである。

初期のアップル・コンピュータの悪名高き貧弱なサポートについては、スティーブ・ジョブズの考え方によるものと私は思っていたが、そうではなかったようだ。

レジス・マッケンナ

スティーブ・ジョブズは、広告宣伝の重要さを痛切に感じていた。スティーブは、ＰＣＣ紙やドクター・ドブズ・ジャーナルのような、プログラム・リストで紙面を埋め尽くすようなお宅っぽさや、ろくにレイアウトも考えずに手書きの漫画を入れるような泥臭さを嫌った。アップル・コンピュータには、もっと上を狙った洗練された広告が欲しかった。

たとえば、エレクトロニクス誌一九七四年五月二日号Ｐ22、23の見開き2ページに掲載されたインテルの広告があった。

「ＣＰＵからソフトウェアまで、８０８０マイクロ・コンピュータがここにあります」とあって、インテル８０８０マイクロ・コンピュータ・ボード、インテレック８開発システム、マニュアル３冊、解説書バインダー2冊、紙テープ2巻、磁気テープ3巻、などがカラー写真を使って巧みにレイアウトされ、洗練され豪華に見える。素人臭さや泥臭さがない。

実は専門家の目で見れば、これだけあっても使いこなすのは、大変である。インテル８０８０マイクロ・コンピュータ・ボードには、キーボードもモニターも付いていない。スイッチとＬＥＤだけ。本来はテレタイプを接続しないと使えない。仮にテレタイプがあっても、アセンブラーを知らないとプログラムが組めないので何も出来ない。普通の人にはとても使いこなせるものではないのだ。

しかし、非専門家から見ると、素晴らしく洗練されて見える。

スティーブは、インテルに電話して、どこが担当したかを執拗に聞いた。そして、それを担当したのが、レジス・マッケンナであることを突き止めた。

そこでスティーブは、レジス・マッケンナ社に何度も電話をかけて、アップル・コンピュータの広告宣伝をしてくれるようにくいさがった。最終的スティーブとウォズニアックがレジス・マッケンナ本人に会えることになった。

マッケンナは、ウォズニアックにアップル・コンピュータについて業界誌に書いている記事を見せて欲しいと言った。それを見て技術的過ぎるとマッケンナが言った。技術的な中身も全く分からない素人の癖にとウォズニアックは怒った。もっともである。ただマッケンナはスティーブ・ウォズニアックが広告宣伝の何たるかも知らない素人の癖にと怒った。両者の言い分共もっともだ。慌ててスティーブ・ジョブズがとりなした。

レジス・マッケンナは、ペンシルバニア州ピッツバーグで生まれ育った。労働者階級の出身である。名前からアイルランド系であることが分かる。安息日について語っている所をみると、カソリックだろう。若い時の記録は、ほとんど抑えているようだ。いくらインターネットを検索しても、きわめて不自然なくらい、何も出てこない。

たとえばマッケンナは、生年月日さえ明らかにしていない。少し考えて誕生日の記事で探してみた。二〇〇八年九月二十二日に69歳であったという記事がある。そこで一九三九年九月二十二日の生まれだろうと推測できる。分からないことばかりだが、書き物を読んだり、飽きずにインターネットを検索していると、次第に少しずつ分かることもある。

マッケンナの著書『リアルタイム　未来への予言』を読むと、マッケンナは、一九五〇年代初めには、ピッツバーグにいた。父親が入念に手入れをした一九三七年製のビュイックで家族旅行をしたとの記述がある。それほど豊かな家庭だったとは思われない。十数年前の中古車である。一家には7人の子供がいた。収入的には豊かではなかったようだが、仲の良い幸せな家族であったようだ。

また公的な記述では、セント・ビンセント単科大学とドゥケイン大学に通っていたとある。奇妙な記述で、はっきり卒業と書いてない。これが妙に引っ掛かる。ウォルター・アイザックソンの『スティーブ・ジョブズ』を読み返して気がついたが、つまりドロップアウトして、卒業はしていないということだ。

マッケンナの『リアルタイム　未来への予言』には次のような記述がある。

「ケナメタルは、ラトローブ（ゴルフ王アーノルド・パーマーの故郷であり、また偶然にも私が大学に2、3年通った町）で最も有力な企業であり（以下略）」

ラトローブという町はピッツバーグの東50マイルに位置している。グーグルの地図でみると、そこに大学つまりセント・ビンセント単科大学がある。2、3年通ったという以上は、卒業していないのだろう。

マッケンナの著書『勝利の本質』、『ＩＢＭガリバーに挑んだ新興メーカーたち』、『ザ・マーケッティング「顧客の時代」の成功戦略』、『リアルタイム　未来への予言』に出てくる執拗なまでのＭＢＡ（経営学修士）反対論は、いわゆる叩き上げの人に良く見られる学歴コンプレックスの現れであるかもしれない。

公的な記述では、マッケンナは、一九六二年シリコンバレーに移動とある。するとシリコンバレーに移動したのは23歳位である。一九六五年には、ＧＭｅ（ジェネラル・マイクロ・エレクトロニクス）社のマーケッティング部門にいた。

◆ＧＭｅ社については『シリコンバレー』Ｐ394以下を参照されたい。

一九六七年には、マッケンナはナショナル・セミコンダクターのマーケッティング・サービス・マネージャーになっている。仕事はできたのだろう。

一九七〇年、マッケンナ31歳と推定される年に自分の会社レジス・マッケンナを立ち上げる。あまりに有名なＰＲ会社レジス・マッケンナの誕生である。レジス・マッケンナは、アップルの広告宣伝を担当して大成功を収め、一挙に伝説的なステータスを獲得することになる。

有名な第2代目のロゴ

レジス・マッケンナは、部下に命じてアップルⅡのパンフレット制作に取りかかった。まず、ロン・ウェインが描いたビクトリア風のロゴを作り直す必要があった。

アップルの有名な第2代目のロゴは、一九七七年四月に、ロブ・ヤノフがデザインした。ジョブズの注文で、緑、黄、橙、赤、紫、青のストライプが入っている。この原色の組み合わせはおそらくサイケデリック・カラーからヒントをもらったものだと思う。今からみると、ずいぶん単純なデザインだが、サイケデリックでヒッピー文化風で、時代風潮をよく体現していた。

唯一の問題は、新しいロゴが6色のカラー印刷をせざるを得なかったので、コストがかかることだった。カセットテープにロゴをカラー印刷すると費用がかかりすぎると、スコットが文句を言った。しかし、スティーブは譲らなかった。

一九七七年二月十六日のホームブリュー・コンピュータ・クラブの会報に、アップル・コンピュータはアップルⅡを一九七七年四月三十日以前に発注者に引き渡すと公約した。会報の第１ページに次のようにある。

> カリフォルニア州パロアルト市ウェルチ・ロード７７０番地のアップル・コンピュータ・インクは、アップルⅡの予約を受け付けている。アップルⅡコンピュータは、６５０２マイクロ・プロセッサー、カラー・グラフィックスを含むビデオ・ディスプレイ回路、ＲＡＭ、ＲＯＭ、ＡＳＣＩＩ《アスキー》キーボード・ポートなどの全てを一枚のＰＣボードに搭載している。今、予約すれば一九七七年四月三十日までには配達できると期待される。

これを見て驚くが、まだこの時点でアップル・コンピュータは、パロアルトに本社を置いたままになっている。さらにこの告知では、アップルⅡがケースに入ることを全く謳っていないことだ。ケースが期日までにできるかどうか自信がなかったのだろう。

実際にはアップルⅡは、マザーボードだけの物が一九七七年五月十日に発売され、完全な製品は一九七七年六月十日に発売された。

アップルⅡが売り出された時には、ボードだけというのもあった。ケース、キーボード、電源、ゲーム・パドルなしＲＡＭキロバイトでは使い物にはならないと思うが、一応５９８ドル（他に州税38・87ドル）であった。全て込みの最低モデルの価格は１２９８ドルであった。ＲＡＭ16キロバイトの標準的なモデルで

1698ドル（州税110・37ドル）であり、RFジェネレータを購入したりすると、2千ドル近くは覚悟しなければならなかっただろう。

第十五章
マイクロ・コンピュータ業界の変貌

アップルⅡの劇的な登場

一九七七年四月十六日からジム・ウォーレンが主催した第1回ウェスト・コースト・コンピュータ・フェアが開催された。アップル・コンピュータは、アップルⅡをお披露目することにした。マイク・マークラがブースのデザインを指揮した。ホール前面の一番良い場所を取り、たった3台しか組み上がっていなかったアップルⅡを展示した。スティーブ・ジョブズもスティーブ・ウォズニアックもマイク・マークラの指示で、生まれて初めての三つ揃えのスーツを着た。

洗練されたケースに身を飾ったアップルⅡ、カラー表示、フロッピー・ディスク装置ディスクⅡと注目を浴びたが、スティーブ・ジョブズ物の映画にある程の大注目を浴びたわけではない。プロセッサー・テクノロジー、クロメムコ、ＩＭＳＡＩに比べるとブースの大きさでも注目度でも劣った。

それまで、アップル・コンピュータは、1年間かかって、何とかアップル-Ⅰを２００台売っただけであったが、アップルⅡは数週間の内に３００台の注文が来た。一夜にして何万台何十万台の注文が来たように描かれることが多いが、実際はそうでない。オーウェン・W・リンツメイヤーの『アップル・コンフィデンシャル2・0』によれば、一九七七年九月までのアップルⅡの出荷台数は５７０台であった。

それでも小さなアップル・コンピュータにとっては大成功であった。

ウォズニアックは、相変わらずいたずらの虫が治まらず、ＭＩＴＳのオルテアならぬザルテアというコンピュータをでっち上げ、まんまとスティーブを引っ掛けた。この話は『アップルを創った怪物』で本人が詳しく述べているので省略する。

一九七七年四月のウエスト・コースト・コンピュータ・フェアを境に、ホームブリュー・コンピュータ・クラブを中心とするカウンター・カルチャー族は、あっという間に勢いを失って行く。マイクロ・コンピュータ市場あるいはパーソナル・コンピュータ市場には肥沃なビジネス・チャンスがあり、一攫千金が可能になりそうだということが分かったからだ。ハッカー倫理やアマチュアイズムは、怒涛のような資本主義化の前に影が薄くなって行く。

アップルⅡのパンフレット

レジス・マッケンナが作った一九七七年のアップルⅡのパンフレットがある。カラーで4ページ物である。カラー・パンフレットの最初のページの中央には赤い林檎がある。噛み跡がない。噛み跡のある林檎のアップルのロゴは後ろのページに入っている。

林檎の上の方にはレオナルド・ダ・ビンチのものとされる格言“Simplicity is the ultimate sophistication”がある。「洗練を突き詰めると簡潔になる」という訳があるが、本来は「簡潔さを突き詰めると洗練に至る」もしくは直訳して「簡潔さは究極の洗練である」である。洗練を先にすると、元の意味とは少し違ったニュアンスを伝えることになると思う。

むしろ次の2ページ3ページの上部にかけて“Sophisticated design makes it simpler”とある「洗練されたデザインは、より簡潔にする」の方が近いと良いと思う。

いずれにせよ、"Simplicity is the ultimate sophistication"は、いつしかスティーブ・ジョブズのマントラとなり、後にジョナサン・アイブのマントラともなる。しかし、これは、実際にはレオナルド・ダ・ビンチの残したドキュメントにはないという。コピーライターの巧みな発明だろう。

スティーブがよく使ったマントラには、他に禅の公案のような"The journey is the reward"もある。ジェフリー・ヤングの『スティーブ・ジョブズ』は副題がまさにそれで、プロローグの終わりに、"It was the journey that was the reward, not the destination（到達目標でなく途中の旅そのものが報い）"と説明されている。ただし古今東西どこにもそういうオリジナル・テキストはない。

また、このパンフレットでは、アップルⅡは家庭用のゲームマシンという性格を強く打ち出している。若い二人に夫婦がカラーテレビにつないだアップルⅡを挟んでゲーム・パドルを持っている写真が使われている。カラーテレビの画面にはブレイクアウト・ゲームの実行画面が映っている。次のページにはスタートレック・ゲームの実行画面がある。事務用コンピュータという発想はまるでないようだ。

また一九七七年九月のカラー・パンフレットもある。これは五月のパンフレットと同じようなものだが、若い妻がキッチンに立って、まな板の上で赤いイチゴのような果物を切っている。夫はキッチン・

写真　ジェフリー・ヤング著『スティーブ・ジョブズ　ザ・ジャーニー・イズ・ザ・リオード』：マイケル・モーリッツの本を下敷きにしているが良く書き込んだ本。日暮雅通氏の訳がある。

テーブルの上のアップルⅡを操作している。

画面を拡大して見るとダウ・ジョーンズの平均株価を表示させているつもりなのが分かる。普通ではDOWJONES INDUSTRIAL AVERAGEという文言は見えない。拡大して初めて見え、普通ではカラーのグラフが見えるだけである。バイオリズムのグラフと勘違いした人が多かっただろう。

この写真は五月のパンフレットにもある。ただアップルⅡは家庭用コンピュータだが、ゲームだけではなく多少実用にもなるという軌道修正を試みているようだ。事務用コンピュータへ方針転換したわけではない。オフィスの写真ではないからだ。

この宣伝には、デジタル・リサーチのゲアリー・キルドールが猛烈に噛み付いた。

「貴社の広告は、証券市場分析や家計簿用のソフトウェアが存在する（または簡単に作る事ができる）かのような言い方をしています。そのようなプログラムが実際に存在するのですか?」

マイケル・モーリッツ『スティーブ・ジョブズの王国』P311

むろん、そんなものはまだ一切存在しなかった。レジス・マッケンナのやらせである。

強力なライバル、コモドール、ラジオシャックの出現

一九七七年一月コモドールはCES（コンシューマー・エレクトロニクス・ショー）にPET2001というパソコンを出した。アーサー・クラーク原作、スタンリー・キューブリックが監督した有名なSF映画

『二〇〇一年宇宙の旅』を意識して付けた名前である。

ＰＥＴ２００１はチャック・ペドルが設計した。ＰＥＴは公式には前述のように（Personal Electronic Transactor：パーソナル・エレクトロニック・トランザクタ）の略称であったが、反戦とロックの時代を反映して（Pet Rock Craze：ペット・ロック狂）の略であったとか、（Peddle's Ego Trip：ペドルのエゴのトリップ）の略であったとも言われる。

コモドールのＰＥＴは、頑丈だが、厚い金属製の事務機器のような無骨なデザインだった。コモドールは傘下に事務用機器の製造会社を抱えており、そこに作らせたのだから仕方がない。

異常なまでに会社の垂直統合（あらゆる部品を自社で生産する）とコスト削減を主張するジャック・トラミエルは、キーボードにも口を出した。タイプライター型のキーボードである必要はなく、電卓のキーボードと同じで、方形の枡にキーが納まっていれば良しとした。どうしてこんなキーボード配置にしたのだろうと、長い間、疑問に思っていた。電卓のキーボードで十分だというトラミエルの発想と知って、35年ぶりに私の疑問の一つが解けた。これではタッチメソッドでタイプできない。普通のタイプライター型キーボードを見れば分かるが、各段のキーは少しずつずらして配置されている。なつかしいグレゴリー・ヨブのＰＥＴの解説書『ＰＥＴのハードウェアと自己診断機能』Ｐ104にはタッチメソッドではタイプできないから「1本指でのタイプ」をすすめている。

それにキートップは漫画かおもちゃのようだった。私が買ったＣＢＭ（コモドール・ビジネス・マシン）３０３２の頃は、黒いタイプライター型キーボードに変わっていた。

ＰＥＴ２００１は、ＣＰＵがクロック速度1メガヘルツの６５０２、ＲＯＭは14ＫＢ、ＲＡＭが４ＫＢ

であった。一体型であることが特徴で、内蔵型のグリーン・モニタを持ちテキストを40字×25行表示できた。外部記憶装置も内蔵型のカセット・テープ装置で、キーボードも内蔵型だった。何でもついているという格安の面白いパソコンだった。貧乏人のためのパソコンだったろう。拡張性については、IEEE488バスを搭載しシステム構築を可能にしていた。安くて面白いパソコンであった。

ジャック・トラミエルの思想はコンピュータは「特権階級のためにではなく大衆のために」であった。それ自体は美しい理想なのだが、低価格化の追求のために故障が多く、サービスは最低（というより存在しなかった）、マニュアルはほとんどなしという徹底ぶりで「悪名高きコモドール」と呼ばれた。コモドールは「特権階級のためにではなく大衆のために」路線を追求してPETのシリーズより、さらに低価格のVICシリーズに移って表舞台から消えていく。

しかし、ジャック・トラミエルの思想は無意味ではなかったかもしれないと思わせるのはネットスケープの創立者のマーク・アンドリーセンが最初に買ってもらって親しんだパソコンがコモドールのVICシリーズだったということである。

MOSテクノロジーを買収したジャック・トラミエルの最初の腹積りは、PETをアマチュア無線のチェーン店ラジオシャックに売りつけることだったともいう。一九七七年一月、ラジオシャックはジャック・トラミエルからPETの売り込みを受けて低価格パソコン市場の存在に気づき、自社でパソコンを設計生産することを決意する。ジャック・トラミエルは激怒したという。

一九七七年八月、ラジオシャックは、TRS-80を発表する。CPUはZ80、ROMは4KB、RAMは4KBであった。キーボードと本体が一体という奇妙な設計であり、グリーン・モニタがついていた。

発売後1月で1万台を売り切り、3千台という予測を大きく上まわった。モデルⅠはそれほど強力ではなかったがモデルⅡはかなり強力であった。

当初外部記憶装置はカセット・テープ装置であったが、その後フロッピー・ディスク装置となった。TRS-80は比較的ソフトウェアを重視した。IBM PCが出てくるまでは一番本格的なパソコンではなかったかと思う。BASICはもちろんのことFORTRANやCOBOLなど各種のコンパイラーが動くのには驚いたものである。

ラジオシャックは、その名の通り、全国展開のアマチュア無線チェーンであり、強力な販売網とサービス網を持っていた。それだけに巨大な展開をみせたが、悩みは次第に本格化していく中でパソコン・チェーンとして存続するか、それとも町の家電チェーンとして存続するかの選択だった。

ラジオシャックにはパソコン・チェーンとしてパソコンだけに賭ける気持はなかった。たとえばここではラジオシャックと書いたが、タンディというブランド名もラジオシャックは使っていた。チェーン店の名称からくるグランド名はラジオシャックで、パソコンから出たブランドはタンディだ。どちらを使うか一つにしぼれとユーザーに迫られてもラジオシャックにはできないのだった。ラジオシャックはアマチュア無線を捨ててタンディにはなりきれなかったのである。

デザインと外観で圧倒的な差をつけたアップルⅡが完全な市場支配をできなかったのは、価格が高めだったこともあったと思う。単純な比較はできないが、最安値の機種比較では、コモドールのPET2001が795ドル、タンディ・ラジオシャックのTRS-80が599・95ドル、アップルⅡは1298ドルだった。実際にはこれらの価格の機種では使い物にならない。最低でも倍の予算が必要だった。

スティーブン・ベイリッチの『ソフスティケーション＆シンプリシティ』によれば、一九七七年十二月、アップルⅡとコモドールのＰＥＴ２００１の売り上げ比は1対6、アップルⅡとタンディ・ラジオシャックのＴＲＳ-80の売り上げ比は1対１６６で、アップルⅡは圧倒的に劣勢であった。

雑誌媒体やマスコミへの働きかけのうまさがあって、いかにも御三家という感じであったが、まだ内情は苦しいものがあった。

写真　スティーブン・ベイリッチ著『ソフスティケーション＆シンプリシティ』：アップルⅡだけに絞ってハードとソフトを説明している。分かりやすい。

マイクロソフトから６５０２ＢＡＳＩＣを買い取る

一九七六年の中頃、マイクロソフトのマーク・マクドナルドが６５０２用のＢＡＳＩＣを開発していた。ただ６５０２用のマイクロ・コンピュータが発売されていなかった。マイクロソフトはスティーブ・ウォズニアックのアップル-Ｉに目をつけ、スティーブ・ジョブズに接触した。スティーブはアップル・コンピュータには自前のＢＡＳＩＣが既にあると撥ね付けた。

マーク・マクドナルドは売る宛先はないものの、ＭＣ６８００用のシミュレータを改造して６５０２ＢＡＳＩＣの改良を続けた。

蛇足ながら、これで、はっと思い当たる。日立製作所のベーシックマスター・レベル3や富士通のFMシリーズはマイクロソフトBASICを搭載していたが、MC6809の機能を十分使い尽くしていないと言われていた。たとえばインデックス・レジスターが2本あるのに使っていなかった。だからもっと高速にできたはずなのに遅かった。多分MC6800用のシミュレータを改造して開発していたのだろう。

一九七六年十月、コモドールが、6502搭載のPET2001にマイクロソフトBASICを採用した。コモドールのジャック・トラミエルは非常に過酷な条件でマイクロソフトと合意した。

アップル・コンピュータは、ユーザーから浮動小数点演算ルーチンの件で当初から猛攻撃を受けていた。アップルⅡの整数BASICのROMの中に浮動小数点演算ルーチンは入っているのだが、どうそれを引き出して使うかは、かなり深い機械語の知識を必要とした。

そこで、一九七七年秋にかけて、ウォズニアックは自分の整数型BASICを浮動小数点型BASICに変更しようとしたが、他の仕事が忙しくて先伸ばしになる一方だった。

スティーブ・ウォズニアックが浮動小数点演算を扱えるBASICを書いていると、スティーブは次のような態度を取ったという。

「スティーブは、複雑なコードを書くということがどういうことか、全然わかっていなかった。何か悪い所が見つかると、彼はすぐやって来て直そうとする。いつも割り込んできて変えようとするんだ」

（『スティーブ・ジョブズの王国』P286）

ともかく、ウォズニアックによる開発はうまく行かず、アップル・コンピュータは一九七七年八月マイクロソフトＢＡＳＩＣをフラット・フィー（買い切り）のライセンスで1万ドルで買い取った。1台ごとにライセンス料を徴収するロイヤリティ・ベースではなかった。

マイクロソフトはまだ力が弱かったのである。

アップルソフトＢＡＳＩＣＩ

マイクロソフトから６５０２ＢＡＳＩＣを受け取ったランディ・ウィギントンは、これをアップルⅡの低解像度グラフィックスと調整する仕事を任された。ランディ・ウィギントンはアップルソフトという組織で働く事になった。ここに一九七七年十一月クリフ・ヒューストンとディック・ヒューストンの兄弟が入ってきた。ウェスト・コースト・コンピュータ・フェアでアップルⅡを見て感激し、ロッド・ホルトに接触して採用されたのである。彼等はＩＭＳＡＩ　８０８０を組み立てていた。

マイクロソフトからランディ・ウィギントンが受け取った６５０２ＢＡＳＩＣはバグだらけで、ランディ・ウィギントンはこのバグを潰して、さらに低解像度グラフィックスとうまく整合を取ってアップルソフトＢＡＳＩＣＩとして完成しなければならなかった。

ランディ・ウィギントンが困ったのは、ソフトウェア開発ツールがなかったことである。アップルには、アップルⅡ上で動作するアセンブラーがなかった。信じられないことだが、スティーブ・ウォズニアックは全てハンド・アセンブリングでアセンブラーを持っていなかった。そこでランディ・ウィギントンは電話線を使って、コンピュータ・コンバーサでコール・コンピュータに接続し、コール・コンピュータのクロス・

コンパイラーを使った。

考えただけで、ぞっとするような作業だが、実はそのクロス・コンパイラーはＢＡＳＩＣで書かれていたのである。コンパイルには2時間以上かかり、ソース・コードの打ち出しには数日かかるありさまであった。

ここで有名な事件が起きる。

スティーブン・ベイリッチの『ソフスティケーション＆シンプリシティ』によれば、コール・コンピュータに故障が起きた。するとランディ・ウィギントンが、コール・コンピュータのユーザー空間に格納しておいた６５０２ＢＡＳＩＣのデータが全滅した。

ジェフリー・ヤングの『スティーブ・ジョブズ』によれば、アップルⅡのＲＯＭ　ＢＡＳＩＣの改訂のため作業していた所が、コール・コンピュータに故障が起きた。するとランディ・ウィギントンが、コール・コンピュータのユーザー空間に格納しておいたデータが全滅した。

データが全滅したということだけが本当だと思う。

ジェフリー・ヤング版では、残っていたのはコール・コンピュータのセンターにある前回のバックアップ用の磁気テープだけである。その磁気テープをコール・コンピュータにかけてもらってダウンロードさせてもらいたいと頼んだ。ところがコール・コンピュータのアレックス・カムラートが拒否した。カムラートはスティーブとウォズニアックが仕事を途中で放り出したのを怒っていた。さらにアップル・コンピュータはコール・コンピュータの使用料を何ヶ月も払っていなかった。

そこでスティーブが電話に出て、カムラートをなだめ、こちらに来てくれればたまっている使用料の小切手を渡すと言った。ただ時間を節約したいので、出る前に前回のバックアップ用の磁気テープをかけておいてくれと言った。30分後にカムラートが行って見ると、スティーブは、おまえなんかに払う金はないと言った。実はカムラートが来るまでの時間にランディ・ウィギントンは古いバージョンのプログラムをダウンロードし、システムを切り離していたという。そこで危機一髪の喧嘩状態になったが、スティーブは、ひるまず、カムラートはあきらめて帰って行ったという。よくできた話だが、多分嘘だろう。しかし、スティーブ・ジョブズなら、いかにもやりそうな話だとは思う。

スティーブン・ベイリッチ版では、ここでクリフ・ヒューストンが助けに入った。テープリーダーをつないだＩＭＳＡＩを持ってきて、マイクロソフトから渡された６５０２ＢＡＳＩＣのテープを読み込んだ。それをフロッピー・ディスクに落とし、ＩＭＳＡＩベースの６５０２クロス・アセンブラーにかけた。

このようにした結果、以前2時間かかった作業が6分で終った。マイク・スコットがセントロニクス・プリンターを買ってくれたので、ＩＭＳＡＩに接続し、全ソース・コードを35分で打ち出せた。

感激したマイク・スコットはクリフ・ヒューストンのＩＭＳＡＩをアップルⅡ開発用に2年間リースさせてもらったという。全ソース・コードの打ち出しを持っていなかったとは驚きだ。

クリフ・ヒューストンの助けで、ランディ・ウィギントンは一九七七年十二月までにアップルソフトＢＡＳＩＣⅠ《ワン》を完成でき、10Ｋバイトのカセットテープ版のアップルソフトＢＡＳＩＣⅠは一九七八年一月に発売できたというのである。多分、この話が本当だろう。種を明かしてもらえば、そんなものだったかと驚く。アップル・コンピュータでのソフトウェア開発は、ほとんど手作業だったことにあぜんとする。もっと我々もあの時代に創意工夫すべきだったと思う。それにしてもお粗末な開発環境であった。

カセットテープ版のアップルソフトＢＡＳＩＣⅠは、ウォズニアックの作った短い整数型ＢＡＳＩＣの後ろにアップルソフトBASICが続くという構成になっていた。インストールは数分かかった。

アップルソフトBASICIには、青表紙のマニュアルがついてきた。ブルーブックという。アップルソフト・リファレンス・マニュアルと言い、一九七七年十一月の発行である。アップル・ソフトウェア・バンクとも書いてある。むろんソフトバンクとは何の関係もない。手に入りやすいのは一九七八年八月発行の第2版である。拡張精度浮動小数点BASICマニュアルとの副題がついている。インターネットからダウンロードできる。

紛らわしいのだが、グリス・エスピノーサが書いたレッドブッ

写真　『アップルソフト・リファレンス・マニュアル』：1977年版。表紙が青いのでブルーブックという。拡張精度浮動小数点BASICマニュアルとの副題がある。

写真　『アップルIIリファレンス・マニュアル』：1978年版。表紙が赤いのでレッドブックという。ハード、ソフトの両面に渡る解説がある。

写真　『ウォズパック』：スティーブ・ウォズニアック他のアップルーI、II関係の原開発資料が収録されている。苦労の跡がしのばれる。

クという赤表紙のマニュアルもある。アップルⅡリファレンス・マニュアルである。手に入りやすいのは一九七八年一月発行のものである。同じ名前で一九七九年版がある。内容はこちらの方が良い。どちらもインターネットからダウンロードできる。

他にもアップルⅡ　ＢＡＳＩＣプログラミング・マニュアルと、アップルソフト・チュートリアルというマニュアルがある。最近35年ぶりに『ウォズパック』という資料集も復刊された。

アップル・コンピュータは、アップルソフトＢＡＳＩＣⅠをアップルソフトと呼んでいるのだが、これだと組織名と、ＢＡＳＩＣの名前が混乱する。そこでアップルソフトＢＡＳＩＣと表記する。

アップルソフトＢＡＳＩＣⅡ

一九七八年春、ランディ・ウィギントン等は、アップルソフトＢＡＳＩＣⅠの改訂に取り掛かった。今度はノーススター・ホライゾン（一九七七年設立。当初の社名はケンタッキー・フライド・コンピュータ。後に社名変更）のコンピュータを使った。これはＣＰＵがザイログのＺ‐80Ａで、Ｓ‐１００バスを使い、フロッピー・ディスクを搭載し、デジタル・リサーチのＣＰ／Ｍやノーススター・ホライゾンのＮＳＤＯＳというＤＯＳ（ディスク・オペレーティング・システム）を使用できた。

ランディ・ウィギントンは、このシステムの上で、ディック・ヒューストンのＩＭＳＡＩの上で動いていたクロス・アセンブラーを改造して改訂作業に使った。アップルソフトＢＡＳＩＣのバグを取り除き、それまでサポートしていなかった高解像度グラフィックスをサポートするようにした。低解像度グラフィックスについてもコマンドの統一を図った。

一九七八年六月に出荷された、このバージョンのアップルソフトＢＡＳＩＣはアップルソフトＢＡＳＩＣⅡと呼ばれた。カセット、フロッピー・ディスクなど多様な媒体で利用できた。起動すると、アップル・コンピュータの著作権だけでなく、マイクロソフトの著作権も表示された。

フロッピー・ディスク装置

８インチ（２０３ミリメートル）フロッピー・ディスクはＩＢＭサンノゼ研究所が一九七一年に発明した。研究開発の指揮を執ったのは、アラン・シュガートであり、直接開発に当たったのはデイビッド・Ｌ・ノーブルであった。アラン・シュガートはＩＢＭを離れ、メモレックスに入社し、一九七二年メモレックス６５０を出荷した。ぐにゃぐにゃ曲げられる磁気媒体としてのフロッピー・ディスク（以下ＦＤと略す）と、フロッピー・ディスクから読み書きできるようにするフロッピー・ディスク駆動装置（以下ＦＤ装置と略す）は、本来別物だが、混用されることがある。

一九七三年、アラン・シュガートは、シュガート・アソシエイツを設立した。シュガート・アソシエイツは８インチＦＤ装置市場で独占的なシェアを誇った。ＳＡ８００は特に有名な製品である。

この頃、ワング・ラボラトリーズはシュガート・アソシエイツに８インチは大きすぎると言った。そこでシュガート・アソシエイツのジム・アドキンソンとドン・マッサーロが５・２５インチ（１３３・35ミリメートル）のＦＤ装置を提案した。これはＳＡ４００として発売された。

マイク・マークラは、アップルⅡユーザーであり、小切手帳の管理プログラムをランディ・ウィギントンと一緒に作っていた。マイク・マークラは、アップルⅡのカセットテープ・レコーダーからのデータの読み込み速度の遅さに辟易していた。

一九七七年十二月、マイク・マークラはアップル・コンピュータの目指す目標を設定したが、最優先目標に、より高速大容量のＦＤ装置が入っていた。

この時、目前に一九七八年一月のラスベガスでのＣＥＳ（コンシューマー・エレクトロニクス・ショー：消費者向けエレクトロニクス・ショー）の開催が迫っていた。ウォズニアックがＣＥＳに間に合うようにアップルⅡ用のＦＤ装置を開発したら、ラスベガスに行かせてもらえるかとマイク・マークラに尋ねるとＯＫが出た。そこでウォズニアックは、2週間でアップルⅡ用のＦＤ装置を作り上げることにした。

ウォズニアックは、ＦＤ装置など触ったこともなく使ったこともなかった。持っていなかったのである。そこで調達の天才スティーブ・ジョブズは、どこからか（多分シュガート・アソシエイツ）から、ＦＤ装置ＳＡ４００を1台入手してきてくれた。

そこでウォズニアックは、シュガート・アソシエイツのマニュアル（SA400 minifloppy Diskette Storage Drive OEM Manual）を読み、回路をチェックした。ＳＡ４００のマニュアルは現在でもダウンロードできる。この簡単なマニュアルを読むだけで動作を理解し、回路の簡素化を思いつくなど、普通の人間にできることではないが、ウォズニアックは魔法のようにやってのけた。回路の簡素化の設計哲学は『アップルを創った怪物』Ｐ297からの説明にある。少し専門的に過ぎて普通の人には難解だろうと思う。

クリスマスを返上して、ウォズニアックと17歳のランディ・ウィギントンが2週間で作ったものは、例によって何とか動く程度のものだった。ＤＯＳ（ディスク・オペレーティング・システム）はできていなかった。それぞれのプログラムがＦＤ上のどこにあるのか、トラックとセクターを記録するテーブル（表）はできていた。

トラックというのは、バウムクーヘンの輪のようなもので、セクターは、バウムクーヘンを包丁で扇形に切ったようなものだと思えばよい。トラックとセクターを指定すれば、ＦＤ上の場所は指定できる。

すぐに方式が完成したかどうかは別にして、アップルのディスクⅡの場合は、技巧を尽くして35トラック、13セクターあった。１セクターには２５６バイト格納できるから、全体では原理的には35×13×２５６＝１１６４８０バイト＝１１６キロバイト格納できた。実際には１１３・８キロバイト使えた。通常のＳＡ３９０は１０セクターで87・５キロバイトであったから、かなり容量が増加していて競争力を誇れた。

ウォズニアックとランディ・ウィギントンの二人が、ラスベガスに着いて、徹夜で何とかプログラムを完成し、万一のために、バックアップを取っておこうとしたら、何と誤って全部消してしまった。気落ちしたが、一旦寝て朝10時頃から、記憶を頼りに作業をやり直し、お昼過ぎには、何とかブースに持って行って展示できるようにした。

スティーブン・ベイリッチの本には面白い逸話が書いてある。

スティーブ・ジョブズは、シュガート・アソシエイツに、アップル・コンピュータは、１００ドル程度の安価なＦＤ装置を必要としており、コントロール機構も何もついていないＦＤ装置だけを必要としていると言った。そしてシュガート・アソシエイツから25台の裸のＳＡ３９０をもらってきてテストしたというのだ。実はその中にＳＡ４００をばらしたものも混じっていたという。ＳＡ３９０はＳＡ４００からディスク・コントロール・ボードを抜いた裸のＦＤ装置である。

大筋は正しいと思うが、多分ラスベガスから戻ってからの事だと思う。そうでないと2週間では、設計した上に25台もテストする時間が取れない。時間的に合わない。逸話はだんだん大袈裟になる傾向がある。

アップル・コンピュータは、シュガート・アソシエイツのFD装置SA４００の二つの部分を改良した。一つはFD装置自体のアナログ回路であり、一つはディスク・コントロール・ボードだった。

ロッド・ホルトは、アナログ回路を得意としており、クリフ・ヒューストンの助力を得て、モトローラの新型チップを使ってFD装置自体の18個のチップを4個に減らした。

ウォズニアックはデジタル回路を得意としており、先に述べたようにFD装置のコントロール・ボードのチップ数を40個から8個に減らした。すごいと思う。まさに天才である。

アップルⅡ用のディスクⅡでは、ＳＡ３９０の銘板でなく、ＳＡ４００の銘板が残っていたものもあるようだ。後にコスト削減のためにアルプス電気のFD装置が使われるようになる。

ウォズニアックは、この開発によって、米国特許４２１０９５９を取った。『磁気ディスク、レコーダー等に対するコントローラー』一九七八年五月十日出願である。

アップル・コンピュータが、ディスクⅡを出荷するのは一九七八年七月である。６ヶ月の差があるのは、その間にやらねばならないことがあったからである。

ＤＯＳが必要だ

スティーブ・ウォズニアックは、FD（フロッピー・ディスク）装置のコントロール・ボードを極限まで簡素化し、何とかＦＤからファイルの読み書きができるプログラムまで作った。またまたディック・ヒューストンは、ＦＤ装置のコントロール・カードのためにＲＯＭコードを書いた。

だが、ここで行き詰まりになる。独学の天才ウォズニアックは、それまでＦＤ装置に触ったことがなかったし、デジタル・リサーチのゲアリー・キルドールの作ったＣＰ／ＭのようなＤＯＳ（ディスク・オペレーティング・システム）については何の知識もなかった。これでは先に進めない。オズの魔法使いならぬウォズの魔法が通用しない時点に到達したのだ。

コンピュータのシステムを階層化して考えると、ハードウェアに一番近い一番下の物理的な部分、そしてそれを楽に使えるようにする上層の部分、さらにシステム全体を管理する最上層の部分がある。

スティーブ・ウォズニアックが作ったのは、主にハードウェアに一番近い物理層以下の部分である。ここではステッピング・モーターを直接動かしたり、ステッパーのフェーズを切り替えたりする。直接フロッピー・ディスクからデータを1バイトずつ機械語で読み書きしたりする。これは非常に難しい。素人が機械語で操作しようものなら、たちまちＦＤ装置がクラッシュして壊れてしまう。

18歳のランディ・ウィギントンは、その上位層に、ＳＥＥＫ（指定したトラックにアームを移動する）、ＲＥＡＤ（あるセクターの内容を指定したバッファーに読み込む）、ＷＲＩＴＥ（あるセクターの内容を指定したバッファーに書き込む）などというコマンドを用意して読み書きをもっと楽にした。アップル・コンピュータの言葉ではＲＷＴＳ（Read/Write Track/Secto）と呼ばれる部分である。

「ページ境界を跨がないように」という呪文のようなコメントが沢山書いてある。

さらにもっと楽にするには、さらに上位層が用意され、最低でもファイルの管理をしてくれるファイル・

マネージャがなくてはならない。ここではアームを動かすだの、セクターの読み書きだのと煩雑で難しい操作でなく、ファイルのオープン、ファイルのクローズ、ファイルの読み書き、削除などのもっとやさしい操作ですむようになっている。

ただ欲を言えば、もっと本格的なシステム管理がなくてはならない。そういうことについてはウォズニアックには、経験がなかった。そこで経験豊かな専門家が必要になってきた。

写真　ドン・ワース他の『ビニース・アップルDOS』：アップルDOSの仕組みを分かりやすく解説している。

ボブ・シェパードソン

ここでボブ・シェパードソンが登場する。シェパードソンは、ナショナル・セミコンダクターと契約を結んで、ナショナル・セミコンダクターのIMP-16というコンピュータのアセンブラーの開発をしていた。これがうまく行ったので、このアセンブラーをMC6800用のアセンブラーに改造しようとした。

そこにマーティ・スパーゲルが登場する。アップルⅡ用のRFモジュレータを製造販売して一儲けした男である。マーティ・スパーゲルは、MC6800用のBASICの開発をボブ・シェパードソンに依頼して契約した。ただマーティ・スパーゲルは途中で腰砕けになったらしく手を引いた。やむなくボブ・シェパードソンはクロメムコにBASICを売ったらしい。これがZ-80 BASICである。

　これが完成しようとした頃、一つの巡り会わせが生じる。ボブ・シェパードソンの会社は、クパチーノ市スティーブンス・クリーク・ブールバード20863番地にあり、スティーブンス・クリーク・ブールバード20823番地のアップル・コンピュータと通りの反対側の目と鼻の先にあった。当然行き来が生じる。

　当時アップル・コンピュータはアップル・アニーという暗号名の新型機を開発しており（実際には製品として登場しなかった）、そのためのカートリッジ型のBASICを必要としていた。アップル・アニーという林檎園は実在する。むしろ、そこから出た暗号名だろう。

　アップル・コンピュータは、ボブ・シェパードソンがBASICを開発していることを知っており、アップル・アニーのためのBASIC開発を依頼してきた。しかし、ボブ・シェパードソンは忙しかったので求人広告で人を求めた。これに応じてやってきたのがポール・ロートンである。ポール・ロートンはすぐに採用され、アップル・アニーのためのBASICの開発に従事することになった。

　ここにまたアップル・コンピュータからジェフ・ラスキンが参加してくる。ジェフ・ラスキンについては、いずれマッキントッシュに関連して本格的に取り上げたいが、ミニマリストの割りに常に仕様変更と拡大を言ってくる奇妙な男という印象を与えたという。

　ポール・ロートンは、第二次世界大戦後に生まれた。この物語に登場する人によくあることだが、生年月日や出生地などは分からない。父親はMIT放射研究所の技術者だった。ただし、高校も卒業していなかったという。ポール・ロートンは、高校中退後、海軍に入隊したという。この辺の事情があって、多分経歴を明かさないのだと思われる。二〇一三年頃、突然、アップルのDOSの開発の主役として歴史の表舞台に出てきたので、まだ分からない事が多い。

ポール・ロートンは、バージンア工科大学電気工学科に入学し、FORTRANの講義とアナログ・コンピュータの講義を取った。卒業後ジョン・ホプキンス大学の応用物理研究所に入所し、システム・エンジニアとなった。そこでポール・ロートンはIBMシステム／360とアセンブリ言語について学んだ。

たまたま空軍の有人軌道飛行研究所がIBMシステム／360関係の人材を応募していたので入所した。空軍のスパイ衛星研究所であった。ここからロッキードに移ったが、軍事計画のキャンセルで解雇された。そこでIBMに入社し、コール／360、コール／370タイムシェアリングOSの仕事に従事した。都合8年間、ポール・ロートンは、IBMシステム／360などの大型コンピュータのDOS、タイムシェアリングOS、ネットワーク、コンピュータ言語の仕事に従事した。

バンドレー・ドライブへの移転

一九七八年一月二十八日、アップル・コンピュータは、すぐそばのクパチーノ市バンドレー・ドライブ10260番地（10260 Bandley Drive, Coupertino）に移転する。以前の事務所の15倍くらいの大きさで、最初はとても巨大に見えたという。

ここも四つに分かれて、左上がテニス・コートと呼ばれるブロック、左下がソフトウェア技術部門、右上が製造部門、右下がオフィスである。中央にトイレがある。これがアップルの伝統になり、後のピクサーまで同じ設計になる。

オフィスにはマイク・マークラ、スティーブ・ジョブズ、セールス部門の責任者ジーン・カーター、フィル・ロイヤルがいる。ジーン・カーターは、フェアチャイルド・セミコンダクターでスコットの上司であった。その隣にはマイク・スコットと、ナショナル・セミコンダクターでスコットの部下だったゲーリー・マーチンが経理担当としている。秘書としてシェリー・リビングストンの他に、シンディ、エレナーの名が見える。

次にソフトウェア・エンジニア部門には、スティーブ・ウォズニアックがいて、その隣の部屋にはウォズニアックの腰巾着

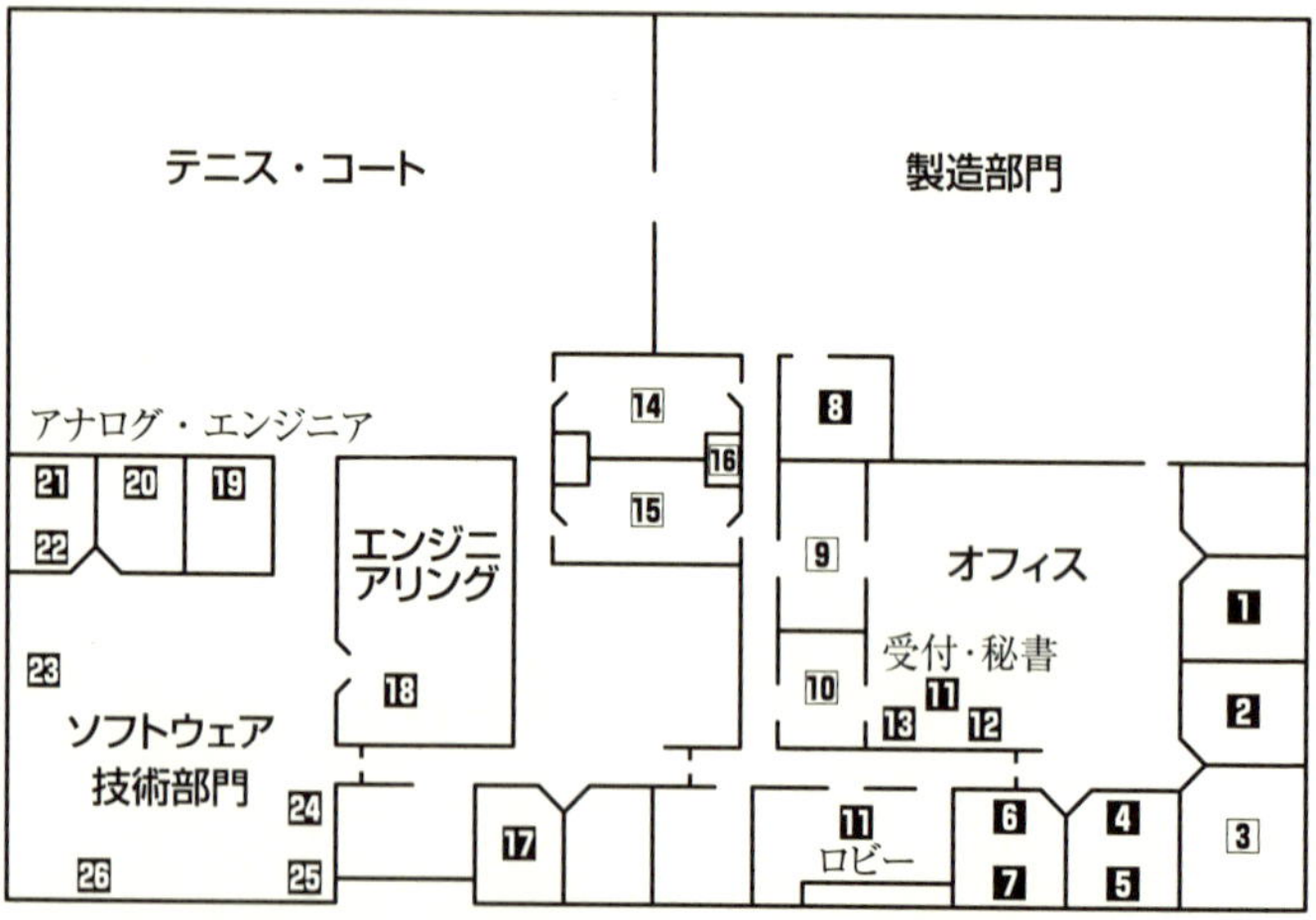

1 マイク・マークラ
2 スティーブ・ジョブズ
3 会議室
4 ジーン・カーター
5 フィル・ロイヤル
6 マイク・スコット
7 ゲーリー・マーチン
8 ジム・マルチンデール
9 ランチ・ルーム
10 ゼロックス・コピー
11 シンディ
12 シェリー・リビングストン
13 エレナー
14 男子トイレ
15 女子トイレ
16 電話
17 ダナ・レディングトン
18 ビル・フェルナンデス
19 ランディ・ウィギントン
20 スティーブ・ウォズニアック
21 ウェンデル・サンダー
22 ロッド・ホルト
23 クライブ・トワイマン
24 ディック・ヒューストン
25 クリフ・ヒューストン
26 クリスアン・ブレナン

図　クパチーノ市バンドレー・ドライブ10260番地のアップルのオフィス

のソフトウェア・エンジニアのランディ・ウィギントンがいる。

ウォズニアックの隣の部屋には、アナログ・エンジニアのロッド・ホルトがいる。ロッド・ホルトの部屋には、フェアチャイルド・セミコンダクターの技術者だったウェンデル・サンダーがいる。

エンジニアリングという名前の部屋にはウォズニアックの友人のビル・フェルナンデスがいる。

またソフトウェア技術部門にはディック・ヒューストン、クリフ・ヒューストンがいる。インダストリアル・デザイナーのクライブ・トワイマンもいる。　マーケッティング・デモライターのダナ・レディングトンの名前も見える。

製造部門にはジム・マルチンデールがいる。マルチンデールはアタリでスティーブの同僚だったと言われるが、スティーブ在籍時のアタリの組織図には、名前が見当たらない。

高校でスティーブと同級生だったドン・ブルーナーはパートタイムの技術補助となった。特に席は与えられなかったようだ。

ポール・ロートン、ウォズニアックと選手交代

一九七八年三月のある日、スティーブ・ウォズニアックがボブ・シェパードソンの会社に新しいFD装置を見せにやって来た。ウォズニアックは社内からFD装置用のDOSを書くように言われていたが、さしものウォズニアックも予定期限の厳しさに閉口していたという。またOSを書くことについては、ウォズニアックには知識も経験もなく、独学の天才の限界であったのだろう。

これを聞いて喜んだのはポール・ロートンであって、自分はどうすれば良いか知っていると叫んだという。ウォズニアックは「しめた」と思ったのだろう。アップル・コンピュータに戻って、すぐさまスティーブ・ジョブズに報告した。交渉はスティーブの仕事である。

スティーブとボブ・シェパードソンの間で交渉が始まり、2週間後の一九七八年四月十日に契約が締結された。米国の契約書としてはきわめて簡単で、弁護士も入っていなかったという。

一九七八年四月十日

カリフォルニア州クパチーノ市スティーブンス・クリーク・ブールバード20823番地

シェパードソン・マイクロシステムズ・インク

カリフォルニア州クパチーノ市バンドレー・ドライブ10260番地

アップル・コンピュータ・インク

スティーブ・ジョブズ様

親愛なるスティーブ：

過去2週間の議論に基づき、我々はアップルⅡオペレーティング・システムの以下のコンポーネントを開発しようとしています。

1．ファイル・マネージャ

2．貴社の整数型BASICとアップルソフトBASICに対する基本的インターフェイス
3．以下のユーティリティ
　ディスクのバックアップ
　ディスクのリカバリー
　ファイル・コピー
ここに含まれていないのはSYSGENや他のユーティリティです。SYSGENは、アップル・コンピュータがDOSを顧客に出荷するに先立って必要となる別のコンポーネントです。またアップル・コンピュータ殿にはディスク・ドライバー・ソフトウェアを御提供頂きたい。
（開発の）料金は以下の通りです。以下のようにお支払い下さい。
1．5200ドル　即時
2．7800ドル　納入時
加えてアップル・コンピュータ殿には我々に（開発用の）コントローラー2台とFD3台を提供頂きたい。

製品納入予定は五月十五日です。

親愛なるあなたの

ロバート・C・シェパードソン
シェパードソン・マイクロシステムズ・インク

こうして、ＤＯＳの開発はシェパードソン・マイクロシステムズのポール・ロートンの手に委ねられた。ランディ・ウィギントンも協力することになった。

アップル・コンピュータからポール・ロートンに引き渡された機密文書が機密解除となって、ダウンロードして読むことができる。これを見ると、スティーブ・ウォズニアックは開発を全て手作業でやっていて、この時点でもアセンブラーを使っていない。コンピュータを使わず全部手書きである。

一九七八年五月二十五日付けのスティーブ・ウォズニアック、ランディ・ウィギントンによる「ディスクⅡ　13セクター・フォーマット読み書きサブルーチン」という文書がある。これはタイプされているが、不思議なことに26文字幅の文書である。幅の狭い感熱プリンターのようなものを意識して作られた文書なのかもしれない。これはおそらく手でアセンブルしたものを打ち直しただけで、アセンブラーを通したものではない。大したものであり、何もなくとも開発はできるのだと、資金が乏しく弱小な我々としては勇気づけられる反面、全く悲惨だなと思う。

ポール・ロートンの開発は、シェパードソン・マイクロシステムズに設置されていたナショナル・セミコンダクターのＩＭＰ‐16というコンピュータ上で行われた。彼の開発スタイルは変わっていて、80カラムのＩＢＭ製のパンチカードにプログラム・コードを書き込む。それを彼の下にいたマイク・ピータースという人が、パンチカード・マシンでパンチし、ＩＭＰ‐16に読み込ませる。そしてクロスアセンブラーというプログラムにかけて、６５０２用のプログラムに変換し、紙テープで出力させる。

こうして出てきた紙テープはそのままでは何にも使えない。読める装置が必要である。スティーブ・ウォズニアックがアップルⅡ用に紙テープ・リーダーのインターフェイスを作り、その紙テープをアップルⅡに読み込ませ、動作出来るようにした。

また、ランディ・ウィギントンは、DOSの導入によって、整数型BASICやアップルソフトBASICに影響の出ないような巧みな方法を考え付いた。これによって、ROMの差し替えなどは原則的に必要がなくなった。

出来上がったDOSについての解説は、ドン・ワースとピーター・レクネルの『ビニース・アップルDOS』という本に詳しく書かれている。インターネットからダウンロードできる。分かりやすい良い本である。ただし、一般の方には多少難しいと思うので説明は割愛する。

DOSのソース・コードは、ポール・ロートンによって、二〇一三年十二月に公開されている。たしかにポール・ロートンは、スティーブ・ウォズニアックよりは、恵まれた環境で開発しており、プログラム・リストも手書きでなく、IBM会計機もしくは同型のラインプリンターの出力としてきちんと出ている。

それにポール・ロートンは、アップルのDOSの仕事はIBMの仕事に比べれば、あまり難しくはなかったと言っている。自分は基本的にはファイル・マネージャを作っただけだと言っている。

開発を続ける内に、次々に不足部分が見つかり、一九七八年五月十日、六月十六日、六月二十六日と追加の請求書が出ている。たいした額ではない。全部入れても2万2500ドルだったという。一九八〇年の上場でアップル・コンピュータの市場価値は17億9千万ドルになった。9万分の1位にしかならない。安かった。

アップルⅡ用の最初のDOSは、一九七八年六月に出荷され、DOS 3・0という。

ポール・ロートンはＤＯＳの開発を行った時、新しいバージョンごとに0・1ずつ増やしていった。アップル・コンピュータに納入したのはＤＯＳ　2・8であった。アップル・コンピュータは、ＤＯＳ　2・8という名前で出荷はできないとしてＤＯＳ　3・0とした。したがって、アップルⅡ用のＤＯＳは、一九七八年六月のＤＯＳ　3・0から始まっている。一九七八年七月になって、ＦＤ装置ディスクⅡの出荷と同時にＤＯＳ　3・1に改訂された。一九七九年六月にＤＯＳ　3・2となり、一九七九年七月にはＤＯＳ　3・2・1となった。

スティーブ・ジョブズは、ロバート・シェパードソンにアップルの株式の25％をやるから、アップルのソフトウェア技術担当副社長になってくれるようにと説得したが、シェパードソンに断られたと言う。この話も多少眉唾で株式の構成比を見て考えると25％は多すぎるように思う。しかし、ともあれ、ロバート・シェパードソンは、億万長者になれる機会を逸した。後で少し後悔したかもしれない。

第十六章

華々しい成功の陰に

クリスアン・ブレナンの妊娠

クリスアン・ブレナンは、一九七七年の三月頃にインドから米国に戻り、しばらく父のサラトガの家に住んでいた。彼女の証言には矛盾があって、別の場所では夏に帰国とも書いている。それだと時間的に合わない。

クリスアンは、インドに一緒に旅行に行った恋人とは別れた。クリスアンは、米国に戻った翌日にスティーブ・ジョブズに会い、よりを戻してしまった。

一九七七年四月、クリスアンは、ロスアルトス・ヒルズのドゥフェネク牧場（現在はヒドン・ビラ牧場）で暮らし始めた。ムーディ・ロードを上って行った所にある深い山の中の牧場である。ここにホステルがあり、クリスアンは4ヶ月ほど、子供達の教育に当たった。スティーブも時々、仕事の終った後、この牧場を訪ねてきた。

スティーブは、クリスアンに噛み跡のある新しいアップルのロゴについて意見を求めたという。クリスアンは、原著P150で面白い事を言っている。聖書に登場するイブは林檎をかじって知恵を得た。こうしてイブは人間の堕落に対する責任を負うことになった。クリスアンはスティーブは知識管理を商売としようとしているのかと思ったという。ここをもっと詰めて書いてくれていたらと思う。

アップルが使っていた宣伝文句は“Byte into an Apple”だが、クリスアンは自分の本の名前を“The Bite in the Apple”とした。Theが付き、ByteがBiteに変わり、intoがinに置き換わっている。色々考えると面白い。本書執筆時点では邦訳が出ていないので、私が『林檎の噛み跡』と仮題をつけた。

スティーブの事業の成功により、スティーブとクリスアンの力関係は、大きく変わって来ていたのにクリスアンは気づかなかったようである。

一九七七年五月、ドゥフェネク牧場で行われたロスアルトス俳句禅堂のリトリート（隠遁、静修）で、クリスアンはクリスに心を引かれる。これにスティーブは嫉妬する。

一九七七年夏、クリスアンはカーメル・バレー・タサジャラ・ロード３９１７１番地（39171 Tassajara Road, Carmel Valley）のタサジャラ禅マウンテン・センターの夏の隠遁にも参加した。

スティーブは、クパチーノのプレシディオ通り（Presidio Drive, Cupertino）のベッドルームが四つある平屋の住宅を借りた。スティーブとダン・コトケはランチョ・サバービオ（Rancho Suburbio）と呼んでいたという。郊外のスペイン風牧場の家ということらしい。正確な番地は分からない。グーグルの航空写真で見ると、牧場風の建売住宅が並んでいる。大した数があるわけでもなく、2階建てと平屋が混じっているので、現地に行けば絞込みはそれほど困難ではないと思う。アップル・コンピュータへは2・5キロメートル、自動車で5分、歩いても30分ほどだ。

スティーブとクリスアンだけでなくダン・コトケも一緒に住んだ。スティーブとダン・コトケの話題は、技術と悟りと食物だった。即物的で中間がない。

またスティーブとクリスアンの関係は、激しく愛し合い、憎しみ合う狂気のような物だったという。クリスアンは、スティーブの了解の下でアップルの製造部門で働き始めた。写真も残っている。

ロッド・ホルトは、クリスアンの絵の才能を見込んで、クリスアンにアップルの青写真の見習いになるようにと勧誘したが、クリスアンは断わった。芸術としての絵を青写真と同列に置かれたのでは、クリスアンの芸術家としてのプライドが許さなかったのだろう。

スティーブは、クリスアンの鼻をつついたり、眉間の皺をさわるようになった。これまでにはなかったことである。スティーブは仕事の成功で自信を持ち、クリスアンに対して精神的に優位に立った。またスティーブは、知野弘文の日本文化の男性至上主義に影響を受けたという。

皮肉なことにクリスアンは、避妊を始めたその日に妊娠してしまった。

一九七七年十月にはクリスアンは妊娠を知り、スティーブに告げた。スティーブは物も言わずに家から飛び出して行ったという。

その後のスティーブ・ジョブズの主張は、絶対に自分の子供でない。彼女はスティーブ以外の男ともよくつきあっていた。さらに自分は性不能者で子供はできない。ただ、同じ家に住んでいただけだというものだった。

スティーブは弁護士に助言を求めていたようで、クリスアンの妊娠については、ほとんど何も言わなくなった。アップルのブランド・イメージが傷つくことを心配していたと言われる。ただ妊娠３ヶ月になると、「中絶はしないように」とだけ言ったようだ。

自暴自棄になったクリスアンは、皿を投げたり、棚から本を叩き落したり、壁に墨でひどい言葉を書きなぐったり、ドアーを思い切り強く閉めて壁にひびを入れたなどと書かれている。それでクリスアンが狂気であったように書くのは多少気の毒のように思う。どんな恋愛ドラマでも、相手の男が妊娠を認めないとなれば、その位の事は出てくる。

クリスアンは、知野弘文に相談に行った。弘文は精神的にも物質的にも金銭的にも必ず助けるから子供を生むようにと言った。それだけの力もないのに、安請け合いで、できない約束をしてしまった。知野弘文は色々な文献を読むと、比較的のりの良い軽い性格だったようだ。それが後々、誤解に結びつく一面があったのだろう。

お腹が大きくなったクリスアンはアップルを辞めた。収入が絶えたクリスアンは暮らして行けなくなり、生活保護を申請した、生活保護下で別収入があってはいけないようだが、簡単な家政婦的な仕事もして、収入の不足を補った。窮乏したクリスアンは、スティーブにお金をくれるように頼んだこともあったが、結局お金は貰えなかった。クリスアンは、プレシデイオ通りの家も出ることになる。

妊娠期間中、クリスアンは俳句禅堂センターに通ってひたすら救いを求めた。サンフランシスコの北方のクローバーデールで行われた接心にも参加して救いを求めた。ところがこの接心の帰りに知野弘文がマリファナを吸った事や彼の義母もマリファナ好きだった事が記録されている（『林檎の噛み跡』原著P188）。

クリスアンは、禅の師である知野弘文がマリファナをやるとは神聖冒涜のように感じたという。マリファナは既に一九六九年には禁止されていたはずだし、異国に教えを広める場合には、マリファナやLSDなどには絶対に手を出してはいけないようだ。

知野弘文の酒も良い方ではなかった。人間は完全な生き物ではないが、チョギャム・トゥルンパ・リンポチェの例を見ても、聖職者は人前で、あまり人間的になり過ぎてはいけないようだ。

スティーブは有名にはなり、強大な権力は手にしたが、人間として大人になっていなかった。

クリスアンが7ヶ月になった時、スティーブはプレシデイオ通りの家で産んだらと言ってくれたが、クリスアンは断った。この時も行き違いがあった。

この時、ロバート・フリードランド夫妻が手を差し伸べてくれ、オール・ワン・ファームで出産したらと言ってくれた。農場にはエリザベス・ホームズもいた。

リサの誕生

一九七八年五月十七日、女の子が生まれた。その3日後、スティーブが来て赤ん坊の名付けが行なわれる。リサ・ニコール・ブレナンという名前をつける。ただスティーブは、なかなか認知しなかったことも有名である。スティーブが認知してリサ・ニコール・ブレナン・ジョブズになるのは、ずっと後の9年後の一九八七年のことだ。

リサという名前はアップルのパソコンの名前にも使われた。レジス・マッケンナがＬＩＳＡ（Local Integrated Software Architecture）と辻褄合わせをした。当時はリサは自分のガールフレンドの名前だと言っていたが、死ぬ直前に自分の娘の名前に決まっていると確認した。

リサを養子に出すこともずいぶん検討されたようだが実現しなかった。

クリスアンは、フリードランドの所で一ヶ月世話になった後、妹のキャシーの所に7ヶ月滞在する。それも迷惑をかけるというので、メンローパークのオーク・グローブ・アベニューに引越した。中国人移民向けの簡易宿泊所地区だった。社会福祉局からは生活保護費は毎月384ドル支給されていた。家賃は225ドルで生活は困窮の極みだった。家賃を払うと生活費は159ドルしか残らない。1ドル百円として1万6千円である。物価水準の変化を考えても親子二人で暮らして行くにはとても足りない。

知野弘文は全く助けてくれなかった。クリスアンに多少被害妄想的な所がないわけでもないが、知野弘文は安請け合いをし過ぎた。そういうこともあって、クリスアンは、知野弘文に対しては決定的に悪感情を持った。『林檎の噛み跡』原著P207では、後にリサに冗談を言った知野弘文をベルゼバブ（聖書に登場する悪霊の頭：蝿の王）とさえ言っている。スティーブを取り巻く世界では以後、人々の間に強い憎しみが駆け巡ることになる。

このような状況だったので、生活保護費を支給していたサンマテオ郡がスティーブを訴え、認知と養育費の支払いを求める。この訴訟の段階でダン・コトケがクリスアンに連絡してきたのは、プレシデイオ通りの家の青写真をスティーブ側の弁護士が証拠として提出しようとしている事である。

簡単に窓から侵入できるので、リサの父親はスティーブ以外の可能性もあると言うのだ。何とも荒唐無稽な訴訟戦術である。

結局、DNAテストでリサの父親を推定することになった。スティーブは簡単に応じたので、クリスアンは驚いたという。検査の結果、94・5％の確率でリサの父親はスティーブということになった。

この結果、カリフォルニア州裁判所は、スティーブに対し、月385ドル（3万8500円）を養育費として支払うこと、認知の書類にサインすること、クリスアンに州が過去に支給した生活保護費5856ドルを返還することを命ずる。

かなり過酷な判決で、さすがに吝嗇のスティーブも生活保護費の全額を返還し養育費を増額して500ドル（5万円）支給することにした。250億円以上を手に入れる寸前というのにずいぶんだ。スティーブにはリサとの面会権も与えられたが、彼がその権利を行使するのはずいぶんと長い時間が経過した後だった

この時、アップルの経営陣はクリスアンに対する勝利の快哉を叫んだという。これでアップルの株式上場の障害は消えたと喜んだ。独占資本主義に凝り固まった経営陣は金儲けしか頭になかった。

女権尊重などというが、米国は圧倒的に男性上位の社会である。そうでなければ、一九七〇年代に、あれほど猛烈な女性解放運動など起きなかった。米国は女性の参政権確立も遅かった。経営陣の中でスティーブはクリスアンを金銭的にサポートすべきだと主張していたのはマイク・スコットだけだったという。マイク・マークラなどは男尊女卑的な発言を繰り返していたという。

スティーブが裁判の決定に従ったのは、アップルの株式上場を1、2週間後に控えていたからであり、自分が父親ではないという主張は頑固に変えなかった。

一九八二年スティーブは、マイケル・モーリッツとのインタビューでDNAテストの結果について、自分が父親である確率を94・5％から72％に落とし、米国の28％の男性がリサの父親になり得ると主張した。この発言に対し女性達からのスティーブの悪評は紛々たるものであった。後にスティーブは、あれはマイケル・モーリッツが嘘をついたと主張した。いつものように御都合次第である。

この頃、クリスアン・ブレナンは『千夜一夜物語』と『注目すべき人々との出会い』というG・I・グルジェ

フの伝記映画を見たという。『注目すべき人々との出会い』の訳書P30を読むと、分かることだが、この二つはグルジェフに関係したものであり、クリスアンがまだ東洋的神秘主義に傾倒していたことが改めて分かる。

ただクリスアン・ブレナンが知野弘文をベルゼバブと呼んで非難しているということは、G・I・グルジェフの『ベルゼバブの孫への話』や『注目すべき人々との出会い』や『生は〈私が存在し〉て初めて真実となる』などの書物は読んでいないのだろう。

クリスアンは、カウンター・カルチャーの影響下にとどまっていたが、スティーブは、もうこの頃、カウンター・カルチャーを卒業して、一路、独占資本家への道を驀進し始めていた。一風変わった独占資本家ではあったが…。

株式上場

アップルⅡとディスクⅡフロッピー・ディスク装置を手にしたアップル・コンピュータは急速な成長を遂げる。ビジカルク・ブームの追い上げもあった。ビジカルクは、表計算ソフトで、現在のエクセルの祖先と思えば良い。ビジネスマンにとって必須のソフトである。ビジカルクは当初アップルⅡでだけ動いたので、アップル・コンピュータにとっては福音であった。

アップル・コンピュータの一九七七年一月三日の設立の日から一九七七年九月三十日迄の売り上げは

７７万ドルであった。続いて一九七八年九月決算では年間売り上げは７８８万ドル、一九七九年九月決算では年間売り上げは４７９３万ドル、一九八〇年九月決算では年間売り上げは1億１７９０万ドルになった。あっという間の大成長である。

ベンチャー企業を立ち上げる目的の一つは、株式を上場して一攫千金、巨万の富を得る事にある。創業者には課税されないし、全てが懐に転がり込む。そのうまみがリスクを冒してのベンチャー企業立ち上げの動機であるし、インセンティブでもある。マイク・マークラがアップルに投資した理由もそこにあった。

正式な上場前にもアップル・コンピュータは何度か資金調達をしている。たとえば一九七九年八月には、一株1ドル31セントで、以下の投資家やベンチャー・キャピタルに売却し、資金調達を計った。

・L・F・ロスチャイルド、アンダーバーグ、タウビン　7万株
・ゼロックス　10万株
・エジプト系の投資家フェイエズ・サロフィム　12・8万株

ゼロックスは10万株を購入したが、この場合は、むしろアップル・コンピュータの方が強気で、ゼロックスに株を売ってやったという感じだったという。スティーブ・ジョブズがゼロックスPARC（パロアルト研究所）を一九七九年十二月に見学して、ゼロックスのALTO《アルト》というコンピュータを見学できたのも、この時の株の売却が物を言ったという。良く知られたことだが、ALTOのGUI（グラフィカル・ユーザー・インターフェイス）技術がマッキントッシュに結実する。事実上の剽窃である。

エジプト系の投資家フェイエズ・サロフィムは、きわめて怪しげな男だが、アーサー・ロックの知り合いというコネクションを最大限に利用して入り込んできている。

一九八〇年十一月には、かなり大規模な資金調達が行われた。アップルⅡの成功が影響して多額の資金調達が可能になってきた。

ブロベンチャー・カンパニー・インク	20万株
コンチネンタル・イリノイ・ベンチャー・コーポレーション	179万株
フィフティサード・ストリート・ベンチャーズ・インク	24万株
ファースト・センチュリー・パートナーシップ	38万株
ヘルマン・ギャル・インベストメント・アソシエイツ	60万株
ヒクソン・ベンチャー・カンパニー	36万株
ゼロックス・コーポレーション	80万株

一九八〇年十二月十二日、アップル・コンピュータの株式が上場された。モルガン・スタンレーとハンブレクト&クイストが主幹事会社となり、それぞれ72万5250株を取得した。

アップル・コンピュータの総株式は5421万株で、普通株として売り出されたのは460万株であった。1株の売り出し価格は22ドルと定められた。

役員、取締役が保有していた株式は、3202万株であり、以下のようであった。

スティーブ・ジョブズ	752万株	15.0%
マイク・マークラ	702万株	14.0%

スティーブ・ウォズニアック	３９８万株	７・９％	
元配偶者１２４万株、両親１２万８千株			
マイク・スコット	２８１万株	５・６％	
ピーター・クリスプ	３８０万株	７・６％	ベンロック
（ベンロック・アソシエイツ	３８０万株	７・６％	ＶＢ）
ヘンリー・シングルトン	１２０万株	２・４％	ＶＢ
アーサー・ロック	６４万株	１・３％	ＶＢ

スティーブ・ジョブズ、マイク・マークラ、スティーブ・ウォズニアックの三人の８３２万株が減少しているのは、一部売却して現金にしているからである。

先にも述べたようにアップル・コンピュータの売出し価格は一株22ドルで、５４２１万株であったから、アップルの市場価値は17億９０００万ドルとなった。10億ドルを大きく突破した。その過程で、３００人ほどの大金持ちが生まれた。

スティーブは、一九八〇年末、弱冠25歳で２億５６００万ドルの個人資産を手にした。両親には２万５千株を渡した。スティーブは、かつて窮地に陥った時、融資してもらったアレン・バウム、エルマー・バウムの二人には株式を分けてやらなかった。

スティーブは、旧友中のダン・コトケにも株式を分けてやらなかった。スティーブには、呆れる程に冷酷非情な一面があった。スティーブは、ビル・フェルナンデス、ランディ・ウイギントン、クリス・エスピノサなどの功労者にも若年という理由で株式を分けてやらなかった。

ト・コンピュータ）のソフトウェア開発を担当していた。

アルバート・アイゼンシュタットは、一九八〇年七月に法務担当副社長として入社した。一九八〇年九月から秘書部も担当。前職はブラッドフォード・ナショナル・コーポレーションの上級副社長だった。

フレデリック・オアは、一九八〇年七月にコーポレート・コミュニケーション担当副社長として入社。前職は製薬会社シンテックス・コーポレーションのパブリック・アフェアーズとコミュニケーション担当副社長であった。

トーマス・ウィットニーは、一九七八年十月に執行副社長として入社。前職は一九七四年七月から一九七八年十月までHPのエンジニアリング・マネージャであった。ロッド・ホルトの後任としてHP流のスタイルで技術開発を指導する。チャック・ペドルと同じ職で雇われたが、チャック・ペドルが身を引いた。

ケネス・ゼルベは、一九七九年四月財務管理担当副社長として入社。一九八〇年六月に財務管理執行副社長に昇進。前職はアメリカン・マイクロシステムズの財務管理担当副社長であった。

社外取締役については以下のようになる。

ピーター・クリスプは、一九八〇年十月から取締役。ハンク・スミス同様ロックフェラー財閥傘下のベンチャー・キャピタルのベンロック・アソシエイツのジェネラル・パートナーであった。

アーサー・ロックは、一九八〇年十月から取締役。経歴については先に述べた。

フィリップ・シュラインは、一九七六年六月より取締役。メイシー百貨店の社長兼最高執行責任者であった。

ヘンリー・シングルトンは、一九七八年十月より取締役。有名なコングロマリット（複合企業体）であるテレダイン社の取締役会長、最高経営責任者であった。

これを見ると、アップル・コンピュータの技術部門は、ジョン・カウチ、トーマス・ウィットニーなどのHP系が握り、マーケッティング部門は、マイク・スコット、ジーン・カーターなどのナショナル・セミコンダクター系が握ったことになる。この時点では製造担当にはまだ重きが置かれていないようだ。

マイク・マークラはインテル系を好み、マイク・スコットはナショナル・セミコンダクター系を好み、スティーブ・ジョブズはHP系を好んだという。それぞれの思い入れが分かる。

◆インテルについては『シリコンバレー』第12章インテルの誕生とマイクロコンピュータ革命前夜を、ナショナル・セミコンダクターについては『シリコンバレー』第11章ナショナル・セミコンダクターを、HPについては『シリコンバレー』第4章ヒューレット・パッカードを参照されたい。

変身

こうしてスティーブ・ジョブズは、突然大富豪になり、一躍最高権力者になった。

スティーブはここで初めて親孝行をした。ポール・ジョブズとクララ・スティーブに75万ドル分の株式を贈った。両親はその一部を売ってロスアルトスの家のローンを完済した。このお祝いの席には、スティーブも出席したと言われる。

しかし、正式な報告には株式を事前に譲ったことは記載されていない。あくまで株式はスティーブ自身が管理していたようである。

スティーブは、色々な雑誌にも大きく取り上げられるようになった。インク誌の一九八一年十月号には

「ビジネスを大きく変えた男」として取り上げられた。一九八二年二月には、タイム誌が若手アントレプネナーの特集でスティーブを取り上げた。

富と名声を手にした後、スティーブはドラッグを捨て、絶対菜食主義の方針を緩め、1本200ドルの赤ワインを飲み、禅の静修に使う時間も減らした。スティーブは、髪を整え、サンフランシスコの高級紳士服店、ウィルクス・バシュフォードでスーツやシャツを買う。そして美女バーバラ・ヤシンスキーに出会い、恋に落ちる。3年間同棲する。あっと驚くような変身を遂げた訳である。

またスティーブは、ロスガトスに端正な一戸建ての家を買った。この有名なロスガトスの家がどこにあったのか分からない。

後年スティーブ・ウォズニアックもロスガトスに家を買った。こちらはどこだか分かっている。ロスガトス市サンタローザ・ドライブ300番地（300 Santa Rosa Drive, Los Gatos）である。ベッドルームが6つ。バスルームが6つあまり。一軒家で建坪210坪、敷地面積1457坪。一九八六年建築である。

スティーブ・ジョブズのロスアルトスの家からは南東に25キロメートル、自動車で22分である。山の中である。おそらくこの近辺の高級住宅地であったものと思われる。

スティーブは、徹底的に吟味しないと家具など買えない性格であるために、ロスガトスの家には、ベッドもなければ椅子もソファもなかった。ベッドルームは真中にマットレスが置かれ、アインシュタインとマハラジの写真が数枚飾られていた他、アップルⅡが床に置かれているという具合だったという。キッチンはきれいになっている。バーバラ・ヤシンスキーと同棲していたためだろうか。それとも何も調理しなかった為だろうか。

一九八二年十二月十五日、写真家ダイアナ・ウォーカーが、ロスガトスの家でスティーブを撮った有名な写真がある。板張りの床、フランス窓、右手には暖炉がある。家具がほとんどない部屋で、大きなティファニー・ランプとステレオ・セットとレコード位しかない。そこにスティーブが座布団を敷いて黒のシャツに青いジーンズ、素足であぐらをかき、紅茶のカップを持って、パンフレットのようなものを片手に持っている。ずいぶん簡素な部屋だなと思った。

ここでの有名なスティーブのセリフがある。

「非常に典型的な時間で、僕は一人。必要なのは一杯のお茶、照明、ステレオ、僕の持っているのはそれだけさ」

だがワイヤード・マガジンの二〇一四年四月二十九日号のルネ・チャンの記事を読んで、写真について考え直した。スピーカーはAcoustat Monitor3で、2台ある。白のグリル・クロスで前面がカバーされているのでスピーカーには見えなかった。壁のように見えた。横幅が80センチメートル、高さが1メートル60センチメートルある。プリアンプはスレッシュホールドのモデルFET-Oneである。モノラル・パワーアンプはスレッシュホールドのSTATIS-1である。ずいぶん高いものを使っているなと思う。デジタル・チューナーは、デンオンのTU-750で、レコード・プレイヤーはMKIGyroDecである。

レコードは、バッハのブランデンブルグ協奏曲、エラ・フィッツジェラルドのコール・ポーター・ソング・ブック、スティーリー・ダンのアジャだった。もう少しあるが、ジャケットが重なって解読できない。ダイアナ・ウォーカーの写真集『ザ・ビガー・ピクチャー　ポートレートの30年』を見れば、もっと細かく見られるのかと思って、購入したが、インターネットで入手できる画像と同じ位の解像度で細部は見えない。

写真の質はアエラのムックの『スティーブ・ジョブズ　一〇〇人の証言』の方が良い位だ。レコードはあまりに少なすぎると思う。本当に音楽が好きだったのかどうか不可解な所だ。

日本の有名人には、もっとオーディオ・システムにお金をかけている人もいるし、こうして個別部品を集めてシステムを組むと、それが良いシステムになるかどうかは分からない。しかし、何も持っていないのでなく、持ってはいるのだ。どうも屈折した裏返しの虚栄であったように思う。改めてスティーブ・ジョブズは、複雑で屈折に富んだ男だと思い直した。

スティーブは、メルセデツ・ベンツを買い、BMWの一九六九年型オートバイR60／2を買った。スティーブがBMW　R60／2で疾走する有名な写真がある。ボブ・ディランもそうだが、どうもスティーブにはオートバイは似合わない。服装がイージー・ライダーやヘルズ・エンジェルのようには決まっていないのと、姿勢が様になっていないので、業務用の自転車に乗っているようにしか見えない。

スティーブと一緒にウォズニアックがBMWに寄りかかっている写真がある。この頃は、ウォズニアックもまだ太ってはいなかった。

スティーブは、ロバート・フリードランドと一緒に土

写真　ダイアナ・ウォーカー『ザ・ビガー・ピクチャー』：スティーブ・ジョブズなどの有名人のプライベートライフを撮り続けた写真家の写真集。写真そのものはアエラのムック『スティーブ・ジョブズ 100人の証言』の方が良い。

地を買ったり、ネパールで盲目撲滅運動をしている慈善団体SEVAを援助したりした。

カリフォルニア州ウッドサイド、マウンテン・ホーム・ロード460番地（460 Mountain Home Road, Woodside）に一九八四年スティーブ・ジョブズが購入した家がある。一九〇〇年代の初期に銅鉱山で財をなしたダニエル・ジャックリングのために建築家ジョージ・ワシントン・スミスが設計したので、ジャックリング・ハウスと呼ばれている。

ジャックリング・ハウスは、スパニッシュ・コロニアル・リバイバル・スタイルというスペイン風の豪壮な屋敷である。建坪は400坪ほどあり、部屋数が30、ベッドルームが14、バスルームが13あまりある。敷地は7345坪ほどある。

一時期NeXTコンピュータの本社となったり、ビル・ゲイツが訪れたり、クリスアン・ブレナンが訪れたりしたが、スティーブ・ジョブズは当初から、この家が嫌いだったらしく、二〇〇〇年頃から、全く住まなくなり、近隣住民の歴史的建造物保存運動にも耳を貸さず、少しずつ壊して行った。二〇〇〇年以後の建物の荒れ方はひどく、中に入った人が撮った写真があるが、パイプオルガンまで含めて瓦礫に埋れて行った。

何故こんなに放置しなければならないのかと思うほど荒廃ぶりで、スティーブは、死の前年の二〇一〇年にはジャックリング・ハウスを完全に破壊してしまった。新しい近代的な家を作るつもりだったとして設計図もあったが、本当に作るつもりだったのかどうか疑問である。

成功の陰で奇妙な崩壊への道を暗示するような事件である。

あとがき

本書は前著『シリコンバレー　スティーブ・ジョブズの揺りかご』を受けて、スティーブ・ジョブズの複雑な環境の下での生誕から、当時の時代背景、スティーブの青春彷徨の過程、マイクロ・コンピュータ革命の勃発とホームブルー・コンピュータ・クラブ、スティーブ・ウォズニアックによるアップルーIの開発と商品化などについて順次述べ、まず一九七六年四月一日のアップル・コンピュータ・カンパニーの設立に到達する。

設立登記上は、ロン・ウェインの存在と脱落もあって微妙なのだが、スティーブ・ジョブズは、印刷物などではアップル・コンピュータ・カンパニーの住所をパロアルト市ウェルチ・ロード770番地とした。これは電話代行サービスの住所である。実際に会社が活動していたのは、スティーブ・ジョブズ物の映画に必ず登場するロスアルトス市クリスト・ドライブ2066番地のガレージ付きの住宅である。

アップル・コンピュータ・カンパニーは、予想以上に成功したと判断したスティーブ・ジョブズは、さらに会社の拡大を目指す。マイク・マークラの参加を経て、一九七七年一月三日、アップル・コンピュータ・カンパニーは、新法人のアップル・コンピュータに再編される。アップル・コンピュータは、ロスアルトスのジョブズ家のガレージを抜け出し、クパチーノ市のスティーブンス・クリーク・ブールバード20863番地のビルディング3スイートCにオフィスを移す。

スティーブンス・クリークは、一八四四年に、シェラネバダ山脈を越えて、陸路初めてカリフォルニアに幌馬車隊を到達させたガイドのエリシャ・スティーブンスが、カリフォルニア到達後、サンノゼ近くのクパチーノに定住していたことに起源がある。彼の偉業を記念して、シリコンバレーを南北に流れる川が、スティーブンス・クリークと名づけられ、彼の住居跡を通る道がスティーブンス・クリーク・ブールバードと名づけられた。スティーブンスは元々、ステフェンスであったが、スティーブンスと誤って伝えられた。

アップル・コンピュータが、スティーブンス・クリーク・ブールバードに新会社のオフィスを定めたことは、無論、家賃が安いということもあったろうが、エリシャ・スティーブンスにちなんで新会社が前人未踏の新分野への開拓に乗り出す意気込みもあったかもしれないし、スティーブン・ジョブズ、ステフェン・ウォズニアックのスティーブンスに共通することもあったかもしれない。

アップル・コンピュータはアップルⅡという強力な新製品を手中にして爆発的な大成功を収めた。アップル・コンピュータが株式上場に成功して、スティーブ・ジョブズ、スティーブ・ウォズニアックは莫大な財産を手に入れた所で、本書は幕を閉じる。

実は、その陰で会社の肥大化と事業部制への移行、会社を構成する人達の劇的な変化、アップルⅡの後継機種のアップルⅢ、リサなどの開発の難航、絶大な成功を経験したスティーブ・ジョブズの性格の変貌など、色々な不安要因が出てきているが、それらの克服を経て、マッキントッシュの大成功と意外な蹉跌に続く話は、準備の都合もあり、また別の機会に譲りたい。

末尾ながら前著『シリコンバレー　スティーブ・ジョブズの揺りかご』に対し、多大な御支援を頂いた東京電機大学　加藤康太郎理事長に深甚なる感謝の意を表したい。

文献

本文に関係した主要なものに限らせて頂く。出典のすぐ分かる文庫や小説等は一部を除いて省略させて頂いた。万一、抜け落ちているものがあった場合はお許し頂きたい。

● Isaacson, Walter. *Steve Jobs*, Simon & Schuster, 2011. ウォルター・アイザックソン著、『スティーブ・ジョブズⅠ、Ⅱ』、講談社、二〇一一年。読みやすく手際よくまとめられたスティーブ・ジョブズの公認伝記。大ベストセラーになった。

● Moritz, Michael. *Return to the Little Kingdom: Steve Jobs, the Creation of Apple, and How It Changed the World*, 2009. 一九八四年版の副題は :The Private Story of Apple Computer. Overlook Press, Peter Mayer Publishers. マイケル・モーリッツ著、『スティーブ・ジョブズの王国　アップルはいかにして世界を変えたか?』、青木栄一訳、林信行監修・解説、プレジデント、二〇一〇年。原著は新版になってもプロローグとエピローグの変更が主で内容の大幅な改訂はないようだ。モーリッツはジャーナリストからセコイア・キャピタルのベンチャー・キャピタリストに転身、会長として大成功した。二〇一二年に病気で引退とも伝えられる。

● Malone, Michael S. *Infinite Loop : How the World's Most Insanlely great Computer Company went Insane*. Doubleday Business, 1999. マイケル・マローンの本。題名はアップル本社の所在地。アップルとスティーブ・ジョブズに関する浩瀚な面白い本である。翻訳が出なかったのが惜しい。

● Young, Jeffrey S. *Steve Jobs : The Journey is the Reward*. Scott, Foreman and Company,1988. ジェフリー・S・ヤング著、『スティーブ・ジョブズ上、下』、日暮雅通訳、JTCC出版局、一九八九年。一見、禅の公案のような原著の副題が有名。

● Linzmayer, Owen W. *Apple Confidential : The Real Story of Apple Computer*, Inc. No Starch Press 1999. オーエン・W・リンツメイヤー『アップル・コンフィデンシャル　アップル・コンピュータ・インクの実像』二〇〇四年に第2版が出ている。こちらの方が良い。

● オーエン・W・リンツメイヤー＋林信行著、『アップル・コンフィデンシャル2・5J上、下』、アスペクト、二〇〇六年。原著とはいくらか趣を異にする。

● Simpson, Mona. *Anywhere But Here*, Alfred A. Knopf, 1986.　モナ・シンプソン著、『ここではないどこかへ』、斎藤英治訳、早川書房、一九九三年。ジョアンとモナ・シンプソンの母子がウィスコンシン州からハリウッドへ幸せなめぐり合いを求めて旅行する話。私小説的色彩が強い。映画化され、ＤＶＤもある。

● Simpson, Mona. *The Lost Father*, Alfred A. Knopf, 1992.　モナ・シンプソンの小説。スティーブ・ジョブズの妹が実父ジャンダーリを探す話。私小説的要素が濃い。邦訳はない。

● Simpson, Mona. *A Regular Guy*, 1996.　モナ・シンプソンの小説。スティーブ・ジョブズとリサとクリスティアン・ブレナンをモデルにした。苦情が出たせいだろうか。設定を無理に変更しすぎてリアリティに欠ける。

● Wright, *Frank L.. Frank Lloyd Wright An Autobiography*, Pomegranate Communications, 1943.　米国の大建築家フランク・ロイド・ライトの波乱万丈の生涯の自伝。

● Federal Bureau of Investigation .*The FBI File on Steve Jobs*, Skyhorse Publishing; 2012.　米国連邦調査局ＦＢＩによるスティーブ・ジョブズに関する調査報告書。この程度の調査能力でＦＢＩのフーバー長官は大物政治家の身辺調査で圧力をかけ続け半世紀も君臨できたのかと驚く。

● Ellesberg, Daniel. *Secrets : A Memoir of Vietnam and the Pentagon Papers*, Penguin Books, 2002.　ダニエル・エルズバーグの『ベトナム秘密報告』。原資料でなく著者の関わりをまとめた本。

● Wozniak, Steve, Smith Gina. *iWoz : Computer Geek to Cult Icon*, W.W. Norton & Company, 2006.　スティーブ・ウォズニアック著『アップルを作った怪物』、井口耕治訳、ダイヤモンド社、二〇〇八年。

● Sounes, Howard. *Down the Highway : The Life of Bob Dylan*, Doubleday, 2001, 2011.　ハワード・スーンズ著、『ダウン・ザ・ハイウェイ　ボブ・ディランの生涯』、菅野ヘッケル訳、河出書房新社、二〇〇二年。

● Dylan, Bob. *Chronicles Volume One*, Simon & Schuster ,2004.　ボブ・ディラン著、『ボブ・ディラン自伝』、菅野ヘッケル訳。ソフトバンク　クリエイティブ、二〇〇五年。

- Shelton, Robert. *No Direction Home : The Life & Music of Bob Dylan*, Omnibus Press, 1986, 2011.　ロバート・シェルトンによるボブ・ディランの伝記。
- *Bob Dylan Lyrics 1962-2001*, Simon & Scuster, 2004.　ボブ・ディランの歌詞（Lyrics）を集めた本。全てが収録されているわけではないが、便利である。
- Eliot Valerie. *The Waste Land A Facsimle and Transcript of the Original Drafts Including the Annotations of Ezra Pound*, A Harvest Book, 1971.　T・S・エリオットの詩『荒地』原稿と、それをエズラ・パウンドがどのように徹底的に添削したかを複写画像で見ることができる。エズラ・パウンドの解説もある。
- Tytell, John. *Ezra Pound : The Solitary Volcano*, Doubleday, 1987.　孤高の文学者エズラ・パウンドの伝記。
- Stanley Karnow, *Vietnam: A History*, Penguin Books, 1983.　スタンリー・カルノフによるベトナムとベトナム戦争史。PBSによるドキュメンタリー・フィルムもある。
- David Halberstam, *The Best and the Brightest*, Random House, 1972.　デイビッド・ハルバースタム著、『ベスト&ブライテスト』全3巻、浅野輔訳、サイマル出版会、一九七六年。何の本かと言えばケネディ大統領とジョンソン大統領とベトナム戦争についての本と言えるだろう。
- Milius, John. And Coppola, Francis. Ford. *Apocallypse Now Redux : A Screenplay*, Miramax Books, 2001.　『地獄の黙示録　特別完全版』の脚本。
- Elenor Coppola. *Notes: On the Making of Apocalypse Now*,　エレノア・コッポラ著、『地獄の黙示録　撮影全記録』、岡山徹訳、小学館文庫、一九九二年、Magazine House。
- Miles, Barry. *Hippie*, Sterling Publishing, 2004. ヒッピーについて写真、イラスト、テキストで解説。当時を思い出すには最適。小型本もあるが、字が小さくなっている。
- Kunen, James S.. *The strawberry Statement ; Notes of a College Evolutionary*, Random House1968.　ジェームズ・クネン著、『いちご白書』、青木日出夫訳、角川文庫、一九七一年。
- Cohen, Robert., Zelnik, Reginasld E..*The Free Speech Movement : Reflections on Berkeley in the 1960s*, University of

California Press, 2002. カリフォルニア州立大学バークレー校のフリースピーチ運動についてまとめた本。

● Baez, Joan. *And a Voice to Sing with*, Simon&Schuster, 1987. ジョーン・バエズ著、『ジョーン・バエズ自伝』、矢沢寛・佐藤ひろみ訳、晶文社、一九九二年。

● Leary, Timothy, *Turn On Tune In Drop Out*, Ronin Publishing, 1965. あまりにも有名な「ターンオン、チューンイン、ドロップアウト」の原著。今読むと多少荒唐無稽の感がある。その時代でないと分からない本というものもあるのだろう。

● Robert Greenfield. Timothy Leary: *A Biography*, A James H. Silberman Book, 2006. ロバート・グリーンフィールドによるティモシー・リアリーの伝記。

● Leary, Timothy. *Flashbacks An Autobiography : A Personal and Cultural History of an Era*, Tarchr, 1964 ティモシー・リアリー著、『フラッシュバックス　ティモシー・リアリー自伝　ある時代の個人史および文化史』、山形浩生他訳、トレヴィル、一九九五年。

● Huxley, Aldous. *The Perennial Philosophy*. Chatto and Windus, 1946. オルダス ハクスレー著、『永遠の哲学—究極のリアリティ』、中村 保男訳、平河出版社、一九八八年。

● Huxley, Aldous. *The Doors of Perception*, Chatto and Windus, 1954. オルダス ハクスレー著、『知覚の扉』、河村 錠一郎訳、平凡社、一九九五年

● Ginsberg, Allen. *Collected Poems 1847-1997*, HarperCollins, 2006 アレン・ギンズバーグの全詩集。注釈も丁寧である。

● Miles, Barry. *Ginsberg : Beat Poet*, Virgin Books, 1989. ビート世代の詩人アレン・ギンズバーグの伝記。詩の引用も豊富で良く書けている。

● Morgan, Bill. *I Celebrate Myself The Somewhat Private Life of Allen Ginsburg*, Viking, 2004. アレン・ギンズバーグの読みやすい伝記。

● アレン・ギンズバーグ著、『ギンズバーグ詩集』、諏訪優訳編、思潮社、一九九一年。

● Miles Barry. Jack Kerouac : *King of the Beats*, Virgin, 2010. ビート族の王と呼ばれたジャック・ケルアックの伝記。

● バリー・フォード・ローレンス・リー著、『ケルアック』、青山南、堤雅久、中俣真知子、古屋美登里訳、毎日新聞社、

一九九八年。ジャック・ケルアックの伝記。関係者による口述記録のスタイルを取っている。

- Morgan, Ted. *Literary Outlaw*, W.W.Norton & Company, 2012.　ウィリアム・バロウズの伝記。バロウズ本人は書名が気に入らなかったという。克明だがバロウズの文学的才能には多少冷たい客観的な態度。
- Miles, Barry. *William Burroughs. El Homble Invisible*. El Homble Invisible, Virgin, 1992.　バリー・マイルズ著、『ウィリアム・バロウズ　視えない男』、飯田隆昭訳、ファラオ企画、一九九三年。ウィリアム・バロウズの伝記。この著者にしては薄い本である。
- Miles, Barry. *Call Me Burroughs*, Twelve, 2013.　バリー・マイルズによるウィリアム・バロウズの新しく詳しい伝記。
- Bill Morgan. *Rub Out The Words : The Letters of William S. Burroughs 1959-1974*, Ecco, 2012.　ウィリアム・バロウズの書簡集。
- 山形浩生著、『たかがバロウズ本』、大村書店、二〇〇三年。良く調べて書かれた優れた本。
- ウィリアム・バロウズ著、『バロウズという名の男』、山形浩生訳、ペヨトル工房、一九九二年。バロウズが自分の言葉で自分について語っている。
- Evans-Wentz, W. Y.. *Tibetan Book of the Dead: or, The After-Death Experiences on the Bardo Plane; Lama Kazi Dawa-Samdup*, Oxford: University Press, 1927,　エバンス・ベンツによる『チベットの死者の書』の英訳
- Leary,Timothy., Metzner, Ralph and Alpert, Richard. *The Psychedelic Experience: A Manual Based on the Tibetan Book of the Dead*, Citadel Press, 1964.　ティモシー リアリー、リチャード アルパート、ラルフ メツナー著、『チベットの死者の書―サイケデリック・バージョン』、八幡書店、一九九四年。
- 『原典訳 チベットの死者の書』、川崎 信定訳、筑摩書房、一九九三年。チベット語の原典からの翻訳として貴重。
- Ram Dass. *Be Here Now*, Lama Foundation, 1971. ラム・ダス著、挿絵が大きく怪奇であるのには驚かされる。印刷技術的には結構むずかしいという。
- Ram Dass, Rameshwar Das. *Polishing the Mirror How to Live From Your Spiritual Heart*, Sounds True, 2013. 内容的にあまり新しい物はない。

● Brennan, Chrisann. *The Bite in the Apple : A memoir of my life steve Jobs*. St.Martin's Press, 2013.　スティーブ・ジョブズの青春時代の恋人で、リサの母親のクリスアン・ブレナンの回想録。非常に興味深く参考になる。

● G. I. Gurdjieff. *Beelzebub's Tales to His Grandson: All And Everything: 1st Series*, 1950.　G・I・グルジェフ著、『ベルゼバブの孫への話　人間の生に対する客観的かつ公平無私なる批判』、浅井雅志訳、平河出版社、一九九〇年。三部作。ロシア革命前後の混迷状況が与えた影響が大きいと思う。

● G. I. Gurdjieff. *Meetings with Remarkable Men : All And Everything: 2nd Series*, 1963.　G・I・グルジェフ著、『注目すべき人との出会い』、棚橋一晃監修、星川淳訳、メルクマール、一九八一年、

● G. I. Gurdjieff. *Life is real only then, when "I am": All And Everything: 3rd Series*, 1974.　G・I・グルジェフ著、『生は〈私が存在し〉て初めて真実となる』、浅井雅志訳、平河出版社、一九九三年。

● P. D. Ouspensky. *In Search of the Miraculous Fragmnets of an Unknown Teaching*, 1947.　P・D・ウスペンスキー著、『奇跡を求めて　グルジェフの神秘的宇宙論』、浅井雅志訳、平河出版社、一九八一年。

● P. D. Ouspensky. *Tertium Organum The Third Canon of Thought A key to The enigmas of The World*, 1920.　P・D・ウスペンスキー著、『ターシャル・オルガヌム　第三の思考規範　世界の謎への鍵』高橋弘泰訳、コスモス・ライブラリー、二〇〇〇年。

● P. D. Ouspensky. *A New Model of the Universe*, 1934.　P・D・ウスペンスキー著、『新しい宇宙像　上、下』、高橋弘泰訳、コスモス・ライブラリー、二〇〇二年。　ウスペンスキーの本はグルジェフの本よりは読みやすい。ロシア革命前後の本だが一九六〇年代の悩める米国青年層に一定の影響力を持った。

● Thomas Dylan, *Under the Milk Wood*, A New Directions Paperbook, 1954.　ディラン・トマスの『アンダー・ザ・ミルクウッド』の原著。二〇一三年版のペーパーバックもある。

● ディラン・トマス全集Ⅳ戯曲、松田幸雄。松浦直巳訳、国文社、一九六八年。

● ディラン・トマス全集Ⅰ詩、田中清太郎、羽矢謙一訳、国文社、一九七五年。

● ディラン・トマス詩集、松浦直巳訳、彌生書房、一九七三年。

● Thomas Dylan. *The Poems of Dylan Thomas*, A New Directions Book, 1971、二〇〇三年

● Thomas Dylan. *Collected Poems 1934-1953*, Phoenix, 1998

● Ginsberg, Allen and Drooker, Eric. *Howl : A Graphic Novel*, Harper Perennial, 2010.　アレン・ギンズバーグの長詩『ハウル』をイラスト化したもの。ＤＶＤもある。

● Halberstam, David. *The Fifties*, Ballantine Books, 1993.　デイヴィッド ハルバースタム著、『ザ・フィフティーズ上、下』、金子宣子訳、新潮社、一九九七年

● Norman, Philip. *John Lennon : The Life*. HarperCollins, 2008.　フィリップ・ノーマンによるジョン・レノンの伝記。とても面白い。残念ながら邦訳はない。ビートルズの名前の由来、アーサー・ヤノフの原初絶叫療法の部分も興味深い。

● Waters, Alice and Friends. *40 Years of Chez Panisse : The Power of Gathering*, Clarkson Potter, 2011.　アリス・ウォーターズのレストラン『シェ・パニースの40年』という歴史の本。一九六〇年代アリスもベトナム反戦運動に共鳴していた。この本の先頭に戦争反対のプラカードと共に写真が残っている。

● Nin Anais. *The Diary of Anais Nin*, Mariner Books, 7 volumes.　『アナイス・ニンの日記』私の買った7冊本は版型が不揃いで、これからお求めになる方は良く調べて買われた方が良いだろう。

● McNish, Jacquie. *The Big Score: Robert Friedland, INCO, And The Voisey's Bay Hustle*, 1998. Doubleday Canada, 1998.　ジャッキー・マクニッシュによるロバート・フリードランドの伝記。後半生に重点が置かれている。青年期をもう少し書き込んでくれたらと思う。叙述に空白の時期がある。

● Perlman, Eric. *Spiritual Community Guide*, Spiritual Community Publications, 1974.『スピリチュアル・コミュニティ・ガイド』。映画『イージー・ライダー』などに出て来るように、当時こういうコミュニティが全米には多数あった。

● Isherwood, Christopher. *Ramakrishna and his Disciples*, Vadanta Press, 1965.　ラーマクリシュナと彼の弟子について書かれた本。

● Bucke, Richard. M.. *Cosmic Consciousness*, Innes & Sons, 1905.　リチャード・モーリス バック著、『宇宙意識』尾本憲昭訳、ナチュラルスピリット、二〇〇四年。本当にスティーブ・ジョブズが読んだかどうかは疑問だが、ダン・コトケは

そう言っている。

- Yogananda, Paramhansa. *Autobiography of a Yogi*, Crystal Clarity Publishers, 1946.　パラマハンサ・ヨガナンダ著、『あるヨギの自叙伝』、森北出版、一九八三年。
- Chogyam Trungpa. *Cutting Through Spiritual Materialism*, Shambhala Library, 1973.　チョギャム・トゥルンパ・リンポチェ著、『タントラへの道　精神の物質主義を断ち切って』、風砂子　デ・アンジェリス訳、めるくまーる社、一九八一年。
- Ehret, Arnold. *Mucusless Diet Healing System: Scientific Method of Eating Your Way to Health*, Ehret Literature Publications, 1953.　アーノルド・エーレット著、『無粘液食餌療法』
- Frances Moore Lappe. *Diet for a Small Planet*, 1971.　フランシス・ムア・ラッペ著、『小さな惑星の緑の食卓―現代人のライフ・スタイルをかえる新食物読本』、講談社、一九八二年。
- Cohen, Scott. *ZAP : The Rise and Fall of Atari*. McGraw-Hill, 1984.　スコット・コーヘンによるアタリの興隆と没落。今から見ると少し不正確な部分もあるが、だが面白い。スティーブ・ウォズニアックがスティーブ・ジョブズに騙されていた事に気づいたきっかけとなった本
- Goldberg, Marty, Vendel, Curt. *Atari Inc. Business is Fun*. Syzygy Company Press, 2012.　マーティ・ゴールドバーグによるアタリに関する新しい本。貴重な写真が掲載されている。
- Baer, Ralph H. *Videogames in the Beginning*, Polenta Press, 2005.　ビデオゲームの発明者ラルフ・H・ベーアによる初期のビデオ・ゲームに関する本
- Kent, Steven L. *The Ultimate History of Video Games : From Pong to Pokemon and Beyond - The Story Behind the Craze That Touched Our Lives and Changed the World*. Three River Press, 2001.　スティーブン・L・ケントによるビデオ・ゲームの歴史を扱った本。
- Dormell, Luke. *The Apple Revolution : The Real Story of How Steve Jobs and the Crazy Ones Took Over the World*. Virgin Boooks, 2010.　ルーク・ドーメル著『アップル革命』という表題の本。独自の視点で良く書けている。

- Janov, Arthur. *The Primal Scream : Primal Therapy The Cure For Neurosisd*, Dell Publishing Company, 1970 アーサー・ヤノフの原初絶叫療法の本・スティーブ・ジョブズだけでなく、ジョン・レノンも一時傾倒した。
- Suzuki, Syunryu. *Zen Mind, Beginner's Mind*, Weatherhill, 1970. 鈴木俊隆著、『禅マインド　ビギナーズ・マインド』、松永太郎訳、サンガ、二〇一〇年。
- Markoff, John. *What the Dormouse Said How the Sixties Counterculture Shaped the Personal Computer Industry*, Penguin Press, 2005. ジョン・マルコフ著『パソコン創世第3の神話　カウンター・カルチャーが育んだ夢』服部桂訳、ＮＴＴ出版。二〇〇五年。一九六〇年代のカウンター・カルチャーがパソコン創成に及ぼした影響について述べた衝撃的な本。
- Fuller, Buckminster R.. *Operating Manual for spaceship Earth*, E.P. Dutton, 1963. バックミンスター・フラー著、『宇宙船地球号操縦マニュアル』、ちくま学芸文庫、二〇〇〇年。
- Fuller, Buckminster R.. *Ideas and Integrities A Spontaneous Autobiographical Disclosure*, Lars Muller Publishers, 2009. 偉人バックミンスター・フラーの自伝的書物。
- Stolaroff, Myron J.. *The Secret Chief Revealed*, Multidisciplinary Association for Psychedelic Studies, 1997. 国際高等研究財団ＩＦＡＳを設立し、シリコンバレーにＬＳＤを普及させたマイロン・ストラロフの話。
- Rheingold, Howard. *The Millennium Whole Earth Catalog*, Whole Earth, 1994. ハワード・ラインゴールドが編集したミレニアム版のホール・アース・カタログ。厳密にはホール・アース・カタログとは言えない。
- Stewart Brand, *The Last Whole Earth Catalog : Access To Tools*, Random House, 1971 スチュアート・ブランドが発行したホール・アース・カタログの最終号。４４８ページで終っている。
- Stewart Brand, *Whole Earth Epilog : Access To Tools*, Point / Penguin Books, 1974 最終号発行3年後の一九七四年にスチュアート・ブランドが発行したホール・アース・エピローグ。この裏表紙にスティーブ・ジョブズが使ったことで有名な「ステイ・ハングリー、ステイ・フーリッシュ」が印刷されている。
- スチュアート・ブランド著、『地球の論点　現実的な環境主義者のマニフェスト』、仙名紀訳。英治出版。二〇一一年。スチュアート・ブランドも変貌したなと驚かされる。

- Turner Fred. *From Counterculture to Cyberculture : Stewart Brand, the Whole earth Network, and the Rise of Digital Utopianism*. The University of Chicago Press, 2006.　フランク・ターナーがカウンター・カルチャーとサイバーカルチャーについて論じている。
- Levy, Steven. *Hackers : Heroes of the Computer Revolution*, Dell Publishing, 1984.　スティーブン・レビー著、『ハッカーズ』、古橋芳恵・松田信子訳、工学社、一九八七年。原著は細かい字がびっしり詰まっていた。訳本の方が原著より読みやすく、写真も適切に配置されている。原著は最近もっと読みやすい版型になった。
- Lancaster, Don. *TV Typewriter Cookbook*, Howard W. Sams & Co, 1976.『ＴＶタイプライター・クックブック』、当時『ＴＴＬクックブック』『ＣＭＯＳクックブック』というような題名のアマチュア向けの本が人気があった。
- Illich, Ivan. *Tools for Conviviality*, Harper & Row, 1973.　イヴァン・イリッチ著、『自由の奪回―現代社会における「のびやかさ」を求めて』、岩内亮一訳、佑学社、一九七九年。
- Bangnall, Brian. *Commodore : On the Edge : the Spectacular Rise and Fall of Commodore.* ,Variant Press, 2007.
- Bangnall, Brian. *Commodore : A Company on the Edge*. Variant Press, 2010.　コモドールの歴史。第2版は2冊に分けることになったが、予定が変更され上巻のみで空中分解状態である。面白い本だが、読み比べると記述がいま一つ正確さを欠くのが惜しい。
- Wiser, Brian. And Martens, Bill. *The WOZPAK Special Edition : Steve Wozniak's Apple-I & Apple II Computers*, Lulu.com, 2013.　スティーブ・ウォズニアック等の原開発資料を集めたもの。
- Wayne, Ronald G. *Adventures of an Apple Founder*, 512k Entertainment, 2010.　アップル・コンピュータ・カンパニー創業者の一人で、設立後12日で逃げ出した常識人ロン・ウェインの自伝。
- Jim Warren. *Dr. Dobb's Journal of Computer Calisthenics and Orthodontia vol. 1, 2, 3*, Hayden, 1981.　あまりに長い名前なので、省略してドクター・ドブズ・ジャーナルと呼ばれたＢＡＳＩＣ原語プログラム中心の雑誌の合本。
- McKenna, Regis. *The Regis Touch : Million Dollar Advice from America's Top Marketing Consultant*. Basic Books, 1986.　レジス・マッケンナ著、『勝利の本質』、牧野昇監訳、三笠書房、一九八六年。

- McKenna, Regis. *Who's Afraid Big Blue? : How Companies Are Challenging IBM - and Winning*, Addison-Wesley, 1988.　レジス・マッケンナ著、『ＩＢＭ　ガリバーに挑んだ新興メーカーたち』、瀬田宏訳、日本ソフトバンク。一九九〇年。レジス・マッケンナの著作の中では、この本が最も優れていると思う。
- McKenna, Regis. *Relationship Marketing : Successful Strategies for the Age of the Customer*. Perseus Books, 1991. レジス・マッケンナ著、『ザ・マーケティング―「顧客の時代」の成功戦略』、三菱商事情報産業グループ訳、ダイヤモンド社、一九九二年。
- McKenna, Regis. *Real Time : Preparing for the Age of the Never Satisfied Customer*. Harvard Business Review Press, 1997.　レジス・マッケンナ著、『リアルタイム　未来への伝言　社会・経済・企業は変わる』、校條浩訳、ダイヤモンド社、一九九八年。
- McKenna, Regis. *Total Access : Giving Customers What They Want in an Anytime, Anywhere World*. Harvard Business School Press., 2002.　レジス・マッケンナのトータル・アクセスというマーケッティング理論の本。
- Worth, Don. And Lechner, Pieter. *Beneath Apple DOS : For Users of Apple ll , Apple lle and Apple llc Computers*, Quality Sofware, 1981. アップルのDOSの内部解析。この本に書いてある程度の事が分からないと"DOSのプログラム・コードは読めないだろう。
- Hiltzik, Michael. *Dealers of Lightning : Xerox PRAC and the Dawn of the Computer Age*. HaperBusiness, 1999.　マイケル・ヒルズィックによるゼロックス・パロアルト研究所について述べた本。
- Weyhrich, Steven. *Sophistication & Simplicity : The Life and Times of the Apple II Computer*. Variant Press, 2013 スティーブン・ベイリッチのアップルⅡの発展についてソフト、ハードの両面から丁寧に記述した本。
- エベレット・Ｍ・ロジャース、ジュディス・Ｋ・ラーセン著『シリコン・バレー・フィーバー』安田寿明、アキコ・Ｓ・ドラッガー訳、講談社、一九八四年。このような名著を前著の文献表に収録し忘れた事を深くお詫びする。
- 脇　英世著『シリコンバレー　スティーブ・ジョブズの揺りかご』東京電機大学出版局、二〇一二年。この本は、今回の書物執筆を前提に書いた。いわば序章である。参考にして頂ければ幸いである。

【著者紹介】

脇　英世（わき・ひでよ）

昭和22年　東京生まれ
昭和52年　早稲田大学大学院博士課程修了，工学博士
平成20年より東京電機大学工学部長，工学部第一部長，工学部第二部長を2期勤める。
現　職　東京電機大学工学部情報通信工学科教授
東京電機大学出版局長

著書に『Windows入門』『文書作成の技術』（岩波書店），『ビル・ゲイツの野望』『ビル・ゲイツのインターネット戦略』（講談社），『LinuxがWindowsを越える日』（日経BP），『インターネットを創った人たち』（青土社），『IT業界の開拓者たち』『IT業界の冒険者たち』（ソフトバンク），『アマゾン・コムの野望』『シリコンバレー―スティーブ・ジョブズの揺りかご』（東京電機大学出版局）ほか。

スティーブ・ジョブズ　青春の光と影

2014年10月10日　第1版1刷発行　　ISBN 978-4-501-55280-0　C3004

著　者　脇　英世

発行所　学校法人 東京電機大学
東京電機大学出版局
〒120-8551　東京都足立区千住旭町5番
〒101-0047　東京都千代田区内神田1-14-8
Tel. 03-5280-3433(営業)　03-5280-3422(編集)
Fax.03-5280-3563　振替口座 00160-5-71715
http://www.tdupress.jp/

印刷：(株)加藤文明社　　製本：渡辺製本(株)
落丁・乱丁本はお取り替えいたします。　　Printed in Japan

索　引

■英数字

■ あ行

■ さ行

■ た行

■ な行

■ は行

■ ま行

■ や行

■ ら行

■ わ行